Anton Nyström

Avant 1914, Pendant et après...

PAYOT & Cie
Paris

AVANT 1914

PENDANT ET APRÈS...

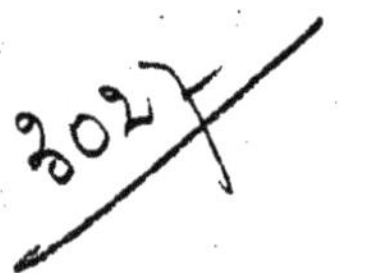

ANTON NYSTRÖM

AVANT 1914

PENDANT ET APRÈS...

PARIS
LIBRAIRIE PAYOT & Cie
BOULEVARD SAINT-GERMAIN, 106
1917

PRÉFACE DES ÉDITEURS

« C'est icy, pourrait dire M. Nyström, à l'instar de Montaigne, c'est icy un livre de bonne foy. » De bonne foi et d'impartialité. L'auteur a pris modèle sur le portrait que Bayle fait de l'historien et comme l'historien selon Bayle, il dit : « Je ne suis au service que de la vérité. » Or, « la vérité n'a pas de pire ennemi que la passion », dit Bourdeau dans *L'Histoire et les historiens*. M. Nyström s'est donc soustrait aux mouvements de la passion pour écrire, impartialement, des causes de la grande guerre.

L'auteur a bien quelque préférence. Entre les Alliés et les Empires centraux, il a sûrement pris parti, dans le fond de son cœur. Mais il laisse au lecteur curieux le soin de conclure. Le lecteur français ne sera pas déçu.

A l'heure où nous sommes, la pratique de l'impartialité serait malaisée à l'auteur français qui voudrait parler des causes de la guerre. Son cœur est trop cruellement déchiré. Mais M. Nyström est Suédois, c'est-à-dire neutre. Et la pratique de l'impartialité lui est naturelle, car il est historien, sociologue, médecin et philosophe. Il est l'auteur du *Positivisme*, des *Suggestions pour résoudre la question ouvrière sans le secours du socialisme*, de *La vie sexuelle dans ses relations avec la volonté*, et d'autres ouvrages savants. Il a publié, en 1903, l'*Alsace-Lorraine*, ouvrage pour lequel M. Millerand écrivit une préface, et où M. Nyström soutenait la thèse de Lalance : rétrocession des provinces annexées en échange d'une colonie. Le livre, traduit en allemand, fut répandu en Allemagne où on l'accueillit fort mal, comme il fallait s'y attendre.

Avant 1914, pendant et après... est donc le livre d'un neutre sur la grande guerre. Les Français qui liront cet ouvrage seront quelquefois tentés de faire des réserves. Nous en avons fait. Le lecteur en fera. Dans un moment de l'histoire aussi tragique que celui où nous vivons, l'absence de passion peut faire mal à ceux qui ont beaucoup souffert. Mais cette impartialité même est, à certaines pages, si accablante pour nos adversaires qu'elle plaide, sans le vouloir, la justice de notre cause. Cette étude froide et distante fortifie ainsi la conviction que notre défense est celle de la justice et du droit.

Tiède à des yeux français, qui ont vu et voient encore l'Allemand porter la ruine et l'esclavage en Belgique et dans les départements occupés, l'ouvrage de M. Nyström a passé dans certains milieux suédois pour partial en faveur des Alliés. Nous en trouvons la preuve dans la force avec laquelle l'auteur expose le droit d'un neutre à exprimer son opinion sur des événements sur lesquels il a médité « dans l'intérêt de la vérité et de la justice » et dans le soin qu'il prend à justifier la liberté qu'il a d'exercer ce droit.

L'ouvrage qu'on va lire est plus qu'un livre d'histoire. C'est une étude psychologique de l'Allemagne qui éclaire, à la lueur des dates et des faits, la pérennité de l'orgueil allemand, de la mauvaise foi politique, de la servilité, de la barbarie dont on retrouve des traces à quelque phase du développement germanique qu'on s'arrête.

Sur cet orgueil des peuples de race allemande, citons :

« Ils étaient mûrs, en 1812, pour entendre l'écrivain Eggo leur dire que *toute la substance de l'humanité s'était, pour ainsi dire, cristallisée dans le peuple allemand pour y prendre une forme définie*, et que *dans l'âme de chaque Allemand, le génie humain s'est intégralement réalisé.*

« On est confondu, dit M. Nyström, de l'arrogance mentale qui peut trouver son expression dans de pareilles formules. » (Page 48.)

. . . .

« Dans son ouvrage l'*Esprit de la race allemande*, paru en 1859, Vagler écrivait : *La souche germanique représente le côté lumineux de l'histoire du monde ; le reste est plongé dans la nuit de la barbarie.* » (Page 52.)

. . . .

« En mars 1887, le major H. von Pfister lançait à son tour un ouvrage réclamant le démembrement de la France ; on y lisait que *le peuple allemand a été choisi par le Tout-Puissant pour hériter de l'empire romain.* » (Page 120.)

Des exemples de mauvaise foi, l'auteur en relève dans toute l'histoire allemande. Il écrit (page 35) :

« On a dit des Francs, des Allemands et d'autres peuplades, qu'ils se distinguaient par leur rapacité et par le mépris dans lequel ils tenaient les traités les plus solennellement conclus, et qu'il était vain de tâcher de les lier à soi par des pactes. Il eut été puéril à des étrangers de faire confiance à de tels barbares. »

Avant la guerre du Slesvig, l'auteur note (page 50) que :

« Une opinion se fit jour (en Allemagne) d'après laquelle l'Allemagne devait assumer la prépondérance — il ne s'agissait déjà plus d'un accord — sur toutes les nations ayant quelque parenté avec la race allemande sans tenir compte des facteurs historiques et matériels. »

Et ceci (page 51) :

« Tout ce qui peut être relevé à la louange des peuples d'origine germanique a été attribué aux seuls Allemands, et a servi, sans hésiter, à la démonstration de ce dogme : l'Allemagne a une mission universelle ; si bien qu'en fin de compte on a attribué à l'Allemagne tous les progrès des grands Etats européens, dans toutes les branches de la culture, de la littérature et de l'histoire. »

L'auteur ne peut se garder de noter certaines constatations dont l'évidence le frappe :

« Il est curieux de voir les Allemands, quand ils traitent de la question du Slesvig-Holstein, évoquer certaines clauses anciennes, mêmes illégales, pourvu qu'elles fussent à leur avantage, et ignorer en même temps telles autres clauses, légales celles-là, qui eussent mis obstacle à la réalisation de leurs désirs. » (Page 70.)

Et encore (page 74) :

« Fait remarquable, et en quelque sorte paradoxal : l'empire allemand, ostensiblement fondé sur l'élargissement systématique du germanisme, c'est-à-dire, sur le principe des nationalités, n'a cessé de violer lui-même les droits des autres nationalités ; aussi les exposés pédants de ses savants chauvinistes ne sont-ils qu'une colossale moquerie, la plus gigantesque dérision peut-être de toute l'histoire. »

Sur leur servilité, cette remarque (page 42) :

« Chacun rampait devant ses supérieurs, et menaçait insolemment ses subordonnés ; ce mélange de servilité abjecte et d'arrogance survit encore dans beaucoup de provinces allemandes. »

Quant à la barbarie, elle est notée à tous les stades de l'histoire :

« César dit, dans sa *Guerre des Gaules*, que les peuples les plus avancés de la Germanie s'efforçaient d'entourer leur territoire de zones inhabitées et dévastées, et que cette terrible ceinture portait la trace effrayante de la puissance de leurs armes et les protégeait contre le danger des surprises. » (Page 34.)

On songe aux dévastations de la Somme et de l'Aisne, lors du recul d'Hindenburg.

« La souillure faite à la psychologie allemande par la guerre de Trente Ans n'est pas encore complètement effacée. » (Page 41.)

Et ceci, à propos de la guerre de 1870-71, n'évoque-t-il pas d'une façon frappante les premières journées d'août 1914 :

« Tous les bons Allemands prirent les armes, stimulés par la conviction qu'ils jouaient leur rôle de patriotes dans une guerre défensive, c'est-à-dire sacrée ; qu'ils répondaient à une attaque injuste de la France. »

C'est la même duperie à quarante-quatre ans de distance.

A côté de cela, l'auteur, amené à étudier la question des responsabilités de la guerre, consacre (page 143) un paragraphe entier à développer ce titre : *Les sentiments pacifiques de la France à l'égard de l'Allemagne* et un autre (page 148) à celui-ci : *L'Allemagne n'a pas été menacée par la Russie.*

M. Nyström est entré à Paris en 1871, le jour même de la capitulation de la capitale. Et voici dans quels termes il parle de la bonne foi française (il connaissait mal les Français à cette époque ; d'où sa surprise) :

« Je fus surpris de voir comment les Français savent se résigner à leur sort. Ils discutaient ouvertement de leurs propres fautes ; ils n'accusaient de leur malheur que la France elle-même, que l'empereur et son gouvernement avaient engagée dans un conflit auquel ils avaient négligé de la préparer.

» Tous essayaient d'envisager avec calme et sang-froid ce qui était arrivé. Ils louaient la tactique militaire et la discipline des Prussiens, mais ils se demandaient si la France eût été vaincue sans l'organisation systématique d'espionnage que l'Allemagne, depuis de nombreuses années, avait créée partout et dans toutes les classes de la société. »

L'étude de la question belge tient une place importante dans l'ouvrage de M. Nyström.

L'auteur commente, entre autres thèses allemandes, celle du docteur Naumann, membre du parti démocratique progressiste au Reichstag. Le docteur Naumann conteste aux petits Etats le « droit moral » d'être neutres. Il en arrive ainsi à condamner la résistance de la Belgique à l'invasion :

« Le dévouement des Belges à la neutralité était égoïste, dit-il. Car on ne peut admettre qu'un seul Etat ait le droit absolu de s'opposer à une « reconstitution universelle ». Les guerres sont, de nos jours, « un moyen d'organiser des transpositions dans « l'évolution de l'humanité ».

A quoi M. Nyström ajoute :

« Cela veut dire, en d'autres termes, que la Belgique aurait dû se mettre sous la omination de l'Allemagne, pour ne pas s'opposer à la reconstitution universelle que ce pays est destiné à opérer. Nous reconnaissons là les doctrines et les tendances du germanisme tel qu'il a été proclamé depuis un siècle. »

Comment réparer le mal que la guerre a fait à notre petite voisine du Nord ? M. Nyström, dans le chapitre consacré aux fondements de la paix se montre partisan de la restauration intégrale de la Belgique, mais il estime, en matière de compensation, que, si l'Allemagne doit payer la plus grosse part de l'indemnité,

« les Puissances de l'Entente doivent aussi se considérer comme responsables, car elles avaient entrepris de sauvegarder la neutralité belge, et la résistance de la Belgique à l'armée allemande arrêta dans une grande mesure l'invasion de la France, et donna à la France et à l'Angleterre, prises au dépourvu, le temps de rassembler leurs forces. »

En ce qui concerne la question de l'Alsace-Lorraine et des autres questions analogues, quelques phrases donnent un aperçu du sentiment de M. Nyström :

« Il faut permettre, dit-il (page 308), à toute nationalité *incorporée dans une autre par force, d'être désormais maîtresse de sa destinée.* »

« Rien n'est irrévocable en politique, surtout pas les conquêtes impitoyables et les annexions de provinces ou de pays faites contrairement au désir de leur population. » (Page 309.)

« Je veux seulement citer les provinces qui devraient être libres de choisir leur sort : le Schleswig, la Finlande, la Lithuanie, la Pologne, Posen, la Galicie, l'Ukraine, l'Alsace-Lorraine, la Bosnie et l'Herzégovine, et les provinces italiennes de l'Autriche. » *(Idem.)*

Mais, à la base de la paix, l'auteur voit avant tout la destruction du militarisme prussien :

« Il sera nécessaire, tout d'abord, de détruire l'édifice militaire dans le pays militaire par excellence, l'Allemagne. Tant que cette puissance militaire ne sera pas réduite, il ne saurait y avoir de paix. » (Page 301.)

Enfin, revenant à la fin de son livre sur la thèse allemande : « Les Alliés barraient la route à l'émigration de l'Allemagne surpeuplée », il la réfute ainsi :

« Il est vraiment consternant d'entendre les Allemands se plaindre que *le monde ne veut pas leur faire place*, et que l'Angleterre est toujours là pour leur barrer le passage. Pourtant, en peu de temps l'Allemagne a acquis des colonies très considérables et s'est placée au troisième rang des Puissances coloniales. » (Page 312.)

. . . .

« Ce qui est curieux, c'est que si peu d'Allemands se soient établis dans ces colonies. En 1913, leur population était de 12 064 992 âmes, mais dans ce nombre il y avait 12 040 603 indigènes, et seulement 24 389 *Allemands*, et encore un grand pourcentage de ces derniers étaient-ils des fonctionnaires et des soldats. » *(Idem.)*

Voilà donc à quoi l'impartialité a conduit un historien neutre, qui s'est imposé « de rester objectif et de demeurer impartial » dans un livre qui n'était pas destiné au public français. Cette impartialité aboutit en fin de compte à un réquisitoire accablant, irrécusable, de ce que l'auteur appelle (page 271) « l'horrible dégénérescence de la mégalomanie germanique ».

On voit que le lecteur français qui ignore encore le docteur Nyström peut écouter la voix « impartiale » de celui qui, dans cette Suède dont l'attitude nous a quelquefois semblé énigmatique, a étudié les causes de la grande guerre pour l'édification de son pays dans le livre que nous présentons aujourd'hui.

Août 1917.

PRÉFACE DE L'AUTEUR

Ce n'est pas sans hésitation que j'ai pris le parti de publier cet ouvrage. Il sera peut-être combattu ; car je ne m'y suis point borné à l'exposé tout nu des notes échangées entre les Puissances avant l'éclosion de la grande guerre et de leurs traits essentiels ; j'ai voulu faire davantage et tenter de rechercher en même temps les causes du conflit ; c'est ainsi que je me suis vu contraint d'aborder la question des *responsabilités.*

Les citoyens de tous les pays neutres ont été exhortés à observer dans leurs discussions sur la guerre et sur les nations qui y participent une attitude strictement impartiale ; on les a priés de ne point émettre une opinion qui pût être considérée comme favorable à tel ou tel pays. J'ai vu récemment des avertissements publiés à cet effet dans un journal italien [1] ; mais il m'a semblé que ces avertissements étaient surtout destinés à protéger l'Italie contre des influences susceptibles de répandre dans le peuple des opinions hostiles à l'Allemagne, c'est-à-dire à l'empêcher d'émettre un jugement impartial ; et je sais que la propagande de Mæterlinck en faveur de la Belgique n'y était point considérée sans inquiétude.

Il y aurait beaucoup à dire là-dessus. J'admets que l'expression collective de l'opinion d'un peuple, c'est-à-dire les démonstrations où elle trouve sa forme, puisse paraître inopportune et compromettre un pays dont la neutralité a été officiellement déclarée. Mais, que des individus isolés puissent être astreints à demeurer intégralement neutres dans la discussion des actes posés par telle ou telle Puissance engagée dans la plus grande guerre de l'histoire, voilà ce qui est inimaginable.

En Suède, dans les cercles privés, nous entendons émettre les points de vue les plus divers, les uns nourris à de vieilles sympathies, d'autres basés sur des relations personnelles ou reposant sur la confiance du lecteur dans l'opinion d'un journal, ou sur des informations plus ou moins exactes ; comme tous les pays scandinaves, la Suède a déclaré qu'elle resterait neutre dans cette guerre ; à l'exception de quelques voix isolées, les Suédois ne

[1] Le présent ouvrage fut écrit en mars 1915 ; le 25 mai suivant, l'Italie, qui planait « au-dessus de la bataille », est descendue s'y mêler. L'« impartialité » de l'Italie a, dès longtemps, fait place à une « partialité » pleinement justifiée par les circonstances. (*N. D. E.*)

veulent point qu'on les engage dans le conflit sous le prétexte que les intérêts du pays exigent une action militaire aux côtés de tel ou tel groupement; cette décision est bonne; l'opinion publique toute entière en soutient le principe. Mais, quelque scrupuleux que nous soyons de soutenir notre Gouvernement dans la décision qu'il a prise, nous ne pouvons être astreints à nous taire, dès lors que nous nous sommes formé une opinion sur la politique des belligérants, dès lors que nous avons étudié les causes de la guerre et connu les faits auxquels elle a donné lieu. Celui qui, d'un esprit posé, a suivi le cours des événements et médité, dans l'intérêt de la vérité et de la justice, sur leur signification politique ou morale, doit avoir le droit d'exprimer l'opinion qu'il s'est faite, même si cette opinion comporte une critique, même si cette critique est sévère. S'il en était autrement, le silence observé par respect pour le principe de neutralité mériterait de s'appeler du nom de lâcheté, d'indifférence, et, tout au moins, d'absence de caractère; les autres peuples seraient fondés à se former une conception erronée de l'opinion suédoise; si bien, qu'en fin de compte, ce silence n'aboutirait qu'à créer et à entretenir la méfiance.

Il semble bien que toutes les nations, particulièrement celles qui sont en guerre, soient curieuses de connaître l'opinion de la Suède; il est donc utile que ceux qui ont étudié le conflit mondial expriment le point de vue auquel ils se sont arrêtés.

Plus que jamais, le besoin se fait sentir d'historiens absolument indépendants, d'écrivains politiques capables d'une critique objective, consciencieuse et exempte de passion, capables aussi de garder un contrôle exact sur leurs tendances secrètes et de ne tenir compte des ambitions des différents Etats que dans la mesure où ces ambitions sont conciliables avec le droit strict. Si l'on convient que ces qualités sont nécessaires, les complications soulevées par la guerre paraissent devoir être plus aisément débrouillées par des observateurs appartenant à un Etat neutre; car la confusion qui règne dans les rapports internationaux est générale et sans bornes; les principes les plus élevés de la morale sont en suspens, tous les efforts pour exposer impartialement les faits subissent le contrôle de la censure militaire ou sont interdits.

On a longtemps considéré que la coopération étroite des nations était nécessaire au progrès des sciences, des arts, de l'industrie, du commerce et de la morale; des relations internationales avaient été établies dans ce dessein; des accords entre les races et les nationalités avaient abouti. Aujourd'hui, rien de tout cela ne subsiste, et l'on peut dire que c'est comme si rien de tout cela n'avait jamais existé. La grande guerre a presque entièrement aboli le sens de la justice; tous les codes du bien et du mal ont été supprimés le jour où la force brutale s'est mise à régner sans conteste. Les lois internationales n'existent plus; toutes les passions sont déchaînées; la haine entrave l'exercice de la raison; les peuples ne veulent que tuer et se plonger l'un l'autre dans la douleur et dans la misère; les inventions sont au service de la mort et de la destruction; les principes humanitaires sont tournés en dérision ; la vérité se tait ; le mensonge est organisé ; l'avenir est enveloppé de deuil ; la fraternité des peuples n'est plus qu'un mot vide de sens ; la bête qui est en nous est devenue toute-puissante ; et les périodes de paix semblent ne devoir être plus que de courtes trêves où l'âme noire des nations se prépare à l'horreur de nouveaux égorgements.

Si on ne rappelle pas les nations au bon sens, si on ne les éclaire point sur les causes véritables de cette grande guerre, si la critique honnête et sincère n'est pas admise à s'exercer sur les fautes commises par les hommes d'Etat dont la responsabilité fut engagée au cours des préparatifs tortueux qui précédèrent la fatale journée, tout ce navrant étalage de barbarie ne cessera que pour recommencer ensuite, avec une horreur nouvelle. Or, il est indiscutable que des fautes de l'espèce la plus grave ont véritablement été commises.

La tâche d'essayer de débrouiller les causes de la guerre, afin, d'abord, de préparer la route à un nouvel accord international, ensuite, pour prévenir de nouveaux motifs de conflits futurs, est devenue pour moi un devoir obsédant, inéluctable ; j'ai résolu de prendre place aux côtés de quelques autres esprits désireux de faire progresser la cause de la civilisation.

Quoi de surprenant à cela ? Quoi d'étonnant à ce qu'un homme placé en dehors des événements et de la politique, contraint de garder un silence prolongé, se sente, après des mois de dépression, de tristesse et de mélancolie, pressé d'ouvrir son cœur et de dire ce qu'il pense du conflit fatal ?

Il faut, pour bien comprendre l'origine de cette guerre, remonter loin dans le passé. Plus j'ai médité sur ses causes, plus ferme est devenue ma conviction qu'elles sont profondément encloses dans l'histoire de l'Allemagne depuis les temps les plus reculés jusqu'à nos jours, et particulièrement depuis l'apparition de la Prusse en tant qu'Etat militaire. Il devient donc essentiel d'examiner les origines de la guerre du Slesvig, entre le Danemark et l'Allemagne (1864), de la guerre d'Allemagne de 1866 et de la guerre franco-allemande de 1870. Ce n'est pas assez, le développement du germanisme depuis le début du XIXe siècle doit également être scruté ; si l'on veut que les causes profondes des événements soient complètement révélées, il faut encore rappeler les faits essentiels des guerres allemandes du XVIIe siècle et du moyen âge, et remonter jusqu'à l'apparition de la race allemande dans l'antiquité, et même jusqu'aux grandes migrations des peuples.

Si, depuis plus de cinquante ans, et notamment depuis la guerre du Slesvig — où je m'enrôlai, avec tant de volontaires suédois, sous la bannière danoise, — j'ai combattu le système politique introduit en Allemagne par Bismarck, son caractère oppressif et militariste, je n'ai cependant jamais été indifférent à la grandeur et à l'influence de la culture allemande. Et, bien que profondément impressionné par certains penseurs et par certains hommes politiques anglais et français, par J. Stuart Mill, par Gladstone, par Diderot, par Comte, par Gambetta, par Jules Ferry, par d'autres encore, j'ai toujours admiré nombre de représentants de la culture allemande, Frédéric le Grand, Kant, Gœthe et beaucoup d'autres. J'apprécie à leur valeur réelle les grands travaux de tous les penseurs de toutes les nations civilisées, et n'ai point de raison de me ranger aux côtés de l'un ou de l'autre belligérant. C'est pourquoi je déclare que les nations n'avaient pas besoin de cette guerre. Il est navrant de penser qu'au moment même où les vieilles antipathies nationales étaient sur le point de disparaître, la méfiance et la haine se soient sournoisement glissées entre les peuples d'Europe, et il est plus navrant encore de voir que tout cela ne s'est point fait à l'instigation des peuples eux-mêmes, mais par la faute de la politique erronée d'un petit nombre d'hommes d'Etat, mus eux-mêmes, en majeure partie, par des convictions chauvines qui confinent à l'exaltation.

Le philosophe français P. Bayle soutenait, en 1697, dans son célèbre *Dictionnaire historique et critique,* qu'«un historien qui voudrait remplir fidèlement sa fonction, doit, dans la mesure où il est en son pouvoir de le faire, adopter un esprit stoïque, et n'être influencé par aucune passion. Insensible à tout le reste, il doit ne penser à rien qu'à l'intérêt de la vérité. Il doit oublier qu'il appartient à un certain pays, qu'il a été élevé dans une certaine foi, qu'il doit à tel ou tel individu ses biens terrestres, et que telle ou telle personne est de ses relations ou de ses amis. Si on lui demande : D'où êtes-vous ? il doit répondre : Je ne suis ni un Français, ni un Allemand, ni un Anglais, ni un Espagnol, etc... ; je suis un citoyen du monde. Je ne sers ni l'empereur ni le roi de France ; je ne suis au service que de la vérité. »

Je me suis efforcé de m'identifier avec le modèle proposé par Bayle, pour parler de la grande guerre et des causes qui l'ont déchaînée.

Engagé dans des études scientifiques, sociales et politiques, j'ai, pendant le demi-siècle écoulé, visité souvent l'Allemagne, l'Angleterre, la France et d'autres pays ; j'y ai fait de longs séjours, je m'y suis entretenu avec des personnalités éminentes, je me suis familiarisé avec les opinions courantes et avec les coutumes de chaque nation, j'ai rassemblé des notes. Cherchant honnêtement la vérité dans la politique européenne, j'ai donc été admis à puiser aux sources où elle peut se trouver, et je crois avoir toujours, dans des écrits comme l'*Histoire générale de la civilisation*, l'*Alsace-Lorraine*, etc., témoigné jusqu'ici de mon désir sincère de rester objectif et de demeurer impartial.

Anton NYSTRÖM.

Stockholm, mars 1915.

I

LA GUERRE ET L'HISTOIRE MILITAIRE

QUELQUES APHORISMES SUGGESTIFS

La pratique de la guerre ne se peut concevoir que dans les stages primitifs du développement des peuples ; on peut admettre qu'elle éclate entre peuples civilisés et peuples non civilisés, lorsque ceux-ci, troublant l'exercice des droits des nationaux de ceux-là, et portant atteinte à leur liberté par des actes barbares, les contraignent à prendre les armes au nom de la civilisation même ; enfin, la guerre se conçoit encore quand elle se présente comme un acte de légitime défense, c'est-à-dire quand elle se borne à prévenir la menace d'une agression.

Dans tous les autres cas, la guerre est une opération dénuée de sens. Régler un différend entre deux peuples par le meurtre et par la destruction, quand justice pouvait être rendue à l'amiable par une médiation ou par un arbitrage, c'est outrager l'intelligence et le sens commun. Dans les conflits qui peuvent surgir entre des Etats, il est véritablement déplorable et indigne de l'esprit qui préside à la civilisation, que le sort des hommes, le bien et le mal qui peut survenir à un pays, se résolvent, en dernière analyse, par la violence et la dévastation, la victoire restant au parti qui possède les meilleures armes, c'est-à-dire les plus cruelles et les plus terribles; et l'on peut faire siennes les réflexions de Gibbon[1] qui, commentant l'usage de la poudre, disait : « Si l'on oppose les progrès rapides de cette invention néfaste au développement patient de la raison, de la science et des arts de la paix, il y a là pour un philosophe, selon son caractère, matière à rire ou matière à pleurer sur l'insondabilité de la folie humaine. »

[1] Edouard Gibbon, historien anglais, auteur de l'*Histoire de la Décadence et de la Chute de l'Empire romain.*

De mûres réflexions conduisent à conclure que la guerre, comme la maladie et la souffrance, comme la plupart des phénomènes de toute nature par lesquels passe l'humanité, peut, d'une façon générale, se rattacher à des causes qui sont de deux sortes : les *causæ proximæ*, les causes directes, plus ou moins incidentes, et les *causæ remotæ*, les causes profondes, c'est-à-dire les raisons prédisposantes. La *causa proxima* n'est souvent qu'une raison insignifiante, un prétexte de la part de l'Etat qui, souhaitant la guerre, ne veut pas faire figure d'agresseur. Elle prend alors la forme d'une provocation ; par exemple : accusation d'avoir porté atteinte à l'honneur national. Ou bien elle tire argument de l'élection d'un chef d'Etat, d'un changement de régime gouvernemental, du danger soulevé par les troubles intérieurs dans un Etat voisin. La *causa remota* est généralement d'un caractère plus sérieux ; c'est la crainte raisonnable que suscite un état de choses dirigé contre la prospérité de l'Etat, ou de nature à porter atteinte à son commerce avec les marchés du monde ; c'est la crainte d'une prédominance ou d'une hégémonie que rien ne justifie, le soupçon provoqué par les préparatifs d'une guerre de revanche ou par des plans visant à la reprise de provinces antérieurement conquises ; ou, encore, c'est le besoin de posséder de nouvelles provinces ou des colonies, besoin provoqué par un accroissement de la population nationale.

Les causes prédisposantes réelles sont fréquemment cachées, et l'art de la diplomatie tient souvent tout entier dans le talent de s'emparer habilement des prétextes (par exemple, la mise en évidence d'une cause incidente, mobilisation, etc.), pour faire en sorte que l'Etat qui fut sans conteste l'agresseur, fasse figure d'avoir été assailli.

L'objet de la guerre et la question de savoir comment elle doit être conduite de nos jours entre nations civilisées, sont des sujets qui ont retenu l'attention de tous ceux qui font autorité en matière de lois internationales.

Dans la huitième édition du livre de Neffter *Das Europäische Völkerrecht*, éditée par Geffcken en 1888, on lit que « les nations civilisées n'admettent l'état de guerre que comme une extrémité, un mal inévitable, qu'il ne faut pas pousser au delà de ce que réclame la plus urgente nécessité. D'où le principe primordial, qui préside à la pratique de la guerre, principe consacré tant par la raison et par l'*humanitarisme* que par l'intérêt égoïste des belligérants : Même en guerre, ne fais pas plus de mal à ton ennemi qu'il n'est impossible d'éviter pour réaliser ton dessein ; tandis que l'ancien code guerrier proposait cette loi, fort différente de la première : Fais à ton ennemi autant de mal que tu peux, autant de mal qu'il puisse t'être profitable. La philosophie de la guerre édicte quels moyens sont admis, et fixe des limites extrêmes ; elle interdit l'inhumanité et la barbarie, et menace les auteurs de ces pratiques de la flétrissure définitive de l'histoire ».

Tout cela n'est malheureusement que théorie ; la grande guerre de 1914 s'est montrée à la fois inhumaine et barbare, et certains belligérants se sont efforcés de nuire à l'ennemi autant que possible, allant jusqu'à faire usage de procédés condamnés.

Frédéric le Grand, homme de guerre, disait que le monde serait heureux s'il n'y avait pas d'autres moyens que les négociations pour maintenir les pratiques de la justice et rétablir la paix et l'harmonie entre les nations :

« C'est de la force de la raison qu'il faut user, non de celle des armes. Pourtant, une triste nécessité contraint le prince à user de moyens cruels ; il faut, parfois, défendre par la force la liberté d'un peuple menacé d'être injustement opprimé, et les princes doivent parfois faire dépendre le destin de leur peuple du sort des batailles.

» C'est le but poursuivi qui fait qu'une guerre est juste ou injuste. Les passions et l'ambition des princes déforment leurs conceptions et présentent sous d'aimables couleurs les actes les plus manifestement violents. La guerre est une mesure extrême, c'est pourquoi il ne faudrait y recourir, dans les circonstances désespérées, qu'après avoir délibéré, qu'après avoir décidé avec soin si l'on s'y trouve entraîné par les chimères de l'orgueil ou bien par des raisons sérieuses et déterminantes.

» En règle générale, la guerre traîne après elle tant de misères, son issue est si incertaine et ses conséquences si ruineuses pour un pays, que les princes ne sauraient trop réfléchir avant de s'y précipiter. Je suis convaincu que si l'esprit des rois pouvait imaginer la peinture véritable et fidèle de la misère où la seule déclaration de guerre plonge leur peuple, ils n'y seraient pas insensibles. Mais leur imagination n'est pas assez vive pour leur représenter au naturel des souffrances auxquelles ils ne sont pas exposés, et dont les garde leur situation même. Comment concevraient-ils ces fardeaux qui pèsent sur leurs sujets, ces privations que la jeunesse d'un pays doit endurer, la pestilence contagieuse qui ravage leurs armées, les horreurs des batailles et les horreurs, pires, des sièges meurtriers, le désespoir des blessés qui ont laissé leurs membres dans la mêlée, la détresse des orphelins qui ont perdu leur seul appui, la perte de tant d'énergies utiles à l'Etat, et que la mort fauche avant qu'elles aient rempli toute leur tâche ? »

Frédéric trouvait l'homme méprisable. Il disait un jour à un philosophe, le professeur Sulzer, de Berlin : « Vous ne comprenez pas assez la race maudite à laquelle nous appartenons. »

Mais lui-même appartenait à cette élite remarquable d'auteurs qui représentèrent, au XVIIIe siècle, l'école des historiens objectifs et pragmatiques. Quand il n'était encore que prince héritier, il écrivit son célèbre *Antimachiavel;* il publia plus tard l'*Histoire de mon Temps* et l'*Histoire de la guerre de Sept ans*; et toutes ces œuvres dénotent de la part de Frédéric II une très juste compréhension des événements et de leurs causes, une impartialité rare dans le jugement de ses propres actes et un penchant marqué pour la philosophie. Il considérait la majorité des ouvrages historiques comme des « mensonges ornés de quelques vérités » ; et que les préventions des auteurs, leur aveugle partialité pour tout ce qui concerne le pays de leur naissance et leur haine pour les nations étrangères, déforment à tel point les faits et les événements, qu'il est à peine possible de pénétrer le voile dont ils les ont couverts.

« J'oserai, écrivait-il, dire sincèrement et à voix haute, ce dont on a coutume de ne convenir qu'en secret. Je peindrai les princes tels qu'ils sont, sans préjugés favorables à ceux qui sont mes alliés et sans haine pour ceux qui comptent parmi mes ennemis. »

Il disait encore : « On doit être impartial, écrire sans passion et ne s'appuyer que sur une évidence pleinement établie : relations de gens de bonne foi, documents authentiques, concordance des déclarations émanant de sources différentes, etc... »

L'écrivain français L. Bourdeau, dans son ouvrage intitulé *L'Histoire et les historiens*, paru en 1888, a émis, lui aussi, sur les écrits historiques, une critique savante et remarquable, où il relève les qualités que doit posséder un historien. Il montre, entre autres choses, que les passions et les intérêts particuliers, les systèmes et les partis, ont de tous temps exercé l'influence la plus néfaste sur le cours de l'histoire, si bien que les annales historiques ne sont le plus souvent que de véritables faux.

« La vérité, a-t-il dit, n'a pas de pire ennemi que la passion ; là où la passion se donne carrière, la méfiance est justifiée. L'étude des sciences réclame un détachement complet des intérêts particuliers. La seule passion qui puisse être tolérée dans une telle étude, c'est le désir de découvrir et d'exprimer la vérité, quelle qu'elle soit. L'histoire a donc besoin de grouper les esprits dépouillés de liens étrangers à son objet même, car on ne peut servir deux maîtres à la fois. »

Il est malaisé d'atteindre à cet idéal, et Bourdeau dit vrai, quand il ajoute que « l'impartialité entière, qui se rencontre aisément chez ceux qui se consacrent à l'étude des sciences abstraites, est, pour ainsi dire, impraticable en histoire, science concrète, où les actions des hommes et l'œuvre des passions ne peuvent être observées ni rendues sans passion. »

Le patriotisme, en dépit des vertus qui lui sont propres, tend à faire naître ou à aggraver des préventions dans certains esprits, où il ne tarde pas à se transformer en chauvinisme, c'est-à-dire en une conception selon quoi le pays de celui qui parle est nécessairement supérieur à tous les autres. C'est surtout en temps de guerre que le sentiment national ainsi compris risque de se déformer dangereusement. Sous son influence, des écrivains, des historiens et des politiciens transgressent toutes les lois permises dans leurs commentaires sur la perfection de leur pays et sur l'infériorité de l'adversaire, sur la justice de leur propre cause et sur l'injustice criante de celle de l'ennemi. Influencés de la sorte, ils ne se bornent pas à déformer les faits, ils ne reculent pas devant le mensonge, soit qu'ils veuillent apparaître à l'étranger sous un jour favorable, soit qu'ils éprouvent le besoin de stimuler le patriotisme de leurs compatriotes et leur haine de l'ennemi. Pour atteindre ce but, les mêmes faits sont présentés différemment, suivant les pays, sans souci de la vérité stricte ; la vérité cesse de s'appuyer sur des arguments ; la seule chose qui importe c'est de discréditer l'adversaire, de donner un aveugle appui à ceux qui représentent le pouvoir et qui furent complices de la guerre, et d'assurer l'accord de tous les citoyens.

Nous ne pouvons que déplorer avec Bourdeau les difficultés auxquelles l'historien doit faire face dans son effort pour concilier le patriotisme et la vérité. « Plus ils aiment leur pays, dit-il, et moins on peut faire fond sur l'impartialité qu'ils professent. N'a-t-on pas de bonnes raisons d'être sceptique quand on considère que la plupart des ouvrages d'histoire sont l'œuvre de patriotes enflammés ? »

Ne disait-on pas déjà du savant Florentin Poggio, auteur de l'*Histoire de Florence,* mort en 1459, qu'il avait été « bon patriote, mais mauvais historien » ?

II

LA QUESTION DES RACES; SES COTÉS FAIBLES; DANGERS QUE PRÉSENTE SON ÉTUDE

La question des races a donné lieu depuis quelque temps à des mouvements d'opinion dont la portée est considérable; ces mouvements dénotent clairement que les tendances actuelles de la politique internationale sont contraires à l'esprit de la civilisation. A une époque où les peuples eussent dû, au contraire, comprendre l'urgente nécessité de relations pacifiques et d'une compréhension mutuelle éclairée, les mots *germanisme*, *latinisme*, *slavisme* ont fini par devenir, à l'usage, des termes politiques désignant des races rivales et hostiles.

Ce qui montre combien la dispute des races, en Europe, est scientifiquement dénuée de sens, c'est l'évidence de l'intime parenté de toutes les races qui constituent les nations européennes; toutes sont sœurs et appartiennent à la famille indo-européenne, bien que mélangées d'éléments dont l'origine remonte à la préhistoire, et, dans certains lieux, d'éléments touraniens et plus particulièrement finnois. En dépit de cette évidence, certains écrivains allemands n'ont pas craint de susciter une grave agitation dans le domaine scientifique ; ils se sont mis au service de l'égoïsme national, et ils se sont ingéniés à prouver la supériorité de la race germanique sur la latine et sur la slave.

Le Allemands ont cru pendant longtemps qu'une certaine conformation du crâne leur était propre, qu'ils étaient dolichocéphales, à crâne allongé, en contraste avec les Français, unanimement brachycéphales, c'est-à-dire à crâne court. Or, des investigations approfondies ont montré que dans beaucoup d'Etats allemands, par exemple dans le grand-duché de Hesse, en Souabe et en Bavière, on est brachycéphale comme en France, et que le crâne allemand le plus typique, celui du Teuton, est de forme variable, tantôt dolichocéphale, tantôt mésocéphale et tantôt brachycéphale.

La théorie des races selon la formule allemande est donc anatomiquement fausse. D'ailleurs, si nous remontons le cours de l'histoire, nous trouvons que la race française, même quand elle descend directement de la latine, ne manque pas d'éléments germaniques, puisque les Francs et les Normands étaient des Germains. Enfin, si cette théorie des races était vraie, le principe élémentaire de la loi des nationalités serait faux ; il se réduirait à une collection de règles déclamatoires et de phrases un peu naïvement assemblées. Pourquoi, en effet, respecter une nation qu'une théorie prétendûment scientifique a condamnée à disparaître à seule fin de servir les desseins d'une politique de force brutale ? Aussi, des voix se sont-elles élevées depuis quelque temps, même en Allemagne, pour dénoncer la fausseté de la théorie allemande.

Frédéric Hertz, l'un des savants les plus sagaces qui se soient occupés de la question, observe dans son ouvrage intitulé : *Théorie moderne des races* (1904) que « l'importance et la permanence des facteurs distinctifs des races ont été exagérés à un degré incroyable » et que « leur rôle dans l'exposé historique de la question doit être considéré comme secondaire ». Hertz remarque aussi que les autorités en matière d'anthropologie dédaignent la classification historique en races « nobles » et « ignobles ». Et Kollmann écrit que « toutes les races européennes, dans la mesure où nous avons pénétré jusqu'ici les mystères de leurs origines, sont également aptes à participer à n'importe quelle tâche civilisatrice. »

« De nos jours, dit Hertz, la théorie des races, dans son sens traditionnel, est devenue un terrain de jeu pour les politiciens et pour les dilettantes, au lieu de rester réservée aux investigations des savants. Rien n'est plus faux que ce principe d'après lequel la conscience nationale s'identifie avec la race, et que la théorie des races est le fondement des tendances nationales. Il n'y a pas de principes plus profondément opposés que celui de la race et celui de la nationalité. La théorie des races entraîne le dédain de la race étrangère, et décrète son infériorité irrémédiable ; elle enseigne les dangers du mélange de la race dite « ignoble » avec la race « noble ». Or, les nations sont toutes composées des races les plus diverses ; et l'on observe que celles qui résultent de la fusion des éléments les plus nombreux et variés sont les plus civilisées ».

J'ai montré en 1903 dans mon ouvrage sur l'origine des brachycéphales et des dolichocéphales[1] combien peu d'importance il faut attacher à la forme du crâne dans la détermination d'une race. J'ai montré que les crânes longs, les courts, et ceux à caractéristiques intermédiaires se retrouvent dans presque toutes les races, tant anciennes que modernes, et que les formes du crâne, loin d'être un trait esssentiel de chaque race, varient avec les influences de la culture, la démarche etc..., et que tel peuple, devenu presque intégralement brachycéphale, peut avoir été, dans les étapes lointaines de son évolution, presque entièrement dolichocéphale. J'ai démontré aussi par l'examen de la tête de 500 Suédois vivants, que les brachycéphales sont plus nombreux dans les classes supérieures et que les paysans sont presque tous dolichocéphales.

D'éminents anthropologistes ont accepté ces preuves comme concluantes, et ma théorie craniologique semble avoir été généralement adoptée.

En dehors des recherches théoriques qu'elles impliquent, mes investigations servent encore un dessein pratique fort précis ; elles tendent à neutraliser la haine de race et le chauvinisme ; car l'étude des caractères distinctifs des grandes familles humaines a conduit certains auteurs à déclarer que les nations dolichocéphales de l'Europe sont supérieures aux brachycéphales, et par là destinées à les dominer et à les conquérir.

En règle générale, les tentatives faites pour déterminer la nationalité des divers peuples n'ont pas brillé par l'exactitude de leurs conclusions ; on a trop aisément généralisé des observations faites sur l'élément prépondérant ou tirées de la langue, etc... C'est ainsi qu'on a trop légèrement conclu que les Français sont d'origine latine, les Allemands de race germanique, les Russes de race slave ; en réalité les origines profondes de ces peuples sont des plus complexes. Lorsqu'on cherche à résoudre la question des nationalités, il est manifestement insuffisant de prouver que telle souche a dominé pendant une longue période sur tel territoire, ou occupé tel pays. Il faut déterminer dans quelle mesure elle a extirpé, refoulé ou absorbé les éléments d'abord fixés sur les territoires où elle a fini par devenir prépondérante.

Bien qu'il soit rare que les habitants d'un pays conquis aient été complètement exterminés (cela s'est produit quelquefois lorsqu'il étaient peu nombreux), il est certain que, dans la plupart des

[1] Cet ouvrage parut d'abord dans les *Archiv für Anthropologie* de Ranke, en 1901, sous le titre : *Variations de la forme du crâne humain.*

conquêtes, la majeure partie de l'élément ancien — tout au moins les enfants et les femmes — n'a pas été anéantie; elle est généralement restée en servage; dans certains cas, elle a continué de jouir de certaines libertés et de certains privilèges. Presque toujours, une fusion s'est faite, à la longue, entre vainqueurs et vaincus, ce dernier élément ayant généralement prédominé et par conséquent déterminé ethnographiquement la nationalité définitive, l'envahisseur se contentant généralement d'attacher son nom à sa conquête.

Il n'existe nulle part en Europe une nation de race absolument pure; même là où l'unité politique et sociale est manifeste et semble complète, la nation est toujours composée de divers éléments de races distinctes. La France, qui semble si homogène, est un composé de races inconnues de la préhistoire. Celtes, Romains, Germains (les Bretons du moyen âge), Normands (c'est-à-dire Scandinaves), Gascons, Provençaux, etc... qui ont fusionné, se considèrent comme des Français, et parlent tous la même langue, bien que toutes ces provinces aient conservé un dialecte propre.

Anglais et Ecossais forment, eux aussi, une nation assez homogène; ils comportent pourtant bien des éléments de races distinctes, descendants de Celtes, de Germains, etc.,.: Gaëls, Pictes, Ecossais, Angles, Saxons et Scandinaves qui luttèrent au moyen âge pour l'hégémonie du pays.

La nation allemande, elle, est composée de Celtes, de Germains et de Slaves, sans parler de diverses races préhistoriques. Le pangermanisme devrait donc, pour être logique avec lui-même, expulser de l'Allemagne méridionale les éléments celtiques et de l'Allemagne du Nord, les éléments slaves, par conséquent les Prussiens !

La nation italienne est faite d'éléments celtiques et germains et de descendants des anciens Romains (qui n'étaient eux-mêmes qu'un mélange complexe d'Italiens d'une époque antérieure), d'Etrusques et d'autres races.

Le peuple danois est également très mêlé, en dépit de son unité nationale et de ses sentiments nationaux si caractérisés; on y retrouve des origines celtiques, d'anciens Germains très mélangés, des Allemands de race plus récente, des Slaves, etc...

Quant à la Suède, elle est issue de la fusion de peuplades préhistoriques inconnues avec les Celtes et avec les Germains qui, à une époque déterminée, prédominaient dans le pays. Mais, dans tout le cours de l'histoire et jusqu'aux temps modernes, des éléments de race étrangère s'y sont constamment résorbés. J'ai découvert à la suite d'une enquête sur l'ascendance de 500 Suédois vivants, que 67 d'entre eux, c'est-à-dire 14,4 pour cent, avaient du sang étranger dans les veines; dans près de la moitié des cas, j'ai retrouvé des traces de sang allemand; ensuite venaient ceux de sang écossais, de sang franc, de sang wallon[1].

En Russie on considère généralement l'Allemand comme un ennemi. En 1882, le général russe Skobeleff disait aux étudiants slaves de Paris: « Il y a dans notre pays un étranger qui a pénétré partout; nous avons été les victimes de ses intrigues et inféodés à sa puissance; cet étranger c'est l'Allemand. L'Allemand, voilà l'ennemi! La lutte entre Slaves et Teutons est inéluctable! » De leur côté, les Allemands ont soutenu que la Russie devait beaucoup à l'Allemagne et à l'immigration allemande; que la plupart des établissements industriels russes devaient leur existence à l'initiative allemande; que les emplois en vue, dans le gouvernement de la Russie et dans l'armée russe ont souvent été confiés à des individus de descendance allemande.

Il résulte de toutes ces considérations que la haine des races en soi, sans arrière-pensée politique, est une anomalie dans des pays civilisés; lorsqu'aucun antagonisme n'existe entre les Etats, c'est de la démence pure; dans la plupart des cas, c'est un sentiment créé ou entretenu d'une manière artificielle, presque toujours fondé sur l'ignorance, reposant sur une version erronée des faits historiques, ou suscité par des événements d'ordre militaire ou par un nationalisme exagéré, par le chauvinisme.

Il est juste de reconnaître que ce n'est pas l'*antagonisme des races* qui provoqua la guerre de 1914; il faut chercher ailleurs la cause véritable du conflit, notamment dans l'*antagonisme des Etats*, dressés les uns contre les autres. Et il est particulièrement inexact de dire que, sur le front oriental, des Slaves luttent contre des Teutons, ou des Teutons contre des Slaves. Il ne manque pas, en effet, de Slaves dans les armées austro-allemandes; et ne voit-on pas, sur le front occidental, l'Etat germanique de la Grande-Bretagne combattre les Germains d'Allemagne?

Que la haine des races existe à l'arrière-plan de la guerre, cela n'est pas contestable; même cela se conçoit aisément si l'on songe que les Germains n'ont cessé, depuis le moyen âge, d'évincer les

[1] Par exemple, l'auteur de ces lignes descend de très vieille souche suédoise tant du côté paternel que du côté maternel; mais de chaque côté il y a des traces de sang écossais, germain et franc.

Slaves de l'Europe centrale et qu'ils ont conquis plusieurs provinces slaves ; les hommes politiques allemands ne se lassent d'ailleurs jamais de répéter que, chez les Slaves, la haine de l'Allemagne est dans le sang.

En Russie même, on n'est pas éloigné de considérer cette guerre comme une lutte entre le slavisme et le germanisme; de même on dit en Allemagne qu'il s'agit d'un conflit entre Slaves et Germains.

Le chancelier impérial Bethmann-Hollweg ne déclara-t-il pas, au début de la guerre [1], que « l'assujettissement de tous les Slaves sous le sceptre russe, conséquence logique et fatale d'une désagrégation complète de l'Autriche, rendrait intenable la situation de la race germanique en Europe » ? C'est pourquoi l'Allemagne ne pouvait manquer de soutenir l'Autriche dans le conflit austro-serbe.

Le Dr S. Hedin, à son retour en Suède, après une visite au front (interview du *Dagens Nyheter)*, fit la déclaration suivante :

« C'est le développement du germanisme sous le déguisement allemand qui a rapproché les alliés pour la défense commune. De là le ressentiment des Allemands contre la Grande-Bretagne ; ils considèrent la participation de l'Angleterre à la guerre comme une trahison de race. Notre responsabilité, a-t-il ajouté, n'en est que plus grande. De tous les peuples germaniques, c'est nous dont le sang est le plus pur ; cette origine comporte des devoirs. »

Mais la tension entre la Russie et l'Allemagne, envenimée au début de la guerre par l'appel à l'antagonisme des races, exige une explication plus précise, un exposé plus serré de la situation respective des Slaves et des Germains, et des conditions ethnographiques qui régissent les peuples actuellement en conflit.

[1] Livre blanc allemand.

III

LES SLAVES; LEUR ANCIENNE RÉPARTITION; SLAVES MODERNES; LE PANSLAVISME LA CIVILISATION SLAVE

La diffusion des Slaves en Europe, dont on n'a pas assez parlé jusqu'ici, fut à l'origine beaucoup plus grande qu'on ne l'avait cru d'abord. Ce fait est clairement démontré dans un ouvrage remarquable, publié en 1899 par l'Académie des Sciences de Cracovie et intitulé: *Les Slaves est-rhénans* (« O Slowianach mieszkajacych nigdys miedzy renem, a Laba, Sala i Creska, Granica »), dont l'auteur est un savant polonais, le Dr W. Ketrzynski.

Le germaniste Müllenhoff avait déjà observé : que les anciens noms des localités sises entre le Rhin et l'Elbe ne sont pas des noms allemands; que les Allemands ne furent pas les premiers habitants de ces localités, mais qu'ils s'y établirent en conquérants, à la suite de migrations. Il soutenait que les premiers habitants de ces régions avaient été des Celtes.

Ketrzynski montre que ces premiers habitants furent non des Celtes, mais des Slaves, car les mêmes noms de lieux se retrouvent dans les pays slaves d'aujourd'hui. Pour le prouver, Ketrzynski cite des noms que les auteurs allemands eux-mêmes reconnaissent pour être d'origine slave; tels sont, par exemple, ceux qui se terminent en *itz* et en *gast;* les noms en *wind, wend,* et leurs combinaisons. Cet auteur montre qu'il y a environ 800 noms analogues de localités situées entre le Rhin et la frontière slave actuelle de l'Europe orientale. Les témoignages les plus convaincants sont les noms de montagnes et de rivières, tels que le Rhin, la Lippe, la Saale, l'Oder, etc... tous slaves.

Selon Ketrzynski, ces noms slavons ne peuvent pas être considérés comme ayant appartenu à des colonies de prisonniers de guerre slaves ; ils prouvent à l'évidence la trace de descendants d'une population slavonne très ancienne, qui baptisa ces localités antérieurement à l'occupation germanique.

Les monuments runiques attestent également la présence de Slaves sur les rives du Rhin, de la Fulda, etc., jusqu'au IXe siècle ; on retrouve, dans les régions arrosées par ces cours d'eau, les noms de plus de cent localités occupées jadis par des Slaves. Dans la plupart des cas, cependant, on peut admettre que les Germains, en s'emparant d'un nouveau territoire, ont pu lui donner un nom nouveau ; la conservation de la désinence slave semblerait donc indiquer que la population conquise ne fut germanisée que par degrés.

Les Grecs et les Romains de l'antiquité connurent probablement l'existence de ces Slaves, quoique pendant une longue période ils ne fissent aucune distinction entre eux et les Germains, pas plus d'ailleurs qu'ils ne distinguèrent les Celtes des mêmes Germains. Ketrzynski dit que, dans l'antiquité, les Slaves n'étaient connus que sous le nom de Suèves, parce que les Grecs et les Romains, incapables de prononcer la lettre slave л (*L*), modifièrent le nom pour leur commodité ; Grimm, et d'autres philologues après lui, reconnurent, il y a longtemps, que les termes « Slaves » et « Suèves » ne représentent qu'une seule et même race.

Les Suèves de César occupaient, en effet, les régions que M. Ketrzynski leur assigne, à l'ouest de l'Europe, dans son ouvrage.

Il est intéressant de noter ici que la Germanie n'était, dans l'antiquité, qu'une expression géographique, et que le mot n'avait, au point de vue ethnologique, aucune signification. La Germanie de César était habitée à la fois par des Germains, des Suèves et des Celtes, et les Germains habitaient également la Gaule.

Tacite, dans son ouvrage sur les coutumes des Germains, décrit les tribus germaniques et suèves comme appartenant à des nations différentes, et Ketrzynski signale que la description de Tacite des cérémonies religieuses des Semnones suèves et le culte Herta des Muithoniens et d'autres peuplades, avec leurs sacrifices sanglants, correspond en tous points aux relations données par Adam de Brême et Helmold, aux XIe et XIIe siècles, des cérémonies cultuelles de Radigast et de Svantewitz chez les Slaves de Poméranie. Les Suèves de Tacite étaient les Slaves de l'Ouest, ses Venedi, les Russes et autres Slaves de l'Est.

Au VIe siècle, l'historien gothique Jordanes nommait la Scandinavie « une fabrique de nations » (Officina gentium vagina nationum) ; de même, selon Ketrzynski, presque tous les peuples germaniques du continent vinrent de Scandinavie, où ils occupèrent, en conquérants, c'est-à-dire en pirates, les contrées natales des Celtes et des Slaves en Germanie. Ils possédaient une organisation militaire qui leur permit de conquérir d'autres races, à qui cette organisation faisait défaut. En outre, fait significatif, certains peuples germaniques de l'Europe centrale (notamment les Goths, les Longobards germaniques et les Saxons) avaient hérité des traditions de leurs origines scandinaves ; d'autres (tels les Francs et les Allemans), disaient *être venus d'un pays étranger*.

Les Danois eux-mêmes disaient venir de Scandinavie. Dans le Slesvig, on a trouvé des traces de colonies slaves jusqu'à Aabenraa. S'il est exact que ce sont les incursions de pirates scandinaves et leurs colonies des bouches du Rhin qui provoquèrent la migration des Celtes, les premiers nommés doivent s'être établis dans ces parages dès le VIe ou le VIIe siècle avant J.-C. Ils ont graduellement pénétré plus avant dans le pays, et, au temps de César, deux de leurs tribus, les Vangiones et les Triboci, se fixèrent d'une façon permanente dans la région de Worms et de Strasbourg. Quand Drusus traversa le Rhin en l'an 9 avant J.-C., il trouva les Germains Chatti établis dans les contrées habitées au temps de César par les Suèves ; ces derniers avaient donc succombé dans l'intervalle au cours de leur lutte avec les Germains.

Au temps de Tacite, à la fin du premier siècle avant J.-C., les seules tribus slaves indépendantes qui habitassent la contrée située à l'ouest de l'Elbe, étaient les Longobards et les Hermunduri ; mais, vers la fin du IVe siècle, les Scandinaves vinrent s'y établir ; ils subjuguèrent partiellement les Longobards et s'allièrent à eux dans une certaine mesure ; après quoi le nom passa au peuple conquérant, qui donna naissance à une race germano-slave. Plus tard, ces Longobards furent poussés vers le sud par les Angles et par les Varini, qui occupèrent le pays des Hermunduri ; leur domination disparut en 531, devant celle des Francs, qui régnèrent dès lors sur la basse Saale et sur l'Elbe moyen.

A cette époque, les régions slaves de l'ouest étaient presque entièrement occupées par des tribus germaniques, et il n'existait de Slaves libres que dans l'angle entre le Mein, le Regnitz, le Danube et la Bohême. C'est là que naquit, en 623, le royaume de Samo ;

par sa victoire de Mogast (près de Bayreuth), remportée sur les Francs, Samo garantit son royaume contre la suprématie franque. Un prince serbe, Dervan, dont le peuple avait depuis longtemps accepté la suzeraineté des Francs, rompit avec ses maîtres et fit cause commune avec Samo ; le pays de Dervan s'étendait probablement entre la Saale, l'Ilm et le Main. Après la mort de Samo, survenue en 658, son royaume fut divisé entre ses nombreux fils ; il perdit ainsi toute son importance, et fut finalement noyé dans l'empire de Charlemagne (805).

Les incursions germaniques amenèrent un bouleversement général de la situation des pays slaves. Les biens des nobles tombèrent aux mains des Germains. Les colons qui avaient pris à bail des domaines qui ne leur appartenaient pas en propre étaient considérés comme personnellement « libres », comme l'étaient un certain nombre de chefs militaires établis dans des terres appartenant à l'Eglise. La majeure partie des paysans slaves devinrent ainsi les serfs des maîtres tant séculiers qu'ecclésiastiques, c'est-à-dire les sujets des Etats de la couronne impériale ; ils furent toutefois autorisés à conserver certains privilèges ; mais ils portèrent le nom de *Sclavi*.

Les royaumes slaves païens du nord de la Germanie furent longtemps en proie à des agitations de toutes sortes ; ils se firent maintes fois la guerre ; cet état de choses dura jusqu'en 928, date à laquelle Henri Ier défit la tribu slave des Hevelli et s'empara de Brandebourg, sa capitale. Non seulement la sphère de domination de son empire en fut considérablement élargie, mais les intérêts nationaux des Germains, longtemps compromis par l'agitation des tribus slaves, trouvèrent dans ce succès l'occasion d'un sérieux développement. La germanisation des vaincus ne devait pas tarder ; les maîtres ne pouvaient condescendre à apprendre la langue de leurs nouveaux sujets et les ecclésiastiques abominaient les mœurs et l'esprit slavons. Les dialectes slaves parlés en Germanie furent donc condamnés à s'éteindre tôt ou tard. Quand la germanisation paraissait trop lente, l'usage de la langue slave était tout bonnement interdit ; une mesure semblable fut notamment appliquée en 985, sous forme d'un décret « exterminentur » (qu'ils soient exterminés).

Si les nations slaves furent en général si longtemps dominées par l'élément germanique, ce n'est pas que leur culture intellectuelle fût médiocre ; il est prouvé qu'elle fut aussi riche que celle des Germains. Il faut chercher ailleurs, particulièrement dans la situation géographique et dans les conditions politiques des pays slaves la raison de leur sujétion prolongée. De plus, certaines tribus slaves connurent les invasions asiatiques, qui paralysèrent dans une large mesure les progrès de leur organisation et les manifestations de leur culture; les Allemands, au contraire, préservés de l'oppression étrangère, purent poursuivre leur développement en pleine indépendance. Contrastant avec les Germains, plus lourds et plus rudes, les Slaves se sont toujours montrés brillants, intelligents et sensibles. Depuis les temps les plus reculés, ils n'ont cessé de manifester le sentiment le plus vif de leur indépendance et de leur liberté ; aussi furent-ils toujours moins accessibles à la discipline et à l'obéissance passive que réclame l'organisation de l'Etat moderne, à laquelle les Germains se sont tout naturellement adaptés. Cet amour de la liberté qui distingue les Slaves s'est atténué au cours des siècles; en Russie, notamment, où le despotisme a pris lentement une extension sans cesse en progrès, il n'est plus l'apanage que d'une minorité et ne trouve son expression que dans des mouvements révolutionnaires sporadiques et convulsifs.

Les Slaves, dont la présence dans l'Europe occidentale remonte à la plus haute antiquité, se scindèrent peu à peu et formèrent plusieurs groupes distincts, qu'on peut ramener à trois groupes principaux, d'après leur langage : ceux de l'est, ceux du sud, et ceux de l'ouest.

Le groupe oriental comprend :

1. Les Grands Russiens ou Moscovites, constitués en majeure partie par des tribus slavonnes et finnoises, et, dans une moindre proportion, par des éléments mongols, gothiques et autres ;

2. Les Ruthènes ou Ukraniens, nommés aussi Petits Russiens, qui habitent l'Ukraine, la Galicie Orientale, la Volhynie et la Podolie.

Le groupe méridional comprend :

1. Les Bulgares, mélange de Slaves et d'anciens Bulgares finnois, de Goths et d'autres souches ;

2. Les Serbes, en Serbie, en Bosnie et en Herzégovine, en Croatie, au Montenegro, en Styrie, en Carinthie, etc. ;

3. Les Slovènes, dans l'Autriche méridionale.

Les Slaves occidentaux sont :

1. Les Polonais, en Pologne, en Posnanie, en Galicie et en Silésie.

2. Les Slovaques, en Moravie et en Hongrie;

3. Les Tchèques, en Bohême, en Moravie, en Hongrie et en Silésie;

4. Les Wendes (qui se nomment eux-mêmes Sorbes) dans les deux provinces de Lausitz (Brandeburg méridional et Saxe septentrionale) ; ils comptent maintenant environ 120 000 représentants. Ils occupaient aux premiers temps de l'histoire, un territoire beaucoup plus vaste, qui s'étendait jusqu'aux rivières Saale et Havel ;

5. Les Slaves lettons et lithuaniens, en Lithuanie, en Courlande et dans d'autres régions. A une époque reculée, des tribus slaves apparentées aux Lettons et aux Lithuaniens occupaient le territoire qui devint plus tard la Prusse ; ces tribus entrèrent parfois en contact avec les Goths et avec d'autres tribus teutonnes, avant la grande migration des peuples ; elles apparaissent pour la première fois dans l'histoire au Xme siècle, sous le nom de Borusses ou Prussiens ; leur langue était le borusse, c'est-à-dire le prussien. Le mot Prusse est donc d'origine slave. Les Borusses furent peu à peu germanisés dans leurs coutumes et dans leur langage, comme le furent une grande partie des Wendes : au moyen âge, on ne les trouvait plus que dans quelques villages. C'est du lithuanien que dérivent les formes les plus caractéristiques de la langue allemande, notamment les sons *s* et *z* et la diphtongue *tsch* comme dans le mot « deutsch ».

Ayant passé en revue tous ces peuples slaves, il est naturel de se demander ce qu'il faut entendre par panslavisme et d'examiner ce qu'on peut attendre de sa formule.

Le panslavisme, c'est-à-dire la tendance à rapprocher et à unir étroitement tous les peuples slaves, revêt deux aspects distincts : il y a le *panslavisme politique*, union politique des Slaves sous la direction de la Russie et il y a *la culture panslave*, communauté d'intérêts fondée sur le sentiment de fierté de la race et sur ses aspirations intellectuelles dans le domaine de la littérature, de la langue, etc... Le premier symptôme témoignant d'un mouvement de culture panslave remonte à la création d'un groupement littéraire dont le premier congrès se réunit à Prague en 1848. De là, les idées panslaves se répandirent dans toute l'Autriche et en Russie, où des slavophiles comme Aksakow et Katkow déployèrent une grande activité. La Russie étant le seul état slave indépendant, elle se constitua tout naturellement, par ses journaux et par ses groupements de toute nature, en protectrice de tous les Slaves ; elle fut acclamée comme telle par des députations slaves à l'exposition ethnographique de Moscou en 1867 ; les Polonais furent les seuls à s'abstenir dans cette circonstance.

Après 1867, le mouvement panslave se modifia et prit, dans

une certaine mesure, la forme d'*une union politique des Slaves sous la suprématie russe.* Dans la question dite d'Orient et tout au moins dans la mesure où cette question intéresse directement les Etats balkaniques, la Russie a voulu se poser non seulement en protectrice des Grecs chrétiens orthodoxes, mais aussi en gardienne politique des Etats de nationalité slave ; cette attitude donna naissance à la tension austro-russe, dont le caractère devait gagner si rapidement en gravité.

En Russie, le panslavisme est lié à l'enseignement national exalté des slavophiles pour qui les Slaves sont « le peuple élu » appelé à créer une civilisation nouvelle. Sous cette forme, la mission panslave a dû naturellement être abandonnée depuis longtemps. Si la Russie a tenté d'assister tantôt l'une, tantôt l'autre des nations slaves, elle a, d'autre part, opprimé d'autres peuples de même race, notamment les Polonais et les Ukraniens. Et nous avons vu de nos jours les Bulgares faire résistance aux efforts panslaves de la Russie : au début de la présente guerre, un membre de la société slave de Sofia fit paraître dans le journal *Volya* un article où il faisait le procès des « menaces panslaves » déguisées sous le panslavisme russe. « Il n'est pas vrai, disait-il, que la Russie combatte pour la suprématie des Slaves ; elle ne veut que conquérir les petits peuples de sa race ; elle est la pire ennemie de l'Idée slave. »

De tout ce qui précède, il résulte clairement qu'il ne pouvait être question d'un danger « panslave » à l'est de l'Allemagne et dirigé contre elle. Mais il est vrai de dire que le panslavisme pourrait, s'il était logique avec lui-même, revendiquer la réunion des Prussiens aux Slaves, et décréter l'exclusion des éléments germains : esthoniens, finnois, tartares et circassiens, qui représentent un joli morceau de son territoire !

La culture slave, telle qu'on la conçoit aujourd'hui en Russie, est à peine panslave, en dépit de l'étiquette de ses fédérations littéraires et de ses congrès. Ce qui est certain, c'est que ces groupements sont sincèrement pacifiques ; le slavisme actuel n'est donc nullement l'ennemi du germanisme ; mais il cherche à protéger le développement des peuples de sa race, ce qui l'entraîne à combattre l'opposition de l'Allemagne à ce développement.

Est-il raisonnable, les questions économiques et politiques mises à part, de voir dans les tendances intellectuelles des peuples d'origine slave les éléments d'une menace à la civilisation européenne et à l'humanité? La race slave n'a-t-elle pas produit assez de grands esprits, n'a-t-elle pas servi assez dignement la cause de l'humanité pour être à l'abri du soupçon de barbarie ?

Un regard d'ensemble jeté sur les étapes de la culture slave va fournir à ces questions la plus éloquente réponse.

Jean Huss, le fondateur de l'Université de Prague, qui tenta de réformer son Eglise un siècle avant Luther et périt sur le bûcher en 1415, était un Tchèque né en Bohême ; Tchèque aussi son disciple et collaborateur Hieronymus, condamné à la même peine. Huss inaugura une ère nouvelle de la littérature tchèque ; après lui, son œuvre fut continuée par les hussites, ses partisans ; cette littérature eut son âge d'or au XVIme siècle et au commencement du XVIIme ; à cette époque, les arts et les sciences furent librement exercés et cultivés. Ce n'est qu'en 1774 que les progrès tchèques furent entravés par un décret impérial ordonnant que seule la langue allemande serait en usage dans l'enseignement supérieur ; on sait quelles guerres, longues et cruelles, les Tchèques soutinrent de ce fait contre les Impériaux. Mais après 1818, les Tchèques retrouvèrent l'unité et la puissance de leur situation nationale ; et depuis lors, un grand nombre de poètes se sont brillamment illustrés : Czelokowsky, Kollar, Kolly, d'autres encore, sans parler des historiens, des archéologues et des naturalistes. Une société de littérature tchèque fut constituée en liaison avec la fondation du musée de Bohême, dont le somptueux édifice fut terminé en 1893. Et l'on sait que depuis 1882, l'Université de Prague a une chaire de tchèque à côté de la chaire d'allemand.

Quant à la Pologne, qui donna le jour au célèbre astronome Copernic, elle a produit beaucoup d'écrivains éminents, universellement connus et admirés : Niemcevicz, Mickiewicz, Slowacki, Goszcynski, Krasinski, Felinski, Krazewski, Sienkievicz ; et des historiens parmi lesquels Lelevel, Chodzko, Soltyk, Rezozowski, Microlavski, Dembrinski, Walizewski. L'Université de Varsovie fut longtemps dirigée par des savants polonais, mais l'oppression russe les en chassa peu à peu. Enfin, les universités de Cracovie et de Lemberg, qui n'avaient d'abord que des professeurs allemands, sont, depuis plusieurs dizaines d'années, dirigées uniquement par des Polonais ; un grand nombre d'entre eux ont été des savants éminents, appréciés dans l'Europe entière ; tels, par exemple, l'anatomiste Kadyi, le bactériologiste Buivid, etc. Un autre Polonais, Majewski, est l'un des représentants les plus justement célèbres des sciences archéologiques.

Quant à la Russie, elle a produit, au XIXme siècle, un grand nombre d'auteurs estimés : citons les grands Russiens Pouchkine,

Lermontoff, Bestucheff, Herzen, Dostoïewski, Tourguenieff, Alexis Tolstoï, Léon Tolstoï, et les Ukraniens Kotlarewski, Gogol, Kvitko, Goulak, Sjevtjenko ; elle a donné le jour à des historiens et à des archéologues éminents : Bogdanoff, Baer, Zagoskine, Klincewski, Platonoff, Vinogradoff, Kunik Schachmatoff, Kondakoff, J. Tolstoï, tous grands Russiens, et aux Ukraniens Duchinski, Kostomarov, Kulisj, Hrusevski, Antonovitch, etc. Russe aussi le bactériologiste Metchnikoff, qui dirige l'Institut Pasteur à Paris [1], le chimiste Mendeléev, dont les recherches dans le domaine de la chimie physique sont célèbres, le physiologiste Pavlov, à qui ses travaux valurent récemment le prix Nobel. La Russie est encore justement célèbre par le nombre des instituts et des musées où s'exerce la science de ses savants.

Les Ruthènes sont représentés dans la culture slave par quatorze professeurs et maîtres de conférences à l'université de Lemberg.

Enfin, les peuples slaves comptent de nombreux représentants parmi les peintres, les sculpteurs et les musiciens.

Pour les peuples balkaniques, il a fallu qu'ils secouassent le joug turc pour se développer peu à peu et atteindre à un degré élevé de culture ; leur formation intellectuelle est donc de date récente. Parmi eux, les Bulgares méritent une considération particulière par la vivacité de leur intelligence et leur désir de perfectionnement intellectuel. Tous les Bulgares reçoivent une instruction scolaire ; ils se passionnent pour l'étude. Il existe à Sofia une université qui forme des humanistes distingués, où l'on enseigne les sciences pures et les sciences juridiques. La poésie bulgare se caractérise par son côté humain, social et objectif ; elle compte un représentant remarquable de la culture moderne sud-slave dans Ivan Vazov, le même qui prit part aux mouvements révolutionnaires dirigés contre la Turquie ; ces soulèvements populaires sont décrits avec une belle ardeur dans maint de ses écrits.

De leur côté, les Serbes ont également atteint, depuis la guerre de libération, un niveau intellectuel élevé. Une université a été fondée à Belgrade, et plusieurs poètes et romanciers se sont fait connaître, parmi lesquels il faut citer Katjanski, Raditijevitj et Lazarevitj.

Telles sont, succinctement résumées, les manifestations intellectuelles qui mettent les Slaves à l'abri de l'accusation de barbarie, et gardent le panslavisme des conjectures où il serait représenté comme dangereux pour la civilisation.

[1] M. Metchnikoff est mort à Paris, le 15 juillet 1916. (*N. D. E.*)

IV

LES ANCIENS GERMAINS DE GERMANIE; LEUR PREMIÈRE RÉPARTITION; LEURS RAVAGES; LA GRANDE MIGRATION DES PEUPLES ET LES GUERRES ALLEMANDES DU MOYEN AGE; LA GUERRE DE TRENTE ANS; L'ÉTAT PRUSSIEN ET LES PARTAGES DE LA POLOGNE

A une époque reculée, vers l'an 500 avant Jésus-Christ, peut-être même au VIme ou au VIIme siècle avant notre ère, la Scandinavie et les autres pays baignés par la mer Baltique étaient habités par des tribus germaniques qui se répandirent peu à peu vers le sud et vers l'est. Les premiers déplacements dont nous puissions trouver la trace ne paraissent pas, en effet, s'être dirigés vers l'ouest, mais bien vers l'est et vers le sud. Les Germains ayant, dans ce mouvement, rencontré les Celtes et les Slaves, les refoulèrent ou les absorbèrent.

Le nom lui-même des Germains est d'origine celtique; il est probable qu'il voulait dire « voisins » ; les Celtes le donnèrent, en Gaule, à deux petites tribus celtiques de la frontière et aussi aux habitants de l'autre rive du Rhin ; et c'est là sans doute ce que le mot signifiait pour les Romains au commencement du dernier siècle avant J.-C. ; quant aux Grecs, ils n'établissaient aucune distinction entre les Germains et les autres peuples; ils les confondaient avec les Celtes et les Scythes.

César fut le premier à leur reconnaître une langue et des mœurs distinctes de celles des Celtes. Des recherches philologiques récentes ont montré que la langue parlée par les premiers Germains avait quelque parenté avec celle des Celtes, mais qu'elle en différait pourtant d'une façon sensible. Les deux peuples, d'ailleurs, tout comme les Grecs, les Romains et les Slaves, appartenaient à la famille indo-européenne.

Les premiers Celtes occupaient en Germanie le pays qui s'étendait à l'est du Rhin jusqu'à l'Elbe ; on les appelait Belges dans le nord, Welches au centre et au sud de la Germanie. Au cours de la seconde moitié du dernier siècle avant J.-C., les Celtes abandonnèrent le territoire qui s'étend à l'est du Rhin, soit qu'ils eussent émigré volontairement, soit qu'ils eussent été contraints à l'émigration par les armes victorieuses des Germains. Ce qui resta fut germanisé. La fusion fut particulièrement aisée entre l'élément celte et les tribus méridionales de la Germanie. Enfin, les Celtes établis à l'ouest du Rhin, qui parlaient un dialecte romain, furent peu à peu germanisés à leur tour.

Quand les Romains connurent leur existence, les Germains de l'antiquité étaient des barbares aussi peu cultivés que possible, dépourvus de toute civilisation ; ils ne vivaient pas même en communautés organisées et formaient une quarantaine d'agrégats de tribus, qui se dissocièrent encore en mainte occasion, mais qui. parfois aussi, se rapprochèrent pour participer en commun à des entreprises guerrières. Quand ils ne se battaient pas, ils vivaient dans la paresse et l'indolence, chargeant les vieillards, les femmes et les esclaves de veiller à l'entretien du bétail et de cultiver la terre. Tacite dit, dans sa *Germanie*, qu'ils étaient tour à tour les plus paresseux et les plus turbulents des hommes : ils n'avaient d'autre occupation que la guerre; les dangers étaient leur unique plaisir; pendant les périodes de paix, ils s'adonnaient sans réserve au jeu et à la boisson ; le sang de leurs compagnons, de leurs parents même, souillait souvent leurs bruyantes orgies.

« Dans leurs forêts sans limites, ils se livraient au plaisir de la chasse, et la majeure partie du pays n'était qu'un vaste pâturage; ils en cultivaient mollement une fraction négligeable, se plaignant de ce que la stérilité du sol de leur pays natal ne pût les nourrir. Les horreurs de la famine les rappelaient périodiquement à la nécessité du travail; alors, pour soulager la misère nationale, le quart, le tiers parfois des jeunes gens quittaient le pays [1] » .

César dit, dans sa *Guerre des Gaules*, que les peuples les plus avancés de la Germanie s'efforçaient d'entourer leur territoire de zones inhabitées et dévastées, et que cette terrible ceinture portait la trace effrayante de la puissance de leurs armes et les protégeait contre le danger des surprises; et Tacite écrit : « La tribu des

[1] Paulus Diaconus, d'après Gibbon (*Déclin et chute de l'Empire romain*).

Bructères fut exterminée par la tribu voisine des Chattes, qu'excitait l'arrogance et la richesse des Bructères ; 60 000 barbares tombèrent dans ce carnage, non pas sous nos coups, mais sous nos yeux et pour notre avantage. »

Il eût été puéril à des étrangers de faire confiance à de tels barbares. On a dit des Francs, des Allemands et d'autres peuplades, qu'ils se distinguaient par leur rapacité et par le mépris dans lequel ils tenaient les traités les plus solennellement conclus, et qu'il était vain de tâcher de les lier à soi par des pactes.

Dans son *Antimachiavel*, Frédéric le Grand fait cette description intéressante des migrations des peuples nordiques : « J'ai toujours été convaincu, dit-il, que l'absence d'industrie fut pour une large part dans les migrations gigantesques de ces peuples du Nord, Goths et Vandales, qui balayèrent tant de fois l'Europe méridionale. A cette époque reculée, la chasse et l'agriculture étaient les seules industries que connussent les habitants de la Suède, du Danemark et de la plus grande partie de la Germanie. Les territoires susceptibles d'être cultivés étaient répartis entre des propriétaires terriens, qui en tiraient leur subsistance. Mais la race humaine ayant toujours été très prolifique dans les régions à climat froid, il arrivait souvent qu'un pays eût un nombre d'habitants double de celui qu'il pouvait nourrir par le travail ; des bandes guerrières se constituaient ainsi, formées des membres les plus jeunes des familles aisées ; elles vivaient notoirement de pillage, ravageant les autres pays dont elles dépossédaient les chefs. Nous avons vu ces barbares dans l'est et dans l'ouest de l'Empire romain, se borner à demander des terres arables qui pussent assurer leur subsistance. Aujourd'hui, les pays du nord de l'Europe ne sont pas moins peuplés qu'ils l'étaient alors, mais les habitudes de luxe ont multiplié les besoins et donné naissance à des arts divers et à de nombreuses industries ; ces transformations ont créé des ressources à des populations qui, sans cela, eussent été contraintes de chercher ailleurs leur subsistance. »

Les Romains entrèrent pour la première fois en contact avec les barbares du Nord au moment où les Teutons et les Cimbres, qui occupaient le Mecklembourg actuel et l'Etat de Holstein, commencèrent, en l'an 113 avant J.-C., à se déplacer vers le sud, chassés par les débordements de la Baltique ; ils les défirent. Les invasions ultérieures, en France et en Italie, échouèrent de même en l'an 102 avant J.-C. et l'année suivante. Peu avant le commencement de l'ère chrétienne, les Germains tentèrent de nouveau de pénétrer dans l'empire romain ; ils furent battus par Jules César et par Auguste, et la Germanie devint province romaine.

Les Germains gagnèrent toutefois quelques batailles décisives notamment celle de la forêt de Teutberg, en l'an 9 de l'ère chrétienne, et des relations s'établirent graduellement entre Romains et Germains sur le terrain des relations commerciales. En outre, des Germains servirent Rome; mais leur instinct migratoire ne les abandonna jamais, et leur connaissance de l'Empire ne fit que fortifier en eux le désir d'en posséder en propre une partie. Sous le règne de Tibère, et sous celui de Vespasien et de Domitien, les Romains eurent maintes fois maille à partir avec ces sujets turbulents. Plusieurs siècles après les guerres qui avaient signalé les premières invasions germaniques, ces luttes entre Romains et Germains duraient encore.

Au début du troisième siècle, sous Caracalla, apparurent pour la première fois les Alemans ; ils envahirent l'Italie et le territoire de la Gaule, mais furent défaits sur le Main, en 213. Peu après, des hordes nouvelles de Germains passèrent le Rhin et le Danube et furent rejetées, en 235, par Septime Sévère. L'empereur Gallien (253-268) conclut avec eux une alliance, épousa Pipa, fille de roi, et céda à son beau-père de vastes territoires en Hongrie. C'est sous le règne de cet empereur que les Goths envahirent l'empire romain et ravagèrent la Gaule, la Grèce et l'Orient. Trébizonde, colonie riche, pleine de monuments admirables et de trésors artistiques, fut prise d'assaut, et sa population passée sans pitié par les armes; les temples les plus sacrés, les monuments les plus magnifiques furent rasés jusqu'au sol; la folie destructive des Goths ne connut point de bornes. Nicomédie, Prusa[1], Cicus et d'autres villes superbes de la Bithynie subirent le même sort que Trébizonde et furent consumées par le feu. Quand la vieille et vénérable cité de l'île de Cyzique eut été dévastée à son tour, les Goths attaquèrent Athènes et le Pirée, qui furent également détruits en majeure partie. Peu après, Thèbes, Argos, Corinthe, Sparte et d'autres villes furent visitées à leur tour, et la guerre fut portée dans toute la Grèce. Enfin, Ephèse elle-même succomba à la fureur des barbares ; le temple célèbre de Diane fut brûlé, avec ses sculptures précieuses, œuvres de Praxitèle et des autres maîtres qui avaient contribué à faire de ce temple l'une des sept merveilles du monde.

[1] Aujourd'hui Brousse.

Au cours des siècles suivants, les incursions des Germains et d'autres tribus barbares dans l'empire romain devinrent de plus en plus fréquentes, malgré la résistance opposée par Constantin le Grand, par Julien et par d'autres empereurs. La grande migration des peuples (IVe-VIe siècles) fut indubitablement provoquée par la poussée des terribles Huns, qui refoulèrent les Germains vers l'an 376 ; les Germains, à leur tour, pénétrèrent plus profondément dans l'empire et le menacèrent plus sérieusement que jamais auparavant.

Les Huns étaient des nomades originaires des montagnes de l'Oural et de l'Altaï, qui se partageaient avec les Mongols, les Turcs et les Toungouses les vastes steppes du centre de l'Asie. Dès longtemps avant l'ère chrétienne, ils formaient une puissante tribu de chasseurs et de bergers, ignorant l'agriculture ; quand leurs troupeaux ne trouvaient plus une nourriture suffisante dans les territoires qui leur appartenaient, ils se mettaient à la recherche de nouveaux pâturages ; c'est ainsi qu'ils entrèrent en conflit avec d'autres peuples, leurs voisins.

A une époque reculée de leur histoire, ils étaient considérés par les Chinois comme une race farouche et guerrière ; sans doute la richesse de la Chine les avait-elle tentés. Leurs incursions devinrent à ce point inquiétantes que les Chinois furent contraints, pour se protéger, d'élever tout le long de leur frontière septentrionale le rempart connu sous le nom de Grande Muraille (214 avant J.-C.).

Malgré cet obstacle, les incursions des Huns en Chine continuèrent; ils n'en furent définitivement expulsés qu'en l'an 90 de l'ère chrétienne.

Les guerres successives, les désordres intérieurs et une épouvantable famine forcèrent les Huns, au commencement du IVe siècle, à abandonner les steppes de Tartarie. Ils se mirent en marche vers l'ouest et ne tardèrent pas à se scinder en deux groupes principaux, dont l'un s'établit à l'est de la mer Caspienne, tandis que l'autre continuait son mouvement vers les monts Ourals, d'où ils descendirent vers le Caucase et la mer Noire. Ils y attaquèrent le peuple guerrier des Alains, peuple sarmato-gothique qui vivait entre la mer Caspienne et la mer Noire; puis, ayant fait cause commune avec lui, ils pénétrèrent en Europe et subjuguèrent une partie des Goths établis au nord de la mer Noire, sur les deux rives du Dnieper ; le reste des Goths dut passer le Danube et envahit le territoire romain. L'empereur Théodose dut faire la paix avec Attila, roi des Huns; un grand nombre de peuples de l'Europe centrale durent également reconnaître la domination des terribles barbares, dont l'empire s'étendit bientôt de la mer Caspienne au Rhin. En 451, Attila passa ce fleuve, ravagea des villes de Gaule et menaça Lutèce, que sainte Geneviève sauva. Il attaqua ensuite Orléans, mais les Romains, se joignant aux Visigoths, vinrent à la rescousse; une bataille terrible s'ensuivit dans les champs Catalauniques, près de Châlons-sur-Marne (451). Des tribus germaniques combattaient dans les rangs d'Attila, c'est-à-dire contre leurs frères de race. Les Huns furent défaits ; Attila se replia sur l'Italie, brûlant les villes et mettant tout à sac sur son passage. A sa mort, qui survint peu de temps après, une grande bataille s'engagea entre les Huns et les Germains en Pannonie, au sud du Danube moyen, à la suite de laquelle les Huns se retirèrent dans la Russie méridionale, d'où leurs descendants, de temps à autre, faisaient des incursions chez leurs voisins, semant partout la terreur.

Les Ostrogoths, après avoir été chassés par les Huns, re rendirent maîtres de la Pannonie; une autre tribu germanique, les Gépides, s'établit en Dacie (Hongrie). Sans cesse, de nouvelles tribus germaniques entraient en scène: à peine l'une d'entre elles avait-elle été réduite qu'une autre paraissait, et menaçait les Romains avec une vigueur nouvelle. Les Vandales, sous les ordres de Genséric, pillèrent Rome, s'embarquèrent pour Carthage, et dévastèrent les côtes africaines. Les Francs et les Alemans attaquèrent en même temps le territoire romain dans une autre direction, tandis que les Saxons s'en prenaient aux côtes et que les Goths cherchaient à s'emparer d'autres provinces.

Au cours des luttes intestines qui déchirèrent Rome au Ve siècle, des chefs germains donnèrent souvent leur appui aux divers partis. Les Burgundes s'emparèrent de plusieurs provinces de la Gaule méridionale et les Visigoths devinrent maîtres de l'Espagne. Ce furent les barbares qui élirent le dernier empereur romain, Romulus Augustule ; ils lui imposèrent une politique de leur choix et réclamèrent le tiers du territoire de l'Italie. Le refus opposé par l'empereur provoqua une sédition ; un chef germain, Odoacre, se mit à la tête du mouvement; des hordes immenses de Germains se rangèrent sous sa bannière, et il réussit sans peine à déposer Romulus Augustule, en 476. Odoacre devint donc le maître de Rome; il abolit le titre impérial et se donna le nom de roi d'Italie. Ensuite, il fit don à ses compagnons d'armes du tiers du pays qu'il venait de conquérir et dont la majeure partie était fort dépeuplée ; il gouverna avec intelligence et sagesse. Mais Théodoric le Grand, roi puissant des Ostrogoths, convoitait l'Italie; il l'envahit et réussit à la conquérir, après avoir, en 489 et en 490, défait deux fois Odoacre, qu'il fit assassiner trois ans plus tard, afin de régner sans partage.

Les Germains possédaient ainsi tout l'empire romain d'occident. L'état d'organisation et de civilisation de l'Empire, la splendeur de ses monuments, de ses travaux d'art, etc... leur causèrent d'abord de l'étonnement. Peu à peu ils s'adaptèrent, adoptant maintes coutumes, faisant leur profit de l'expérience de leurs prédécesseurs et faisant leurs, dans une large mesure, les lois qui avaient régi Rome. Ils avaient trouvé l'empire affaibli par le vice et la corruption et plongé dans la misère; le paganisme allait déclinant ; le christianisme n'avait pas encore épuré les coutumes et les mœurs.

Les Germains, au lieu de se garder des erreurs qui avaient conduit les Romains à la décadence, ajoutèrent leurs propres vices à ceux du vaincu ; et, ayant acquis la ruse, l'adresse et le raffinement dans la débauche, ils continuèrent à pratiquer la grossièreté, la rapacité et la cruauté. Dans ces conditions, tout progrès devait être pour longtemps impossible.

Pendant tout le moyen âge, les Germains restèrent tels, hostiles à toute évolution; ils répétèrent périodiquement les entreprises de pillage et de dévastation qui avaient caractérisé l'époque des grands mouvements migratoires. Ils continuèrent d'ignorer le sens de la loyauté réciproque entre les tribus. Ils portaient dans leur sang le goût des combats, et maintes coutumes barbares étaient encore en honneur chez les Germains, qui avaient déjà disparu chez les Italiens et chez les Français. Pendant des siècles, à partir du XIIe, les noms de guelfes et de gibelins furent intimement liés aux guerres civiles qui ensanglantaient l'Italie, mettant aux prises les partisans du pape et ceux des empereurs. Durant tout le « grand interrègne », c'est-à-dire pendant les vingt-deux années qui suivirent l'an 1250, l'illégalité ne cessa de prévaloir, et personne ne put prétendre à la possession effective du trône. La plus grande misère régnait dans tout l'Empire ; la couronne allait au plus offrant d'entre les vassaux ; nulle autre loi que celle du plus fort; personne qui fut en état de protéger le peuple contre l'arrogance des barons féodaux. La plupart des aristocrates étaient chefs de bandes; leurs châteaux servaient de repaires aux bandits; et ils vivaient de pillage, détroussant les voyageurs sur les grands chemins. Enfin, Rodolphe de Habsbourg réussit à soumettre les plus puissants de ses vassaux et détruisit soixante-dix châteaux appartenant à ces singuliers aristocrates.

Maintes tentatives furent faites pour réduire l'esprit querelleur des Germains. En 1389, l'empereur Venceslas conclut une trêve générale de six années. La diète de 1486 établit la paix pour dix années consécutives; neuf ans plus tard, en 1496, la diète de Worms proclamait la trêve générale et perpétuelle dans tout l'empire allemand. Ce fut en vain. La révolte des protestants ralluma de nouvelles dissensions politiques qui durèrent un siècle entier, semant le désordre et la dévastation.

Les causes de la guerre de Trente Ans sont de deux ordres: les causes premières sont les différends d'ordre religieux, l'antagonisme des protestants et des catholiques; les autres non moins importantes, sont d'ordre politique: ce sont les intrigues ambitieuses de cour. Les princes qui agissaient sous l'empire d'une défense légitime ou d'un appétit de conquête, exploitèrent les passions religieuses pour obtenir le concours des populations. Nulle guerre ne fut plus sanglante dans l'histoire du monde; presque toutes les provinces allemandes furent dévastées; la férocité la plus bestiale se donna carrière; nul souci de civilisation; et ceci se passait un siècle après Luther, à une époque contemporaine de Descartes, de Bacon, de Grotius et d'autres grands esprits européens.

Il est intéressant de rapporter ici ce qu'un écrivain allemand, le professeur M. Philippson, disait de cette guerre dans son *Histoire des Temps Modernes* (vol. VIII de l'*Histoire Universelle* par Th. Flathe, etc...) « La soldatesque sévit partout, pillant, brûlant, torturant et assassinant par plaisir; amis ou ennemis, peu lui importait; elle n'épargna pas même son propre pays, souillant dans le meurtre les drapeaux sous lesquels elle combattait... Les soldats s'abattaient sur de paisibles provinces, ainsi que des bêtes de proie, volaient tout ce qui avait quelque valeur à leurs yeux et détruisaient le reste, incendiant les récoltes, arrachant aux habitants, par la torture, le secret des cachettes où ils avaient enfoui leurs objets précieux, enlevant et violant femmes et jeunes filles. Toute résistance était punie de meurtre; les enfants en bas âge, les vieillards même n'étaient pas épargnés. Et leurs jeux favoris consistaient à empaler des nourrissons sur la pointe de leurs lances, à les assommer contre des murailles ou à les brûler vifs... Les villages furent dévastés, les métiers laissés à l'abandon ; ceux qui avaient le temps de s'enfuir s'abritaient dans les bois, ou dans des cavernes. Les maisons furent pillées, les champs ravagés; la misère poussa des malheureux à se nourrir de la chair de leurs morts ; et, chose plus épouvantable encore, des êtres vivants, parfois des enfants sans défense, furent abattus et dépecés comme des bêtes de boucherie. Ce ne sont pas là des légendes; des centaines de témoins oculaires en ont rapporté le récit. La petite vérole et d'autres maladies contagieuses ne tardèrent pas à se déclarer parmi ces populations anémiées par la famine; elles décimèrent ceux que l'épée avait épargnés...

« Ainsi s'explique la dépopulation redoutable qui frappa l'Allemagne. On a pu établir que le recensement de 1648 donnait un chiffre trois fois inférieur à celui de 1618... En Franconie, la population était réduite à un point tel que les hommes furent autorisés à prendre deux épouses... Le commerce était mort ; les métiers abandonnés. Si triste que fût la situation matérielle en Allemagne, plus triste encore était le déclin moral et intellectuel ; et la souillure faite à la psychologie allemande par la guerre de Trente Ans n'est pas encore complètement effacée. Un esprit de rudesse et de sauvagerie persista dans toutes les classes de la nation... Les plus basses superstitions furent remises en faveur; l'atmosphère de terreur et de cruauté qui régnait, la tolérance pratiquée à l'égard des instincts les plus abjects, ne pouvaient manquer d'émousser les meilleures volontés ; le culte du beau, le goût de la fierté morale cédèrent la place aux plus sombres maléfices de la magie ; on vit de nombreux soldats chercher à se protéger par des sortilèges contre les armes ennemies. Jamais la sorcellerie avec ses conséquences néfastes ne fut aussi répandue qu'en Allemagne pendant la guerre de Trente Ans ; toute une littérature spéciale naquit, traitant des sorciers et de leurs pratiques, qui passaient pour être inspirés par le démon ; d'innombrables victimes, des femmes surtout, périrent accusées de sorcellerie. Une longue guerre civile acheva de ruiner les restes du sentiment national ; car l'idée d'une institution commune à tous ne pouvait être que dénuée de sens pour ces Germains qui, pendant trente années, avaient été les témoins des massacres aveugles les plus révoltants.

« On perdit de vue le caractère religieux de la guerre ; il fallait trouver de nouvelles raisons ; la suspicion et les complots les plus honteux entre les grands parurent des motifs suffisants. Une apathie effroyable pesa sur le peuple allemand tout entier. Toute loyauté était morte, et toute fierté. Les étrangers se comportaient en conquérants; la conscience de leur valeur, de leur richesse et du privilège de leur situation les portaient à l'arrogance. Il arriva que tout ce qui était étranger força l'admiration et fut servilement imité; l'industrie nationale fut dédaignée; on la trouva vulgaire. La flatterie et l'adulation furent en faveur du haut en bas de l'échelle sociale; chacun rampait devant ses supérieurs, et menaçait insolemment ses subordonnés ; ce mélange de servilité abjecte et d'arrogance survit encore dans beaucoup de provinces allemandes; les princes traitaient leurs sujets comme de vils troupeaux dont le rôle consistait à se laisser tondre et qui n'étaient bons qu'à cela... La noblesse flattait les princes; la bourgeoisie les nobles, les princes, les officiers et les gens en place; ceux qui n'avaient point de noblesse briguaient des honneurs.

Mais de toutes les branches de l'activité humaine, ce fut celle des professions libérales qui tomba dans le plus grand abandon; les maîtres fuyaient le bruit sauvage des armes; les étudiants succombaient au mirage des succès guerriers: en 1624, il y avait à Helmstädt 400 étudiants; deux ans plus tard, tous les auditoires étaient vides; un seul professeur enseignait encore. A quelques exceptions près, les Allemands, appauvris, grossiers, avilis par la guerre, restaient en retard sur les progrès des sciences exactes qui s'accomplissaient à la même époque en Italie, en France, en Angleterre et dans les Pays-Bas; ceux qui voulaient encore se consacrer à l'étude s'expatriaient pour suivre les cours des écoles étrangères. Il fallut deux cents ans d'efforts ininterrompus pour guérir ces blessures, si tant est qu'elles furent jamais guéries; beaucoup des erreurs et des défaillances que nous avons relevées prévalent encore aujourd'hui. »

Ainsi s'exprime un historien d'origine allemande. La paix de Westphalie sur laquelle repose toute l'organisation politique de l'Allemagne moderne, donna enfin une constitution à la confédération germanique; sur ces bases nouvelles, le principe confédératif réussit à maintenir l'équilibre à l'intérieur ; mais les princes de l'Empire devenant indépendants, l'autorité impériale n'était plus qu'une formule ; l'unité nationale était détruite. C'est ce vieil Empire qui fut dissous en 1806 par Napoléon.

Pendant la guerre de Trente Ans, la population de l'Allemagne était tombée de 16 ou 17 millions à 5 millions environ. Le temps travailla, pendant deux siècles, à relever ce niveau inquiétant; pour encourager la repopulation, la diète de Franconie, réunie à Nuremberg en 1650, admit l'état de bigamie.

La Guerre de Trente Ans avait laissé la Prusse dans la pire misère; elle se releva sous l'administration intelligente du grand électeur Frédéric-Guillaume; sous l'influence de ce prince, elle devint complètement indépendante (1657), et sous le règne de son fils, Frédéric Ier, le royaume de Prusse fut reconnu par les autres Etats (Paix d'Utrecht 1713).

La prospérité du pays se poursuivit sous le règne du successeur, Frédéric-Guillaume Ier, le Roi-sergent; de nombreux colons se mirent à cultiver la terre; et, aux environs de 1740, la population de la Prusse atteignait déjà deux millions et quart. Ce fut Frédéric le Grand, fils du précédent, qui, tant par l'importance de ses victoires que par la sagesse de son administration, éleva la Prusse au rang de grande puissance véritable; sous son règne, la repopulation fit de nouveaux progrès et le chiffre d'habitants atteignit cinq millions et demi.

D'accord avec Catherine II de Russie et Marie-Thérèse d'Autriche, Frédéric le Grand entreprit, en 1772, le premier partage de la Pologne, mesure de protection contre la puissance croissante de la Russie. Celle-ci, par la force et par la ruse, avait préparé en secret la dissolution polonaise et sans l'habile manœuvre du roi de Prusse, elle se serait adjugé une part beaucoup plus large que celle dont elle dut se contenter. La Prusse acquit les provinces prussiennes occidentales, celles qui avaient été cédées à la Pologne en 1466.

A notre point de vue moderne, l'empiétement d'un Etat sur l'Etat voisin n'est pas admissible; mais il faut considérer que de tels agissements étaient moins repréhensibles au dix-huitième siècle qu'ils ne seraient à présent; le principe des nationalités n'était pas universellement admis; en présence des exigences politiques, la nationalité pesait peu de chose. Seule, parmi les trois Etats, la Prusse pouvait invoquer l'argument de *self-defence*; les provinces orientales étaient séparées de la Prusse Occidentale (alors englobée dans la Pologne); et cet état de choses laissait ces provinces à peu près sans défense. L'idée d'un partage de la Pologne avait été suggérée à Frédéric le Grand en 1763 par une communication du ministre russe Panine à l'ambassadeur d'Allemagne Salms, et Frédéric s'y était d'abord opposé.

On peut dire de la Pologne qu'elle a presque mérité la calamité qui fondit sur elle en 1772, par le désordre inouï qui régnait dans ses affaires intérieures et par les dissensions qui permirent à la Russie d'y établir son influence. Le deuxième partage de la Pologne, survenu vingt ans plus tard, en 1793, n'en fut pas moins une infamie; on peut en dire autant du troisième qui eu lieu en 1795 : meurtre diabolique d'une nation et qui reste une des taches de l'histoire. Frédéric le Grand n'était plus de ce monde; il est certain qu'il n'eût jamais consenti à la consécration de ces crimes; au contraire, son successeur impuissant, Frédéric Guillaume II, n'était que trop disposé à soutenir les manœuvres coupables de la Russie contre la Pologne régénérée, et à s'emparer du même coup de nouvelles provinces arrachées à ce malheureux pays.

La conduite des trois grandes puissances à l'égard de la Pologne eut un effet déplorable sur la moralité politique de l'Europe. L'opinion s'accoutuma à admettre des actes de violence qu'aucun droit ne justifiait et qui, restant impunis, devaient tôt ou tard en encourager de semblables. Depuis ce meurtre révoltant, commis en pleine histoire moderne, la Russie, l'Autriche et la Prusse n'ont d'ailleurs jamais cessé de maintenir entre elles, dans toutes les complications internationales, un accord dans lequel elles puisaient une force contre les aspirations polonaises. Par des tours de passe-passe incessants, la diplomatie a cherché à réparer ce qui fut à la fois un crime et une folie; car ce fut véritablement, de la part de la Prusse et de l'Autriche, un acte de folie et d'imprévoyance, de n'avoir pas maintenu la Pologne régénérée comme un rempart contre le slavisme avançant. La disparition de la Pologne en tant qu'Etat indépendant mit l'Allemagne, l'Autriche et la Russie en relations d'étroit voisinage; la Russie acquit par là sur les affaires européennes une influence à laquelle la Prusse et l'Autriche n'ont cessé de mettre obstacle ; la proie polonaise ne fut et n'est encore qu'une conquête illusoire, et souvent un lourd fardeau : les deux empires germaniques n'ont jamais réussi à germaniser leurs sujets de Pologne ; c'est en vain qu'ils les ont tourmentés et asservis; ils n'ont réussi qu'à réveiller et à entretenir les haines nationales toujours latentes.

La Silésie, elle aussi, fut acquise, sous Frédéric le Grand, à la couronne de Prusse. Au moyen âge, après la grande migration, elle fut occupée par une population mélangée de Slaves et de

Germains, et soumise à la triple influence de la Pologne, de la Bohême et de l'Allemagne. De longues dissensions intérieures y introduisirent en grand nombre des éléments germains; en 1327, elle tomba sous la dépendance de la Bohême; elle fut ensuite rattachée à l'empire allemand; puis, en 1720, Marie-Thérèse se l'appropria. Vingt ans plus tard, les prétentions de Frédéric II sur certains duchés de Silésie donnèrent lieu à la Guerre de Sept Ans; en 1763, la Silésie était cédée à la Prusse. Sur quatre millions et demi d'habitants, les Polonais y sont aujourd'hui un million, les Tchèques, les Moraviens, et les Vendes cent mille.

La Prusse compte donc, en résumé, un peu plus de trois millions de sujets polonais établis en Prusse orientale, en Silésie et en Posnanie; dans cette dernière province, les Polonais forment à peu près les deux tiers de la population totale. C'est une proportion considérable, quand il s'agit de sujets que travaille le rêve d'une indépendance toujours caressée, toujours espérée, et qui, dans le secret de leur cœur, n'ont jamais désarmé.

V

LE GERMANISME ; SA SIGNIFICATION ; SON DÉVELOPPEMENT LES REVES GERMANIQUES DE GRANDEUR

C'est de 1808 que date la naissance du germanisme. Quand Napoléon eut établi la Confédération du Rhin et dissous le vieil empire germanique (1806), l'importance des victoires napoléoniennes apparut à la Prusse, qui, sous Frédéric Guillaume, formait, avec la Russie, l'Angleterre et la Suède, la quatrième coalition. Il était trop tard pour s'opposer aux nouveaux succès de l'empereur. Après Iéna, après Austerlitz, où l'armée prussienne fut détruite, Napoléon fit son entrée à Berlin ; il imposa à la Prusse une indemnité de guerre de 159 millions de francs. Puis, ayant battu les Russes à Eylau et à Friedland, il fit la paix à Tilsit (1807) avec Alexandre Ier. Le traité de Tilsit enlevait à la Prusse la moitié de son territoire, et lui interdisait d'entretenir une armée supérieure à 35.000 hommes.

Cependant, l'Europe entière commençait à se soulever contre l'empereur victorieux. Depuis Tilsit, une puissante société secrète s'était constituée en Allemagne sous le nom de *Tugendbund*, dans le but de libérer le territoire. Fondée par M. Arndt, professeur d'histoire, elle ne tarda pas à recevoir l'appui de plusieurs anciens ministres, d'officiers supérieurs, du docteur Gahn, etc... Le philosophe Fichte joua, lui aussi, un rôle considérable dans ce soulèvement de l'opinion nationale, et l'influence de la société fut accrue, dans une large mesure, par la publication de son *Message à la Nation Allemande* (1808).

Le germanisme et les idées germanistes datent de là. En Allemagne, le mot *germanisme* a d'abord un sens usuel ; c'est alors un terme de linguistique ; dans cette acception, le germanisme est associé à l'étude des particularités de la langue allemande, de sa forme et de son expression, comparativement aux langues étrangères ; et le mot de *germaniste* est couramment appliqué aux étudiants versés dans les recherches historiques et philologiques relatives à l'allemand.

Mais le mot *germanisme* possède une autre signification ; il est devenu une expression en quelque sorte nationale, une désignation de race, mise à la mode par les récentes aspirations nationalistes ; il a pris de la sorte un intérêt particulier dans la question de l'unité de race des peuples germaniques, et dans le mouvement auquel cette question a donné naissance ; on sait à quelles exagérations se portèrent souvent les germanophiles dans les manifestations qui se rattachent à ce mouvement.

Par *pangermanisme* il faut entendre l'effort de tous les peuples germaniques, Allemands, Anglais, Hollandais, Scandinaves, pour resserrer leur union, sans nul égard à leurs antécédents historiques et à leur mélange avec les autres races. Le mot désigne surtout une parenté dans les caractères généraux et dans la culture ; parenté partiellement vraie, c'est-à-dire partiellement fausse ; si bien que le pangermanisme n'a réellement aucun sens ; c'est une fiction pure.

Le mot *germanisme* a été interprété dans un sens très différent, surtout en dehors de l'Allemagne, où on lui a donné le sens de « tendance systématique à devenir l'élément dominant en Europe ». A quelques exceptions près, l'idée pangermaniste d'une paix et d'une alliance entre l'Allemagne et les pays voisins d'origine germanique, particulièrement avec la Scandinavie, ne s'est jamais imposée aux Allemands.

Le germanisme spécifique est né de la politique de conquête de Napoléon et de ses efforts pour instituer une monarchie universelle ; cette politique pesait d'un poids énorme sur l'Allemagne et n'avait finalement d'autre objet que le partage de l'empire allemand et la dispersion de la nationalité allemande ; elle donna naissance à un mouvement de réaction dont les racines furent profondes. A la faveur de ce mouvement, la conscience nationale apprit à puiser une force nouvelle dans les souvenirs de son histoire et à y retrouver la foi dans son avenir. Mouvement très naturel d'ailleurs, et, à l'origine, très justifié. Mais on ne tarda pas à lui assigner une mission beaucoup plus vaste que la protection du pays contre la conquête et que le réveil de l'esprit national ; il prit figure de mouvement civilisateur qui devait, à la longue, porter ombrage aux autres nations et les faire rentrer dans l'ombre de l'Allemagne. Il ne s'agissait plus de civiliser le monde, il s'agissait de le germaniser !

Pour donner à l'esprit national toute la puissance de conviction désirable, il était nécessaire de prouver la supériorité des Allemands dans le domaine intellectuel, afin de préparer la route à leur domination matérielle. Par son *Message à la Nation Allemande*, Fichte voulait arracher le peuple à son inertie et lui donner la fière conscience de soi, l'appétit de la lutte pour l'existence. Il exaltait « la sincérité profonde et la pureté morale de l'esprit germain », l'opposant à la « dégénérescence romaine ». Il parlait de la « fidélité » et de « l'honneur » allemands, de la « profondeur allemande », etc... Tout cela flattait la nation ; depuis Fichte, tout cela est devenu axiome, — mieux encore — dogme chez les Allemands. Ils se sont accoutumés par degrés à croire à la supériorité de leur nature et à la grandeur de leur destin. Ils étaient mûrs, en 1812, pour entendre l'écrivain Eggo leur dire que « toute la substance de l'humanité s'était, pour ainsi dire, cristallisée dans le peuple allemand pour y prendre une forme définie », et que « dans l'âme de chaque Allemand, le génie humain s'est intégralement réalisé ».

On est confondu de l'arrogance mentale qui peut trouver son expression dans de pareilles formules. Remarquons en passant que les grands poètes et penseurs allemands, Gœthe, Schiller, Herder, Lessing, Klopstock, Wieland, etc... de la génération qui précéda cette ère chauvine, n'avaient nullement adopté ce point de vue uniquement national, et qu'ils étaient, au contraire, versés dans l'humanisme et l'universalité de l'intelligence.

Un facteur important et nouveau apparut pendant la réaction qui suivit, en 1815, la chute de Napoléon : le facteur chrétien. Son produit, le germanisme chrétien, sortit des écoles et des universités. L'élément cultivé qui avait pris part à la guerre de libération fut désormais placé à un niveau beaucoup plus élevé que celui qui s'était complu, jusque là, à la vie rude et licencieuse de la vieille académie. Des sociétés nouvelles dites « Bürgenschaften », recrutées parmi la « jeunesse germanique chrétienne », assumèrent le rôle de guider le pays vers un grand destin. La mission civilisatrice de l'Allemagne dans le monde se confondit ainsi avec l'avenir de la religion chrétienne. Le chauvinisme et le militarisme n'en furent point pour cela relégués dans l'ombre, mais seulement établis sur des bases religieuses, si bien qu'un fanatisme véritable put librement se développer dans tous les domaines.

En regard de cette exaltation insensée de la culture allemande par les germanistes, il peut être intéressant de rappeler ici ce que les grands hommes des autres nations avaient fait pour la culture en général. Je me borne à mentionner les noms de quelques-uns des plus fameux :

Italie : Dante, l'Arioste, Le Tasse, Petrarque, Boccace, L. et F. Socino, Gentili, Bruno, Savonarole, Galilée.

Espagne : M. Servet, Calderon, Lope de Vega, Tirso.

France : Lefèvre d'Etaples, Forel, Corneille, Molière, Racine, Descartes, Pascal, P. Bayle, Voltaire, Diderot, Condorcet, A. Comte.

Angleterre : Wycliffe, François Bacon, Locke, Hume, Milton, Shakespeare, Newton.

Rappelons encore ici que la nation allemande est loin d'être de race germanique pure, et que, dans l'antiquité et au moyen âge, elle s'est alliée à d'autres races, notamment aux Celtes et plus particulièrement aux Slaves. Beaucoup de gens qui se croient des germains-types, sont Slaves tout autant que Germains. Luther était Wende d'origine ; son père descendait de souche paysanne, originaire de Möhre, dans la forêt de Thuringe, et s'appelait Luder, nom que Luther lui-même a porté d'abord. Le philosophe Leibnitz n'était pas non plus tout à fait un Germain, puisque son père était un Tchèque qui avait émigré en Allemagne ; le nom de la famille était Lubinieczii ou Leubnizzi. Les ancêtres de Kant avaient émigré d'Ecosse en Allemagne. Le docteur Gall, père de la phrénologie, fondateur de l'étude des fonctions du cerveau, descendait d'une famille lombarde appelée Gallo. Rudolph Virchow, le représentant le plus éminent de l'Allemagne en matière de recherches pathologiques, venait de l'extrême Poméranie, et ses ancêtres étaient slaves. Le prince de Bismarck — il le déclarait lui-même — était d'origine wende, et il n'acceptait pas toujours qu'on le prît pour un Allemand. Le *Figaro* a raconté, en 1891, l'anecdote suivante : Au cours d'une conversation de Bismarck avec le prince Napoléon, cousin de Napoléon III, en 1866, il fut question d'intérêts politiques communs et d'acquisition de territoires. Bismarck témoignait d'une indifférence marquée à la question de l'établissement d'une frontière du Rhin, question que les Allemands considéraient comme essentielle. « C'est, dit-il, pour expliquer cette opinion, que je ne suis pas un Allemand, mais un Prussien, c'est-à-dire un Wende. »

Nietzsche, le philosophe, n'était pas davantage un Allemand de race pure. Du sang slave coulait dans ses veines, le fondateur de sa famille étant un noble polonais qui, vers 1716, s'enfuit en Allemagne avec sa femme et ses enfants. Nietzsche était tout ce qu'on veut, sauf un Allemand de tendance. L'historien Treitschke était, lui aussi, de descendance slave ; et Liszt, le musicien, appartenait à une ancienne famille de l'aristocratie hongroise, de très vieille noblesse. Il était né à Roiding, en Hongrie.

Enfin, un très grand nombre d'Allemands qui se sont distingués dans tous les domaines de la culture étaient des Juifs. Tels étaient les musiciens Meyerbeer, Mendelssohn-Bartholdy, Richard Wagner. Le père de ce dernier était un acteur du nom de Geyer, nom très répandu parmi les Juifs d'Allemagne. Henri Heine, le poète, était Juif. Juifs aussi les philosophes Moses, Mendelssohn, M. Hertz, M. Lazarus, l'ethnologue, le professeur H. Cohn, et Steynthal maître ès-philologie ; juifs les botanistes fameux F. G. Cohn et N. Pringsheim, et H. Hertz, l'inventeur qui attacha son nom à des découvertes remarquables dans le domaine de l'électricité et du magnétisme. En médecine, la liste est longue des Juifs allemands qui portent des noms célèbres : c'est T. Henle, le professeur d'anatomie, L. Traube, le professeur de pathologie expérimentale, I. Rosenthal et A. Eulenburg qui étudient l'un la physiologie, l'autre la pathologie nerveuses ; c'est Ehrlich, le bactériologiste qui eut le prix Nobel, et découvrit le Salvarsan, remède célèbre de la syphilis ; c'est encore Neisser, qui découvrit le processus de l'infection gonococcique, et Lesser, et Flesch, et Blaschko, et Wechselmann, et tant d'autres vénéréologistes fameux.

Des théories ne tardèrent pas à se répandre relativement au rôle de l'Allemagne et à sa mission dans le domaine de la culture. Une opinion se fit jour d'après laquelle l'Allemagne devait assumer la *prépondérance* — il ne s'agissait déjà plus d'un accord — sur toutes les nations ayant quelque parenté avec la race allemande sans tenir compte des facteurs historiques et matériels. Le sort qui fut fait par la suite au Slesvig et à l'Alsace-Lorraine montre assez que ces théories portèrent leurs fruits.

Dans cet ordre d'idées, l'influence exercée par les spéculations du philosophe Hegel sur la théorie de l'histoire universelle fut des plus considérable. Selon Hegel, « l'esprit universel », dans le stade le plus élevé de son développement, doit nécessairement exercer un pouvoir absolu ; et le peuple empreint de cet esprit, dans ce stade de perfection, doit logiquement dominer tous les autres peuples par la puissance irrésistible de sa pensée. A l'égard de ce droit absolu, les autres nations étaient « rechtlos[1] ». L'histoire du monde avait passé par quatre étapes successives: la civilisation orientale, la civilisation grecque, la romaine et la germanique. Or, c'est dans ce dernier état que les peuples atteignaient leur ultime destin, c'est là que l'esprit universel était concentré!

La gloire divine de la nation allemande était donc démontrée par Hegel grâce à un système philosophique fantastique: sa conclusion, suivant laquelle l'évolution universelle de l'histoire atteignait son point culminant dans la conception d'un empire germanique du monde », à la loi duquel toutes les nations devaient se soumettre, ne pouvait manquer de paraître flatteuse à tous les Allemands.

Les disciples d'Hegel, dans une véritable orgie chauvine, poussèrent ces conceptions plus loin encore, et leur influence sur la politique allemande d'aujourd'hui est indiscutable. On lit dans le *Staatslexikon*, paru en 1846 : « A aucun peuple au monde, la Providence n'a donné des ancêtres plus nobles, une histoire plus glorieuse ; nul autre n'a été désigné pour de plus hautes destinées ». (Il s'agit, naturellement, du peuple allemand.)

La célèbre *Histoire Universelle* de Rotteck est de la même veine; c'est le même plaidoyer spécieux en faveur de la supériorité allemande; et d'innombrables Allemands ont continué de répandre ces conceptions dans le peuple sur la même base d'historiographie déclamatoire et chauvine.

L'idée centrale du germanisme: la mission civilisatrice de l'Allemagne, acquit dans la littérature populaire une vogue inappréciable: « La race allemande civilisatrice de tout le monde moderne » est devenu l'axiome fondamental sur quoi repose l'échafaudage de la plupart des ouvrages historiques allemands. L'appellation courante de « germanique » englobe tous les peuples dont la langue a quelque parenté avec l'allemande: Scandinaves, Anglais, Hollandais, Américains du Nord. Tout ce qui peut être relevé à la louange des peuples d'origine germanique a été attribué aux seuls Allemands, et a servi, sans hésiter, à la démonstration de ce dogme: l'Allemagne a une mission universelle ; si bien qu'en fin de compte on a attribué à l'Allemagne tous les progrès des grands Etats européens, dans toutes les branches de la culture, de la littérature et de l'histoire.

Par exemple, le physicien danois H. C. Orsted est devenu, dans une encyclopédie populaire, un grand homme allemand, bien qu'il

[1] Dépourvues de droits.

soit né à Rudkjöbing en Langeland (Danemark). Dans son ouvrage *l'Esprit de la race allemande*, paru en 1859, Nagler écrivait : « La souche germanique représente le côté lumineux de l'histoire du monde ; le reste est plongé dans la nuit de la barbarie. La spiritualité du germanisme a fait de lui le porte-flambeau de la chrétienté ; et la moralité européenne est liée au maintien de l'esprit germano-chrétien et à la *puissance politique de l'Allemagne.* » La même année, Kirchoff disait, dans une conférence, que la civilisation et le maintien de la chrétienté ne peuvent se concevoir sans les Allemands. » Par conséquent, le germanisme est *l'instrument choisi par le Seigneur* pour sauver le monde qui roule à la décadence.

Il va sans dire qu'un grand nombre d'Allemands intelligents ont combattu le développement chauvin et militariste de l'Allemagne ; ils ont préconisé, avec Kant, une politique libérale et pacifiste, et défendu des idées internationalistes et humanitaires. Dès l'origine, la politique brutale de Bismarck a soulevé une opposition énergique de la part d'hommes éminents et d'esprits éclairés. En 1861, un parti progressiste, le *Fortschrittspartei*, se forma, représenté par des membres de la Diète prussienne ; issu de l'émancipation du vieux parti libéral de la Diète, il s'unit au parti démocrate, et son opposition à Bismarck et à la politique étrangère du chancelier ne cessa de se manifester. Parmi les leaders de ce *Fortschrittspartei* se trouvaient R. Virchow, le plus grand pathologiste de l'Allemagne, et Eugène Richter, qui, au nom de la liberté, cherchait à constituer un gouvernement puissant, c'est-à-dire despotique. Pendant toute sa vie, Richter mit son activité extraordinaire au service de la propagande libérale et démocratique ; il fonda, pour la défendre, la *Freisinnige Zeitung* [1], et fut l'adversaire le plus considérable et le plus violent de Bismarck, déclarant, à maintes reprises, que la chute de Bismarck était le but qu'il cherchait à atteindre. Les conservateurs chauvins, les germanistes, lui reprochèrent de s'allier avec tous les éléments antinationaux, reproche communément adressé à tous ceux qui expriment des idées démocratiques et internationalistes.

G. Kinkel, écrivain et historien allemand, qui fut condamné pour propagande républicaine séditieuse à la détention perpétuelle et s'évada deux ans après, écrivait en 1869 : « Le peuple allemand ressemble à un enfant qui n'a pas complètement terminé son éducation individuelle ; or, à cet âge-là, il est particulièrement utile de

[1] La Gazette Libre, ou des libre-penseurs (*N. D. E.*).

connaître et de s'assimiler les opinions étrangères. » Kinkel ne faisait que reprendre l'opinion de l'historien français, H. Martin, sur « ce que tout honnête homme pense de la misérable jalousie entre la France et l'Allemagne », obstacle à une confédération qui protégerait l'Europe contre le péril jaune, ou qui refoulerait les Asiatiques jusqu'à leurs frontières naturelles. C'est le même Kinkel qui disait : « Les Allemands, et en particulier nos patriotards fanfarons, devraient comprendre et réfléchir lorsqu'un Français, capable et maître de lui, leur montre combien cet appétit de conquête, dirigé contre l'Italie, la Pologne et le Danemark, convient peu à un peuple qui n'a pas encore acquis le droit d'élire lui-même ses ministres. Les Allemands de bon sens, ceux qui sont assez cultivés pour comprendre le côté ridicule de cette campagne politique à coups de trompette, savoureront cette critique française, qui reconnaît, dans un esprit amical, les vertus de notre peuple et de notre caractère national. »

Nietzsche, au moment où il critiquait si sévèrement Richard Wagner, lors de l' « affaire Wagner », déclarait : « Nous assistons à une réaction dans la réaction, à un certain catholicisme de sentiment, un goût maniaque pour tout ce qui est ultra-allemand, ce qu'on appelle le *culte national.* » Il riait du faible de Wagner pour les vieilles histoires et pour les vieilles chansons dans lesquelles de savants préjugés ont découvert quelque chose de germanique « par excellence » : les monstres scandinaves avec leur soif de sensualité exaltée, etc... Et il formait des vœux pour la fin d'une ère de guerres nationales et de martyres ultramontains.

Les idées germanistes furent élaborées de toutes pièces par les historiens allemands de la période moderne. Le plus fameux d'entre eux est Treitschke, professeur, directeur des *Preussische Jahrbücher* et historiographe de l'Etat prussien ; bien que Slave lui-même, il se montra champion ardent du renforcement de l'unité allemande sous un gouvernement fort. Patriote passionné, il fut un Prussien spécifique, extrêmement chauvin et adversaire de tout libéralisme. Il a fondé une école où l'on enseignait la *Machtpolitik* (politique de la force), et il attira à lui beaucoup d'adhérents qui l'aidèrent à exercer sur la pensée contemporaine une influence néfaste.

Selon Treitschke, « l'Etat est souverain dans la communauté ; hors de lui, rien n'existe dans l'histoire du monde ». L'Etat doit être exclusif, indépendant, et cette exclusivité de l'Etat dans son essence la plus intime, c'est la puissance, comme Machiavel l'a reconnu le premier. « Sauvegarder sa puissance est donc le devoir moral le plus élevé de l'Etat. »

D'après cela, les traités internationaux ne sont respectables que dans la mesure où l'Etat trouve ce respect avantageux ; le caractère obligatoire des lois internationales n'est pas admis ; l'Etat ne peut s'engager à les observer.

La loi des nations est donc écartée par Treitschske, c'est-à-dire par l'Empire allemand, si ses hommes d'Etat sont d'accord avec Treitschke, comme il semble. Et ceci nous ramène au point de vue des anciens Germains: dédaigner et nier le caractère respectable des traités (cf. page 35).

L'un des élèves les plus célèbres de Treitschke, le général Bernhardi, dans son livre intitulé *l'Allemagne et la prochaine guerre*, paru en 1911 [1], exprime la même opinion que les germanistes de la première heure sur la supériorité de la culture allemande et sur la mission universelle de l'Allemagne. Il dit, par exemple : « Nous réclamons à présent notre part de la richesse du monde, ayant *régné pendant des siècles dans le seul domaine de la pensée.* » Il parle aussi de l' « *avenir que la Providence a tracé au peuple allemand*, le plus avancé de l'histoire dans le domaine de la culture ». Et il ajoute, à titre d'argument en faveur de la guerre, qu' « une défaite nous ferait reculer de plusieurs siècles en arrière ; elle secouerait jusque dans ses fondements l'influence de la pensée allemande dans le domaine de la culture ; elle entraverait donc, dans son développement salutaire, le progrès de l'humanité, *dont la culture allemande est un élément vital* ».

Au cours des dernières années, les ethnographes germanistes ont repris les armes pour proclamer la supériorité des Germains. Dans un article sur *Die Urheimat der Indogermanen* (Le berceau des Indo-Germains), paru dans le *Mannus*, en 1914, le docteur K. F. Wolff exalte « les esprits nationalistes qui combattent de toute leur âme pour l'avénement de la période future de grandeur, et qui ont foi *dans un avenir où la race germanique règnera sur le monde* » ; il leur oppose « les cosmopolites de l'internationalisme rouge ou doré qui, affaiblis par le matérialisme, aspirent à la paix éternelle et à l'universelle égalité, et ne détestent rien tant que l'Allemand conscient de la valeur de sa race, rempli de l'idéal qui fleurissait pendant la période épique des anciens Germains ». Les esprits nationalistes, c'est-à-dire les chauvinistes, se réjouissent

[1] Général Friedrich v. Bernhardi, *L'Allemagne et la prochaine guerre*, 1 vol. gr. in-8°; traduction Robert Fath, préface du colonel Feyler, Payot et Cie, Paris, 1916.

à « l'idéal martial de suprématie indo-germanique et espèrent d'un cœur exultant, avide de combattre, le jour où le manteau du *Germanentum* vêtira les épaules du *Deutschtum*, le jour où le sang de la race circulera de nouveau dans toute l'Europe, comme il circulait il y a deux mille ans sous la pression des terres surpeuplées que baigne la mer du Nord. L'Europe du Nord est à leurs yeux la seule patrie possible pour cette race de blonds patriciens ».

« Les cosmopolites, dit Wolff, frissonnent au seul mot de *race ;* ils ne savent pas s'ils doivent menacer ou trembler, railler ou dire des injures. » « Pour eux, il n'y a ni races, ni peuples, rien que des créatures humaines. » Et Wolff ajoute que, « pour des gens qui pensent, les convictions politiques doivent reposer sur des bases scientifiques, c'est-à-dire, en premier lieu, sur la connaissance de l'histoire des civilisations et sur la théorie des races ; et l'origine nord-européenne des Indo-Germains, l'indo-germanisme favorisé de la race germanique, la croissance et le développement libres de la culture nord-européenne, occupent la première place dans l'esprit de tous les Germains *qui pensent nationalement* ».

Ces effusions délirantes et vantardes de Wolff lui furent inspirées par la lecture d'un ouvrage écrit dans un esprit tout opposé par le docteur S. Feist, intitulé *Kultur, Ausbreitung und Herkunft der Indogermanen* (1913), dans lequel l'auteur dégagé de toute cette suffisance germaniste, soutenait l'opinion de tant d'historiens, selon quoi le berceau des races indo-européennes se trouvait quelque part au cœur de l'Asie. J'ai moi-même exposé, dans mon *Histoire de la Civilisation* les raisons qui militent en faveur de cette thèse.

Feist et d'autres auteurs, ayant attribué cette hypothèse de l'origine nordique des Indo-Germains à un sentiment de vanité nationale, Wolff dit que ce reproche est injustifié, et renforce ses commentaires de cette déclaration étonnante : « L'enthousiasme pour la théorie nouvelle est né du désir ardent d'une nouvelle conception de l'univers, c'est-à-dire de quelque chose de complètement étranger aux recherches de la science ethnographique. » Or, cette « nouvelle conception du monde » est bien loin d'être neuve : c'est le vieux germanisme chauvin de Hegel, qui disait : « La théorie des origines de l'Europe nous aide, nous, les Allemands *qui pensons nationalement*, à comprendre que nous sommes, selon le mot d'Alexandre v. Puz, du sang de leur sang, à eux sur qui la rosée fraîche du paradis est répandue ; elle nous promet — cette théorie — au seuil du prochain double millénaire, une ère nouvelle, l'ère allemande, confusément perceptible derrière le nuage guerrier qui s'appesantit aujourd'hui sur nous. »

« *Der schrecklichste der Schrecken ist der Mensch in seinem Wahn*[1] », disait Schiller. Il y a quelque chose de complètement insensé dans la conception que se font certains germanistes de l'influence allemande sur la culture, et de la légitimité de leurs tendances à l'hégémonie. Les Allemands sont devenus « le peuple élu de Dieu » ; ils valent mieux que toute autre nation ; ils sont plus dignes de vivre et de se multiplier. Cette *démence*, cette mégalomanie collective, sont sans parallèle dans l'histoire ; elle a été exploitée pour falsifier la vérité, pour organiser le mensonge et pour légitimer la rupture insolente des engagements sur lesquels reposent la paix et les lois des nations, chaque fois que les intérêts de l'empire allemand l'exigeaient. Ces procédés sont conformes aux enseignements des maîtres du germanisme moderne : Bismarck, Treitschke, Bernhardi et d'autres. C'est pour ces violences-là qu'on redoute l'Allemagne ; c'est pour cela qu'elle a tant d'ennemis parmi les autres nations, même parmi celles qui ne ferment pas les yeux aux mérites réels des Allemands et qui admirent leurs grands penseurs, leurs savants et leurs artistes.

La grandeur quantitative de l'Allemagne veut être synonyme de supériorité dans tous les domaines. « L'Allemagne, l'Allemagne au-dessus de tout ! » On a tant et tant répété cela que le peuple a fini par croire qu'aucun pays ne peut entrer en concurrence avec l'Allemagne, que les Allemands sont le premier peuple de la terre, — le peuple élu de Dieu — et que, pour cette raison, il leur sera permis de gouverner le monde, de déposséder les peuples de leur légitime héritage, de conquérir et d'absorber autant de provinces que faire se peut.

Il est inévitable qu'un peuple, à qui ses philosophes et ses instituteurs ont assidûment enseigné, pendant des dizaines d'années, que les Allemands sont, aux sommets de l'histoire, la plus grande des races humaines, doit logiquement s'efforcer d'occuper, dans l'ordre économique et politique, le rôle auquel il est appelé, le rôle de maître et de conducteur des nations moins douées ou dégénérées. La question de l'élargissement du pouvoir par la conquête de voisins plus faibles ou plus petits, est le corollaire inévitable de cette proposition fondamentale du germanisme. C'est d'elle qu'est

[1] L'homme dans la démence est ce qu'il y a de plus effrayant.

né le désir de l'unité allemande et celui d'un empire universellement tout-puissant, liant l'un à l'autre tous les peuples germaniques. La suprématie européenne devait appartenir à l'Allemagne, et, par la force des choses, la Prusse devait être l'instrument, l'Etat prédéterminé pour réaliser ces rêves germaniques de grandeur.

Il est regrettable que l'homme clairvoyant que fut Kant n'ait pas vécu quelques dizaines d'années encore. Kant est mort en 1804. Conformément à ses principes d'équité, à sa large vision humanitaire, il eût certainement paralysé le germanisme et son chauvinisme délirant. Kant défendait avec enthousiasme les principes de la Révolution ; il exaltait le républicanisme ; il désapprouvait l'aversion des peuples l'un pour l'autre, dans un sentiment de nationalisme étriqué, plaidant, au contraire, en faveur de leur union, sous l'égide d'une république universelle. Au milieu de la grande révolution, en 1795, il avait écrit un livre remarquable : l'*Argument philosophique pour la paix perpétuelle*, où il montrait comment la paix pouvait être établie sur la base d'*une union d'Etats libres* embrassant l'Europe entière, représentée par un Congrès permanent. Il fallait que tous les Etats fussent républicains, car, si un roi balance peu à déclarer la guerre, une démocratie fera tout pour l'éviter, sachant à quels soucis et à quelles souffrances la guerre expose les citoyens d'un Etat.

Un équilibre véritable de la politique internationale ne pourra être inauguré et se substituer aux calculs astucieux et au principe de la balance des forces établi par les alliances et contre-alliances, tant que le souci du droit et de la justice n'aura pas rapproché et soudé ensemble les diverses nations.

Pour un esprit comme celui de Kant, le patriotisme était une conception trop étroite ; il rêvait d'embrasser toute l'humanité dans une vivante sympathie. Non qu'il fût un rêveur optimiste et naïf ; il connaissait trop bien les faiblesses humaines, et le nom de pessimiste lui siérait mieux ; n'allait-il pas jusqu'à dire de l'humanité qu'elle était toute *Thorheit mit einen Lineamente von Bosheit verbunden*[1]. C'est avec tristesse qu'il considérait l'histoire de l'humanité ; il n'y trouvait ni méthode générale ni bonne volonté, bien qu'il vît trace, çà et là, d'un effort méthodique de détail : « Dans l'ensemble, tout n'est qu'un tissu de folie, de vanité puérile et souvent de méchanceté enfantine unie à un instinct pervers de destruction. »

[1] Folie nouée de méchanceté (*N. D. E.*).

Il disait que le but auquel tendent les hommes, et qu'ils considèrent comme essentiellement important, est en lui-même assez pervers; et, ce qui est pire, c'est qu'en défendant ces objets de leurs ambitions, dans les efforts qu'ils font pour les atteindre, les hommes ne cherchent qu'à se faire, l'un à l'autre, le plus de mal possible. La guerre était pour lui comme une tache sur la race humaine; il y voyait la source des plus grandes infortunes qui puissent peser sur les nations civilisées. Nul philosophe allemand ne fut moins accessible au culte militariste des germanistes. Ce concept était à l'opposé de sa doctrine de la vie; il était inconciliable avec son éthique.

Gœthe, le génie le plus versatile de l'Allemagne, n'aurait jamais, lui non plus, appuyé la politique guerrière et le chauvinisme allemands, qui d'ailleurs sont prussiens. Il avait une dilection pour Shakespeare, pour tout ce qui était français, pour le classicisme, pour l'Italie et pour l'Orient. Naturaliste autant que poète, « le grand païen » qui fut si profondément influencé par Bruno et par Spinoza, ne pouvait se faire le complice du germanisme chrétien. Il admirait Napoléon, qui le fut voir, et prononça ces mots rapportés par Gœthe lui-même: « Voici un homme », et lui remit la légion d'honneur. Gœthe, enfin, à qui la lutte des Pays-Bas pour la liberté et les effroyables persécutions du duc d'Albe inspirèrent le drame *Egmont*, eût probablement écrit, s'il avait vécu de nos jours, un drame différent sur le thème des ravages de la Belgique; il est vrai que la pièce serait restée longtemps manuscrite, malgré le nom glorieux de l'auteur; elle n'eût point attiré sur soi la faveur des puissants de l'Allemagne d'aujourd'hui, bien que des centaines de milliers d'Allemands fassent, chaque année, le pèlerinage de la célèbre maison de Weimar. Que n'a-t-il vécu de nos jours! Lui présent, la Grande Guerre n'eut pas pu se consommer, qui fait de l'Europe un enfer.

Schiller non plus, l'auteur de la *Révolte des Pays-Bas*, de *Don Carlos*, de la *Pucelle d'Orléans*, de *Guillaume Tell*, et d'autres chefs-d'œuvre, n'eût pas approuvé la politique allemande de violence, ni soutenu la dégénérescence chauvine de l'Allemagne. Il se fût révolté, lui qui n'a cessé de se poser en apôtre de la liberté et des droits de l'homme, lui qui soutint le républicanisme, lui que la Convention nationale élut à la dignité de citoyen français. Sous le même titre: *Les Brigands*, il eût écrit un autre drame.

L'historien qui était en Schiller, avec le noble enthousiasme qu'il a toujours témoigné pour le rôle que le droit et la vérité jouèrent dans la vie des peuples, se fût sûrement opposé à Treitschke. Dans son essai magnifique : *Was heisst und zu welchem Ende studiert man Universalgeschichte*[1] ? paru en 1889, il montre que le progrès humain a toujours dépendu de la longue coopération d'un grand nombre de facteurs divers, et qu'une connaissance exacte des mérites des autres hommes, tels que la philosophie les conçoit, est essentielle au progrès de chacun. Schiller croyait à la coopération pacifique des différentes nations dans la période où l'humanité est entrée aujourd'hui : « Toutes les époques précédentes, dit-il, ont travaillé à donner l'être à cette période « humaine » ..... Les barrières qui séparaient les nations et les Etats ont été démolies..... Un lien de fraternité internationale unit aujourd'hui tous les esprits pensants..... La communauté européenne est comme transformée en une seule grande famille ». Schiller a pris pour une réalité le rêve généreux qui seul pouvait le satisfaire.....

[1] Qu'est-ce que l'histoire universelle et pourquoi l'apprend-on ?

VI

L'OPPRESSION EXERCÉE PAR LA PRUSSE SUR SES SUJETS POLONAIS

A quelle dégénérescence n'avons-nous pas assisté dans la politique allemande depuis les victoires de Bismarck, et surtout depuis que le système bismarckien, soutenu de toutes manières par les classes dirigeantes, a été littéralement dogmatisé !

Par exemple, l'opinion allemande à l'égard des Polonais était avant Bismarck toute différente de ce qu'elle est devenue depuis le règne du chancelier de fer. En 1848, la Diète allemande, siégeant à Francfort, décrétait « que la seule solution de la question polonaise compatible avec la dignité et avec les intérêts du peuple allemand était la constitution de la Pologne en Etat indépendant » ; le poète allemand Herwegh appelait tous les peuples germaniques à s'entendre pour prendre les armes contre la Russie, et déclarait qu'il ne pouvait y avoir « d'Allemagne libre sans Pologne libre, ni de Pologne libre sans libre Allemagne ». On sait avec quelle sévérité la Prusse fonctionnariste et bismarckienne a censuré depuis lors cet appel à la liberté et aux droits des nationalités à l'existence propre, en la traitant de folie fantasque.

Les Polonais de Prusse se montrèrent pourtant braves et loyaux pendant la guerre avec la France en 1870-1871 ; ils n'en eurent d'autre récompense que les ordres et les médailles attribués à quelques individus isolés. Il semble même que la Prusse soit devenue plus tyrannique encore après ces victoires remportées en commun contre les Français ; la persécution de ceux qui contribuèrent à la fortune allemande a plutôt augmenté que diminué. « Cochon de Polonais », « âne de Pologne » sont les termes communément employés par les immigrés dans les provinces polonaises. Qu'une population irritée se venge d'un tel traitement sur une personne en place, fût-ce sur un instituteur primaire, on ne tarde pas à lui appliquer les peines les plus sévères ; les journaux prussiens s'emparent avidement de l'incident pour raconter de quelle manière la paisible population allemande est exposée aux persécutions d'une foule ignorante et grossière, en proie au fanatisme catholique et aux agitateurs exaltés. Et si quelque député polonais se lève à la Diète prussienne pour protester contre le traitement auquel les Polonais sont soumis de la part des autorités, les membres présents font la sourde oreille à ce qu'ils appellent les « jérémiades polonaises » et passent à l'ordre du jour.

Pendant longtemps, la pression la plus honteuse a été exercée par les autorités sur les élections politiques ; on a terrorisé les paysans en âge de porter les armes pour les contraindre à donner leurs voix à des candidats allemands ; on connaît le tableau déchirant de ces outrages que H. Sienkiewicz a peint dans *Bartek le triomphant*.

L'expulsion en masse des sujets polonais de Prusse, décidée et mise à exécution en 1886, fut un acte d'une tyrannie injustifiable ; d'éminents juristes allemands parmi lesquels Geffcken, ont exprimé leur désapprobation à propos de ces mesures iniques. Si l'on ne voulait qu'empêcher l'élément polonais de prendre un ascendant dangereux, il suffisait d'interdire l'immigration ; mais le désir de maintenir les Polonais dans l'obéissance ne pouvait justifier l'expatriation de ceux que l'on avait admis à vivre en Prusse et dont un grand nombre étaient depuis longtemps domicilié dans le pays. En réalité, il n'y avait à cette déportation aucune raison avouable. Elle provoqua de la part de la Russie un mouvement de légitime colère qui se traduisit par l'expulsion d'un grand nombre de Prussiens fixés en territoire russe.

On connaît l'« Hakatisme » (*H. K. T. isme*) dont le nom est formé des initiales de ses fondateurs : Hansemann, Kennemann et Tiedemann ; ce nom fut donné à une grande société ultra-patriotique, l'*Ostmarken Verein*, dont le but avoué était de développer l'influence de l'esprit allemand dans les provinces orientales. En réalité, cette société avait pour objet de pousser le gouvernement prussien, « quand cela deviendrait nécessaire » (!) à persécuter les sujets polonais, à leur nuire de toute manière, par exemple en les privant de travail, à leur fermer toutes les voies de l'activité économique, à leur arracher par des achats la possession de leur sol natal, etc. Le fondateur principal de la société, Hansemann, était originaire de Posen ; d'abord petit fonctionnaire, il avait amassé peu à peu une grande fortune. Son but paraît avoir été de réduire les Polonais à l'état de pauvreté par lequel lui-même avait d'abord passé.

L'Hakatisme, ou société H. K. T., fut fondé en 1892, après la retraite de Bismarck et l'élection de Caprivi à la chancellerie. Ce changement avait amené quelque amélioration dans la situation des Polonais ; leurs rapports avec les Allemands étaient devenus plus supportables. Mais les hakatistes, après un pèlerinage à Varzin où Bismark les avait reçus et leur avait donné sa bénédiction, se mirent en devoir de persuader leurs concitoyens de ce que les Polonais cherchaient à opprimer les Allemands des provinces orientales ; ils disaient, entre autres choses, que les représentants polonais du Reichstag, dont le loyalisme avait toujours été croissant et qui, à maintes reprises, avaient donné leur appui aux propositions du gouvernement, n'avaient agi de la sorte que dans le dessein d'obtenir des avantages pour leurs électeurs. Ces déclarations réussirent à irriter les Prussiens ; elles ranimèrent des sentiments d'animosité que le temps avait endormis. La société s'enhardit à adopter une politique plus cyniquement injuste ; il s'agissait maintenant de « prévenir » des actes agressifs de la part des sujets polonais ! Par « actes agressifs » il fallait naturellement entendre le refus des Polonais de se laisser anéantir et les progrès qu'ils accomplissaient dans tous les domaines, sauvegardant ainsi leur caractère propre et le sentiment de leur nationalité. Cette obstination à rester soi était fort mal vue en Prusse, car la population polonaise comptait près de trois millions d'âmes et constituait un obstacle sérieux à la germanisation complète des provinces de Posen, de l'est et de l'ouest de la Prusse.

L'hakatisme devint un Etat dans l'Etat ; il parvint à exercer un véritable terrorisme, soit qu'il cherchât à susciter des disputes avec les Polonais afin de créer contre eux des griefs, soit qu'il voulût intimider les fonctionnaires prussiens enclins à faire justice aux Polonais et considérés pour cette raison comme des ennemis de l'Etat prussien !

Pour déraciner l'élément polonais dans ces provinces, on fit littéralement tout ce qui est imaginable. Les Polonais n'eurent accès à aucune fonction publique. Ils furent exclus des tribunaux, du service des postes, de l'enseignement, etc. Les juristes polonais qui exerçaient leurs fonctions depuis plusieurs dizaines d'années furent contraints de les résilier. Tous les emplois publics furent exclusivement réservés aux Allemands, y compris l'administration des chemins de fer.

Le gouvernement rendit ensuite *obligatoire* l'instruction allemande dans les écoles. Jusque-là, l'instruction scolaire avait été donnée à tous les sujets polonais dans leur langue maternelle ; l'usage du polonais fut graduellement restreint par des décrets jusqu'à ne plus être admis que pour l'*instruction religieuse*. Finalement, en 1901, la langue polonaise fut *complètement interdite* ; les enfants durent apprendre en allemand jusqu'à leurs prières. Cette mesure provoqua une émotion considérable. Un mouvement curieux y répondit : les enfants firent grève, refusèrent de répondre en allemand aux questions du catéchisme et de dire leurs prières dans cette langue. La grève ne tarda pas à devenir générale ; elle s'étendit à près de cent mille enfants de Posnanie. On punit les coupables ; on ne se contenta pas de leur infliger des « retenues » ; ils reçurent aussi des châtiments corporels, qui soulevèrent en Europe une indignation unanime. L' « affaire de Wreschen » (1901) fit grand bruit. Des mères de famille dont les enfants avaient été punis de façon barbare à l'école élémentaire de Wreschen, pénétrèrent dans les locaux de l'école ; la police intervint et procéda à des arrestations ; un grand nombre de femmes furent sévérement condamnées, certaines d'entre elles à deux ans et demi de servitude pénale ! Le prince Radzivill interpella le chancelier, prince de Bülow, à ce sujet, au Reichstag allemand, mais von Bülow traita la question avec insouciance, déclarant que « la réputation du pays n'avait pas souffert des mesures prises par les fonctionnaires de Wreschen » et le comte de Limburg-Stirum prit la défense des maîtres d'école allemands.

En 1902, le chancelier von Bülow introduisit à la Diète prussienne la loi tyrannique des *expropriations obligatoires* destinée à priver les Polonais de leurs biens, déclarant à cette occasion que « de la solution de la question polonaise dépendait l'avenir immédiat du pays ». Le journal *Die Post* soutint la défense de cette thèse, disant qu'elle était juste, comme en témoignait la passion avec laquelle le « danger polonais » était discuté de toutes parts. « Cette passion, disait la feuille germaniste, ne cesserait qu'avec le danger polonais lui-même. Mais il faudrait beaucoup de temps ; la situation dans l'est apparaissait *particulièrement grave pour la Deutschtum* : la puissance colonisatrice allemande ne pouvait s'exercer de ce côté et y adoptait une attitude qui, d'offensive, passait peu à peu à la défensive. »

Quelques-uns, parmi lesquels le docteur K. Busse, songeaient à fonder tôt ou tard à Posen une université, tandis que d'autres — notamment le docteur E. Stumpfe — s'opposaient à ce projet, craignant que les Polonais n'y devinssent bientôt une majorité et y créassent un foyer nouveau de désordres intérieurs. Stumpfe déclarait (dans sa *Polenfrage und Ansiedelungs Kommission*, 1902) que le maître d'école prussien ne réussirait pas à vaincre le *Polentum* et qu'il placerait au contraire la Pologne dans une attitude combattive à l'égard de la *Deutschtum*. « Plus nous encourageons l'éducation et la culture parmi les Polonais, plus notre lutte contre eux deviendra difficile. Nous devons *germaniser par une immigration incessante sur une large échelle* faute de quoi nous n'aurons rien fait contre les Polonais. » Exactement comme mille ans auparavant! (cf. page 27.)

« Par une immigration allemande organisée en grand, il faut que nous nous rendions réellement les maîtres du pays, et que nous extirpions complètement les Polonais des provinces frontières qu'ils occupent. »

Malheureusement pour la Prusse, les Allemands de Posnanie vivent d'une existence solitaire; ils sont coupés de l'Allemagne et s'y trouvent comme dans un pays étranger ; on ne les y aime guère. Ils sont donc peu désireux de séjourner en Posnanie ; ils n'y trouvent pas de gros bourgeois, pas d'occasion de s'entretenir avec des gens cultivés. Ceux qui pourraient exercer une influence éducatrice sur la province la quittent dès qu'ils le peuvent. Aussi la Prusse a-t-elle obtenu peu de résultats de ses essais de germanisation en Posnanie, malgré les centaines de millions de marks que cette entreprise colonisatrice lui a coûté. Les Polonais sont considérés comme des ennemis ; et ils le sont réellement devenus par la brutalité des traitements subis de la part des sujets prussiens qui les entourent.

Faut-il dès lors s'étonner de ce que le monde civilisé tout entier, la Prusse exceptée, se soit indigné du traitement infligé à la population polonaise? L'écrivain H. Sienkiewicz, à qui la Suède a donné le prix Nobel, a fait appel au forum de l'opinion européenne sur le sujet brûlant de la cause polonaise ; il a reçu des réponses de 254 personnalités de toutes les contrées de l'Europe, connues pour leur défense de la cause de l'humanité, de l'instruction, de la justice et de la vérité. Toutes ont exprimé leur horreur à l'égard de la conduite de la Prusse ; leurs témoignages remplissent un énorme volume de 282 pages, que Sienkiewicz a publié en 1909 sous le titre *Prusse et Pologne, enquête internationale.*

« Ceci n'est plus, dit l'auteur, un conflit engagé entre l'idée prussienne et quelques millions de Polonais ; c'est la dispute entre l'idée prussienne et la conscience outragée de l'humanité. Les représentants les plus dignes de toutes les nations ont rendu leur verdict en première instance ; l'avenir prononcera son jugement définitif. »

VII

LA GUERRE DU SLESVIG (1864)
LE MACHIAVÉLISME DE BISMARCK
L'OPPRESSION PRUSSIENNE DANS LE SLESVIG

Au milieu du dix-neuvième siècle, la confusion régnait encore dans les Etats de langue allemande. Les difficultés de la situation intérieure de l'Autriche influençaient la politique que l'Allemagne pratiquait dans ce pays. Par le système de centralisation germaniste, depuis longtemps appliqué, l'Autriche ne pouvait plus espérer vaincre la résistance des autres nationalités, et particulièrement celle des Hongrois, sans un accord étroit avec l'Allemagne, qui entraînerait infailliblement une hégémonie allemande.

C'est une chose curieuse que d'entendre l'Allemagne parler aujourd'hui de son génie organisateur, et d'entendre dire, avec le professeur Ostwald, que l'Allemagne « a découvert l'*organisation*, d'où découle son droit de germaniser le monde ». Ce talent organisateur de l'Allemagne est en effet de date fort récente ; pendant la plus grande partie du XIXme siècle, le pire chaos n'a cessé de régner dans le pays. L'esprit de querelle divisait la nation, tout comme il divisait dans l'antiquité les peuples gothiques cherchant de nouveaux établissements dans l'empire romain ; les Etats étaient incapables de s'entendre ; le vieil empire allemand en était ébranlé jusque dans ses fondements, et les princes, animés du même esprit que leurs peuples, luttaient pour paralyser tout effort visant à l'unité nationale et à la liberté. L'antagonisme était particulièrement apparent entre la Prusse et l'Autriche ; chaque pays luttait pour maintenir ou pour conquérir son hégémonie ; l'acuité de cette crise alla croissant jusqu'en 1860 et même au-delà ; à cette époque, le désordre atteignit son état aigu. Les troubles du Slesvig-Holstein se produisirent à point pour motiver une intervention active de la Prusse, qui espérait sortir maîtresse de la situation.

La longue bataille pour la conquête du Slesvig — la bête noire des hommes d'Etat et des publicistes — issue de questions de succession et de la diversité des nationalités des habitants, donna lieu, après l'avènement de Fréderic VII au trône de Danemark (Janvier 1848), à la formation d'un parti insurrectionnel, ayant à sa tête le prince d'Augustenborg-Noer. De Berlin, où il se trouvait, le frère de ce prince, le duc d'Augustenborg, soutenu par le roi de Prusse, tirait toutes les ficelles de l'entreprise.

Le mouvement tendait à détacher du Danemark les duchés de Slesvig et d'Holstein : on réussit à déléguer une députation qui se rendit à la diète allemande de Francfort, et demanda que le Slesvig fut incorporé dans la confédération germanique, *à laquelle, au contraire du duché d'Holstein, il n'avait jamais appartenu*. Les germanistes d'Allemagne étaient fort occupés à cette époque à rédiger ce qu'ils appelaient des « revendications de justice » ; il s'agissait de réclamer l'annexion de divers Etats et de faire ensuite recevoir ces revendications par la diète de Francfort. L'Allemagne n'avait aucun droit au Slesvig, *qui avait toujours été danois* ; Grimm, le philologue n'en tenta pas moins de justifier une agitation qui réclamait une annexion basée sur des raisons historiques anciennes. On fit notamment remarquer que le Jutland avait été habité, 1400 ans auparavant, par une population de Goths, d'Angles et de Suitons, que les Danois avaient chassés après les avoir attaqués par le Nord !

Voyant cela, Frédéric VII de Danemark décréta que le Holstein recevrait un gouvernement séparé, formerait un Etat indépendant, faisant partie de la confédération germanique, mais que le Slesvig resterait indissolublement uni au Danemark. En 1848, le conflit dégénéra en une guerre entre le Danemark et le parti insurrectionnel du duché, que secondaient, comme bien on pense, les troupes prussiennes et allemandes ; cette guerre dura deux ans ; la Suède et la Norvège secoururent le Danemark et lui envoyèrent une armée, à laquelle se joignirent aussi des contingents autrichiens. Après des fortunes diverses, les Danois furent finalement victorieux aux batailles d'Isted, de Mysunde et de Fredriksstad (1850).

Les grandes puissances, auxquelles s'unirent la Suède et la Norvège, réglèrent le différend par la Conférence de Londres de 1852 ; elles accordèrent au prince Christian de Glücksborg, qui devint plus tard Christian IX, le droit de succession sur la monarchie danoise toute entière ; ainsi fut définitivement ratifiée l'union des deux duchés et du Danemark.

Un an plus tôt, le duc d'Augstenborg avait formellement renoncé sur l'honneur, pour lui et pour sa famille, à tous droits sur les duchés; par voie de compensation pour cette renonciation, et aussi pour la confiscation de ses Etats, lors de son parjure de 1848, il reçut du Danemark une indemnité de six millions et demi de couronnes.

Cependant, des dissentiments surgissaient sans cesse dans l'administration des deux duchés. En 1857, le Gouvernement danois, désireux d'y mettre fin, consentit à la seule solution équitable : il proposa *que le duché d'Holstein soit détaché du royaume*, le *Slesvig devant être plus étroitement incorporé au Danemark*. La Confédération germanique s'opposa à ce projet, réclamant, sous la menace d'une action militaire, le maintien de l'union entre le Slesvig et l'Holstein; ces menaces furent renouvelées en 1860 dans des circonstances analogues. Au fond, ce que l'Allemagne voulait, c'était créer un nouvel Etat tampon séparé du Danemark, Etat fictif, apparemment indépendant, mais en réalité dépendant de la Confédération germanique; ambition injuste et déraisonnable, en contradiction flagrante avec le grand principe politique du XIXe siècle, celui du respect des nationalités, puisque l'Etat projeté eût réuni deux éléments de nationalités distinctes.

Cependant, la Prusse s'équipait peu à peu en vue de la réalisation de son idéal : l'unité germanique. Vers 1860, elle était devenue un Etat militaire pour qui les droits des nations n'étaient que lettre morte. D'où venait à l'Allemagne cette conception rétrograde? Elle venait, d'abord, de l'impitoyable Bismarck, le « chancelier de fer et de sang ». Par la pratique du despotisme et de la ruse, il avait pris l'avantage sur ses adversaires à la diète; il proclamait, selon ses principes, que *la force prime le droit* et que l' « unité de l'Allemagne ne pouvait se faire ni par des phrases, ni par des majorités, mais seulement *par le fer et par le sang* ».

Ce Germain machiavélique fit entrer dans une phase nouvelle le développement politique de son pays. Le germanisme perdit son caractère chrétien; et il n'est pas exagéré de dire que Bismarck inaugura ce qu'on pourrait appeler un germanisme diabolique.

C'est le Danemark qui, le premier, devait verser son sang pour cimenter l'unité allemande et contribuer à faire de la Prusse l'Etat prépondérant de l'Allemagne.

A la mort de Frédéric VII, la succession du Slesvig et du Holstein fut remise en question; les querelles se rallumèrent. En même temps, le problème d'une reconstitution de l'Allemagne se posait de nouveau. Il n'est plus douteux aujourd'hui que l'astucieux Bismarck, avec l'absence de scrupules qui caractérisait sa politique, intervint dans les affaires de Slesvig-Holstein de manière à faire passer les duchés sous la domination prussienne, grâce à une victoire facile ; le chancelier acquerrait ainsi le prestige qui lui manquait encore à la diète de Prusse. Mais le parti libéral progressiste, qui symbolisait alors les tendances humanitaires, jouissait encore d'un ascendant considérable ; il s'opposa au budget militaire énorme réclamé par le parti de la guerre et fit échouer le vote, considérant que ce budget n'était pas nécessaire. Et le projet diabolique en fut retardé, mais non ruiné.

En 1863, le ministère Hall, estimant qu'une alliance avec la Suède et la Norvège, conclue entre Charles XV et Frédéric VII, pouvait préparer une heureuse solution de la question du Slesvig, élabora une constitution nouvelle, qui fut ratifiée le 13 novembre 1863 ; d'après cette constitution, les affaires de la monarchie et celles du Slesvig devaient être placées sous la conduite d'une assemblée de deux chambres. La question du Holstein n'était pas tranchée ; on convint que ce duché déciderait plus tard s'il convenait qu'il prît part à cette union, et la nouvelle loi fut votée à la fois par les Danois et par les citoyens du Slesvig.

A son avènement, survenu peu après, Christian IX ratifia l'acte constitutionnel, qui prit le nom de *Constitution de Novembre.*

Bismarck a expliqué lui-même, dans ses *Réflexions et Souvenirs,* publiés par son secrétaire Busch, ce que fut sa politique à l'égard du Slesvig-Holstein. Il y dit entre autres choses : « A mon avis, il fallait chercher la solution définitive de la question danoise dans *l'acquisition des deux duchés par la Prusse.* Je l'ai dit en réunion de cabinet, immédiatement après la mort de Frédéric VII. J'ai rappelé au roi Guillaume que tous ses prédécesseurs immédiats avaient *élargi les frontières de l'Etat,* et je l'invitai à faire de même.

» Ces déclarations furent omises dans le protocole. Quand je demandai au Geheimrat Costenoble, qui était chargé de ce service, pourquoi il avait négligé de reproduire cette déclaration, il répondit que le Roi était d'avis que *je préférerais moi-même voir omettre mes propres remarques dans le protocole.* Sa Majesté paraissait croire que j'avais parlé sous l'influence d'un déjeuner trop copieux et que je serais heureux de n'en plus entendre parler. J'insistai, demandant que mes paroles fussent rapportées ; j'obtins gain de cause. *Le prince héritier* (celui qui devait être un jour l'empereur Frédéric) leva les mains au ciel en m'écoutant, comme s'il doutait de ma raison. Mes collègues gardèrent le silence. »

Avec l'absence de sens moral qui lui est particulière, le Machiavel prussien ne vit pas que ses propositions étaient à tel point en désaccord avec toutes les lois internationales, avec une politique humaine et éclairée, que ceux qui l'écoutaient le croyaient ivre ou subitement frappé de démence. La folie du pouvoir avait complètement égaré son esprit, et il semble avoir considéré avec mépris l'appel du prince héritier à la Providence dans ces circonstances exceptionnelles.

Mais à quoi sert de débattre l'histoire de querelles embrouillées relatives à la succession des malheureux duchés ? Leur conquête avait été décidée, dès l'abord, par le chancelier de fer et de sang : quand le duc Frédéric d'Augustenborg, violant la parole jurée, brigua de nouveau la couronne ducale, Bismarck se saisit de l'incident et se mit en devoir d'exploiter habilement la conduite du prétendant.

Il est curieux de voir les Allemands, quand ils traitent de la question du Slesvig-Holstein, évoquer certaines clauses anciennes, même illégales, pourvu qu'elles fussent à leur avantage, et ignorer en même temps telles autres clauses, légales celles-là, qui eussent mis obstacle à la réalisation de leurs désirs. S'il est vrai que le gouvernement danois se soit montré coupable de manquements graves, et qu'il ait commis telles fautes qui purent donner lieu à des malentendus et provoquer des complications, il n'en est pas moins indéniable que les ambitions allemandes sur les duchés, et particulièrement sur le Slesvig, ne reposaient que sur des fictions de casuistique légale.

Il est juste d'observer que l'opinion des Etats allemands sur la question du Slesvig-Holstein était loin d'être unanime ; ils étaient divisés en deux camps, dont l'un, groupé autour des Etats du centre, voulait reconnaître au prince Frédéric d'Augustenborg, en dépit de la renonciation de son père, le titre de duc de Slesvig-Holstein, et créer ainsi un nouvel Etat-tampon. Après de multiples débats, la Confédération germanique décida d'occuper le Holstein en force ; une armée de 12 000 soldats saxons et hanovriens envahit le pays sans rencontrer de résistance.

Mais la création d'un nouvel Etat-tampon contrariait les plans de Bismarck, qui détermina l'Autriche à s'entendre avec la Prusse pour empêcher la réalisation du projet en attaquant le Danemark. L'Autriche, il est vrai, ne consentit à cet arrangement que pour faire échec à la Prusse et non pour la soutenir. Les deux Etats, donc, rompant le pacte fédéral, selon quoi la minorité devait se ranger à l'avis de la majorité, résolurent d'agir sans tenir compte du sentiment des autres groupements confédératifs ; et peu après, le 20 janvier 1864, 39 000 Prussiens et 21 000 Autrichiens pénétraient dans le Holstein.

La confusion fut à son comble, les Etats allemands cherchant en vain à concilier leurs intérêts respectifs. Qu'allaient faire les Saxons et les Hanovriens, soldats de la Confédération germanique ? Leurs chefs décidèrent l'évacuation d'une partie du Holstein et cédèrent la place aux Austro-Prussiens, adoptant pour le reste une attitude expectative.

Les Danois, sommés d'évacuer le Slesvig, *province danoise*, refusèrent ; les Austro-Prussiens prirent donc l'offensive. L'armée du Danemark, forte de 38 500 hommes, se replia sur Duppel et sur l'île d'Alsen. Elle défendit longtemps les forts de Duppel avec la plus grande bravoure ; mais elle fut finalement vaincue, le 18 avril, par les Prussiens, qui, pour la première fois, faisaient usage de chargeurs à culasse et de canons rayés montés hors de portée des vieilles pièces danoises.

Un armistice fut conclu ; une conférence des grandes Puissances, auxquelles se joignirent la Suède et la Norvège, se réunit à Londres. On décida de partager le Slesvig, la partie danoise, limitée par une ligne tirée de Flensburg à Höjen, devant échoir au Danemark. Mais le gouvernement danois, avec une imprévoyance inconcevable, refusa de souscrire à cette proposition. Les travaux de la conférence ayant ainsi échoué, les opérations militaires furent reprises. Quelques jours plus tard, les Danois évacuaient l'île d'Alsen et l'adversaire s'en emparait, mettant un terme à la guerre. Le Danemark dut signer la Paix de Vienne (octobre 1864), par laquelle le Holstein et le Slesvig étaient cédés à la Prusse et à l'Autriche.

En Allemagne, où le principe des nationalités avait été tenu pour inviolable aussi longtemps qu'il s'était agi d'Allemands soumis à la loi danoise, où la guerre « libératrice des frères allemands » avait été déclarée à grand bruit, des voix s'élevèrent, suggérant que peut-être l'annexion pure et simple des 200 000 Danois du

Slesvig pouvait n'être pas équitable. Pour donner à sa politique brutale une apparence de justification, Bismarck chargea les juristes de la Couronne de donner leur avis sur la question des deux duchés. Il reçut d'eux cette réponse dont le burlesque passe l'imagination : que leur souverain légitime était bien réellement le roi de Danemark ; mais que ce prince, ayant, par le traité de paix, « *renoncé à ses droits* en faveur de la Prusse et de l'Autriche », celles-ci devenaient désormais les maîtres légitimes des duchés !

Les protestations reprirent de plus belle. La Société Nationale réunie à Eibnach, en octobre 1864, stigmatisa l'annexion des duchés et la tyrannie du système gouvernemental de la Prusse ; peu après, un comité de 36 membres de la diète prussienne publia un manifeste retentissant pour protester contre l'annexion. Peines perdues ; le droit dut céder à la force, et l'antique conception de la justice fut réduite à l'impuissance et contrainte à se taire.

En Suède, en Norvège, la sympathie pour la cause danoise s'était très nettement manifestée, dès le début des hostilités ; le ressentiment contre Bismarck et contre la Prusse était unanime. Charles XV, qui caressait le projet d'une alliance avec le Danemark pour la protection du Slesvig, fit l'impossible pour entraîner la Suède dans la guerre. Mais il se heurta à la résistance de la majorité des ministres qui s'opposaient à ses projets par mesure de prudence.

Louis de Geer, premier ministre, homme d'une haute intégrité, nous a donné dans ses *Mémoires*, publiés en 1892, des détails intéressants sur les événements de cette période. Quant au ministre des affaires étrangères, Mandelström, il avait épousé la cause du Danemark depuis plusieurs années ; il semble bien qu'il ait cherché à jeter les bases d'une alliance entre le Danemark, la Suède et la Norvège : en 1863, Charles XV promit en effet à Frédéric VII, en présence de Hall, un traité d'alliance. Le traité fut même rédigé, et Charles XV en discuta les termes avec plusieurs de ses ministres en septembre de la même année. Mais il rencontra une opposition sérieuse : Gripenstedt développa éloquemment le danger qu'il y aurait pour la Suède à faire la guerre à l'Allemagne ; le roi tint bon ; il « le contredit avec une vivacité telle que les personnes présentes avaient peine à placer un mot ». De Geer et le premier ministre norvégien se déclarèrent hostiles au traité, *à moins qu'on n'obtînt l'appui de l'une au moins des grandes Puissances.* L'Angleterre, la France et la Russie furent successivement conviées à venir en aide au Danemark et l'assistance de la Suède et de la Norvège leur fut promise en cas d'intervention. Mais Charles XV tenait à son projet d'une *alliance scandinave ;* il espérait qu'un nouveau ministère l'aiderait à le réaliser ; il tenta donc de former un nouveau cabinet ; mais ses efforts échouèrent.

De Geer estimait que, quoiqu'il advint des querelles entre le Danemark et les Etats allemands concernant le Slesvig-Holstein, aucune initiative ne pouvait venir de la Suède. Il écrivait à cette occasion : « *La véritable raison* qui a poussé l'Allemagne à la guerre, c'est purement et simplement *l'appétit de conquête;* tous les autres prétextes ne furent imaginés que pour échapper aux conséquences. Quant à moi, je continue à croire que l'intervention de la Suède n'aurait ni évité la guerre ni donné aux hostilités un caractère européen ; et que tout se serait passé de la même manière, avec cette différence que nous aurions partagé la défaite des Danois, notre armée étant, à cette époque, très médiocrement équipée. »

Les partisans du scandinavisme, qui avaient espéré une intervention, combattirent très énergiquement le ministère ; au commencement du mois de mars 1864, leur ressentiment se traduisit par des émeutes ; des fenêtres volèrent en éclats, notamment celles de la résidence du ministre Mandelström. En Norvège, les scandinavistes s'efforcèrent d'obtenir du Storthing un vote de sympathie à l'adresse du Danemark.

Dans les deux autres pays scandinaves, la sympathie populaire pour le Danemark se manifesta d'une façon tangible par l'envoi d'un certain nombre de volontaires, parmi lesquels quatre-vingt-dix officiers et vingt médecins Suédois. J'étais au nombre de ces médecins. J'avais alors vingt-deux ans ; j'étais étudiant en médecine ; tout ce que j'ai vu me permet d'affirmer que le même sentiment nous animait tous. Les autres volontaires étaient, comme moi, convaincus de ce que les Allemands avaient déclaré cette guerre sans raison, de ce que la justice était, sans conteste, du côté des Danois. En ce qui me concerne, je considérai comme un devoir impérieux de secourir mes frères outragés dans la lutte où la violence et l'injustice seules les avaient entraînés.

Je fus cantonné pendant quelque temps au Palais Augustenborg, converti en hôpital ; on me versa ensuite aux postes de secours de première ligne. à Sönderborg, juste en face des forts de Duppel ; j'y arrivai la veille même du jour où ces ouvrages furent pris d'assaut, le 18 avril. La scène était d'une désolation indicible :

maisons battues, en ruines, enveloppées de fumée, escouades de secours courant aux forts et en revenant avec des civières et des ambulances; dans le poste même, des faces blêmes aux lèvres bleues; dans les salles d'opération, une véritable boucherie: des récipients ensanglantés, des membres amputés gisant çà et là, des blessures béantes, et, par dessus tout cela, les détonations des pièces prussiennes et le sifflement vicieux des projectiles fendant l'air. Ces choses, gravées pour toujours dans la mémoire, sont de celles qui vous font rêver aux conséquences de ce qu'on nomme pompeusement: la politique, et à la responsabilité de ceux qui en tirent, comme en se jouant, les ficelles.

On imagine bien que la guerre danoise ne resserra pas les sentiments de parenté entre les Scandinaves et leurs cousins germains — je veux dire germaniques — d'Allemagne. Elle n'a fait que fortifier la vive antipathie que les pays du Nord témoignaient à la Prusse, à la politique prussienne et, plus particulièrement, au véritable instigateur de cette politique : à Bismarck ; dans toute la Scandinavie, la doctrine de force brutale chère au chancelier ne lui a valu que du mépris et de la haine.

Fait remarquable, et en quelque sorte paradoxal : l'empire allemand, ostensiblement fondé sur l'élargissement systématique du germanisme, c'est-à-dire, sur le principe des nationalités, n'a cessé de violer lui-même les droits des autres nationalités; aussi les exposés pédants de ses savants chauvins ne sont-ils qu'une colossale moquerie, la plus gigantesque dérision peut-être de toute l'histoire.

L'oppression du Slesvig par la Prusse

Quand la guerre fraticide de 1866 se termina par la paix de Prague, où Napoléon III servit de médiateur, il fut décidé que l'Autriche renoncerait à ses droits sur le Slesvig-Holstein au profit de la Prusse ; l'article 5, ajouté au traité, introduisait une clause nouvelle selon quoi « la population de la province du nord du Slesvig serait réincorporée au Danemark *pourvu qu'elle en exprimât le désir par un pébliscite* ». Or, peu de temps après, en décembre 1866, la Prusse réclamait l'incorporation des duchés de Slesvig et d'Holstein dans le royaume et les Danois habitant le nord du Slesvig devenaient, contre leur gré, sujets prussiens.

La *Kölnische Zeitung* prit énergiquement la défense du Slesvig du Nord, réclamant avec insistance l'application de l'article 5 de la paix de Prague. Elle écrivait, entre autres choses, que « ce serait un acte de sagesse et de bonne diplomatie que de renoncer volontairement au Slesvig du Nord », rappelant que « la Prusse avait promis de le faire par la paix de Prague » ; et elle ajoutait : « Nous ne pouvons concevoir que quelqu'un *ose croire* que la Prusse négligerait d'appliquer le traité le plus avantageux qui ait jamais été conclu et de tenir *une promesse solennellement écrite* sous les yeux de l'Europe entière ! »

En décembre 1866, quand la diète prussienne eut à s'occuper de la question de l'incorporation du Slesvig et du Holstein dans le régime prussien, un comité ayant exprimé l'espoir que l'article 5 de la paix de Prague fût rapporté, Bismarck répondit en déclarant hypocritement : « J'ai toujours pensé qu'une population *qui ne veut être ni prussienne ni allemande* et qui a exprimé sans équivoque son désir d'appartenir à un Etat voisin, de la même nationalité, ne peut pas *coopérer au renforcement de la puissance* dont elle cherche à se séparer... *Nous ne pouvons nous considérer comme dégagés des obligations contractées ; il faut que nous fassions honneur à ces obligations,* mais... nous le ferons *de telle manière* qu'il ne puisse y avoir aucun doute sur le caractère *spontané et indépendant* du vote qui décidera de notre attitude et de la volonté que ce vote doit exprimer ».

Quelle était donc cette « manière » de connaître du caractère spontané de ce vote ? On ne tarda pas à le savoir : Au printemps de 1867 la *Norddeutsche Allgemeine Zeitung*, organe de Bismarck, écrivit, dans un article traitant de l'article 5 et qui était censé exprimer les intentions du gouvernement prussien, que la Prusse permettrait que le vote ait lieu, mais *pas avant que la population se soit accoutumée au régime prussien, c'est-à-dire à la fin d'un laps de temps considérable ;* car l'opinion ne pouvait, dans un vote prématuré, se prononcer sans idée préconçue. On voit ce que voulaient Bismark et son organe ; c'est qu'après un « laps de temps considérable » un grand nombre de Danois ayant été chassés du Slesvig et remplacés par des Allemands, on obtînt sans effort un vote hostile au retour au Danemark.

Les événements prirent une autre tournure : L'article 5 du traité de Prague fut purement et simplement rapporté au bout de douze années. Pendant tout ce temps, il ne fut jamais question de l'appliquer, bien qu'aucun fait ne se fût produit en Slesvig et au Danemark qui justifiât son abrogation. La promesse d'un plébiscite fut donc retirée en octobre 1878 par une convention, datée de

Vienne, conclue entre les empereurs d'Allemagne et d'Autriche ; cette violation cynique d'un traité fut baptisée d'un nom inoffensif; on l'appela « revision ». L'acte qui dégagea ainsi Guillaume 1er de ses obligations contractuelles, est considéré par les écrivains politiques de l'école de Bismarck, notamment par le professeur W. Muller, comme le *qui pro quo* par lequel l'Autriche reconnut les services que lui avait rendus le gouvernement allemand pendant la crise orientale et au Congrès de Berlin de 1878.

Il est dit dans cette « revision » que « les stipulations du traité de Prague relatives aux modalités du retour au Danemark des districts septentrionaux du Slesvig, n'ont pas encore été mises à exécution ». Il y est dit encore que *l'empereur d'Allemagne attache une certaine importance à ce que cette éventualité soit définitivement écartée* et que « l'empereur d'Autriche apprécie à leur valeur les *difficultés* qui s'opposent à l'application de l'article 5 ». Quelles étaient ces difficultés, la « revision » ne l'explique point; comment l'eût-elle fait puisque ces difficultés n'existaient pas, à moins qu'on ne donnât ce nom à la faillite d'une tentative de douze années pour germaniser le nord du Slesvig, malgré tous les artifices, malgré la coercition scolaire, malgré la contrainte linguistique.

L'acte de revision du traité de Prague était d'une brièveté laconique ; en somme il consistait en ceci : que l'article 5 était déclaré *nul et sans effet* (*ausser Giltigkeit gesetzt*) !

Dans le vocabulaire des autres nations de l'Europe, de tels actes portent le nom de *despotisme* et de *force brutale ;* et il est certain que l'article 5 du traité de Prague eût depuis longtemps été appliqué s'il y avait eu en Europe un Etat puissant capable de soutenir par la force les revendications de la moralité politique et de veiller sur les droits des petits Etats. Mais, la France vaincue, la Prusse, dont la force militaire n'avait cessé de croître depuis 1866, savait qu'aucune autre puissance, prenant comme prétexte la « revision » du traité de Prague, n'oserait la défier. La convention du 11 octobre 1878 détruisit toutes les illusions encore latentes d'un retour du Slesvig au Danemark ; et elle consacra une des conquêtes les plus barbares, les plus dédaigneuses du droit des nations, des nationalités et du progrès historique.

Les historiens et les publicistes bismarckiens ont vainement tenté de faire croire qu' « une grande joie se manifesta dans les districts du Nord du Slesvig lors de la publication de la convention » (W. Muller). Les Danois du Slesvig ont toujours été et sont encore hostiles à cette annexion : leur persistance à envoyer des députés danois au Reichstag témoigne assez de cet invincible mécontentement.

Lorsque Guillaume II rendit visite à Christian IX, en 1888, les journaux publièrent des allusions transparentes à une mise à exécution éventuelle du traité. Mais la presse allemande, commentant cette question, déclara que l'article 5 de la paix de Prague, tant au point de vue *politique* qu'au point de vue *juridique*, pouvait être considéré comme désuet et la question comme tranchée (*Vossische Zeitung*).

Il est surprenant de voir des écrivains politiques, par ailleurs sains d'esprit, parler comme le fit le docteur K. Baumbach, membre du Reichstag (dans son *Staatslexikon*, en 1882) de la suppression de cette clause comme d'*un fait accompli*, décidée « à la suite d'un accord entre la Prusse et l'Autriche », sans commenter l'évidente injustice qui fut commise à cette occasion.

En 1889, une adresse concernant la question du Slesvig ayant été présentée aux membres libéraux du Reichstag par l'auteur de ces lignes, au nom de la société positiviste de Stockholm, la *Freisinnige Zeitung* publia le commentaire suivant : « Ce document contient un appel aux membres libéraux du Reichstag visant à provoquer une agitation dans le but d'abolir l'usage de la langue allemande dans les écoles primaires du Slesvig danois, et d'obtenir la cession des districts du Nord du Slesvig au Danemark. Ces Messieurs de la Société Positiviste de Stockholm auraient pu s'épargner un dérangement et des frais d'impression inutiles. »

La *Kolnische Zeitung* reproduisit les lignes qui précèdent en y ajoutant ce nouveau commentaire : « Cette demande présomptueuse des membres d'une ligue pacifiste étrangère n'eût pu décemment être soumise aux libéraux allemands si leur fraternisation continuelle avec les Polonais, les Guelfes et les socialistes-démocrates, leur attitude hostile à notre politique coloniale, et leurs querelles avec Bismarck, n'avaient créé à l'étranger une appréciation erronée du but et du caractère du parti auquel ils appartiennent. Les libéraux allemands doivent donc, une fois pour toutes, se faire une loi de ne pas permettre à leur opposition d'entrer en lutte avec les intérêts vitaux du pays ; ils s'épargneront ainsi, à l'avenir, *la honte* d'être pris pour *des étrangers ennemis de l'empire allemand ;* pour des opposants de principe au *germanisme* ».

L'approbation donnée au traitement barbare infligé par l'Allemagne à deux cent mille Danois, dont le droit à un plébiscite avait été reconnu pendant de nombreuses années, et à l'annexion du Slesvig, que rien ne justifie historiquement et que rien n'excuse sinon l'intérêt « vital » de la patrie allemande, met admirablement en lumière la dégénérescence inhérente à une politique traditionnelle de violence.

Parmi les protestations allemandes contre l'annexion, il faut citer celle du docteur F. H. Geffken, diplomate et professeur de législation internationale ; le docteur Geffken s'opposa courageusemet à cette incorporation du Slesvig-Holstein à la Prusse, comme il s'était déjà opposé à la politique de Bismarck, lors de la conférence de Londres, après la guerre danoise, sur la question du Luxembourg. Il n'est pas étonnant que Bismark ait cherché en 1888 à faire poursuivre Geffken pour la publication d'un extrait du Journal de l'empereur Fréderic, montrant le rôle de l'empereur dans l'organisation de l'unité allemande ; le chancelier fit tout pour discréditer son adversaire ; ayant échoué dans ses efforts pour prouver que l'extrait était apocryphe, il déclara qu'il fallait le considérer comme une *offense punissable !* Il s'acharna à ruiner son vieil adversaire, coupable d'avoir osé défendre le droit contre la force. Geffken fut mis en prison ; il y demeura pendant toute la durée du procès qui lui fut intenté pour *lèse-majesté ;* mais la cour l'acquitta.

Depuis l'annexion du Slesvig, le gouvernement prussien n'a cessé d'y combattre l'usage de la langue danoise d'une façon systématique et souvent cruelle ; il n'a cessé de persécuter ses nouveaux sujets et de les punir pour tous les témoignages extérieurs de fidélité qu'ils donnaient à leur ancienne patrie. Ces persécutions ont déterminé nombre de Danois à rentrer au Danemark ou à émigrer en Amérique ; leur nombre n'a cessé de décroître depuis 1864, époque à laquelle ils étaient deux cent mille : d'après un recensement officiel, il n'y avait plus au Slesvig, en 1890, que 135.000 Danois sujets prussiens, plus 30.000 autres, que les listes officielles classent sous la dénomination de Danois étrangers.

En 1889, la langue allemande fut introduite dans toutes les écoles du Slesvig et rendue obligatoire pour tous les sujets ; des tolérances sont accordées à titre exceptionnel en faveur de l'enseignement religieux ; mais la langue danoise ne peut pas être enseignée. Il ne peut pas y avoir de maîtres danois dans les écoles ; les familles elles-mêmes ne peuvent engager un précepteur particulier, car on prévoit que ces précepteurs seraient choisis parmi les Danois ; et il est *interdit aux parents d'instruire eux-mêmes leurs enfants*. En cas de contravention, les parents sont l'objet de poursuites et condamnés à une amende en vertu d'une loi qui dit que nul ne peut enseigner qui ne possède pas la « compétence morale » nécessaire ; cette compétence est censée manquer aux parents danois quand leurs opinions ne sont pas ouvertement favorables au gouvernement prussien. En cas de récidive, des peines plus sévères peuvent être prononcées.

En outre, il est interdit aux parents d'envoyer leurs enfants dans les écoles danoises après qu'ils ont été confirmés.

En 1884, l'usage d'un *Liederbuch* allemand a été imposé aux écoles du Slesvig par ordre du gouvernement ; les écoliers doivent apprendre par cœur au moins vingt chansons de ce recueil. De ces vingt chansons, douze étaient des airs nationaux allemands ou des hymnes de guerre ; on y trouvait notamment le célèbre *Chant prussien :* « Ich bin ein Preusser » (je suis Prussien), que les petits Danois doivent chanter en chœur avec leurs condisciples. Et, comme si cette inexactitude historique ne suffisait pas, on a fait faire à l'usage des habitants du Slesvig une sixième strophe à la chanson, qui n'en avait que cinq à l'origine ; cette strophe, écrite par le conseiller privé Schneider, immigré allemand, fut ajoutée aux autres en 1869. Elle est rédigée ainsi :

Und wir, die wir am Ost — und Nordensee
Als Wacht gestellt, gestählt von Wog und Wind,
Wir, die seit Düppel, *durch des* Blutes Bande,
An Preussens Thron und Volk gekettet sind,
Wir woll'n nicht rückwärts schauen,
Nein, vorwärts, mit Vertrauen!
Wir rufen's laut in alle Welt hinein,
« Auch wir sind Preussen, wollen Preussen sein ! »

Traduction littérale :

« Et nous, placés en sentinelle sur la Baltique et sur la mer du Nord, durcis par la vague et la brise, nous, qui *depuis (les combats de) Duppel*, sommes liés au trône et au peuple prussiens *par les elins du sang*, nous ne voulons pas regarder en arrière, mais, au contraire, en avant, avec confiance ! Nous le crions à haute voix à la terre entière : « *Nous aussi nous sommes Prussiens, Prussiens nous voulons être.* »

Ce n'est pas seulement par l'introduction de la langue allemande dans les écoles que la Prusse s'acharne à détruire les sentiments nationalistes de la population du Slesvig; l'enseignement de l'histoire aussi a été méticuleusement réglementé dans le même sens.

Dans le *Heimatskunde* (Récits de l'histoire nationale), les enfants sont laissés dans l'ignorance absolue des événements de l'histoire du Slesvig antérieurs à 1864; on leur cache que la province était danoise depuis des temps immémoriaux, qu'elle a toujours vécu sous la règle danoise, etc. Au contraire, on leur parle du Danemark comme d'un pays étranger, voire hostile, auquel le duché de Slesvig avait été réuni, mais à qui la Prusse l'a repris pour sa libération, c'est-à-dire pour son bonheur !

L' « Histoire *nationale* » apprend aux écoliers ce que fut la grandeur de l'Allemagne pendant le moyen âge et le déclin qui suivit jusqu'au jour où la Prusse apparut sur la scène, la Prusse dont la politique fut toute d'abnégation patriotique et dont les souverains firent preuve d'une loyauté sans parallèle, tandis que celle des voisins n'était que d'intrigue et de violence; c'est de cela que la Prusse a été récompensée; la conquête de la Silésie, le partage de la Pologne, l'annexion du Hanovre, etc., sont des signes de la protection divine; Dieu veillait sur le peuple élu, sur la grande nation dont l'éclat fit pâlir le lustre de toutes les autres. A côté d'une pareille gloire, on conçoit qu'il y a peu de place pour la culture du Danemark; quand on y fait allusion, c'est d'un accent pitoyable ou d'une voix indignée.

Des enfants furent punis pour avoir parlé le danois à l'école ou dans leurs jeux. Dans certaines localités, notamment à Aabenraa, un système de punitions en argent fut imaginé et appliqué il y a quelque temps; les écoliers y furent condamnés à une amende pour chaque mot danois prononcé; dans la suite, la punition fut changée en « retenue ». Il n'est pas rare que les enfants qui sont incapables de répéter leurs leçons en allemand soient l'objet de châtiments corporels; vers 1880, un certain maître d'école nommé Blohm, d'Haderslev, eut la triste notoriété d'être l'un des pires tyrans scolaires du Slesvig.

Toute cette germanisation resta vaine. Les habitants du Slesvig sont restés aussi Danois que devant, et continuent à considérer le Danemark comme la mère-patrie, à aimer et à pratiquer la culture danoise; la majeure partie d'entre eux sont des paysans aisés; j'ai eu l'occasion de remarquer, il y a quelques années, au cours d'un voyage au Slesvig, que presque tous sont extrêmement cultivés.

La Prusse eut parfois le sentiment de son impuissance à germaniser le Slesvig du Nord ; c'est ce sentiment qui, dans l'automne de 1898, poussa le gouverneur Köller à lancer le décret révoltant qui décida de l'expulsion des Danois du Slesvig. La mesure causa dans le monde civilisé la plus profonde indignation ; en Allemagne, elle donna naissance à d'énergiques protestations, notamment de la part des membres du Reichstag E. Richter et Vollmar, du professeur H. Delbrück (conservateur, professeur d'histoire à l'Université de Berlin), du professeur Koftan, de la *Münchener Allgemeine Zeitung*, et d'autres organes représentant l'opinion cultivée. La rigueur avec laquelle le gouvernement frappa le professeur Delbrück pour le punir de son attitude dans la question des déportations aggrava davantage la colère de l'Europe ; on vit s'évanouir toute espérance d'une solution pacifique de la question du Slesvig.

Il peut être intéressant de noter ici ce qu'un Allemand, occupant une situation officielle, le pasteur O. Gleisz, d'Holstein, écrivait à propos de la cause du Slesvig, au cours d'un voyage qu'il fit dans les pays scandinaves, en 1884. Dans une des lettres écrites pendant son séjour au Slesvig, on trouve le passage suivant : « Je ne puis m'empêcher de déclarer que je suis fermement convaincu que la rétrocession de la portion septentrionale du Slesvig ne serait pas payer d'un prix exagéré l'amitié sincère du Danemark et des pays du Nord ». Ailleurs, dans un ouvrage allemand remarquable, dont l'auteur est Théodore Brix : *Nord-Schleswig und die Selbsterniedrigung Deutschlands* (Berlin, 1902), on note avec reconnaissance une autre protestation allemande contre la tyrannie de la politique prussienne au Slesvig. Th. Brix montra comment la politique pratiquée dans le Slesvig septentrional n'est, dans l'ensemble, que la contre-partie de la politique allemande en général. L'une et l'autre marquent « le déclin (*Niedergang)* de la vie politique en Allemagne. Les cercles dirigeants allemands, complètement asservis au culte de la force, à la flatterie des monarques et des puissants, voudraient maintenant, dit Brix, exiger des autres peuples la même servilité dans l'abandon de toute conviction politique indépendante. L'esprit de liberté s'est réfugié en Allemagne dans les classes inférieures, inaccessibles aux influences de la cour et du gouvernement... On peut, en persécutant les champions des aspirations politiques danoises, en prononçant contre eux des jugements criminels, en déportant ou en ruinant leurs partisans, réussir à étouffer en apparence la vie politique des Danois ; tel partisan de la cause sacrée, à qui la résistance morale ou matérielle fait défaut, pourra se retirer de la lutte et *se tenir coi*. Mais il faut être aveuglé par le chauvinisme pour voir dans les effets de nos méthodes une résignation, un asservissement à la culture allemande ». « Je sais, dit encore Brix, que l'effort est vain du peuple allemand qui en appelle à la justice ; cependant, il ne serait pas déraisonnable de faire crédit à une nation assez éclairée pour comprendre où sont les intérêts véritables de l'Etat ; on peut être assuré qu'elle se rend compte des effets désastreux de la méthode Köller inaugurée pour *calmer* la masse populaire. Il est moins dangereux d'écouter des protestations publiques que de laisser une agitation se poursuivre en secret sous le calme apparent de l'opinion. Ce *calme*-là, c'est de la cendre, sous laquelle couve le feu de haine dans lequel les sujets du Slesvig tiennent le gouvernement prussien. »

VIII

LA GUERRE FRATRICIDE DE 1866.

Le développement de la puissance prussienne, auquel la guerre avec le Danemark avait donné un nouvel essor, devait fatalement mettre aux prises l'Allemagne et l'Autriche, sur le terrain de l'hégémonie allemande. Cette question brûlante devait être tranchée tôt ou tard ; le gouvernement de Vienne avait compris de bonne heure que la guerre danoise serait le signal d'un nouvel effort vers l'unité allemande, et que l'Allemagne ne tarderait pas à se mesurer avec l'Autriche, dont la puissance militaire formait le dernier obstacle à la réalisation de cette unité.

L'administration du Slesvig-Holstein fournit à l'Allemagne le prétexte qu'elle désirait. Les notes échangées à ce propos entre les deux pays devinrent de plus en plus provoquantes ; les Etats annexés puisaient dans cette hostilité l'audace d'une insoumission qui inquiétait la Prusse. En présence de ce tour dangereux, Bismarck se tourna vers l'Italie pour l'entraîner dans une alliance contre l'Autriche ; pour prix de cette alliance, il lui promit la Vénétie. Puis il fut voir Napoléon III, qu'il rencontra à Biarritz, en septembre 1865 ; des négociations s'ouvrirent : Napoléon promit de rester neutre dans le conflit que Bismarck préparait ; l'impérial aventurier se laissa convaincre par les astucieuses promesses de celui qu'il considérait comme un homme dangereux, mais qu'il espérait duper, le moment venu. Et, au mois de mars 1866, l'Autriche et la Prusse commencèrent à masser leurs troupes respectives, l'une et l'autre rusant pour que l'initiative des premiers actes inamicaux fût l'œuvre de l'adversaire. En même temps, la Prusse concluait avec l'Italie l'alliance offensive et défensive dirigée contre l'Autriche, que Bismarck avait préparée l'année précédente.

Le plan machiavélique se développait donc favorablement ; mais

Bismarck trouva dans le roi Guillaume et dans l'entourage immédiat du souverain un sérieux obstacle à l'exécution de ses projets belliqueux. L'idée d'une rupture avec son vieil allié, et d'une guerre entre nations allemandes, troublait profondément le roi ; la reine Augusta, la reine douairière, le prince héritier Frédéric et la princesse héritière partageaient les sentiments qui l'agitaient. Bismarck fut si exaspéré par cette opposition qu'il en tomba malade.

L'opinion du roi subit toutefois un changement notable après l'attentat commis sur Bismarck par un jeune libertaire fanatique du nom de Cohen, que l'indignation générale avait excité à frapper celui que les Allemands sensés considéraient comme le mauvais génie de Guillaume. La chance de Bismarck en cette circonstance fut considérée comme une *intervention providentielle;* le lendemain de l'attentat, Guillaume signait l'ordre de mobilisation des armées prussiennes!

La cause déterminante de la rupture fut le désaccord relatif à l'administration du Slesvig-Holstein. L'Autriche voulait que les modalités de cette administration fussent réglées par la diète fédérale et qu'une séance des Etats provinciaux du Holstein fût convoquée à cet effet. Bismarck déclara aussitôt que cette méthode équivaudrait à l'annulation de la convention que les monarques d'Autriche et de Prusse avaient conclue à Gastein en 1865, selon quoi la Prusse devait administrer seule le Slesvig, et l'Autriche le Holstein.

Pour être sûr d'arriver à son but et de régler le différend par les armes — méthode qui avait toutes ses préférences — Bismarck envoya le 7 juin 1866 une armée prussienne dans le Holstein, que les Autrichiens évacuèrent sans combattre. La Prusse envoya alors à la Diète fédérale un ultimatum demandant la réforme de la Confédération germanique et l'exclusion de l'Autriche. Mais le président de la Confédération répondit en déclarant que la conduite de la Prusse constituait une *violation de traité* et en ordonnant la mobilisation de la totalité des forces confédératives, les forces prussiennes exceptées (11 juin). Trois jours après, la majorité des Etats, notamment la Bavière, le Wurtemberg, la Saxe, le Hanovre et le Nassau déposaient un vote favorable à l'Autriche, tandis que seuls quelques petits Etats de l'Allemagne du Nord prenaient fait et cause pour la Prusse. Là-dessus, l'envoyé prussien fit une déclaration selon laquelle le pacte confédératif était considéré comme rompu et ne liant plus les parties.

La Saxe, le Hanovre et l'Electorat de Hesse ayant rejeté les réformes proposées par la Prusse, celle-ci leur déclara la guerre; les autres déclarations de guerre, entre l'Autriche d'une part, et la Prusse et l'Italie de l'autre, suivirent immédiatement après.

Cette guerre, déclarée sans aucune raison valable, sans cause déterminante légitime, était contraire à toutes les lois des nations. Tout le monde est d'accord là-dessus. La Prusse eut la victoire, une « brillante » victoire, puisqu'il est convenu de la nommer de ce nom ; la bataille de Königgratz (ou Sadova), l'une des plus grandes, l'une des plus sanglantes de notre ère, se termina dans les fanfares des joueurs de hautbois jouant l'hymne : « Maintenant remercions tous notre Dieu ».

C'était remercier Dieu d'avoir permis, par son intervention miraculeuse, que 720 000 Allemands bien armés s'entretuassent dans un assaut barbare et fratricide, conforme aux lois de la « science militaire », d'avoir permis que les Prussiens tuassent mieux que leurs adversaires !

La paix de Prague, qui suivit, fut conclue avec l'assistance de Napoléon, c'est-à-dire avec le *concours d'une puissance étrangère,* sans laquelle il semble que les représentants de la race germanique eussent été incapables de régler les différends qui les divisaient. L'Autriche dut reconnaître la dissolution de la Confédération germanique et la constitution d'une fédération nouvelle où elle n'entrerait pas; la Prusse obtenait du même coup l'hégémonie dont elle rêvait depuis longtemps.

A la conclusion de la paix, l'armée était aux portes de Vienne ; le haut commandement voulait occuper la ville ; de son côté, le gouvernement espérait de larges acquisitions territoriales au détriment de l'Autriche, en dehors du royaume de Hanovre, qui fut simplement annexé; mais la crainte d'une guerre avec la France le décida à accepter les termes de la paix.

L'Autriche dut céder la Vénétie à l'Italie et abandonner à la Prusse ses droits sur le Slesvig-Holstein. Il fut toutefois stipulé que la population de la Vénétie exprimerait par un plébiscite son vœu d'être incorporée à l'Italie et (article 5) que les habitants de la partie Nord (danoise) du Slesvig décideraient de la même manière s'ils désiraient retourner à la règle danoise.

En dehors de l'Allemagne, ce fut une consternation générale, pour ne pas dire un universel mépris ; ce scandaleux attentat à la civilisation européenne ne fut point pour attirer à la Prusse de nouveaux admirateurs, sinon sur le terrain technique, où les stratèges furent forcés de reconnaître sa supériorité militaire ; mais cette supériorité même d'un Etat si notoirement belliqueux souleva une anxiété générale. La guerre allemande, provoquée par la brutale agression d'un Etat militaire au beau milieu de l'Europe, pouvait se renouveler ailleurs ; on était en droit de redouter que cet Etat n'attendît qu'une occasion favorable pour attaquer l'un ou l'autre de ses voisins ; et l'on savait désormais que les seules considérations qui comptassent aux yeux de la Prusse, dans ses rapports avec les autres Etats, étaient *le développement de sa force* et *la satisfaction de ses intérêts égoïstes;* on savait que, devant ces considérations-là, *la politique prussienne ne s'embarrassait point des droits des autres nations.*

IX

LA NEUTRALITÉ DE LA BELGIQUE ET DU LUXEMBOURG

La Belgique, qui, au XVIIIe siècle, appartenait à l'Autriche, passa sous la domination française après la guerre de 1792, par la victoire de Jemmapes ; elle resta française jusqu'en 1815, date à laquelle le Congrès de Vienne constitua le Royaume-Uni des Pays-Bas en la réunissant à la Hollande. Le nouvel Etat, par la diversité de ses nationalités, de ses coutumes, de ses religions, se montra très indocile ; des dissentiments ne tardèrent pas à se produire ; quinze ans plus tard, en 1830, les Belges entrèrent en rébellion ouverte contre les Hollandais, les chassèrent et déclarèrent leur indépendance. L'Angleterre et la France sympathisèrent avec la Belgique ; elles décidèrent l'Autriche, la Prusse et la Russie à se joindre à elles pour reconnaître au nouveau royaume la qualité d'*Etat neutre et indépendant ;* cet accord des puissances fut sanctionné par le traité des vingt-quatre articles, en 1831.

Mais de nouvelles querelles ne tardèrent pas à éclater entre Belges et Hollandais ; cette fois les Belges furent battus ; l'intervention d'une armée française les sauva. A la suite de nouveaux combats, la Belgique dut abandonner ses revendications sur Maestricht et sur quelques territoires du Luxembourg et du Limbourg. Finalement, par le traité de Londres (1839), l'Angleterre, la France, l'Autriche, la Prusse et la Russie ratifièrent définitivement la situation internationale de la Belgique et garantirent la neutralité du pays.

Suivant l'article 7 du traité, la Belgique était constituée en Etat indépendant à perpétuité, sous réserve des spécifications des articles 1, 2 et 4. La Belgique était obligée d'observer la même neutralité dans ses relations avec les autres Etats.

Tandis que les Puissances entreprenaient ainsi *d'assurer le respect de la neutralité belge et de protéger la Belgique contre toute violation de cette neutralité*, la Belgique s'engageait, de son côté, en cas d'hostilités entre ses protectrices, *à ne favoriser ni l'un ni l'autre des Etats belligérants*, et, par conséquent, à appliquer la règle anciennement établie de refuser le passage des armées belligérantes à travers son territoire. La Belgique n'a jamais été déliée des obligations contractées par ce traité.

Au mois d'août 1866, tandis que les négociations de paix se poursuivaient entre l'Autriche et la Prusse, Bismarck et l'ambassadeur de France Benedetti eurent un entretien au cours duquel les gains territoriaux que Napoléon espérait en retour de sa neutralité furent discutés ; selon Benedetti, Bismarck lui donna à entendre que le droit d'occuper *la Belgique et le Luxembourg* formerait une compensation convenable, permettant à Napoléon de renoncer à des revendications sur un territoire allemand. Cette suggestion cynique, qui disposait de pays qui n'avaient pris aucune part au conflit et qui n'avaient donné aucun motif d'agression était essentiellement contraire au principe des nationalités, antérieurement invoqué par Napoléon lui-même ; elle troubla l'usurpateur aussi peu qu'elle fit le « chancelier de sang et de fer ». Une proposition d'alliance entre la France et la Prusse fut rédigée ; Napoléon ratifierait les acquisitions de la Prusse, et, d'une façon générale, toutes les « démarches » que ce pays pourrait entreprendre en vue de la constitution d'une nouvelle fédération germanique ; de son côté, le roi de Prusse promettait de souscrire à l'acquisition par la France du Luxembourg, et, si l'empereur le trouvait désirable, de prêter son *concours militaire* à la « *conquête de la Belgique* » !

Cette proposition, qui outrageait tous les principes de la politique moderne, fut écrite par Benedetti le 20 août 1866, au cours des pourparlers auxquels nous venons de faire allusion, et pour ainsi dire sous la dictée de Bismarck. Par la suite, ni le gouvernement de Napoléon, ni le chancelier ne voulurent prendre la responsabilité de l'initiative de cette proposition traîtresse.

Le Grand-Duché de Luxembourg qui avait été annexé par la France en 1795, et définitivement cédé à ce pays par la paix de Campo-Formio en 1797, fut, par le Congrès de Vienne de 1815, constitué en un Etat distinct parmi les Etats de la Confédération Germanique, mais accordé au roi des Pays-Bas. Lors des événements qui firent éclater la Révolution belge de 1830, le Luxembourg fit cause commune avec la Belgique et le Gouvernement provisoire le déclara province belge. Par la suite, le traité de Londres de 1839 établit que la partie orientale du Luxembourg appartiendrait à la Belgique, la partie restante devant être constituée en Etat séparé, placé sous la souveraineté du roi des Pays-Bas, mais faisant partie de la Confédération Germanique. A la dissolution de cette dernière, après la guerre de 1866, le Luxembourg devint un Etat indépendant. Il était donc déraisonnable d'arguer comme l'on fait les Allemands, que le Luxembourg « étant un vieil Etat allemand » ne devait pas être séparé de ce qu'on appelle l'« Allemagne » ; l'Allemagne n'avait pas en effet, de véritable unité nationale, étant une confédération de divers Etats. Bismarck admit, d'ailleurs, à la diète de l'Allemagne du Nord, le 1er avril 1867, que par la dissolution de la Confédération Germanique, le Luxembourg de même que les autres membres de la Confédération, retrouvait ses droits de pleine souveraineté. C'était reconnaître explicitement que la forteresse du Luxembourg cessait d'être une forteresse alliée ; la Prusse n'avait donc pas le droit de continuer à l'occuper.

Or, quand la France rappela le projet de cession du Luxembourg contre le versement d'une indemnité, projet qui serait soumis à l'approbation du roi des Pays-Bas et de la population luxembourgeoise, la diète de l'Allemagne du Nord, invoquant le principe de la « patrie unie », répondit par des menaces belliqueuses ; le gouvernement français offrit de retirer ses propositions à condition que la garnison prussienne évacuerait le Luxembourg. Grâce à la médiation des grandes puissances, un traité fut conclu à Londres, le 11 mai 1867 ; le Grand Duché de Luxembourg était déclaré *Etat neutre* « sous la garantie collective des Puissances » ; la forteresse fut démantelée.

La neutralité du Luxembourg devait donc être respectée en cas d'hostilités entre ses puissants voisins. On sait comme cette promesse fut tenue.

X

LA GUERRE FRANCO-ALLEMANDE DE 1870 : COMMENT BISMARCK LA PROVOQUA

Le jour où la Prusse, par sa victoire sur l'Autriche, eut assuré son hégémonie en Allemagne, il fut généralement admis que la guerre avec la France, de l'issue de laquelle devait dépendre l'hégémonie prussienne en Europe, était devenue inévitable. Les deux pays n'attendaient qu'une occasion pour recourir à la force des armes. Toute la science diplomatique de Bismarck n'eut plus qu'un objet : provoquer la guerre, mais en manœuvrant de telle sorte que la France prît l'initiative de la déclaration[1].

Bismarck voulait développer la puissance de la Prusse jusqu'à lui permettre de ranger tous les Etats allemands sous son hégémonie, et préparer ainsi ce qu'il entendait par l' « unité allemande » : l'*identification de l'Allemagne et de la Prusse.* Pour souder en un seul bloc tous les Etats allemands, il fallait, en provoquant une tension politique avec la France, *unir toute l'Allemagne dans la crainte d'une attaque du côté français.*

La précarité de la situation de Napoléon III à cette époque servit les projets de Bismarck. Les partis français d'opposition avaient puisé des forces dans les faillites militaires et diplomatiques de l'empereur ; Napoléon jugea qu'il serait sage de concéder quelques empiétements à son pouvoir, au profit du Sénat et de l'Assemblée Législative. Mais ces mesures venaient trop tard ; les

[1] Parmi les nombreux ouvrages qui traitent de la guerre franco-allemande, celui de l'historien français H. Welschinger mérite de retenir tout particulièrement l'attention ; M. Welschinger fut le secrétaire et l'archiviste de l'Assemblée nationale législative de 1868 à 1876 ; il assista à tous les débats sur la guerre, enregistra tous les événements importants, copia tous les documents considérables, et fut admis à s'entretenir avec la plupart des personnages en vue pendant cette période ; il a pu de la sorte assembler des documents nombreux et détaillés qu'il a réunis dans un ouvrage qui n'a pas son pareil : *La guerre de 1870, Causes et responsabilités*, 1910, 3 vol.

protestations sous forme de pamphlets, la campagne menée par la presse contre le gâchis administratif, l'importance des emprunts et des dépenses budgétaires gagnaient chaque jour en hardiesse. Après les élections de 1869, qui envoyèrent à la Chambre un grand nombre de membres éminents de l'opposition, l'usurpateur cessa de se sentir en sécurité sur son trône ; pour raffermir sa couronne, il rétablit à peu près, en 1870, l'ancien régime parlementaire ; ayant ainsi témoigné ostensiblement de son libéralisme, il invita la nation à donner par la voie plébiscitaire son « approbation aux changements libéraux introduits dans la constitution », mais il était entendu que quiconque émettait un vote favorable approuvait implicitement le maintien du régime impérial en vigueur, avec ses institutions et ses conséquences, c'est-à-dire le droit légal du prince impérial à la couronne. Grâce à la pression des manœuvres gouvernementales, la majorité plébiscitaire fut nettement favorable à Napoléon ; la minorité n'en constituait pas moins un grand danger, car elle comptait dans ses rangs la majeure partie de l'élément militaire ; or il était unanimement admis, dans les conseils impériaux, qu'une guerre était nécessaire pour sauver le trône impérial.

L'opinion se répandait en France qu'une Allemagne forte et bien unie constituait un danger grave ; de leur côté, les Allemands étaient convaincus que les Français étaient hostiles aux projets d'unité que caressait le chancelier. On peut juger des sentiments belliqueux de l'Allemagne à l'égard de la France d'après le rapport envoyé en 1868 par l'attaché militaire français, le colonel Stoffel ; l'attaché y relevait les accusations continuelles portées contre l'empire et le développement incessant de la préparation militaire en Prusse ; il concluait en déclarant que la situation était devenue telle qu'elle *devait infailliblement conduire à la guerre.*

En dehors d'autres indications également probantes, la preuve que Bismarck projetait depuis longtemps de faire la guerre à la France pour conquérir l'Alsace et la Lorraine se trouve tout au long dans les *Mémoires* publiés par Moritz Busch, secrétaire du chancelier ; on y voit qu'en 1866, avant la guerre allemande de cette année-là, Bismarck avait discuté avec l'Autriche un projet d'arrangement amiable d'après lequel la Prusse et l'Autriche déclareraient ensemble *la guerre à la France afin de reconquérir l'Alsace-Lorraine.*

Ce fait a été confirmé par Franckenstein, le chef du parti du centre allemand, dont le journal publia une note rapportant une conversation avec Bismarck sur le même sujet.

Nous savons aussi par une lettre du 28 octobre 1868, écrite par le général Ducrot, que la comtesse prussienne Pourtalès fit part au général d'une déclaration de Schleinitz, ministre de la maison du Roi, dont elle avait eu connaissance à Berlin ; il résulte de cette déclaration que l'acquisition de l'Alsace par la Prusse devait être considérée comme imminente.

L'incident que nous allons rapporter prouve à l'évidence que les germanistes de Berlin pensaient dès avant 1870 à la conquête de l'Alsace et du Luxembourg, comme ils pensaient à celle du Slesvig-Holstein.

En 1867, quand la question du Luxembourg menaça de dégénérer en un conflit armé entre la France et la Prusse, les étudiants strasbourgeois envoyèrent à leurs confrères de Berlin une adresse fraternelle et pacifique ; ces derniers répondirent par une longue adresse publiée par le *Strassburger Courier* qui contenait la déclaration suivante : « Pour nous, comme pour tous les honnêtes gens, capables de distinguer le *mien* du *tien*, la question de savoir si le grand-duché du *Luxembourg*, ou le *Slesvig-Holstein*, ou l'*Alsace* sont des *pays allemands*, propriétés inaliénables de la nation allemande ne se pose point... Nous sommes, nous autres Allemands, un peuple pacifique et non pas une nation avide de conquêtes ; mais nous désirons garder *ce qui nous appartient* et le mettre à l'abri des *voleurs*. Nous considérons comme traîtres à notre pays et à la nation allemande ceux qui, pour éviter une guerre *défensive*, entreprise en vue de faire cesser de honteuses revendications, sont prêts à abandonner un pays allemand en favorisant une paix déshonorante... Vous autres, habitants de l'Alsace, vous nous parlez comme si vous étiez des Français, vous oubliez que la plupart d'entre vous portent des noms allemands, que vous êtes de race allemande ; vous voulez être Français à tout prix, vous chantez, à votre honte : « O France, ô ma patrie ! » quand c'est notre « Deutschland, Deutschland über Alles, über Alles in der Welt » qu'il faudrait entonner avec nous. Habitants de l'Alsace, nous vous disons : « Connaissez-vous ! »

La guerre entreprise en vue de conquérir l'Alsace était donc considérée non pas comme un acte d'agression, mais comme une opération *défensive ;* il s'agissait ni plus ni moins, de défendre le « droit » de la nation allemande.

L'ambassadeur de France à Berlin, Benedetti, avait, dès 1866, fourni des renseignements circonstanciés sur les sentiments de l'opinion prussienne, sur les projets probables de la Prusse, sur l'état de sa préparation militaire. Les choses cependant traînaient en longueur quand un *casus belli* surgit comme par enchantement sur le terrain où il était le moins attendu.

L'Espagne, qui, par sa révolution militaire de 1868, avait déjà secoué le joug des Bourbons, se sentant faiblir peu à peu par décadence intérieure, déposa Isabelle, sa reine dissolue, et se mit en quête d'un nouveau monarque. Le maréchal Prim usa aussitôt de son influence pour décider les Cortès à offrir la couronne d'Espagne à un prince prussien, Léopold de Hohenzollern, parent du roi Guillaume.

Benedetti avait appris, dès le mois de mars 1869, que l'ambassadeur d'Espagne, Rancès, était arrivé à Berlin, chargé de ce qu'on appelait un « message d'importance ». Soupçonnant que la candidature du prince Léopold n'était pas étrangère à ce voyage, Benedetti avait questionné Rancès, qui lui avait répondu évasivement; il se tourna alors vers Thile, le sous-secrétaire d'Etat prussien, qui prétendit ne rien savoir ; puis vers Bismarck qui, feignant l'indifférence, conclut l'entretien en disant qu'il ne pensait pas que le prince Léopold fût capable de se maintenir longtemps sur le trône d'Espagne, en sorte que le prince Antoine, son père, était peu disposé à le soutenir. Bismarck admettait donc l'éventualité de la candidature d'un prince de la branche des Hohenzollern au trône d'Espagne; tout indique qu'il soutenait ces projets, par où la France devait être entraînée dans la guerre ; ce qui est certain, c'est qu'il n'attendait qu'une occasion propice pour provoquer un conflit armé avec l'empire voisin.

Militairement parlant, l'Allemagne était prête ; ses armées étaient parfaitement équipées, ses soldats parfaitement entraînés ; en quelques jours elle pouvait passer, presque sans secousse, de l'état de paix à l'état de guerre. Moltke avait tout préparé ; depuis longtemps, Bismarck et lui n'avaient qu'un désir : attaquer la France et la vaincre au plus tôt. Leurs espions les avaient renseignés ; ils connaissaient les défauts de l'organisation militaire française et les difficultés qui retarderaient la mobilisation.

La France, au commencement de 1870, attendait que fût inauguré le régime instauré par le nouveau ministère prétendument libéral d'Emile Ollivier. Malheureusement, la tâche était au-dessus des pouvoirs du ministre ; et, ce qui était pire, le futur ministre des Affaires étrangères, le duc de Gramont, manquait de la subtilité requise d'un diplomate. Cette incapacité fut la cause majeure du malheur qui s'abattit sur le pays, et dont le conflit né des aspirations d'un prince Hohenzollern au trône d'Espagne et envenimé par Bismarck fut le prétexte. Gramont était arrogant, décevant et dur, tant envers Napoléon et envers ses collègues, qu'envers le Parlement. Ses vues étaient courtes; Bismarck, qui l'avait rencontré, disait de lui, dans cette forme dédaigneuse et rude qui lui était propre, que c'était «le plus grand fou de l'Europe» ; il l'appelait «un imbécile». Selon Welschinger, cette opinion portée par Bismarck et répandue en France, fut une des causes secrètes qui aggravèrent la dispute entre la Prusse et l'Empire; Gramont s'était senti profondément offensé; il avait juré de se venger de Bismarck tôt ou tard.

Après Gramont, l'impératrice Eugénie, la belle Espagnole, qui non contente de donner le ton à la mode, aspirait à jouer aussi son rôle dans la politique, contribua pour une large part à l'humiliation de la France; car elle désirait la guerre pour des raisons dynastiques.

A cette époque, la santé de Napoléon III était médiocre, son esprit irrésolu; son influence sur le cours des affaires en avait diminué d'autant. Il se laissa conduire par l'Impératrice et par Gramont, se cabrant quelquefois et s'efforçant, malgré tout, de prévenir un conflit armé.

Que le roi Guillaume et son gouvernement fussent anxieux d'assurer l'élection du prince Léopold au trône d'Espagne, c'est aujourd'hui chose certaine. La question fut débattue dans un conseil de cabinet, présidé par le roi, le 15 mars 1870; les princes Antoine et Léopold de Hohenzollern, Bismarck, Thile, Moltke, Roon, ministre de la guerre, et d'autres personnages notoires assistaient à ce conseil. Bismarck dit au prince Léopold: «C'est un devoir de patriote prussien.» Et, comme le prince s'obstinait dans son refus, Bismarck ajouta: «C'est une nécessité politique». Le prince s'entêtant, Bismarck fit appel au prince Antoine pour qu'il décidât son fils à accepter la candidature *dans l'intérêt de l'Allemagne*. A la fin, Léopold céda à la pression paternelle et, le 4 juin, répondit à l'appel, puisque, dit-il, «les intérêts de l'Etat l'exigent»; à quoi le roi Guillaume, chef de la maison, donna son consentement.

Mais, même alors, le roi persistait à dire qu'il était ignorant de toutes ces intrigues[1].

[1] Cf. Welschinger, *La guerre de 1870*, vol. I, p. 40. L'auteur s'en réfère ici à l'auteur allemand de *Unser Helden-Kaiser*, le docteur Oncken, dont les documents comportent notamment les rapports des archives impériales.

Bismarck jugea bientôt que le temps était venu d'intervenir d'une façon plus active. Le 3 juillet, Gramont apprenait que Prim avait offert le trône d'Espagne au prince Léopold et que ce dernier avait signifié son acceptation. Quand la nouvelle parvint à Paris, tous les journaux donnèrent l'alarme et déclarèrent qu'un Hohenzollern sur le trône d'Espagne constituait une menace sérieuse. La presse officielle anglaise s'exprima dans les mêmes termes ; elle fit remarquer que le secret des négociations impliquait une certitude d'hostilité de la Prusse à l'égard de la France. Gramont fut voir Werther, l'ambassadeur de Prusse à Paris, et lui déclara que la France ne pouvait tolérer qu'un prince prussien montât sur le trône d'Espagne. *A la même heure*, Thile, sous-secrétaire d'Etat prussien, disait à Lesourd, représentant français à Berlin, le 4 juillet (Benedetti était absent), que « *le gouvernement était complètement ignorant de l'affaire* qui, à son sens, n'avait pas lieu d'être ».

La nouvelle selon quoi le prince Léopold avait été invité à briguer le trône d'Espagne provoqua à Paris une émotion considérable, qui gagna l'Assemblée législative. Le 6 juillet, Gramont fit publier une déclaration officielle dans laquelle il était dit : « Nous ne croyons pas que le respect des droits d'une nation voisine nous oblige à permettre qu'une puissance étrangère soit mise, par l'avénement d'un de ses princes au trône de Charles Quint, dans la situation *de troubler à notre détriment l'équilibre actuel des puissances européennes*, et de mettre en péril les intérêts et l'honneur de la France. S'il en était autrement, forts de votre appui et de celui de la nation, nous saurons comment *remplir notre devoir sans hésitation ni faiblesse.* » La déclaration fut reçue avec un enthousiasme extraordinaire par la majorité de l'Assemblée législative.

Gramont, là-dessus, donna ordre à Benedetti de se rendre à Ems, où résidait le roi Guillaume, afin d'obtenir que le roi rapportât son acceptation de la candidature du prince de Hohenzollern à la couronne d'Espagne. Benedetti réclama donc l'honneur d'une audience ; il fut prié à diner par le roi, le 9 juillet, et remplit sa tâche délicate avec adresse et mesure ; mais il ne put aboutir. Le roi déclara que la chose n'avait pas été discutée par le gouvernement prussien et que, personnellement, il n'avait ni encouragé le prince à accepter la proposition du cabinet espagnol, ni cherché à mettre obstacle à cette candidature.

Il semblait certain que le roi ne désirait pas la guerre avec la France, et que son avis différait de celui de Bismarck, en ce qui concernait la réalisation de l'unité allemande. Le 11 juillet, quand le prince Léopold exprima le désir qu'il avait d'abandonner sa candidature à la couronne d'Espagne, le roi, dès qu'il en fut informé, écrivit à la reine Augusta qu'il approuvait avec joie cette décision. L'ambassadeur d'Angleterre, lord Lyons, apprenant le désistement du prince Léopold, pria Gramont de continuer à manœuvrer avec prudence, afin d'épargner à la France les hasards de la guerre; il lui demanda de ne pas céder à une vague passagère de l'opinion. A Paris, le cabinet était indécis, mais la majorité des ministres inclinaient vers la paix. Napoléon, qui souffrait de la goutte, son mal ordinaire, était, lui aussi, peu disposé à s'engager dans une campagne. Son entourage était moins pacifiste. Gramont tenta de faire approuver ses desseins belliqueux par l'Assemblée législative. Accueilli avec froideur, il télégraphia à Benedetti de presser énergiquement le roi Guillaume *d'interdire* la candidature du prince Léopold et de donner une réponse à bref délai. Le roi déclara (11 juillet) qu'il n'y avait aucun inconvénient à attendre et qu'il voulait avoir tout le temps nécessaire. Benedetti répéta qu'un délai compromettrait le maintien de la paix; il démêla toutefois que, si le prince Léopold retirait sa candidature, cette décision aurait l'approbation du roi. On sait que le prince se désistait le jour même. Le 12 juillet, l'ambassadeur d'Espagne à Paris, notifiait à Napoléon que *le prince Antoine avait, au nom de son fils, retiré la candidature au trône d'Espagne* en raison des complications auxquelles cette candidature paraissait devoir donner lieu. Les choses auraient dû en rester là. Le danger de l'influence prussienne en Espagne était prévenu et la France n'avait subi aucune atteinte à son honneur. Bismarck considérait l'affaire comme un échec personnel; il parlait de démissionner et de quitter sur l'heure son poste de premier ministre et de chancelier.

Malheureusement, Paris ne sut pas tirer avantage de la situation nouvelle; on ne comprit pas combien elle était favorable au pays.

L'impératrice et les bonapartistes, qui désiraient la guerre parce qu'ils attendaient de la victoire la chute du parti libéral, raillètent le « télégramme du père Antoine »; ils allèrent jusqu'à dire qu'en se montrant satisfait à si bon marché, l'Empire étalait sa faiblesse. L'Assemblée Législative condamna hautement la crédulité d'Ollivier, qui ne cachait pas sa joie du désistement du prince Léopold. L'extrême droite fit présenter par Duvernois (renversé naguère par Ollivier) une interpellation à l'effet de savoir si le gouvernement se proposait de *réclamer des garanties* contre les dangers futurs de l'influence prussienne. Ollivier et la majorité de ses collègues se déclarèrent capables d'éviter la guerre. Les ambassadeurs des grandes puissances exprimèrent le désir que la France se contentât du désistement du prince de Hohenzollern ; lord Lyons avait reçu à ce sujet des instructions spéciales de son gouvernement. Il représenta à Gramont, dans une lettre, « la responsabilité incommensurable qui incomberait au gouvernement français de vouloir étendre la portée de la dispute ». Soutenu par Ollivier qui manquait, il est vrai, de la fermeté nécessaire, Gramont tâcha d'obtenir de l'ambassadeur de Prusse à Paris, Werther, qu'il persuadât le roi Guillaume de donner à la France des garanties pour l'avenir, et d'exprimer officiellement son désir de voir tous malentendus désormais considérés comme terminés. Selon Benedetti, ce message déplut au roi qui rappela Werther. Quand Gramont informa Napoléon de ce qui se passait, le priant de discuter les mesures à prendre, quand il lui dit le mécontentement des députés et des sénateurs qui réclamaient l'humiliation complète de la Prusse, l'empereur, influencé par ces déclarations, par l'impératrice et par la cour, autorisa Gramont à informer Benedetti d'avoir à demander au roi de Prusse l'assurance qu'il n'autoriserait pas, dans l'avenir, le renouvellement de la candidature du prince Léopold.

Gramont, loin de dissuader Napoléon d'agir de cette manière, qui était la pire possible, l'y encouragea ; le désir qu'il avait d'humilier Bismarck l'aveuglait au point de lui faire négliger tous les conseils de prudence. Cette attitude rendit à l'astucieux Bismarck une occasion inespérée d'atteindre son but : faire éclater la guerre en provoquant la France.

Sans consulter Ollivier et les autres ministres, dont plusieurs étaient déterminés à maintenir la paix, l'arrogant Gramont prit donc sur lui d'envoyer immédiatement à Benedetti (soirée du 12 juillet) un télégramme lui donnant instruction de demander au roi Guillaume une déclaration suivant laquelle *il ne permettrait pas le renouvellement* de la candidature du prince Léopold.

Le roi avait d'abord promis à Benedetti qu'il le ferait appeler ; mais pour éviter une nouvelle discussion, il chargea son aide de camp, le prince Radziwill, de dire à l'ambassadeur que le prince Léopold avait retiré sa canditature et *qu'il considérait l'incident comme clos*. Benedetti répondit à Radziwill en le priant d'obtenir l'assurance que le roi ne permettrait pas dans l'avenir un renouvellement des ambitions du candidat, à quoi le prince lui répondit officiellement dans les termes suivants : « *Le roi a consenti à ex-*

primer son approbation pleine et entière au désistement du prince de Hohenzollern. Il ne peut faire davantage. »

A la demande d'une nouvelle audience, le roi fit répondre par son aide de camp qu'il se voyait forcé de refuser définitivement d'entrer dans de plus amples discussions au sujet des assurances qui devaient engager sa parole pour l'avenir, et qu'*il avait dit son dernier mot là-dessus.* « Le roi, dit le rapport officiel de Radziwill, refusait donc d'accorder une nouvelle audience, parce qu'il n'avait pas d'autre réponse à donner, et parce que de nouvelles négociations *ne pouvaient être poursuivies que par les ministres* ». Le roi se rendit encore au désir du comte Benedetti, qui demandait à être autorisé à lui dire au revoir avant son départ ; et il rencontra le ministre à la gare, au moment où il partait pour Coblentz. Un Français, M. A. Mézières, présent à cette entrevue, corrobore la déclaration solennelle de Benedetti selon quoi, dans cette circonstance, « nul n'infligea ni ne reçut d'offense » ; les rapports entre le roi et l'ambassadeur furent empreints, jusqu'au dernier moment, de la courtoisie la plus parfaite.

La falsification par Bismarck de la dépêche d'Ems

Le 14 juillet parvint à Paris un courrier de Lesourd, le chargé d'affaires français à Berlin, communiquant au gouvernement le texte d'une dépêche datée d'Ems, reproduite par la *Norddeutsche Zeitung*, et conçue ainsi : « Après la notification officielle au gouvernement impérial français, par le gouvernement royal espagnol, du désistement du prince héritier de Hohenzellern, l'ambassadeur français à Ems a fait une nouvelle démarche auprès de S. M. le roi, le priant de l'autoriser à télégraphier à Paris que Sa Majesté s'engageait pour l'avenir à ne jamais donner son consentement si les Hohenzollern représentaient leur candidature. En réponse à cetté démarche, S. M. le roi décida de ne plus recevoir l'ambassadeur français, et lui fit dire par un aide de camp que Sa Majesté n'avait rien à ajouter à ses déclarations précédentes.

Cette dépêche avait été communiquée par Bismarck à la *Norddeutsche Zeitung* et à d'autres journaux, à la réception d'un autre télégramme que le roi lui avait adressé d'Ems le 13 juillet par l'intermédiaire de son ministre Abeken. Ce dernier télégramme comportait 232 mots : Bismarck le réduisit à 100 mots par diverses suppressions qui en altéraient le sens d'une manière appréciable. La dépêche originale ne disait pas que le Roi avait refusé de recevoir Benedetti, mais seulement qu'il avait refusé de faire des déclarations relatives à des garanties pour l'avenir ; elle disait aussi que « l'ambassadeur ayant été avisé, en présence du roi, du désistement du prince de Hohenzollern, il devait comprendre que le gouvernement de Sa Majesté ne pouvait rien faire de plus », ajoutant qu'après avoir obtenu confirmation de la nouvelle par le prince lui-même, « il n'avait rien à dire à l'ambassadeur ».

Le télégramme véritable n'était nullement un affront fait à l'ambassadeur, ou une insulte à l'adresse de la France ; il montrait simplement le caractère conciliant de la dernière conversation entre le roi et Benedetti. Au contraire, le texte abrégé (c'est-à-dire falsifié) de Bismarck impliquait une injure : Benedetti avait été honteusement repoussé, il y avait eu rupture.

Au reçu de la dépêche que le roi lui avait adressée d'Ems par Abeken, Bismarck était hors de lui ; il était clair que la question de la candidature espagnole était réglée sans incident. L'espoir qu'il avait fondé sur cette contestation pour pousser la France à la guerre s'écroulait. Il ne tarda pas, cependant, à imaginer un autre stratagème pour atteindre son but, ainsi qu'il l'a révélé, avec une franchise qui touche au cynisme, à un correspondant du journal de Vienne, *Die Neue Freie Presse*, le 20 novembre 1892, alors qu'il avait cessé d'être chancelier impérial.

A la nouvelle du désistement du prince de Hohenzollern, Bismarck, dit le correspondant viennois, « parut très étonné du tour imprévu que prenait l'incident ». « Car je me demandai (c'est Bismarck qui parle) : Une occasion aussi favorable se reproduira-t-elle jamais ? Je télégraphiai à Sa Majesté à Ems, offrant ma démission de premier ministre et de chancelier. Le roi me répondit, me priant de me rendre à Ems. Mais je pensai : Si j'y vais, tout est fini. Au mieux que se passent les choses, nous arriverons à un compromis mesquin, et nous aurons esquivé la seule grande solution, la seule *honorable*. »

« J'avais invité Moltke et Roon à dîner avec moi le 13 juillet ; nous discutâmes toutes les éventualités possibles ; nous étions encore à table quand on m'apporte un télégramme d'Ems. J'allai m'asseoir à une petite table ronde en marbre, placée près de celle où nous dînions. Je lus le télégramme attentivement, pris la plume et *biffai avec intention* tout le passage où Benedetti avait demandé une nouvelle audience, etc. Je ne laissai subsister que le commencement et la fin. Je dis à mes hôtes : « Le succès dépend avant toutes choses de l'impression que font sur nous et sur les autres les préliminaires de la guerre. *Il est nécessaire que nous passions pour avoir été attaqués*. La susceptibilité gauloise se chargera de nous donner ce rôle, pourvu que nous annonçions à l'Europe que nous ne craignons pas les menaces officielles du gouvernement français ». Ces belles paroles réconfortèrent Roon et Moltke, visiblement désappointés par la lecture du télégramme ; leur humeur s'éclaircit à un point qui surprit le chancelier lui-même : « *Ils recouvrèrent soudain le plaisir de manger et de boire ; leur conversation prit un tour plus joyeux* ». Ils attendirent avec confiance l'effet du télégramme ainsi rapetassé. « Il tomba comme le tonnerre », raconte Bismarck. Tandis que notre roi recevait un télégramme humiliant, la dépêche d'Ems faisait croire aux Français que leur représentant avait été insulté par le roi. Les badauds des boulevards décidèrent que cela était intolérable : le peuple cria : A Berlin, à Berlin ! *C'est là ce que nous avions cherché*. Chez nous l'impression fut la même ». Ce dénoûment surprit Gramont. Après le tour pacifique que les événements avaient pris, il ne comprenait pas l'explosion soudaine de ces sentiments belliqueux. Il y reconnut l'intervention de « quelque génie malfaisant ». Qu'était-il arrivé ? « Ce génie malfaisant, dit Bismarck, c'était moi. »

Pourquoi Bismarck révéla-t-il avec cette franchise la falsification de la dépêche d'Ems. Il est aisé de le comprendre. Le ressentiment de la disgrâce où il était tombé en 1890 le poussait à se venger sur Guillaume II en déclarant à la face du monde que *c'était lui, Bismarck, et non le roi Guillaume qui avait fait l'unité allemande;* et que cette œuvre, il l'avait menée à bien *grâce à la guerre de 1870*, déclarée par sa volonté, en dépit de la cour et du parlement. Il avait cru que cette œuvre lui donnait droit à une éternelle gratitude, et il avait dû reconnaître qu'il s'était trompé le jour où, ayant offert sa démission de chancelier impérial à Guillaume II, celui-ci l'avait acceptée. Le tyran tombé tâchait ainsi d'exhaler sa rage.

Un grand nombre de partisans de Bismarck firent tous leurs efforts pour le défendre. L'historien allemand Horst-Kohl, dans sa critique des *Pensées et Souvenirs* de Bismarck parle avec chagrin de ces « social-démocrates à qui le patriotisme fait défaut et qui font preuve d'une effronterie incroyable quand ils parlent de la falsification de la dépêche d'Ems, alors que Bismarck, avec l'approbation de Moltke et de Roon, et poussé par un sens exagéré de l'honneur *ne voulait qu'exécuter un ordre royal*... Au lieu de bénir le gardien de notre honneur national, *qui porta courageusement la responsabilité attachée à sa charge*, nous permettons qu'il soit insulté par des bavards et par des coquins ». L'organe de Bismarck, les *Hamburger Nachrichten* ont déclaré qu'en altérant le contenu de la dépêche, Bismarck avait « *obligé la France à prendre l'initiative et à porter la responsabilité de la guerre*, et qu'il avait *bien mérité par là de son pays*. S'il eût agi autrement, la guerre n'aurait pas eu lieu. Or, elle était nécessaire pour cimenter l'unité allemande. »

De telles déclarations laissent l'historien muet de surprise : l'unité allemande, dont la réalisation semble avoir primé tous les autres intérêts européens, ne pouvant être atteinte par l'union des efforts des divers Etats d'Allemagne, « on fit bien » d'arriver au but en faisant la guerre à d'autres Etats, au Danemark en 1864, à l'Autriche en 1866, à la France en 1870 ! Telle est la thèse.

Il n'y en eut pas moins de nombreux Allemands pour blâmer Bismarck d'avoir falsifié la dépêche d'Ems. La *Germania* écrivait : « Tout Allemand doit rougir de honte en écoutant le témoignage de l'ex-chancelier car *l'Allemagne a été injustement trompée* lors de la guerre de 1870, que Bismarck voulait et qu'il a provoquée, sans égard au choix des moyens. Tous les bons Allemands prirent les armes, stimulés par la conviction qu'ils jouaient leur rôle de patriotes dans une guerre défensive, c'est-à-dire sacrée ; qu'ils répondaient à une attaque injuste et méprisable de la France. Or, tous ces Allemands sincères n'étaient que *des jouets aux mains de l'Homme de fer et de sang*. »

Quand elle sut avec quel cynisme Bismarck osait applaudir à son œuvre, la *Vossische Zeitung*, elle non plus, ne put cacher son indignation : « Même, dit-elle, si l'on admet que l'unité allemande ne pouvait être faite sans cette guerre, il n'y a pas là de quoi justifier le remaniement du télégramme du roi, qui ressemble terriblement à *un faux* ». Depuis la publication de l'article de la *Neue Freie Presse*, Liebknecht n'a jamais cessé de rappeler l'aveu de Bismarck, défiant toutes les menaces que sa courageuse attitude attirait sur lui. Il ne pouvait comprendre comment le « faussaire » avait osé se confesser ainsi. Disséquant mot par mot le contenu de la dépêche, il disait : « Ce faux, cette nouvelle truquée, cette conversion de la paix à la guerre, est saluée par les panégyristes de Bismarck comme un trait de son génie... Mais la simple morale humaine condamne le crime et marque au fer le criminel. » Et il revenait sans cesse à cette pensée que l'unité allemande et l'empire allemand étaient fondés sur l'acte d'un faussaire.

Quant à l'impression que le faux de Bismarck produisit en Europe, on peut en juger d'après un article qui parut dans le *Daily News* lors de la révélation : « Rien n'a tant isolé la France que la croyance généralement répandue d'après laquelle elle avait poussé à la guerre pour des motifs misérables. Cette déclaration de guerre fut comme un coup de foudre ; il n'y avait pas un nuage à l'horizon. On croyait que l'incurable vanité des Français les avait poussés à se battre et qu'après le désistement de la candidature des Hohenzollern, ils avaient cherché quelque nouvelle excuse. Il est douloureux d'apprendre que la responsabilité morale *du plus grand crime de l'histoire*, a pesé si longtemps sur ceux qui en étaient innocents. »

L'effet que le faussaire attendait de son stratagème ne manqua pas de se produire. La dépêche d'Ems abusa également Allemands et Français. En Prusse, la lecture des journaux et l'exposition en bonne place des affiches portant le texte de la nouvelle sensationnelle firent lever dans le public une vague belliqueuse. Il faut noter ici que le texte truqué n'était qu'une *dépêche privée* de l'Agence Wolff, et non une déclaration officielle du gouvernement prussien. Si le gouvernement de Paris avait pris soin de vérifier l'exactitude des faits, il n'eut pas attaché la même importance à la dépêche. Mais Bismarck fut assez habile pour donner à la nouvelle l'apparence d'une communication officielle.

A Paris, la dépêche d'Ems souleva une émotion extraordinaire que les journaux à la solde du gouvernement ne firent que pousser à son comble. Les rues de Paris s'emplirent des cris de « Vive la guerre ! A Berlin, à Berlin ! » Ce fut une terrible orgie de chauvinisme exalté ; le gouvernement eut beau jeu de se retrancher derrière une « opinion publique irrésistible ».

La majorité des députés croyait que le gouvernement avait agi avec sagesse, que le roi Guillaume avait repoussé toutes les avances, que la France prenait les armes forte de son droit, que la préparation militaire était complète, — Le Bœuf, ministre de la guerre avait donné à ce propos, les assurances les plus formelles, — enfin que la France pouvait compter sur l'appui de ses alliés, comme Gramont, au mépris de la vérité, l'avait donné à entendre. Le peuple ne savait rien des événements d'Ems, rien non plus des dissensions qui régnaient au sein du gouvernement ; il ignorait que

Napoléon changeait d'avis plusieurs fois par jour sur la question de la mobilisation générale, et que plusieurs ministres étaient hostiles à la guerre. On ne songea pas que le rejet récent des crédits militaires avait affaibli la force des armées. Une large part de responsabilité revient à l'opposition qui souscrivit à toutes les mesures.

Napoléon et ses ministres furent les jouets de Bismarck ; par leur incapacité politique, particulièrement par celle de Gramont, par la légèreté et l'imprudence de leurs agissements, ils ne pouvaient se mesurer avec un rival perfide comme Bismarck. Pourtant le piège était grossier et téméraire ; il eût suffit de reculer d'un jour la déclaration de guerre pour contrôler l'exactitude des faits qui s'étaient passés à Ems lors de la dernière conversation de Benedetti avec le roi. C'était la chose la plus simple du monde ; il n'y avait qu'à attendre l'arrivée de Benedetti, qui devait être à Paris le 15 au matin.

Au lieu de cela, Gramont déclara le 14 juillet, au cours d'un conseil de cabinet, que la guerre était inévitable et qu'il abandonnerait son portefeuille si on se refusait à la déclarer après avoir pris connaissance du télégramme de la *Norddeutsche Zeitung*. Le Bœuf parla dans le même sens et réclama la mobilisation immédiate.

On proposa d'en référer à un Congrès ; cette proposition eut l'approbation de l'empereur ; mais l'impératrice la combattit, déclarant qu'elle était ignominieuse ; sous son influence, le conseil se résolut bientôt à la mesure suprême. L'impératrice, sur la foi des déclarations de quelques généraux ambitieux, croyait la France plus forte que la Prusse ; elle craignait l'opposition ; elle espérait qu'une guerre victorieuse raffermirait la dynastie. Son influence sur l'empereur était considérable ; Gramont et plusieurs autres ministres n'étaient que trop enclins à lui céder.

L'empereur, était loin d'être aussi impatient de faire la guerre ; à plusieurs reprises, il avait déclaré au ministre Ollivier qu'il était décidé à n'en rien faire. En outre, affaibli et déprimé par la maladie, il désirait élaborer en paix ses projets libéraux. Il fit des déclarations dans ce sens en séance du conseil. Après qu'il eût parlé, et comme les ministres se disposaient à voter, il fut pris d'un malaise et dut se retirer ; son absence dura une demi-heure. Quand il reparut, l'impératrice, usant habilement des télégrammes d'Ems et de Berlin, avait influencé les ministres de telle façon que le vote se termina par une majorité de quatre voix en faveur de la guerre. L'Empereur dut céder, et le 15 juillet le conseil ratifiait la déclaration de guerre à la Prusse élaborée par par Gramont et par Ollivier[1].

Entre autres motifs, on argua de ce que le roi de Prusse avait officiellement refusé de s'opposer à l'avenir à la candidature du prince Léopold au trône d'Espagne, et de ce qu'il avait grossièrement refusé d'accorder une audience à l'ambassadeur français. Fait remarquable, quand Benedetti rencontra Ollivier et Gramont quelques heures plus tard, le 15 Juillet, il « ne leur donna aucune nouvelle de ce qui s'était passé à Ems et prit note, sans le commenter, du contenu des télégrammes et des rapports. » Telle est, du moins, la version des faits donnée par Ollivier, qui ajoute que « Benedetti ne savait absolument rien de ce qui s'était passé à Berlin et des machinations de Bismarck. »

Il est cependant inadmissible que l'ambassadeur n'ait pas déclaré qu'il n'avait nullement été offensé par le roi Guillaume, ni congédié d'une façon incivile, et que les journaux allemands avaient rapporté les faits d'une manière inexacte. Il y a là une nouvelle falsification des faits. Ce qui est vrai, c'est que la guerre étant décidée en principe, la présence de Benedetti fut trouvée inopportune ; on le lui fit comprendre. Il ne fut donc pas entendu en conseil.

Ollivier déclara à l'Assemblée législative que le roi de Prusse « avait insulté notre ambassadeur en refusant de lui accorder une audience » ainsi qu'il était dit dans « une dépêche diplomatique de Prusse », etc.... Benedetti entendit cette déclaration, mais assis dans la galerie, il était impuissant à éclairer la Chambre sur ce qui s'était passé.

Thiers, Gambetta, Jules Favre, Buffet et d'autres membres de l'opposition demandèrent à voir la dépêche qui motivait la décision du gouvernement. Mais cela était impossible. Ollivier se borna donc à répéter les griefs du gouvernement, le refus du roi Guillaume de donner des garanties pour l'avenir, ajoutant que la notification faite à l'Europe du refus de recevoir l'ambassadeur de France était une chose qui ne pouvait être tolérée, etc.... Ce qu'il ne dit point, c'est que le roi avait dit à l'ambassadeur que les négociations pouvaient se poursuivre à Berlin avec ses ministres. Les « leaders » de la gauche élevèrent une vive et courageuse *protestation contre la déclaration de guerre qu'ils considéraient comme absolument injustifiée ;* ils furent pris à partie par la droite qui les traita

[1] Cf. Welschinger, La guerre de 1870, vol. I p. 146-157.

d'« antipatriotes », de « traîtres », de « Prussiens ». Gambetta critiqua violemment la conduite du gouvernement, auquel il reprocha de « manquer d'honnêteté politique » et de chercher à faire porter par la Chambre la responsabilité de la guerre. Il fit notamment remarquer que la dépêche d'Ems avait pu être montrée à Benedetti sans que celui-ci s'en montrât offensé. Rien n'y fit.

Le gouvernement voulait que la France se contentât de déclarations sans preuves ; il est regrettable qu'invité à produire le télégramme dont les termes portaient atteinte à l'honneur français, il ait été soutenu par 159 députés contre 84 voix de l'opposition. Seules les premières dépêches avaient été communiquées à la commission du budget, à qui Gramont, d'ailleurs, n'avait pas fait connaître toute la vérité, mais seulement ce qu'il avait jugé bon de lui dire ; on l'avait cru sur parole ; et la commission commit la faute de ne pas insister pour que Benedetti fût entendu.

Selon Welschinger, qui assistait aux débats pendant cette periode troublée, la conduite de Gramont fut entièrement dictée « par la situation difficile dans laquelle il était engagé ; pris entre les menaces des partis extrêmes, d'une part, et l'hostilité, d'autre part, des membres de l'opposition, il n'eut qu'une ressource : *pousser à la guerre....* Cette solution le dispensait de convenir qu'*il avait opéré maladroitement depuis le début jusqu'à la fin des pourparlers...* et d'avouer que l'influence d'un parti sans mesure et la volonté d'une impératrice aveuglément confiante dans notre force et dans nos ressources, l'avaient fait tomber dans le piège grossier tendu par Bismarck. »

Rien peut-être, dans toute l'histoire, n'est plus sûrement reconnu pour authentique, grâce aux documents qu'on a pu réunir, que ce fait-là : la guerre avec la France était voulue par Bismarck ; Bismarck y a poussé de toutes ses forces, il l'a rendue inévitable par sa ruse et par sa mauvaise foi, et, en offensant la France dans son honneur, il fit en sorte que la France apparût comme l'agresseur.

La falsification de la dépêche d'Ems, origine de la guerre de 1870 et de ses conséquences répercutées jusqu'à nos jours, jusqu'à la guerre actuelle, est l'*un des plus grands crimes de l'histoire.*

LA GUERRE DE 1870-1871 ET LA PAIX DE FRANCFORT

Donc, la guerre si ardemment désirée par Bismarck, par Moltke, par Roon, par tous les représentants du parti belliqueux prussien se déclencha, et la France fut battue. Quoi d'étonnant à cela? Toute l'Allemagne seconda la Prusse, non seulement la Confédération du Nord, mais les Etats de l'Allemagne du Sud eux-mêmes, la Bavière, le Wurtemberg, les grands duchés de Bade et de Hesse, en vertu de l'alliance de 1866. Toutes ces armées étaient admirablement équipées, surtout la prussienne, qui s'était longuement préparée en vue de cette guerre et possédait des chefs habiles et une organisation militaire remarquable.

La France, seule, sans alliés, mal équipée, son armement gravement entamé par les campagnes du Mexique de 1862-1867, ne disposait que d'une armée inférieure en nombre à l'allemande et plusieurs de ses généraux manquaient de la compétence nécessaire. Cette *absence même de préparation* militaire montre mieux que tous les raisonnements que la France et le gouvernement français désiraient maintenir la paix et n'envisageaient aucune entreprise offensive. Le ministre Le Bœuf avait même consenti, quelques jours avant l'éclosion du différend relatif à la candidature au trône d'Espagne, à une réduction de treize millions de francs sur le budget de l'armée. Les événements prouvèrent par la suite la défectuosité de l'organisation militaire et l'insuffisance des munitions, des vivres et de l'habillement qui se fit sentir dès le début de la guerre.

La déclaration de guerre fut signifiée à la Prusse le 19 juillet. La diète de l'Allemagne du Nord, convoquée d'urgence, et les diètes des Etats du Sud, brûlantes d'ardeur nationale, souscrivirent à toutes les demandes du gouvernement. On ne tarda pas à être convaincu que les rapports de Benedetti et de Stoffel, en 1868, relatifs au développement de l'armement prussien étaient conformes à la vérité. Moltke soumit au roi Guillaume un plan de campagne élaboré par l'état-major prussien, et demanda que les forces allemandes fussent mobilisées et réparties conformément à ce plan, préparé jusque dans ses moindres détails. Ce plan fut mis à exécution. Les ordres de mobilisation portaient la date du 16 juillet (date à laquelle on connut la décision du gouvernement français), onze jours après la mobilisation était terminée; le 2 août, toutes les armées étaient en position entre le Rhin et la Saar, sous le commandement suprême du roi Guillaume. L'armée allemande comptait environ 400 000 hommes, auxquels Napoléon ne pouvait opposer que 200 000 Français.

En quelques semaines, la France fut défaite dans plusieurs rencontres ; le 4 août, elle perdit la première bataille, celle de Wissembourg, en Alsace, où les forces allemandes étaient commandées par le prince héritier Frédéric. Puis suivirent, en succession rapide, Wörth, Saarbrücken, Metz, Reichshoffen, Forbach, Gravelotte, Saint-Privas, où les Français, en dépit d'efforts héroïques, furent défaits, tandis qu'une armée entière, celle du maréchal Bazaine, était contrainte de se réfugier à Metz. Une armée nouvelle fut formée en hâte ; Napoléon et le maréchal Mac-Mahon en prirent le commandement ; elle fut battue à son tour à Sedan, le 1er septembre. Le 2 septembre, l'empereur remettait son épée au roi de Prusse. Il fut immédiatement conduit au château de Wilhelmshöhe, près de Cassel ; il y resta prisonnier jusqu'à la conclusion de la paix ; il se réfugia ensuite à Chislehurst en Angleterre, où il mourut comme on sait en 1873.

C'est le général Wimpffen qui fut chargé, le 2 septembre, de négocier avec Bismarck ; au cours de ces pourparlers, le chancelier se montra brutal et arrogant, bravant cruellement son interlocuteur et cherchant visiblement à l'offenser de toutes manières ; il semblait ivre. « Jamais, dit-il, vous n'oublierez Sedan. Si nous traitons aujourd'hui, vous recommencerez dans cinq ou dix ans. *Au contraire de vous, nous sommes une nation honorable,* qui n'a jamais cherché les conquêtes et qui ne demande qu'à vivre en paix, pourvu que vous cessiez de nous troubler par votre attitude querelleuse. Nous en avons assez. *Il faut que la France soit punie* pour son arrogance, pour son caractère agressif, pour sa vanité. Nous voulons des territoires, des places fortes et des frontières qui nous mettent à l'abri d'agressions futures. *Le parti français qui prépara la guerre* est le même qui fait et défait les gouvernements ; c'est le parti turbulent du *peuple* et c'est celui de la *presse ;* voilà ceux qu'il convient de punir. Et c'est pourquoi nous devons *marcher sur Paris.* » Enfin, il déclara que la Prusse demanderait une indemnité de guerre de quatre milliards de francs, l'Alsace et la Lorraine. A ce prix là, la Prusse ferait la paix.

La nomination du comte Bismarck-Bohlen au poste de gouverneur-général de l'Alsace, rendue effective dès le 14 août, montre assez que la Prusse considérait cette province comme une acquisition permanente. L'annexion de l'Alsace et de la Lorraine était d'ailleurs réclamée avec insistance par la presse allemande tout entière et dans toutes les réunions publiques. Il était évident que l'Allemagne poursuivrait la guerre jusqu'à ce que ce but soit atteint. Le 3 septembre, le quartier général donna l'ordre à deux armées de marcher sur Paris ; le 19, la ville était investie de toutes parts.

Dans l'intervalle, l'empire s'était effondré sous le poids de l'indignation populaire. Le 4 septembre, Napoléon avait été déclaré déchu et la république proclamée par le peuple de Paris, maître de l'Hôtel de Ville. Un gouvernement de la défense nationale fut immédiatement instauré sous la présidence du général Trochu, assisté de quelques députés de Paris, Jules Favre, Jules Ferry, Gambetta, Arago, Crémieux, Picard, Rochefort.

Le premier acte de ce gouvernement fut de chercher à obtenir la médiation des puissances étrangères en vue de ramener la paix ; pour le représenter dans cette mission difficile, il élut Thiers, le plus brillant et le plus énergique de tous, en dépit de ses 73 ans ; le 12, Thiers partit pour Londres ; ensuite il fut à Saint-Petersbourg, à Vienne, à Florence, faisant partout des prodiges d'éloquence, faisant valoir ses raisons dans de longs débats avec les ministres des Affaires étrangères. Mais la réponse fut partout la même ; toutes les puissances, considérant qu'une intervention ne pouvait aboutir, refusèrent de s'entremettre et la France fut abandonnée à ses seules ressources. Le quartier général allemand, averti de ce que les grandes puissances n'appuieraient point par les armes les bons avis qu'elles avaient donnés, décida de poursuivre les hostilités suivant le plan d'abord élaboré, c'est-à-dire jusqu'à l'écrasement complet de la France.

Jules Favre, ministre des affaires étrangères, fut voir Bismarck les 19 et 20 septembre afin de négocier les conditions de la paix ; et l'homme qui avait mis tout en œuvre pour amener ce conflit avec la France déclara avec cette maîtrise dans l'hypocrisie qui lui était particulière : « *Je ne désire que la paix.* Ce n'est pas l'Allemagne qui l'a troublée. Vous nous avez *déclaré la guerre sans motif*, dans l'espoir de *nous arracher un lambeau de notre territoire*... Nous savons que vous ne renoncerez jamais à votre politique, et que vous ne retrouverez des forces que pour nous attaquer de nouveau. L'Allemagne n'a pas cherché ce qui arrive ; elle a dû s'y résoudre *pour défendre sa propre sécurité*, et cette sécurité même ne peut être assurée sans une *annexion de territoire*. »

Mais le gouvernement français ne voulait consentir à aucune cession; Favre s'en fut donc comme il était venu, n'ayant rien obtenu de l'implacable chancelier.

Tandis que la France poursuivait ainsi ses efforts pour négocier un armistice et pour arracher leur appui aux grandes puissances restées neutres, les armées allemandes poursuivaient irrésistiblement leurs progrès. Toul tomba le 20 septembre, Strasbourg le 27, après une résistance que l'ennemi lui-même qualifia d'héroïque. Le 5 octobre, le roi Guillaume transportait son quartier général à Versailles. Le 11 octobre, il prenait Orléans ; le 15, Soissons capitulait.

L'armée enfermée dans Metz, sous le commandement de Bazaine l'incapable, se rendait le 27, vaincue par la famine, n'ayant même pas tenté une sortie sérieuse.

Son voyage terminé, Thiers fut délégué par le gouvernement auprès de Bismarck, afin de convenir des conditions d'un armistice. Plusieurs entrevues eurent lieu, les premiers jours de novembre, mais les exigences de Bismarck étaient telles qu'il fut impossible d'y céder.

Le 7 octobre, Gambetta, ministre de l'intérieur, s'élevait en ballon de Paris assiégé ; il allait, dictateur volontaire, organiser la défense dans les provinces. Il s'assura le concours de l'ingénieur Freycinet ; ensemble ils firent des prodiges. Leurs armées improvisées réhabilitèrent la France militaire et lui rendirent l'honneur qu'elle avait failli perdre par des capitulations dépourvues de gloire. S'il est vrai que ces armées ne purent résister longuement à la supériorité de l'ennemi, au moins forcèrent-elles l'admiration du monde, et Moltke lui-même ne put que témoigner son respect pour le courage avec lequel elles défendirent le pays pendant plusieurs mois, remportant même des victoires : les généraux Paladines et Faidherbe furent victorieux à Coulmiers et à Bapaume ; mais l'armée de Paris essuya, sous le commandement de Ducrot, la bataille sanglante et décisive de Champigny. Le 12 janvier 1871 il fallut évacuer Le Mans ; le 19, l'armée du Nord était défaite à Saint-Quentin. Le colonel Denfert défendait Belfort, dont la victoire de Bourbaki à Villersexel ne put réussir à faire lever le siège. Bourbaki tenta alors de gagner Lyon, mais acculé par l'ennemi à la frontière suisse, il fut contraint de la franchir et dut désarmer.

A Paris, l'agitation grandissait de jour en jour, exaspérée surtout par le bombardement ennemi qui commença le 5 janvier. Un certain nombre de maisons furent détruites ; les vivres devinrent rares ; la maladie et la famine firent des progrès rapides et des victimes nombreuses. On tenta d'arracher le pouvoir au gouvernement provisoire pour le confier aux socialistes.

Les négociations en vue d'obtenir un armistice furent reprises par Fabre le 23 janvier ; au bout de trois jours, l'ennemi suspendit le bombardement (26) ; le 28, un armistice de trois semaines fut signé et les termes de la capitulation de Paris discutés ; une nouvelle Assemblée Nationale fut élue ; elle se rendit à Bordeaux afin de décider s'il y avait lieu de poursuivre la guerre. Le 12 février, l'Assemblée Nationale déléguait à Thiers le pouvoir exécutif et le chargeait d'entamer à Versailles les pourparlers de paix ; les ministres Favre et Picard l'assistaient dans cette tâche pénible.

Les négociations durèrent six jours ; le 26 février, les plénipotentiaires signaient les préliminaires ; le 1er mars, l'Assemblée Nationale les ratifiait. L'une des conditions stipulait qu'un quartier de Paris serait occupé par 30,000 hommes de troupes allemandes. Les autres articles peuvent se résumer ainsi : *cession de l'Alsace et de la Lorraine allemande* et paiement d'une indemnité de guerre de *cinq milliards.*

Les conditions définitives devaient être débattues à Bruxelles. Mais la conférence réunie dans cette ville ne put aboutir ; une entrevue fut alors ménagée à Francfort entre Bismarck, Fabre et plusieurs autres délégués. et la paix fut conclue (10 mai 1871). Le traité de Francfort confirmait les préliminaires de Versailles et règlait diverses modalités relatives à l'accomplissement des conditions exigées.

La Prusse ayant été soutenue par tous les Etats allemands pendant la guerre, il lui restait à faire l'unité de l'Allemagne, la meilleure garantie de la grandeur et de la sécurité futures du pays. Sur l'initiative de Bismarck, les ministres représentant les quatre Etats du sud se rendirent à Versailles pour y discuter les conditions de leur réunion à la fédération de l'Allemagne du Nord ; ils se mirent d'accord et décidèrent que tous les Etats s'uniraient pour former l'Empire d'Allemagne (novembre 1870). Ainsi fut créé ce nouveau royaume impérial allemand ; sur la proposition de Louis II de Bavière, les princes allemands et les villes libres s'entendirent pour conférer à Guillaume 1er la dignité d'empereur ; la cérémonie eut lieu à Versailles, le 18 janvier 1871, pendant que Paris était encore assiégé.

Au cours du voyage que je fis en Allemagne et en France pendant les mois de février et de mars 1871, j'eus l'occasion de voir et d'entendre bien des choses ayant rapport à la guerre et au traité qui la termina. Je rapporte ici quelques faits observés et quelques impressions recueillies à cette époque, et qui me paraissent éclairer certains côtés de la grande bataille[1].

Après avoir séjourné parmi les assiégeants, j'entrai dans Paris le jour même de la capitulation et j'y demeurai jusqu'à l'insurrection de la Commune (18 mars). Je fus surpris de voir comment les Français savent se résigner à leur sort. Ils discutaient ouvertement de leurs propres fautes ; ils n'accusaient de leur malheur que la France elle-même, que l'empereur et son gouvernement avaient engagée dans un conflit auquel ils avaient négligé de la préparer.

Tous essayaient d'envisager avec calme et sang froid ce qui était arrivé. Ils louaient la tactique militaire et la discipline des Prussiens, mais ils se demandaient si la France eût été vaincue sans l'organisation systématique d'espionnage que l'Allemagne, depuis de nombreuses années, avait créée partout et dans toutes les classes de la société. On savait que 72 Allemands avaient été attachés aux bureaux du gouvernement, dont un grand nombre au Ministère de la Guerre ; que ces employés étaient en relations de correspondance avec le général Blumenthal et que le maréchal Bazaine avait eu pendant longtemps, comme domestique, un officier prussien. Enfin, d'autres officiers prussiens avaient occupé de très modestes situations dans Paris avant la guerre.

Les Allemands avaient donc pu connaître dans leurs détails les moyens de défense français et les défauts de ces moyens ; quand leurs armées se tenaient prêtes à la frontière, tous les officiers, tous les sous-officiers étaient en possession des cartes spéciales des lieux où la guerre allait être portée. Ce n'est pas en une semaine qu'on avait eu le temps de préparer ces cartes, et moins encore après la déclaration de guerre ; un grand nombre furent découvertes sur les tués et blessés.

J'appris aussi que les jeunes gens allemands employés à Paris ou qui étaient venus en France pour apprendre le français, consacraient leurs dimanches à des excursions attentives dans toutes les directions ; ces jeunes gens, incorporés ensuite dans l'armée de l'envahisseur, connaissaient probablement mieux le pays qne beaucoup de Français.

Rappelons ici qu'en 1869, 120 000 Allemands firent à Paris des séjours plus ou moins longs. Pendant l'armistice et au moment

[1] J'ai publié les 15, 17 et 20 mars 1871, dans l'*Aftonbladet* trois lettres de guerre auxquelles je me référerai au cours de mon récit.

de la signature des préliminaires de paix, j'eus l'occasion de parler à plusieurs soldats prussiens (Brandebourgeois) cantonnés en dehors de la ville ; ils étaient d'humeur pacifique et me contèrent que les postes avancés adverses échangeaient volontiers avec eux divers articles de nourriture, et que les uns et les autres buvaient souvent à la même bouteille. Ils disaient qu'ils n'eussent pas fait la guerre à la France si on les avait consultés. C'est sans doute, dis-je, que Bismarck la voulait. « *Ja gewiss, der Bismarck, der ist ein Teufels Kerl* » (Ah oui, Bismarck, quel démon), répondirent-ils.

Pendant mon séjour en Allemagne, m'entretenant avec des gens cultivés, je pus me convaincre que les populations de Hanovre, de Bade et du Wurtemberg haïssaient cordialement la Prusse et la politique prussienne ; elles considéraient Bismarck comme un géant parmi les hommes politiques, mais elles trouvaient que la Prusse avait outragé les autres Etats allemands en les contraignant à prendre part à la guerre. Au mois de janvier, des manifestations éclatèrent en Hanovre contre le nouvel empereur ; les magistrats civils refusèrent de signer l'adresse à l'empereur que les officiers prussiens avaient élaborée.

Il est juste de dire que beaucoup de nobles prussiens avaient une opinion toute différente de celle-là et s'exprimaient avec une dédaigneuse arrogance sur la manière dont les Parisiens avaient défendu leur capitale. Ils m'assuraient que seule la suprême indulgence de l'empereur Guillaume avait différé le bombardement ; qu'on aurait pu l'entreprendre plusieurs mois plus tôt, mais par esprit de clémence on avait trouvé plus humain de réduire la ville par la famine. Ils certifiaient que les Allemands s'étaient emparés de plusieurs forts et qu'il était juste que les troupes entrassent triomphalement dans Paris comme dans une ville conquise. « La défense ne méritait pas d'être prise en considération ; la résistance n'avait été qu'une résistance illusoire. » Je les assurai qu'ils se trompaient, que les Allemands n'avaient pas pris un seul des forts et je demeurai persuadé que de faux rapports avaient été répandus dans le dessein de justifier l'entrée triomphale dans Paris qu'on désirait tant.

Les Parisiens de leur côté me décrivirent les horreurs du siège ; j'appris que pendant les cinq dernières semaines, ils n'avaient cessé d'avoir faim, et que pendant les deux dernières ils n'avaient mangé, à peu de chose près, que l'horrible pain noir.

Tout ce qui était comestible avait été consommé ; les rats des égouts, les chiens, les animaux du Jardin d'Acclimatation. Faute de médicaments dans les hôpitaux, l'état des malades empirait; vers la fin du siège la mortalité atteignait le chiffre de 5000 personnes par semaine. Aux ravages de la famine s'ajoutaient les terreurs du bombardement qui tenait la population dans des transes perpétuelles. Ce qui exaspérait surtout les habitants, c'était de voir les canons prussiens viser les églises du Panthéon et de Saint-Sulpice et l'hôpital du Val de Grâce; ces trois édifices furent atteints et continuèrent à servir de cible jusqu'au jour où le général Trochu menaça de loger les prisonniers prussiens au Val de Grâce.

Bien que Paris ne fût pas encore tombé, Bismarck, parlant au nom de l'empereur, stipula parmi d'autres conditions de capitulation qu'une armée de 30 000 Allemands devrait être admise à entrer dans la capitale et à visiter les Galeries du Louvre et l'Hôtel des Invalides !

Au lieu d'honorer un adversaire loyal, les Prussiens voulaient humilier le peuple de Paris et se venger du patriotisme et de l'héroïque résistance dont les Parisiens avaient fait preuve. Thiers et Favre exprimèrent, en même temps que leur dégoût, la crainte que la vue de l'ennemi n'exaspérât la population au point de lui faire reprendre les armes au moment où Paris ouvrirait des portes que l'ennemi n'avait pu franchir. Peine perdue, les Prussiens désiraient si ardemment cette parade que Bismarck préféra consentir à laisser à la France la place forte de Belfort, qui d'ailleurs, n'avait pas davantage été prise, et réussit en fin de compte à vaincre les objections des plénipotentiaires. Bismarck avait compté que les délibérations de l'Assemblée Nationale seraient de longue durée; cette situation eût permis aux différents corps d'armée allemands de se relever jusqu'à ce que tous eussent visité la ville magnifique. Mais l'Assemblée Nationale ayant jugé bon d'accepter immédiatement les conditions de paix, le séjour des Allemands à Paris ne dura que deux jours.

Je fus témoin de cet événement considérable; je me trouvais Place de la Concorde et aux Champs-Elysées quand les régiments ennemis firent leur entrée, le 1er mars 1871 ; ils ne pouvaient dépasser ces limites, le reste de la ville leur était interdit par des barricades; des sentinelles étaient postées à l'entrée de toutes les rues. A la prière des autorités, la population s'abstint de paraître et demeura calme et indifférente à ce qui se passait. Seuls quelques étrangers et des gens de la basse classe se montrèrent dans les rues où les Allemands allaient défiler. Tout se fut passé tranquillement, sans deux femmes d'un certain monde (évidemment allemandes) qui crurent devoir témoigner de la déférence à des officiers allemands ; une populace enragée les entraîna dans une rue latérale où elles furent maltraitées et où leurs vêtements furent mis en lambeaux.

D'une manière générale, tous les habitants s'enfermèrent chez eux, portant le deuil qu'un grand nombre de personnes avaient pris dès le jour de la capitulation. De nombreuses maisons arboraient un drapeau noir, un crêpe voilait les têtes des statues de la Place de la Concorde ; les Allemands admis à pénétrer dans Paris ne purent emporter qu'une impression fort mélancolique. La statue de Strasbourg était couverte de couronnes et de drapeaux français, commémorant la défense héroïque de la cité alsacienne.

Pour ce défilé, qui devait être triomphal, l'armée allemande devait s'engager sous l'Arc de Triomphe, érigé en souvenir des innombrables victoires françaises; ce plan fut troublé par la présence d'une masse compacte d'enfants qui bloquaient complètement le passage et s'obstinaient à ne pas faire place; pour éviter des violences et peut-être une effusion de sang, l'armée dut contourner le monument, qui d'ailleurs ne fut pas témoin du passage de ce cortège, ayant été couvert de planches destinées à protéger ses sculptures pendant le bombardement. Mais ce que l'armée victorieuse ne put pas ne pas voir, ce fut le mot VENGEANCE! tracé en caractères d'un demi mètre de largeur sur l'un des murs de l'édifice.

Vengeance! Par toute la France, le mot d'ordre était alors celui-là. Jeunes et vieux, hommes et femmes gardèrent au cœur ce sentiment pendant de longues années. Pouvait-il en être autrement après l'odieuse conduite du dictateur prussien? La France pouvait-elle ne pas souhaiter la revanche, quand après le désastre de Sedan et la reddition de l'empereur, elle avait réclamé la paix, faisant valoir que l'empereur et son gouvernement avaient seuls déclaré la guerre et que les hommes placés à la tête de la République — Thiers, Jules Favre, Gambetta, Jules Ferry, etc. — avaient **protesté contre la guerre?**

Le prince héritier Frédéric, homme juste et loyal, n'avait-il pas déclaré aux Lorrains que « l'Allemagne se battait contre l'empereur et non contre la nation française ». Mais le chancelier de fer pensait différemment; ce qu'il voulait, c'est écraser la France, humilier les Français, les anéantir.

XI

L'ANNEXION DE L'ALSACE-LORRAINE, RAISON DE L'ALLIANCE FRANCO-RUSSE ET DU DÉVELOPPEMENT MONSTRUEUX DU MILITARISME EN EUROPE, EST L'UNE DES CAUSES DE LA GUERRE EUROPÉENNE DE 1914

La civilisation d'un siècle éclairé exige que la politique soit basée sur les droits des nations et sur leur libre arbitre et non sur des considérations de races qui, d'ailleurs, comme je l'ai dit plus haut (pages 18-23), sont extrêmement obscures et ne reposent souvent que sur des fictions.

Depuis qu'ils étaient réunis à la France, les Alsaciens faisaient partie de la nation. Ils en avaient adopté les mœurs et les coutumes et se sentaient vraiment français, bien qu'ils parlassent l'allemand.

Si l'Allemagne, se basant sur le droit de lointaine propriété, devait exiger la soumission de tous les Etats et provinces qui appartinrent autrefois au vieil empire allemand, il n'y aurait pas de raison pour qu'elle ne convoitât pas aussi toute la Lorraine, la Hollande, la Suisse, l'Italie, etc... Elle pourrait même revendiquer les conquêtes des Germains du Vme siècle, puisque les Visigoths prirent l'Espagne, les Burgondes le sud de la France, et les Ostrogoths l'Italie sous Théodoric.

Il n'est plus possible aujourd'hui d'invoquer les faits qui se sont passés dans un temps éloigné, et sous un régime différent, pour justifier des modifications nouvelles. De nos jours, les conquêtes et les annexions territoriales ne peuvent plus être décidées ou entreprises par un Etat civilisé sans encourir le jugement d'une opinion publique sévère et la haine ou la vengeance des peuples lésés.

On ne peut pas retirer légèrement au mot « nation » le sens de « race » ou d'« origine » ; l'identification de ces termes s'est développée graduellement ; des éléments nouveaux l'ont sans cesse renforcée.

Il est vrai que dans certains pays, le mot « nation » a été confondu avec le mot « Etat » ; certains peuples sont devenus au cours des siècles une manière de creuset où diverses nationalités se sont fondues ; ils ont formé un tout harmonieux, *avec des traditions communes, une commune histoire, et des intérêts communs.*

Bien que le mot de « nation » évoque tout d'abord l'idée d'une communauté d'origine, il ne symbolise souvent qu'une communauté de langage et de conception politique ; à la longue, un sentiment de fusion intime se développe dans l'esprit d'un peuple et donne lieu à ce sens particulier qui mérite véritablement le nom de sentiment national.

Beaucoup de Français d'origine étrangère se sont laissé absorber par la nation française et se sentent véritablement français. E. Spuller, le grand homme politique qui fut ministre de l'Instruction publique dans le cabinet Gambetta et ardent patriote, avait du sang allemand dans les veines, son père étant originaire de Bade.

En ce qui concerne l'Alsace, bien que cette province soit allemande par la race et par la langue on peut considérer qu'elle appartient vraiment à la France, puisqu'elle fut celtique avant d'avoir appartenu aux Germains.

Ce fut donc une politique absurde que celle où s'engagea l'Allemagne quand elle argua de la théorie du « germanisme » pour réclamer certaines provinces ; car les Slaves pourraient à leur tour, sous prétexte de « slavisme », revendiquer des pays et des provinces qui furent slaves autrefois et qui sont occupées maintenant par les Allemands. En vertu de ce principe, la Prusse ne devrait pas s'étonner de ce que Posen essayât de s'émanciper, et l'Autriche devrait se résigner à perdre la Galicie ; plusieurs autres provinces slaves pourraient aussi se détacher de l'empire austro-hongrois. La Prusse elle-même pourrait être revendiquée par les Slaves.

Bismarck a pu s'enorgueillir d'avoir été le véritable fondateur de l'unité allemande, grâce à « sa » guerre contre la France, et l'Allemagne se sentir fière des magnifiques conditions de paix extorquées au vaincu. Néanmoins, la paix de Francfort n'offrait aucune garantie pour l'avenir ; au contraire elle fut la cause du vif ressentiment des Français contre les Allemands, ou plutôt contre les Prussiens. A cette époque, et longtemps auparavant, il était de mode dans la presse d'outre-Rhin, de nommer la France *der alte Erbfeind der deutschen Nation* (le vieil ennemi héréditaire du peuple allemand). Comment Bismarck ne comprit-il pas que la guerre qu'il avait suscitée, que les dures conditions de paix imposées à la France ne pouvaient qu'aviver la haine des Français et leur inspirer le désir de la revanche? Il fallut bientôt reconnaître que la paix n'avait nullement préparé le terrain à une réconciliation. Le 2 février 1874, Bismarck écrivait à Arnim, l'ambassadeur allemand à Paris : « La netteté avec laquelle la *haine nationale contre les Allemands* est affichée et entretenue par tous les partis en France depuis la paix de Francfort, ne laisse aucun doute sur les intentions des gouvernements, à quelque parti qu'ils appartiennent : ils considèrent toujours la revanche comme leur principale raison d'être. Toute la question est de savoir combien de temps il faudra aux Français pour refaire leurs armées et préparer les alliances qui leur permettront, pensent-ils, de reprendre les armes. »

Sous le règne de l'empereur Fréderic (1888) des relations amicales faillirent s'établir entre la France et l'Allemagne ; on crut en effet que ce monarque entendait régler pacifiquement la question d'Alsace-Lorraine. Ribot, ministre français des Affaires étrangères à cette époque, a déclaré qu'une tentative d'accord avait eu lieu sur cette base. L'idée de faire de l'Alsace un pays neutre, approuvée par bien des Français, fut même examinée ; on envisagea également l'abandon définitif de l'Alsace et la restitution à la France de la Lorraine, terre française. Ce projet fut approuvé par Gambetta et plus tard discuté par Jules Lemaître ; à titre de compensation, l'Allemagne aurait reçu quelque possession lointaine.

Bismarck repoussa avec véhémence l'idée de la constitution de l'Alsace-Lorraine en pays neutre, sur le modèle de la Suisse et de la Belgique, se refusant à la création d'un Etat-tampon qui s'étendrait des Alpes à la Mer du Nord. Il disait que si la situation ainsi créée mettrait l'Allemagne dans l'impossibilité d'attaquer la France, elle n'empêcherait pas la France d'attaquer l'Allemagne par mer. L'argument principal de Bismarck était que le principe même de la neutralité n'est admissible qu'autant que le pays neutre soit prêt en toutes circonstances à défendre sa neutralité par les armes. « Mais dans un pays de tradition française et où toutes les sympathies vont à la France, la neutralité ne serait qu'une illusion; elle servirait la France, et elle nous serait hostile. » Le succès de la politique de Bismarck, qui semble avoir été décisif et surprenant, ne fut, dans bien des cas, que fortuit et illusoire; il était impossible que Bismarck put prévoir ou même concevoir les conséquences multiples que sa politique devait engendrer. C'est ainsi que, par la façon singulière dont il traita la Russie et la France, il prépara, sans le vouloir, l'alliance entre les deux pays.

Après la guerre de 1866 contre l'Autriche et la Hongrie, Bismarck réussit habilement à entraîner ces deux pays dans une alliance avec l'Allemagne ; le prétexte de cette alliance était la crainte que devait inspirer le panslavisme, symbolisé par la Russie. Bismarck n'avait en effet exercé qu'une influence très limitée sur la politique russe et la Russie avait parfois contrarié avec un succès étonnant les projets du chancelier de fer.

Après avoir été victorieux en 1870-71, Bismarck n'assistait pas sans inquiétude au relèvement rapide du riche pays de France et il songeait à l'écraser définitivement. En 1875 il se proposait de l'attaquer de nouveau sans aucune raison valable ; le tsar Alexandre II, ou plutôt son ministre des Affaires étrangères, le prince Gortchakoff, adversaire convaincu du chancelier, fit échouer le projet.

Afin de rendre la Prusse plus forte, et dans le dessein d'assurer sa suprématie, Bismarck, poursuivant toujours l'isolement de la France, constitua alors l' « Alliance des trois empereurs » allemand, autrichien et russe. Sa tactique consistait à répéter continuellement que les Français, avec leur idée de revanche, constituaient une menace constante pour la paix de l'Europe ; il représentait encore les institutions républicaines de la France comme un danger pour tous les monarques, comme un encouragement aux révolutionnaires, aux socialistes, aux nihilistes ; Alexandre II se joignit à l'alliance dans l'espoir d'obtenir le concours de la Prusse pour la réalisation de ses plans en Turquie. Mais quand la Russie eut vaincu la Turquie en 1878, et que le congrès de Berlin fut appeler à discuter des conditions de la paix, Bismarck fit en sorte de restreindre les avantages concédés tout d'abord à la Russie. « J'ai été trompé », dit Alexandre II, après la lecture du traité de Berlin. Dès lors l'alliance des trois empereurs cessa d'exister. Lorsque la Russie se fut retirée de l'alliance, poussant même, comme cela résulte des documents publiés par Bismarck, jusqu'à se préparer secrètement à la guerre (en 1879), le chancelier dut songer à rétablir un nouveau groupement ; il créa en 1882 la Triple Alliance que l'organe de Bismarck nommait « La ligue de la paix » ; elle unissait l'Allemagne, l'Autriche-Hongrie et l'Italie ; il s'agissait encore une fois d'isoler la France et de tenir la Russie en échec.

Depuis 1813, la Russie avait toujours été l'alliée de l'Allemagne ; mais elle mettait à cette entente une condition : la limitation de la prépondérance militaire prussienne. Les victoires sur l'Autriche et sur la France avaient au contraire acquis à la Prusse une toute-puissance redoutable, et depuis la constitution de l'unité allemande, l'influence de la Russie sur les petits Etats allemands, influence basée sur des alliances de famille, avait cessé d'exister. Toutefois l'amitié qui unissait Alexandre II à son oncle Guillaume Ier empêchait un conflit d'éclater entre l'Allemagne et la Russie.

Le développement militaire progressif de la France et de la Russie, que Bismarck regardait comme une menace dirigée contre la Prusse, fut suivi d'un renforcement des effectifs prussiens.

Peu de temps après l'assassinat d'Alexandre (1881) des faits graves vinrent accentuer l'antagonisme entre les Russes et les Allemands. Les panslavistes qui rêvaient l'émancipation de tous les pays slaves sous la protection de la Russie, accusèrent l'Autriche-Hongrie d'opprimer les slaves soumis à sa loi et de nourrir le projet de placer les peuples des Balkans sous sa dépendance ; ils exprimèrent ouvertement leur méfiance à l'égard du projet d'annexion par l'Allemagne des provinces baltiques. Des manifestations contre l'Allemagne eurent lieu à plusieurs reprises. Il semblait que les deux Etats se préparassent à une guerre en vue de laquelle il importait de créer une opinion nationale homogène et d'extirper des regions frontières tout élément étranger. De là la russification des provinces baltiques, consacrée par l'expulsion des sujets allemands, de là aussi l'expulsion des Polonais russes des provinces orientales de la Prusse en 1885.

Il serait aisé de prouver que si la France déplorait la perte de la Lorraine, elle avait abandonné peu à peu ses idées de revanche pour des idées plus pacifistes, en dépit des provocations et des défis de l'Allemagne. En 1887, l'Allemagne, c'est-à-dire Bismarck, provoqua une crise dangereuse en obtenant du Reichstag le vote du « Septennat », c'est-à-dire l'augmentation progressive des crédits militaires pendant 7 ans et le renforcement des effectifs. Bismarck voulait ainsi préparer les Allemands à une lutte sans merci contre la France, au cas où celle-ci manifesterait des sympathies trop actives pour l'Alsace-Lorraine opprimée, ou bien riposterait par des manifestations à des tentatives provocatrices.

L'une des manœuvres allemandes les plus significatives fut l'arrestation du commissaire de police Schnäbele, accusé à tort du crime de haute trahison pour espionnage. On y reviendra plus loin.

Cependant aucun *casus belli* ne surgissait ; la France demeurait calme et gardait son sang-froid. L'âme corrompue de Bismarck et son appétit de revanche ne lui laissaient point de répit ; pour réaliser le projet du Septennat, il fallait agir sur l'opinion. La presse quotidienne colporta donc des bruits alarmants, des articles à sensation ; de nouvelles vexations furent systématiquement pratiquées en Alsace. « La guerre est inévitable si vous ne votez pas pour les candidats du Septennat», ou bien encore : « La guerre est inévitable si nous ne réussissons pas à germaniser l'Alsace-Lorraine ». Ces menaces et d'autres analogues étaient répétées à satiété au bon lecteur. Le 11 janvier 1887, le feld-maréchal Moltke, parlant au Reichstag, déclarait : « Si la proposition gouvernementale est repoussée, je crois fermement que nous aurons la guerre ».

A quoi Bismarck répliquait : « Nous ferons en sorte que, pendant trente ans, la France ne puisse plus nous attaquer. La guerre de 1870 *n'aura été qu'un jeu d'enfant auprès de celle de 1890, ou de je ne sais quand* ». Il ajouta même « *que les Français seraient saignés à blanc* », et cette déclaration fut saluée par les bravos enthousiastes de l'assemblée.

Vers cette époque, le lieutenant-colonel Köttschau publia un livre intitulé *La Prochaine Guerre*. Menace brutale à la France, ce livre était destiné à influencer le Reichstag en faveur du Septennat.

En mars 1887, le major H. von Pfister lançait à son tour un ouvrage réclamant le démembrement de la France ; on y lisait que « le peuple allemand a été choisi par le Tout-Puissant pour hériter de l'empire romain ». Selon la thèse du major von Pfister, l'Allemagne devait annexer la Lorraine occidentale et la Franche-Comté ; les départements du Nord et des Ardennes devaient échoir en partage à la Belgique, et celle-ci, réunie à la Hollande, devenait un état vassal de l'Empire. La Suisse et le Tyrol italien devaient, eux aussi, être annexés par l'empire allemand.

Cette agitation guerrière porta ses fruits ; elle entraîna l'approbation du Septennat par le Reichstag. La mise à exécution du programme fut aussitôt réalisée. Des mouvements de troupes eurent lieu dans toutes les villes de garnison; des forces considérables furent rassemblées en Alsace-Lorraine. La presse berlinoise inondait ses lecteurs d'articles dont la préparation française, les grandes manœuvres françaises, l'espionnage français, les faits et gestes de la Ligue Française des Patriotes, etc., faisaient tous les frais. Tant et si bien que tout le monde finit par croire à l'imminence d'un conflit.

Brusquement, en avril, une nouvelle sensationnelle se répandit à l'étranger : le commissaire de police de la ville française de Pugny, M. Schnäbele, homme universellement respecté, venait d'être arrêté en territoire allemand et incarcéré à Metz. On sut plus tard qu'invité par le triste commissaire allemand de Noveant, ville alsacienne de la frontière, à lui rendre visite afin de débattre une affaire, M. Schnäbele était tombé dans un traquenard. D'après le témoignage de deux témoins (deux ouvriers cachés dans un vignoble), il fut établi qu'assailli par deux policiers camouflés, il avait pu regagner l'autre côté de la frontière. Poursuivi en territoire français, jeté bas, on l'avait traîné en territoire annexé, les mains passées dans des menottes comme un malfaiteur. Un procès s'en suivit, et cette « cause célèbre », dont les débats remplirent cinq cents pages, fut jugée par la Haute Cour de Leipzig. A la même heure, les faits de la cause étaient soumis à l'empereur Guillaume ; mais l'empereur conclut à la malveillance et ordonna la libération immédiate de Schnäbele. Le commissaire de Pugny put rentrer chez lui. Que Bismarck ait eu sa part dans cette honteuse affaire, cela n'est que trop évident. Le chancelier vivait dans l'obsession continuelle d'intrigues politiques et de manœuvres sournoises.

Au cours des débats de cette affaire, dont l'intention provocatrice n'était que trop claire, le gouvernement et la presse française adoptèrent une attitude impassible et digne ; c'est que la France ne voulait pas que la paix fût rompue. Et les desseins belliqueux de l'Allemagne n'atteignirent point leur objet.

Bismarck imagina alors un plan nouveau dans le dessein de compromettre la France. Ayant induit son ennemie à occuper Tunis, où la sphère d'influence française était considérable, il excita les suspicions de l'Italie, dont l'occupation de Tunis devait, selon lui, menacer les intérêts. Il réussit à soulever la colère de quelques chauvinistes italiens, qui n'espéraient rien moins que la main-mise sur la totalité du Nord de l'Afrique, ancienne province romaine ; et il parvint à convaincre l'Italie qu'elle avait été victime des ambitions d'un Etat étranger; cette situation était intolérable ; il fallait y mettre fin.

Crispi, premier ministre italien, qui ne se distinguait ni par la fermeté ni par l'intégrité de son caractère, se laissa convaincre par Bismarck de la nécessité de renouveler la Triple Alliance (1887) et d'orienter la politique italienne vers une attitude hostile à la nation sœur. Crispi comptait sur certaines conventions de cette alliance pour réaliser la possession d'une partie du littoral africain. En dépit des défis italiens qui, pendant longtemps, parurent devoir provoquer inévitablement l'état de guerre, la paix fut encore maintenue, grâce à l'attitude mesurée et pleine de sang-froid du gouvernement français.

Ce furent ces tentatives répétées pour nuire à la France et pour l'irriter dans son honneur qui conduisirent à un rapprochement avec la Russie. L'empire du tsar avait entrepris de faire des ouvertures au gouvernement de Paris depuis 1880. A Moscou, lors des fêtes qui marquèrent le couronnement, l'ambassadeur de France fut l'objet des témoignages de la plus vive sympathie ; dans la suite, les relations amicales entre Français et Russes prirent un caractère de plus en plus marqué.

Dans leur crainte de la prépondérance de l'élément germain en Russie, les slavophiles russes commencèrent d'abord à s'intéresser à la culture française ; de leur côté, les Français, même ceux dont les tendances politiques étaient les plus avancées, se prirent de goût pour la Russie et entreprirent d'oublier les vieilles rancunes. Le sort de la Pologne, qui avait toujours passionné les esprits en France, avait été longtemps un obstacle à une tentative de rapprochement, mais la situation nouvelle qui se faisait jour relégua dans la pénombre le courant des anciennes ardeurs.

Le souci de l'intégrité de la France, menacée par un isolement politique trop complet, prit place au premier plan des préoccupations de l'opinion française. Les espoirs ne tardèrent pas à se tourner vers la Russie : l'hymne national russe, le « Boje tsaria khrani » (Dieu sauve le tsar), acquit à Paris, à cette époque, une grande popularité.

Nous savons que Gambetta caressait déjà l'espérance d'une alliance franco-russe, et que le sujet avait été abordé à Paris en 1881, au cours de conversations avec le général Skobeleff.

Sous le ministère Flourens (1886-1888), le président du conseil tenta de pousser plus avant les préliminaires d'un accord entre la France et la Russie. En 1887, Jules Grévy déclarait, au cours d'un entretien avec M. J. Hausen, conseiller de légation du Danemark, que « la Russie et la France ont de grands intérêts communs, notamment celui d'empêcher un accroissement de la puissance germanique, menaçant pour l'une et pour l'autre nation ». « Ces deux pays, ajoutait-il, doivent donc se soutenir dans un esprit de réciprocité basé sur le maintien de la paix. »

Pendant de longues années, la République Française n'avait inspiré au Winter Palace qu'une sympathie fort mesurée ; mais la stabilité de son régime finit par retenir peu à peu l'attention des membres dirigeants de l'empire du tsar ; on comprit qu'abandonner la France à la discrétion de ses ennemis, c'était laisser la Russie faire face seule à la Triple-Alliance.

Il arriva donc qu'en 1891, Alexandre III conféra au président Carnot l'insigne de l'ordre de Saint-André et lui fit parvenir l'expression de ses sentiments d'amitié cordiale ; de son côté, la France envoya à Cronstadt, la même année, pour une visite qui fit grand bruit, une escadre de cuirassés. Peu de temps après, comme dans un conte des *Mille et une Nuits*, la rumeur d'un projet d'alliance franco-russe se répandit à l'étranger. Une alliance franco-russe, c'est-à-dire un accord entre les deux symboles politiques les plus diamétralement opposés : le régime autocratique et le régime républicain. Le bruit parut d'abord invraisemblable jusqu'à l'absurde. Quel danger apparent pour l'extension irrésistible de la culture occidentale ! L'explication, pourtant, était des plus simples : l'alliance avait ses racines dans la communauté d'intérêts de la politique extérieure des deux Etats alliés, dans la nécessité d'enrayer la croissance de la puissance germanique et d'établir un contrepoids à la Triple-Alliance en vue du maintien de la paix. Le mobile était sérieux.

On comprendra aisément que le contraste entre les deux systèmes de gouvernement, comme aussi entre les conditions sociales des deux pays, ne pouvait influencer en rien la nécessité de l'alliance. Les lois et les institutions d'un pays dépendent de son développement dans l'histoire ; elles ont un caractère *national* : ses alliances, au contraire, sont déterminées par des causes extérieures ; elles ont un caractère *international*. Le traité d'alliance franco-russe fut donc signé en août 1891. Bismarck n'avait point prévu cette conséquence inattendue du développement militaire allemand, et de sa propre maladresse envers la France en 1870, au moment où celle-ci, après la chute de Napoléon III, avait demandé la paix. L'orgueil du chancelier lui masquait les réalités et l'entretenait dans les vues étroites d'une politique personnelle qui s'inspirait d'illusions et que le succès avait affermie.

Aussi la France vit-elle, à tout le moins, dans son alliance nouvelle, le présage de *la fin de la suprématie* que l'Allemagne, depuis la guerre franco-allemande, rêvait d'instaurer en Europe.

En dépit des victoires de la Prusse dans des guerres allumées pour servir ses desseins, Bismarck tremblait continuellement pour le maintien de la toute-puissance de son pays qu'il voyait sans cesse menacée ; aussi cherchait-il lui aussi des alliances et ne cessait-il d'accroître le fardeau des crédits militaires.

En vain s'écriait-il dans un de ses « grands discours » au Reichstag, visant à brandir aux yeux du monde le glaive de la puissance militaire allemande : « Nous autres, Allemands, ne craignons personne au monde hormis Dieu ». Il y avait une chose que Bismarck craignait, c'était l'alliance franco-russe.

Ce grand discours préparait l'opinion allemande à de plus vastes armements ; afin de les obtenir, il faisait, s'inspirant d'une logique médiocre, le tableau poignant des dangers qui menaçaient l'Allemagne. Et il disait, avec onction : « Dieu nous a placés dans une situation où nos voisins se chargent de nous interdire de nous abandonner jamais à la mollesse. Il a mis d'un côté la France, la nation la plus turbulente et la plus guerrière, et il a permis aux tendances belliqueuses de la Russie de se développer à tel point que les siècles passés n'en ont point connu d'exemple. Il nous semble sentir la pression de l'éperon dans chaque flanc ; et nous nous voyons contraints à faire des efforts dont nous nous serions abstenus sans cela. »

L'Allemagne augmenta donc de plus d'un million d'hommes ses forces militaires du temps de paix, si bien qu'elle en vint à pouvoir mettre un million d'hommes sur pied de guerre, tout en gardant une réserve d'un autre demi-million de soldats.

Une étude des guerres européennes de 1860 à 1870 conduit inéluctablement à cette conclusion que Bismarck en fut le principal auteur et que c'est lui qui réveilla le militarisme en Europe et empêcha l'établissement d'une politique amicale entre les Etats ; c'est par sa faute que la méfiance, les intrigues diplomatiques, les alliances équivoques, et ces « ligues de paix » armées jusqu'aux dents, n'ont cessé d'être la principale occupation des diplomates européens depuis plusieurs dizaines d'années. Etrange parodie de ce que devrait être une politique civilisée ! Les armements continuels, les charges militaires écrasantes ont fait illusoire toute démonstration de sympathie entre les puissances. L'accroissement perpétuel des forces militaires, qui fut la grande affaire de tous les gouvernements et de toutes les assemblées depuis les victoires de la Prusse, ont véritablement mis obstacle à tout acheminement vers le pacifisme international.

Depuis la guerre franco-allemande, le militarisme n'a cessé de se développer dans l'Europe entière : dans tous les pays on a fait des préparatifs, créé des armées et des armements, rebâti de nouvelles forteresses et dépensé sans compter pour être prêt à faire face à quelque ennemi. On ne pouvait songer sérieusement à régler à l'amiable les différends entre nations, car on se rappelait toujours combien il avait été aisé de trouver des prétextes pour déclencher les guerres de 1870, de 1866 et de 1864.

En particulier, l'Allemagne avait développé sa puissance militaire à un point tel qu'on pouvait s'attendre à chaque instant à une guerre.

La paix, cependant, a pu se prolonger pendant quarante-trois ans ; l'Allemagne revendique l'honneur de cette longue trêve ; elle clame partout qu'elle ne vivait que pour la paix, pour son développement national, n'ayant d'autre dessein que de subvenir à ses besoins matériels, au bien-être de son peuple, etc.

Alors, pourquoi l'Allemagne n'a-t-elle jamais cessé de s'armer ? Elle répond à cela qu'elle avait conscience des dangers que comportaient sa situation géographique, l'inimitié et la puissance militaire de ses voisins ; elle a également argué de ce que les autres nations, jalouses de son développement industriel et commercial, se proposaient de lui interdire des débouchés hors d'Europe. Une prétendue hostilité, ouverte ou cachée, se manifestait à son égard à l'Est et à l'Ouest et même par delà les océans. De là, prétend-elle, la nécessité absolue dans laquelle elle se serait trouvée d'être constamment prête à la guerre.

L'Allemagne semble avoir oublié qu'une de ses préoccupations essentielles a été d'être en garde contre les conséquences de la guerre qu'elle avait faite à la France, de l'annexion de l'Alsace-Lorraine et des menaces réitérées de Bismarck contre la République entre 1870 et 1880 ; c'est là, en effet, qu'il faut chercher les causes du rapprochement franco-russe qui aboutit à une alliance.

Tandis que la Triple-Alliance, la soi-disant « Ligue de la Paix », ne visait qu'à isoler la France et à contraindre la Russie à abandonner les fruits de ses victoires sur le Danube et dans la péninsule des Balkans, l'Allemagne s'efforçait de resserrer son étreinte sur ses propres conquêtes du nord et de l'ouest. C'est cette attitude-là qui engendra et entretint l'état de « paix armée ». Si le gouvernement allemand avait obéi aux suggestions dictées par la prudence et par l'humanité, s'il avait restitué l'Alsace-Lorraine, ou seulement s'il avait fait de ce pays un Etat neutre semblable à la Suisse, s'il avait remis le Danemark en possession du Slesvig danois, la situation de l'Allemagne eût été beaucoup plus solide et le peuple allemand eût été allégé des charges énormes nécessitées par les dépenses d'ordre militaire. Il ne devait pas, malheureusement, en être ainsi ; le Gouvernement de Berlin n'a cessé, au contraire, de faire entendre que les Alsaciens-Lorrains devaient se résigner à être pour toujours réunis à l'Empire ; et quant à la question du Slesvig, l'affaire est dès longtemps considérée comme à jamais enterrée. A la vérité, la « Ligue de la Paix » a donc été une « ligue de la guerre » ; comme telle, elle a donné naissance à une autre ligue de guerre, qui, elle, était une « ligue de paix ». En résumé, tout le système politique qui, depuis quarante ans, a assuré l'équilibre de la situation européenne, la Triple-Alliance et l'Alliance franco-russe, est né de la *tension entre la France et l'Allemagne, créée par l'annexion de l'Alsace-Lorraine* lors du traité de Francfort. Il n'en est pas moins évident que ce système d'équilibre n'a nullement servi la cause de la paix ; il n'a fait qu'entretenir, au contraire, un *état latent de guerre*, une trêve armée dans l'attente d'une lutte nouvelle entre les deux adversaires de 1870.

Un diplomate russe faisait un jour cette remarque : « En s'emparant de l'Alsace-Lorraine, Bismarck travaille pour nous. Strasbourg et Metz entre les mains des Allemands, c'est l'alliance entre la France et la Russie dans la prochaine guerre. »

Voici qu'elle a éclaté, cette guerre que tant de gens considéraient comme inévitable. Quand la Russie fut entraînée dans la querelle austro-serbe, quand l'Allemagne fit cause commune avec l'Autriche, la France, alliée de la Russie, tira elle-même l'épée ; l'Angleterre, enfin, prenant fait et cause pour la Belgique violée, entra en scène à son tour, et ce fut le conflit mondial du mois d'août 1914. *Sans l'annexion de l'Alsace-Lorraine, ce conflit n'eût jamais éclaté*, puisque c'est elle qui jeta la France et la Russie dans les bras l'une de l'autre.

a) Relations entre l'Allemagne et l'Angleterre. La politique coloniale de l'Allemagne et la surpopulation allemande sont au nombre des causes de la guerre.

On est généralement d'accord pour dire que les données que nous possédons aujourd'hui ne permettent pas de démêler les causes de la guerre de 1914 et de déterminer d'une manière exacte les contingences et les événements qui firent jaillir l'étincelle où la guerre devait s'allumer. On a maintes fois répété qu'il faudra des années d'apaisement et de recherches patientes pour placer dans sa lumière véritable cette grande époque de l'histoire universelle.

Cette opinion n'est pas la mienne ; il me semble qu'à l'heure où j'écris, huit mois après la déclaration de guerre, les faits établis avec certitude durant la période de quarante années qui vient de finir, les documents officiels des puissances belligérantes réunis dans leurs livres blanc, rouge, jaune, etc... et les déclarations officielles faites dans les parlements des Etats, constituent des matériaux largement suffisants pour établir un exposé impartial des causes de la guerre. Les témoignages ainsi obtenus me paraissent tels qu'on peut exprimer une opinion impartiale sur la valeur relative des documents publiés par les nations belligérantes, dans le but de fixer devant l'histoire quelle est celle d'entre elles sur qui doit retomber la responsabilité.

Il est vraisemblable que les années qui vont suivre ne feront qu'accumuler des documents qui raffermiront en les multipliant, les assertions que nous possédons déjà ; il est peu probable, en effet, que les hommes d'Etat qui président aux destinées des différentes nations modifient l'opinion qu'ils se sont formée, ou qu'ils démentent les déclarations dont ils ont autorisé la publication.

La politique coloniale de l'Allemagne ne s'est développée que depuis peu ; elle n'en a pas moins obtenu des résultats remarquables. On peut dire que sa première manifestation date du 7 août 1884 ; on apprit alors, avec quelque surprise, que l'Allemagne avait pris possession d'Angra Pequeña, dans le Sud-Ouest africain, à la suite d'un contrat passé avec une maison de commerce de Hambourg, à qui la région appartenait.

Il existait déjà dans certaines villes d'Allemagne des sociétés privées qui caressaient des ambitions coloniales. La principale était la *Deutsches Kolonial-Verein* fondée en 1882. Le but de cette société et des autres du même caractère était de susciter l'intérêt pour l'étude des problèmes coloniaux et d'encourager, en lui prêtant son appui, l'émigration « considérée comme élément du développement national ». Il s'agissait surtout d'obtenir que les Allemands émigrés restassent Allemands et ne fussent pas absorbés par les nations sur le territoire desquelles ils avaient élu domicile. L'idée première de ces efforts était de neutraliser le développement que prenaient les autres nations au détriment du capital et de la main-d'œuvre allemands.

Les acquisitions de colonies se multiplièrent. L'Allemagne en vint peu à peu à posséder le Sud-Ouest africain, l'Est africain allemand, le Cameroun et le Togoland ; dans le Pacifique, la Nouvelle-Guinée, les îles Caroline et Mariannes, Pelew, Marshall et Samoa. Ces colonies représentent une population de 12 589 000 âmes et occupent une superficie de 2 658 548 km. carrés, cinq fois la superficie de l'empire [1]. L'Allemagne occupait ainsi le troisième rang parmi les puissances coloniales après l'Angleterre et la France.

Dans les temps modernes, l'Angleterre fut la première à chercher l'expansion coloniale ; les Anglais passent, à juste titre, pour être d'admirables colons. La France suivit les traces de l'Angleterre et s'adjugea, elle aussi, des possessions considérables. L'Allemagne et l'Italie sont venues un siècle trop tard et durent compter avec les désavantages de cette entrée en scène tardive.

On ne peut reprocher à l'Allemagne d'avoir conçu de tardives espérances. Sa politique coloniale est née de la nécessité de créer des débouchés à son industrie et un champ d'action à une population sans cesse en progrès ; il n'en est pas moins vrai que l'Allemagne est mal venue à contester à la France et à l'Angleterre leurs succès coloniaux, et à reprocher à ces deux pays de lui avoir pris sa place au soleil.

En dehors des colonies dont on a parlé plus haut, l'Allemagne possédait encore un prétendu « protectorat » en Extrême-Orient :

[1] Statist, Handbuch f. d. deutsche Reich, 1907.

le territoire de Kiao-Chau, dans la province chinoise de Shantung. Elle l'avait occupé en novembre 1897, en y envoyant une escadre, sous le prétexte que deux de ses missionnaires en Chine y avaient été assassinés. *Jamais, du reste, la lumière complète ne fut faite sur cette affaire.* Ce qui est certain, c'est que l'Allemagne obtint de la Chine, à titre de compensation, la prise à bail de Kiao-Chau pour 99 ans ; l'occupant s'empressa de fortifier sa possession nouvelle en y établissant des ouvrages militaires puissants.

La Chine ne faisant aucune opposition à ces mesures d'usurpation, la Russie, s'appuyant sur le précédent créé par Berlin, s'installa à son tour à Port-Arthur (que le Japon lui a repris depuis) ; l'Angleterre fit de même et occupa Wei-Hai-Wei, et la France s'installa à Hai-Choau.

La situation s'est modifiée depuis le début des hostilités. Le Japon s'est emparé de Kiao-Chau et cherche aujourd'hui à étendre son protectorat sur toute la Chine, afin de pouvoir s'opposer efficacement à toute nouvelle pénétration de la race blanche en Extrême-Orient ; aussi semble-t-il que l'Allemagne doive abandonner pour toujours ses ambitions coloniales dans cette direction.

Il ne faut pas oublier que Bismarck n'accorda jamais une pensée à une politique coloniale, l'Allemagne étant, selon lui, « rassasiée » ; même, en 1884, il encouragea la France à poursuivre ses conquêtes lointaines, espérant ainsi détourner son attention de l'Alsace-Lorraine. Nous avons dit aussi qu'il espérait créer par ce moyen des dissentiments politiques entre l'Italie et la France (p. 121).

De nouveaux facteurs apparurent alors, qui donnèrent au mouvement colonial un développement inattendu. Dans la région minière de la Westphalie et dans la région métallurgique des bords de la Ruhr, que les usines Krupp ont rendue célèbre, l'Allemagne avait créé et développé un mouvement industriel qui commençait à rivaliser avec celui de l'Angleterre et de l'Amérique. D'autres régions, notamment la Silésie, la banlieue de Berlin, etc., avaient vu sortir de terre des usines immenses qui réclamaient de lointains débouchés. Une marine marchande devenait indispensable au transport rapide des produits manufacturés en Allemagne : Hambourg et Brême virent donc surgir des chantiers navals importants ; elles devinrent le siège de sociétés mari times disposant de nombreux vaisseaux spécialement conçus en vue du commerce d'outre-mer[1].

Les grands industriels et les grands armateurs suggérèrent alors la nécessité d'une marine de guerre capable de défendre, le cas échéant, la marine marchande et les intérêts commerciaux allemands à l'étranger et capable aussi de protéger les colonies allemandes. L'empereur Guillaume entendit cette suggestion et poussa le projet avec son énergie coutumière. Ces paroles : « L'avenir de l'Allemagne est sur l'eau », qu'on lui a attribuées, devinrent pour ainsi dire la pierre angulaire de la nouvelle politique allemande.

La construction d'une flotte puissante ne tarda pas à devenir la principale préoccupation du gouvernement. En 1900, le Reichstag en fit voter le principe et les crédits, contre la volonté des libéraux, des démocrates et des socialistes, pour qui la construction d'une marine puissante devait entraîner des complications d'ordre militaire ; ces partis de l'opposition déclarèrent que les territoires colonisables étaient déjà occupés et que la situation politique, déjà grosse de dangers latents, ne justifiait pas la prodigalité avec laquelle on gaspillait les ressources de l'Empire.

Mais tout le monde était d'accord là-dessus : que, pour devenir une grande puissance, l'Allemagne devait développer son industrie ; l'accroissement annuel de sa population, estimé à 800 000 âmes, exigeait la création d'emplois nouveaux dans l'industrie, puisque ce supplément de main-d'œuvre ne pouvait être absorbé par l'agriculture.

Or, comme, de toute évidence, les produits industriels ne pouvaient être écoulés entièrement en Allemagne, il était nécessaire qu'on pût les exporter, et pour cela, il fallait des colonies, des maisons de commerce ayant leur siège dans toutes les parties du monde et, pour protéger ces établissements, une flotte puissante. Ainsi, peu à peu, il apparut à tous qu'une grande flotte pour la protection du commerce et des colonies était une affaire de vie ou de mort. Les ouvriers eux-mêmes finirent par comprendre que la colossale industrie allemande réclamait un commerce extérieur et

[1] Parmi les ouvrages qui font mention de ce développement industriel, commercial et maritime de l'Allemagne, il faut citer : G. Schmoller, M. Sering, A. Wagner, *Handels- und Machtpolitik* (1900) ; D. Schäfer, *Die Bedeutung der Seemacht* (1900) ; G.-A. Erdmann, *Nun aber weiter* (1900) ; Dr A. Nossig, *Die deutsch-französische Annäherung* (1900) ; P. Meinhardt, *Kann Deutschland Weltpolitik treiben?* (1903) ; Dr Vosberg-Rekow, *Der Grundgedanke der deutschen Kolonialpolitik* (1903) ; Baron von Falkenegg, *Was wird aus unseren Kolonien?* (1903).

que l'exportation devait être protégée sur mer par des navires de guerre. Si la sécurité de l'exportation venait à ne plus être assurée, il faudrait fermer les usines, des millions d'ouvriers y perdraient leur salaire et seraient réduits à mourir de faim.

Outre la concurrence américaine, contre laquelle tous les pays d'Europe ont d'ailleurs à lutter, c'est le commerce de l'Angleterre que l'Allemagne redoutait, bien qu'elle en eût déjà soutenu la concurrence avec succès. Partant de là, les Allemands en vinrent à appeler l'Angleterre « l'ennemie héréditaire », et l'Angleterre, de son côté, prit ombrage de la concurrence allemande.

En 1897, la *Saturday Review* essaya d'exciter les Anglais contre l'Allemagne, en publiant un article où elle déclarait tout uniment : « *Germaniam esse delendam* » (Il faut détruire l'Allemagne).

Trois ans plus tard, l'Allemand D. Schäffer, dans une brochure : « Ce qu'il faut entendre par la *puissance maritime de l'Allemagne* », peignait « la violence et l'absence de scrupules dont les Anglais avaient fait preuve dans leur soif de coloniser et dans l'extension de leur commerce d'outre-mer ». Il tentait de montrer comment, depuis l'instauration de la politique coloniale allemande, « l'Angleterre, avec une hâte fiévreuse, a mis la main sur tout ce qui pouvait être conquis, sans autre raison souvent que d'empêcher les autres de s'y installer eux-mêmes ». Il voulait qu'on relevât la menace de la *Saturday Review* autour de laquelle on fit grand bruit. Or, il est évident que l'opinion de la revue anglaise ne reflétait que l'état d'esprit de certains cercles en Angleterre, et qu'il n'était pas équitable, par conséquent, de la considérer comme étant l'expression de l'opinion publique anglaise tout entière.

Depuis un grand nombre d'années, des économistes allemands tels que Hasse, membre du Reichstag, le professeur Stengel et le docteur G. A. Erdmann, ont déclaré que l'accroissement énorme de la population allemande est la raison principale sur laquelle repose la politique coloniale de l'Allemagne. Selon ces auteurs, une grande partie de l'industrie allemande serait vouée à bref délai à la ruine complète, n'était cette politique ; sans elle, l'empire allemand tout entier était menacé de devenir le théâtre d'une révolution sociale, conception familière à beaucoup d'économistes allemands.

Les milieux officiels allemands ont considéré jusqu'ici comme un axiome que la puissance d'un Etat dépend du *nombre* de ses habitants et que l'Allemagne ne peut conserver son rang parmi les grandes puissances que par l'accroissement libre et constant de sa population. Pourtant, depuis de longues années, des personnalités influentes ont émis, en Allemagne même, un avis opposé à cette conception. Ainsi G. Schmoller écrivait, en 1882, dans les *Landwirtschaftl. Jahrbücher* : « En ce qui concerne le nombre des enfants, je ne prétends pas recommander le système français, de *deux enfants par famille ;* mais je ne crois pas davantage qu'il soit sage de notre part d'adopter aveuglément le vieux dogme de la bénédiction qui attend les familles nombreuses. Ce dogme-là remonte à une époque de demi-civilisation. Si nous pouvions délivrer l'Allemagne du stigmate de cette tare, qui lui est propre, de détenir le record de la mortalité infantile, tare qui dérive directement de l'excès de nos naissances, nous aurions fait un grand pas. »

En 1895, Treitschke disait, dans sa *Politik* : « Dans la répartition des territoires extra-européens entre les puissances de l'Europe, l'Allemagne a toujours reçu la plus petite part. » Il y avait là une accusation non déguisée contre les autres puissances. Treitschke, cependant, ne devait pas ignorer qu'avant 1884, l'Allemagne n'avait jamais cherché à s'assurer des colonies ; il ajoutait néanmoins : « Et pourtant notre existence même de grande puissance est liée au maintien de notre puissance maritime ; sans elle nous devrons nous résoudre à voir l'Angleterre et la Russie se partager le monde. »

Parlant de l'avance qu'ont prise certaines puissances dans le partage de la terre, G. A. Erdmann écrivait en 1900, dans une brochure intitulée *Nun aber weiter* (Et maintenant, poursuivons), où il soutenait la théorie de la force de Treitschke : « Dans la constitution du sort des nations, *la force et le droit sont synonymes*. Celui qui dispose de la force la plus grande doit avoir les droits les plus étendus, ce qui revient à dire qu'il doit s'approprier la part la plus belle et la plus grande.

« C'est un principe de morale politique (!) avec lequel les Allemands doivent se familiariser s'ils ne veulent pas que leur morale philosophique les conduise à la banqueroute. » Et pour prouver que l'Allemagne a besoin de *nouveaux* territoires, Erdmann ajoutait : « L'Allemagne se trouve en face d'une obligation inéluctable ; la moindre hésitation de sa part devant cette politique universelle affaiblira gravement sa situation, et peut-être l'anéantira pour toujours. »

« Ceux qui parlent des *aventures coloniales* de notre gouvernement montrent par là l'étroitesse de leurs vues; car le temps pourrait venir où l'Allemagne se trouverait dans la nécessité *de verser des flots de sang* pour la possession d'un lambeau de territoire revendiqué par un autre Etat. L'établissement de liens économiques étroits, basés sur *le concours de colonies appartenant en propre à l'Allemagne*, constitue la plus élémentaire sauvegarde contre de pareilles cupidités de la part d'autres Etats. »

Schmoller, dans *Handels- und Machtpolitik* (1900) écrivait encore: « Notre existence sera menacée si nous ne possédons pas une marine puissante qui nous permette de maintenir la liberté permanente des routes maritimes où les Etats exportateurs de blé pourraient, dans certaines circonstances, faire agir leurs forces hostiles. »

L'ouvrage ci-dessus, auquel collaborèrent plusieurs économistes politiques, avait pour but d'alarmer l'opinion allemande en lui peignant la situation *désespérée* dans laquelle se trouverait l'Allemagne si elle manquait de la marine puissante qui devait soutenir sa politique coloniale.

Au cours des différents séjours que je fis en Allemagne de 1899 à 1903, c'est-à-dire à l'époque où la question coloniale et l'accroissement de la marine étaient à l'ordre du jour, j'acquis la conviction que le commerce intérieur et extérieur allemand avait véritablement besoin de colonies importantes. Ce commerce s'élevait alors à dix milliards de marks. Il était évident que l'Allemagne devait trouver de toute urgence des moyens d'existence à plusieurs millions de travailleurs. A. Lalame, l'éminent député alsacien au Reichstag, avait, en 1888, suggéré cette idée : que l'Allemagne devrait s'efforcer d'acquérir une colonie française bien située en négociant à l'amiable avec la France.

Après avoir étudié la situation de l'Alsace-Lorraine, je pensai que je pouvais suggérer une transaction qui du même coup mettrait fin à la vieille animosité qui durait depuis 1870 entre Français et Allemands, et donnerait l'essor à la politique coloniale allemande.

Il s'agissait dans mon esprit de reprendre l'idée émise par Lalame : rendre l'Alsace-Lorraine en échange d'une colonie. En outre, l'Allemagne et la France s'entendraient sur le terrain d'une union douanière qui pourrait se transformer à bref délai, en une *alliance défensive*. La paix de l'Europe serait ainsi assurée, et les sommes considérables englouties par l'Allemagne et par la France et, de fait, par toutes les nations européennes, pour préparer et entretenir leur puissance militaire, seraient réduites à un chiffre insignifiant.

Je présentai et développai cette idée dans un ouvrage intitulé : *L'Alsace-Lorraine*[1] pour lequel un député français, M. Millerand, actuellement ministre de la guerre[2], écrivit une introduction. L'idée que je suggérais n'eut toutefois aucun succès en Allemagne ; elle y fut repoussée énergiquement, aussi bien par la presse que dans un grand nombre de lettres et de conversations particulières. Il ne pouvait être question de rétrocéder l'Alsace-Lorraine.

Les choses étant telles, j'avoue que j'envisageai l'avenir avec beaucoup de pessimisme, car, bien que j'eusse toute raison de croire que la France ne déclarerait jamais la guerre à l'Allemagne sur la question de l'Alsace-Lorraine, j'étais de plus en plus convaincu que le *surcroît de population* en Allemagne, et la *politique coloniale* qui en était la conséquence, pouvaient devenir une cause de conflit avec l'Angleterre. J'ai exprimé cette opinion dans l'ouvrage précité. En fait, c'est à ces facteurs de la vie économique allemande qu'il faut remonter pour trouver les causes essentielles de la guerre de 1914.

Il est évident que l'Angleterre, étant donnée sa situation insulaire, doit disposer d'une marine puissante ; sans une flotte importante, elle risquerait, en cas de guerre, d'être réduite à la famine à très bref délai et son commerce serait entièrement à la merci d'une puissance ennemie. C'est pourquoi, l'Allemagne apparaissant tout à coup à la tête d'une marine puissante, l'Angleterre se vit *ipso facto* dans la nécessité d'accroître la sienne ; et cela d'autant plus que le commerce allemand faisait à celui de l'Angleterre une concurrence plus redoutable.

Dans ces circonstances, la presse et le Gouvernement anglais ont maintes fois essayé d'amener l'Allemagne à ne pas renforcer son programme naval, et fait clairement entendre que l'Angleterre réduirait son propre programme en cas d'accord. Mais l'Allemagne ne voulut pas consentir à accepter cette proposition, et poursuivit d'année en année la construction d'un nombre sans cesse croissant de vaisseaux de guerre, à tel point qu'une véritable panique finit par s'emparer de l'Angleterre.

[1] A. Nyström, *l'Alsace-Lorraine*, Paris, 1903 ; *Elsass-Lothringen und die Möglichkeit einer deutsch-französischen Allianz*, Berlin, 1904.

[2] Le livre de M. Nyström a été écrit dans les premiers mois de 1915.

Nul doute que l'accroissement énorme de la marine allemande fut le facteur décisif du rapprochement franco-anglais qui suivit de près la visite d'Edouard VII au président Loubet en 1903, et qui fut considéré comme une garantie contre le danger allemand.

M. Asquith, premier ministre britannique, dans un discours prononcé au Parlement en 1909, exposa en termes énergiques la nécessité dans laquelle le pays se trouvait d'accroître sa flotte en présence du développement constant de l'effort naval de l'Allemagne.

La tension entre les deux pays se marqua surtout dans la défense de leurs intérêts respectifs en Afrique ; l'Angleterre cherchait à relier sa colonie du Cap à l'Egypte ; ce plan dérangeait celui de l'Allemagne qui eût voulu relier le Cameroun à sa colonie de l'Est africain.

Il y avait aussi antagonisme entre les deux pays en Asie, où le projet du chemin de fer allemand de Bagdad mettait obstacle aux plans anglais d'une ligne ferrée qui relierait l'Inde à l'Egypte.

Il n'y avait pourtant aucun argument raisonnable pour que ces plans conduisissent à la guerre ; avant le conflit de 1914, on pouvait espérer que les deux pays régleraient leurs différends à l'amiable.

Au début de la guerre, le docteur A. Zimmermann, conseiller à la légation impériale, dans un article intitulé : « Pourquoi l'Angleterre fait la guerre », paru dans *Die Woche*, le 22 août 1914, écrivait : « A mesure que notre indignation et notre surprise devant la lâche attaque de la Triple-Entente font place à la froide raison, il devient plus évident que *la guerre imposée à l'Allemagne* était malheureusement inévitable. » A en croire le docteur allemand, ce furent les projets français de revanche, la rapacité de la Russie et, d'abord et surtout, la perfide politique commerciale de l'Angleterre qui amenèrent la guerre de 1914 : « Jamais l'Allemagne ne se serait décidée à la guerre si ce que nous avons de plus cher — notre liberté, notre honneur et nos foyers — n'avaient pas été menacés. Au contraire, la guerre a toujours été pour l'Angleterre une affaire parmi d'autres affaires. D'autres nations ont considéré la guerre, même victorieuse, comme un *jugement de Dieu*, comme une épreuve terrible ; pour les Anglais, elle fut toujours envisagée comme un moyen de s'enrichir *par la piraterie et par d'autres pratiques analogues*. Plus d'une fois, au cours de l'histoire, ils ont repoussé des tentatives en vue du maintien de la paix. Plus d'une fois, le gouvernement de l'Angleterre a été renversé par la coalition des intérêts de ses commerçants, qu'une paix prématurée eût privés des avantages *d'un commerce illégal*... La conduite des libéraux qui choisirent parmi les *Tories* les principaux chefs de la politique anti-allemande, — Sir Edward Grey et Churchill — n'est-elle pas d'ailleurs significative? »

A la vérité, les efforts que fit Sir Edward Grey pour éviter la guerre furent sincères et il n'est pas moins sûr qu'avant lui d'autres hommes d'Etat anglais cherchèrent énergiquement à maintenir la paix. En veut-on quelques exemples ?

En 1873, une loi pour l'organisation de la paix fut déposée par H. Richard et votée par la Chambre des communes. Gladstone prit nettement parti au Congrès de paix de Naples, en 1880, et tenta de favoriser l'idée de désarmement. Richard, Bright et d'autres chefs de l'école de Manchester publièrent des ouvrages sur le même sujet. En 1881, Courtney proposa un désarmement général simultané, qui fut approuvé par la Chambre des communes.

Or, à la même époque, Moltke déclarait au Reichstag que l'Allemagne devait se tenir en armes pendant cinquante ans encore, et il veillait lui-même à ce que les armements fussent poussés avec la plus grande activité.

Il est vrai que depuis longtemps les Anglais sentaient la gravité de la concurrence à laquelle la prospérité sans cesse croissante de l'industrie et du commerce allemands avait donné naissance; les préparatifs allemands sur terre et sur mer changèrent ces craintes en une inquiétude véritable. Mais dans le même temps apparurent des pacifistes de différents partis qui cherchèrent à prouver qu'il était absurde de s'inquiéter de l'activité de l'Allemagne, puisque selon toute vraisemblance, l'empire allemand ne pouvait avoir aucune intention d'offenser l'Angleterre. Des personnages influents, des associations représentatives de l'opinion anglaise, des commerçants, des fonctionnaires, des journalistes échangèrent des visites entre Londres et Berlin dans le dessein d'établir et d'assurer des relations amicales entre Allemands et Anglais. Il en était résulté, depuis quelques années, une amélioration sensible des relations anglo-allemandes. Il parut évident que dans bien des domaines les deux pays pouvaient travailler côte à côte et que sous bien des rapports leurs intérêts n'étaient nullement incompatibles. Si l'Allemagne a été le meilleur client de l'Angleterre, l'Angleterre, de son côté, a eu recours à l'industrie allemande en mainte circonstance.

Mais les sentiments d'inquiétude ne tardèrent pas à se réveiller en Angleterre devant la recrudescence de l'effort naval auquel donna lieu le budget allemand de 1912. Armements formidables, installations de ports de mer immenses, construction de navires, il était évident que Berlin préparait une extension de sa puissance et que l'Empire du Nord voulait appuyer par les armes la concurrence à l'Angleterre qu'il menait sur tous les marchés du monde. La même année où la loi sensationnelle de 1912 renforçait considérablement l'armée allemande, le gouvernement impérial présentait au pays un programme naval énorme.

On ne peut nier que dans bien des milieux anglais la concurrence du commerce allemand fût un sérieux objet de crainte. Mais on n'a aucune raison de croire que l'Angleterre, ou plus exactement le Gouvernement britannique, cherchât l'occasion de frapper le commerce extérieur de l'Allemagne dans sa flotte de guerre.

C'est là, pourtant, l'opinion qu'on a répandue dans toute l'Allemagne où on alla jusqu'à nommer l'Angleterre « l'ennemie héréditaire ».

On nous a affirmé que le chancelier impérial Bethmann-Hollweg fit d'énergiques efforts pour *améliorer les relations franco-allemandes* et pour *éveiller des sentiments amicaux à l'égard de la France.*

Sans doute, le but de tous les gouvernements fut toujours de maintenir des relations amicales avec les autres puissances. Mais pourquoi ne persévéra-t-on pas dans cette voie ? C'est que des points de vue nouveaux se firent jour qui firent échouer d'un seul coup toutes les bonnes intentions.

Il est peut-être vrai, comme le disent les autorités allemandes afin d'hypnotiser leur peuple, que l'Allemagne considère la guerre comme une question de vie ou de mort, qu'elle lutte pour son existence même, car il faut qu'elle étende son domaine et qu'elle acquière des colonies pour subsister ; mais il est faux qu'elle ait été *attaquée* par d'autres nations, et que son existence ait été menacée.

C'est devenu une mode en Allemagne de rejeter sur l'Angleterre la responsabilité de la guerre, en alléguant parmi d'autres raisons, que la politique d'encerclement qui devait interdire toute expansion de l'Allemagne a été inaugurée par Edouard VII, et continuée par Georges V et par Edward Grey, de complicité avec l'alliance franco-russe. Ainsi présentée, cette allégation est fausse. Elle ne contient une part de vérité que si l'on ajoute que c'est dans la conduite de l'Allemagne elle-même qu'il faut rechercher les origines de cette politique dite d'encerclement. Il ne s'ensuit donc pas que l'Angleterre doive porter la responsabilité de la guerre. Et si les Allemands trouvaient nécessaire de rechercher de nouveaux territoires pour y déployer leur activité commerciale, et pour y nourrir leur surcroît de population, il était tout aussi nécessaire que les autres nations se protégeassent contre toute usurpation de leur propre domaine.

Dans l'*Allemagne et la prochaine guerre* [1], Bernhardi déclare que la guerre est avant tout une *nécessité biologique*, un régulateur dans la vie de l'espèce humaine, dont on ne peut faire abstraction. Il ajoute que dans la nature, *la lutte pour l'existence* est à la base de tout développement sain ; que partout nous voyons que *le droit du plus fort l'emporte*, que le plus faible est écrasé. « Cette lutte, dit-il, est réglée et contrôlée par des lois biologiques et par le jeu de forces opposées. Dans le règne végétal et dans le règne animal, le processus se développe sous les apparences d'une tragédie inconsciente. »

Il en est ainsi, en effet, si nous nous plaçons au même rang que les animaux, les sauvages et les barbares. Cette conception nous reporte au temps des premières migrations des Germains poussés par la famine ; elle rappelle la migration imposée à certains animaux par des causes analogues. Ce sont là, en effet, des nécessités biologiques.

Bernhardi reconnaît que l'accroissement de la population allemande exige la possession de colonies, et il trouve parfaitement équitable qu'on s'empare de ces colonies *par la force des armes*. Dans le même ouvrage, il observe que « la population des nations fortes, saines et florissantes s'accroît sans cesse [2] ; à partir d'une certaine époque, elles ont besoin d'une extension de leurs limites, il leur faut *de nouveaux territoires* pour *faire place à leur surcroît de population ;* mais comme presque toutes les parties du globe sont occupées, ces nouveaux territoires ne peuvent être généralement conquis qu'aux dépens de ceux qui les habitent. La CONQUÊTE s'impose donc, elle devient ainsi une loi de nécessité. Le *droit de conquête* est universellement reconnu. »

Ces paroles dans la bouche d'un chef de la politique militariste

[1] Note 1, page 54.

[2] J'ajouterai : Il en est de même des nations faibles. Une restriction dans l'accroissement des naissances n'est pas liée à la qualité de la race ou à la limitation volontaire des naissances. Il y a d'autres causes. Tous ceux qui ont étudié la question savent cela. *(Note de l'auteur.)*

allemande, montrent que l'Allemagne se préparait à prendre position d'agresseur quand elle jugerait nécessaire ou désirable d'acquérir des terres nouvelles.

Loin d'être pour l'Allemagne une source de force, l'énorme accroissement de sa population lui a, au contraire, été funeste.

La naissance de plusieurs millions de futurs soldats n'est qu'une *source temporaire de puissance*; elle a pu mettre l'Allemagne à même de se préparer à la grande guerre dans tous les détails. Mais quelles sommes colossales cette préparation ne lui a-t-elle pas coûtées? Quelle somme aussi de souffrances, quelles pertes de vies n'en furent pas la conséquence ! Car il est clair que ce grand accroissement de population a été *l'une des principales causes de la guerre de 1914*.

b) La situation des possessions françaises et anglaises du nord de l'Afrique. Le conflit avec l'Allemagne au sujet du Maroc.

La France et l'Angleterre ont eu naguère à sauvegarder en Egypte des intérêts financiers légitimes, principalement en ce qui concerne la construction du canal de Suez.

Le khédive Ismaïl Pacha soutint d'abord moralement et financièrement la gigantesque entreprise du canal de Suez commencée sous la direction de l'ingénieur français de Lesseps avec l'appui de Napoléon III et de capitaux français. Le canal fut ouvert au trafic en 1863. Mais la politique extérieure de l'Egypte devint bientôt rien moins que rassurante pour le succès de l'entreprise.

L'administration dispendieuse du khédive, son effrayante prodigalité, jointes aux effets d'une guerre malheureuse contre l'Abyssinie, amenèrent une crise grave dans les finances. Afin de rétablir cette situation, le khédive, en 1875, vendit à l'Angleterre sa part des actions du canal pour quatre millions de livres sterling (100 millions de francs). Cette fortune lui permit de nouvelles prodigalités, et bientôt il fut impossible à l'Egypte de payer les intérêts de ses dettes, de sorte que l'Angleterre dut avancer ces intérêts en les prélevant sur le capital des actions. La guerre d'Abyssinie, doublée d'une révolte intérieure, vinrent accroître les embarras financiers ; les créanciers européens furent menacés de perdre leur argent ; l'Angleterre et la France protestèrent alors énergiquement, demandant des réformes ; Ismaïl dut abdiquer et le pays fut placé sous le contrôle financier d'un Français et d'un Anglais, qui remirent de l'ordre dans les finances. L'Angleterre envoya une flotte à Alexandrie pour aider au maintien de l'ordre, le cas échéant.

Le ministre de la guerre, Arabi Pacha, organisa alors lui-même la révolte et demanda la suppression du contrôle financier des Européens. On avait excité le peuple d'Alexandrie contre les étrangers de sorte que la flotte anglaise dut bombarder les forts de la ville ; un affreux massacre d'Européens eut lieu ; après quoi, les Anglais occupèrent la ville et défirent l'armée d'Arabi à Tel-El-Kefir, en juillet 1882. Les troupes anglaises continuèrent d'occuper le pays, et l'administration financière fut confiée par le Khédive Tewfik à des Anglais qui réorganisèrent les finances avec tant d'économie et d'habileté que l'entreprise commença à donner des bénéfices.

L'Angleterre avait engagé la France à se joindre à elle pour réprimer la révolte, mais la France ayant décliné cette offre, perdit en Egypte une influence qui passa aux mains des Anglais. C'est ainsi que par la force des choses et non sans un droit légitime, l'Angleterre devint réellement maîtresse de l'Egypte.

L'occupation du pays fut suivie d'un conflit avec le Mahdi du Soudan, au cours duquel le général Gordon trouva la mort (1885). En 1886, les Anglais prirent Dongola, puis en 1898, entreprirent une nouvelle expédition sous les ordres du général Kitchener, afin de reconquérir le Soudan ; une grande armée de derviches conduite par le Mahdi fut défaite ; cela fait, Kitchener remonta le Nil jusqu'à Fachoda.

En même temps, le brave commandant français Marchand, parti du Congo à la tête d'une expédition, avait traversé l'Afrique et était également arrivé Fachoda ; il y planta le drapeau français.

Devant l'attitude menaçante de l'Angleterre, il fut obligé d'enlever le drapeau et d'évacuer la place, en décembre 1898. Cette humiliation, qui faillit conduire à la guerre, fut lavée quelque temps après, en mars 1899, par un accord franco-anglais, aux termes duquel il fut décidé que le 23me degré de latitude servirait de limite aux sphères d'influence française et anglaise du centre de l'Afrique.

Un accord important, l'Entente de 1904, entre la France et l'Angleterre, effaça tout souvenir de l'incident de Fachoda, et fut le point de départ de l'amitié entre les deux pays. Par une clause secrète de cet accord, l'Angleterre garantissait à la France la possession du Maroc pour la dédommager des territoires perdus en Egypte.

La France, qui possédait depuis longtemps des colonies (la conquête de l'Algérie datait de 1830, et cette possession n'avait cessé de s'agrandir) adopta après 1870 une nouvelle politique coloniale. Cette politique rencontra à l'intérieur de sérieux obstacles; elle donna naissance à une opposition composée d'hommes politiques en renom soutenus par l'opinion publique, qui craignaient que la politique coloniale entraînât pour la France un affaiblissement de sa situation en Europe et qu'elle eût pour le pays, d'une façon générale, des conséquences désastreuses. Tous les gouvernements n'en travaillèrent pas moins au développement du domaine colonial français. Entre 1880 et 1890, Jules Ferry, ministre des Affaires étrangères, poursuivit cette politique avec beaucoup d'énergie, sans négliger de maintenir des relations amicales avec l'Allemagne, avec laquelle il s'entendit pour sauvegarder les intérêts de l'Europe en Egypte et dans l'Ouest de l'Afrique. Il se servit du prestige de la France pour acquérir l'Indo-Chine et ainsi obtenir l'Annam et le Tonkin.

Jusqu'en 1898, les successeurs de Jules Ferry suivirent la même tactique, qui valut à la France la possession de la Tunisie, du Soudan, du Congo français, de Madagascar et de l'Indo-Chine, sans que la France eût à dédommager les autres pays. Mais un changement sérieux se produisit cette année-là, quand M. Delcassé devint ministre des Affaires étrangères. Il abandonna la politique de ses prédécesseurs et l'attitude amicale qu'ils avaient eue envers l'Allemagne; sous son ministère la France acquit le Maroc, en échange de compensations importantes données à l'Angleterre, à l'Espagne et à l'Italie; l'Allemagne, malgré les intérêts qu'elle avait au Maroc, ne reçut rien. Cette attitude était dangereuse et sa prudence contestable. En présence de cette attitude, l'Allemagne demanda le renvoi de M. Delcassé (1905).

En juillet 1911, une nouvelle se répandit comme un coup de tonnerre : on apprit qu'un petit navire de guerre allemand, le *Panther*, était arrivé à Agadir, port de mer du Sud-Est marocain. Cette nouvelle fit une grande impression et fut passionnément commentée dans les journaux anglais, allemands et français. Quelques journaux anglais prétendirent que l'Allemagne avait autant de droits au Maroc que la France, et que celle-ci devrait agir en parfait accord avec l'Allemagne. D'autres, au contraire, ne pouvaient concevoir que l'Allemagne pût envoyer un bateau de guerre à Agadir, qnand ce port était fermé aux étrangers et au commerce étranger ; ils ajoutaient que la conduite de l'Allemagne était en contradiction avec les termes de la convention d'Algésiras qui réglait la situation du Maroc, et en désaccord avec le traité franco-allemand de 1909.

Une note de l'Allemagne relative au Maroc disait que : les intérêts des établissements allemands du Maroc méridional, et en particulier ceux d'Agadir et des environs, avaient été compromis par les troubles qui avaient eu lieu dans d'autres parties du pays et que les intéressés avaient demandé à l'Allemagne de *protéger leurs vies et leurs biens*. C'était pour cela que l'Allemagne avait envoyé un navire de guerre à Agadir ; ce bateau devait, le cas échéant, donner aux ressortissants de l'Allemagne la protection nécessaire ; il quitterait Agadir dès que le calme et la paix seraient rétablis.

Des négociations s'ouvrirent entre les gouvernements français et allemand, l'Allemagne abandonnant toute ambition territoriale au Maroc, mais demandant une compensation au Congo et la porte ouverte pour son commerce marocain. Le gouvernement français accepta (en septembre) la première condition (cession de territoire au Congo) ; bientôt après, la situation du Maroc fut réglée par un traité entre les deux gouvernements (novembre). Par ce traité, la France acceptait de reconnaître l'égalité de traitement économique entre les différentes nations et déclarait que le principe de la porte ouverte serait respecté. En revanche, le gouvernement de Berlin laissait à la France entière liberté d'action pour le maintien de l'ordre au Maroc et pour entreprendre dans la colonie les réformes qu'elle jugerait nécessaires.

Grâce à ces arrangements empreints de prudence, on évita les causes possibles d'un conflit et l'Allemagne obtint une nouvelle colonie. Cet accord eut dû satisfaire la nation allemande, mais l'affaire d'Agadir ne fit qu'exaspérer l'ambition des chauvinistes qui caressaient l'espoir d'acquérir une partie du Maroc ; leurs journaux commentèrent le traité en termes très violents.

« L'Allemagne, disaient-ils, n'a jamais réclamé jusqu'ici de droits sur le Maroc, bien que ses intérêts y fussent considérables ; nous ne pouvons assister impassibles au partage du butin entre la France et l'Espagne. » Un grand nombre de feuilles déploraient la politique passive du gouvernement qui n'avait rien fait pour protéger les intérêts allemands ; elles cherchaient à montrer que l'activité grandissante de la France au Maroc était contraire aux intérêts de l'Allemagne.

La *Rheinisch-Westfälische Zeitung* écrivait le 11 septembre : « Il ne nous reste plus que deux partis à prendre : renoncer à tous droits politiques au Maroc par une retraite honteuse, approuvant ainsi la politique française et son protectorat économique, ou bien réclamer des droits politiques sur le Maroc, et les droits économiques qui en découlent. Nous avions espéré que l'Allemagne comprendrait son erreur après l'affaire d'Agadir. »

Le 3 novembre, l'Agence Wolff déclarait que suivant la convention d'Algésiras, aucune puissance n'avait le droit de rétablir l'ordre au Maroc. Puisque la France avait revendiqué ce droit, le gouvernement allemand lui rappelait les termes de la convention d'Algésiras et faisait remarquer que l'Allemagne avait autant de droits qu'elle à la sauvegarde de ses intérêts ; par conséquent l'envoi d'un navire de guerre était justifié.

La querelle marocaine était étroitement liée à la clause secrète de l'accord franco-anglais de 1904 qui garantissait à la France la possession du Maroc en dédommagement de l'abandon de l'Egypte.

L'Allemagne acquit, dans cette querelle, un gain territorial considérable ; le territoire du Congo cédé par la France avait certainement une valeur fort supérieure à la bande de terre que certains partis pouvaient espérer au Maroc, puisque le Congo était attenant à une colonie allemande. Dans l'esprit des gens sensés, le conflit marocain ne pouvait devenir le prétexte d'une guerre ; il fut cependant, comme on l'a dit, la cause d'une vive agitation parmi les chauvinistes mécontents d'Allemagne, et le général Bernhardi en fit son cri de guerre dans la préface de son livre, daté d'octobre 1911, *L'Allemagne et la prochaine guerre*[1]. L'auteur, qui désirait stimuler par cet ouvrage l'esprit guerrier des Allemands et susciter en eux l'appétit de nouvelles conquêtes, écrivait alors avec un lyrisme aussi grossier que solennel : « Tous les patriotes allemands ont été profondément émus pendant l'été et l'automne de 1911. Tous étaient profondément convaincus que le règlement du conflit marocain ne se bornait pas à la solution de questions commerciales et coloniales de minime importance, mais que l'HONNEUR et l'AVENIR de l'Allemagne étaient en jeu. Une large crevasse s'est ouverte entre le sentiment national et la diplomatie du gouvernement. »

c) LES SENTIMENTS PACIFIQUES DE LA FRANCE A L'ÉGARD DE L'ALLEMAGNE

Le docteur A. Zimmermann, conseiller à la légation impériale, publia, au début de la guerre de 1914, dans la revue *Die Woche*

[1] Note 1, page 54.

(n° du 22 août 1914), l'acte d'accusation suivant envers la France: « Il va sans dire que la vieille et inextinguible soif de vengeance de la France a, pour une large part, contribué à déclencher la guerre mondiale. Les offres amicales de l'Allemagne ont toujours été faites en vain ; en vain l'Allemagne voulut-elle nouer de solides intérêts communs entre les deux nations si étroitement dépendantes l'une de l'autre. La possession du grand empire colonial français, obtenue grâce à l'aide de l'Allemagne, n'a pas suffi aux cercles dirigeants de France pour oublier la perte de l'Alsace-Lorraine. Comme on le voit, la formule républicaine de gouvernement n'est pas plus capable que la vieille formule monarchique de refréner *les passions aventureuses qui ont si souvent fait de la France la perturbatrice de la paix universelle.* »

J'estime, pour ma part, qu'il est plus exact de dire qu'au cours des dernières années, la France avait, au contraire, abandonné peu à peu l'idée de vengeance en soi. Bien que beaucoup de Français conservassent l'espoir d'une revision de la question d'Alsace-Lorraine, on peut affirmer que personne, à part une poignée de fanatiques, trop peu nombreux pour avoir de l'influence, n'envisageait la possibilité d'une guerre pour reconquérir les deux provinces. La France avait vu trop de guerres pour désirer en voir de nouvelles.

De l'avis d'hommes compétents de l'étranger, qui ont suivi la France depuis plusieurs dizaines d'années, les Français tenaient ardemment à la paix ; cette déclaration est confirmée par les efforts que firent tant de Français pour la cause de la paix, dans les réunions pacifistes et dans les congrès.

Je peux attester notamment qu'au Congrès de Hambourg, en 1897, de nombreux représentants français témoignèrent à l'Allemagne une grande cordialité.

Afin de s'assurer de l'opinion de la France, en ce qui concernait ses rapports avec l'Allemagne, la revue le *Mercure de France* adressa, pendant l'automne de 1897, une liste de questions aux Français les plus éminents ; elle reçut 140 réponses, dont la plupart étaient favorables à la réconciliation et à la paix. Il est assez curieux de constater que les Français les plus âgés étaient aussi les plus chauvins ; ils faisaient des réserves solennelles ou s'élevaient hardiment contre l'abandon des aspirations patriotiques ; ce n'était pas la haine de l'Allemagne qui les inspirait, ni l'idée d'une hégémonie française, mais ils craignaient que, par une réconciliation complète avec l'Allemagne, l'esprit français vît diminuer son influence.

D'autres encore combattaient l'idée de l'abandon définitif de l'Alsace-Lorraine parce que, disaient-ils, cet abandon entamerait l'unité du sentiment national.

La plupart des Français plus jeunes étaient favorables à une réconciliation avec l'Allemagne sans conditions ; quelques-uns expliquaient leur attitude par leur haine de la guerre, d'autres par le souhait d'une solidarité entre les grandes nations civilisées ; d'autres, enfin, par des considérations philosophiques sur les facteurs historiques ou sociaux ; il y en eut qui montrèrent une admiration sincère pour la culture allemande qui complète, disaient-ils, la civilisation latine et celtique représentée par la France ; un petit nombre firent paraître leurs inquiétudes et leur antipathie à l'égard du slavisme et surtout à l'égard de l'Angleterre. Mais, dans l'ensemble, ils étaient d'accord pour dire l'amour inaltérable de la France pour les provinces perdues.

Parmi les plus jeunes, il y en avait qui regardaient la réunion de l'Alsace et de la plus grande partie de la Lorraine à l'Allemagne comme une nécessité historique et ethnographique ; cette manière d'envisager la question avait déjà eu des partisans avant la guerre dans les deux provinces conquises. D'autres déclaraient que la décadence française n'était que superficielle, et qu'à la première occasion l'âme de la nation se réveillerait et s'affirmerait avec le même élan irrésistible que jadis.

Somme toute, même les patriotes les plus fanatiques étaient forcés d'admettre qu'une *guerre avec l'Allemagne rencontrerait peu de partisans en France*. En premier lieu, les Français détestent la guerre, et les moyens artificiels pour stimuler l'esprit guerrier resteraient impuissants devant le scepticisme grandissant du peuple ; en outre, il faudrait compter avec le sentiment de *solidarité qui unissait les ouvriers* des différentes nations.

On peut juger d'après le nombre des propositions faites avant 1900 pour régler la question d'Alsace-Lorraine et pour amener une réconciliation durable avec l'Allemagne, des progrès que la cause de la paix avait faits en France et de l'abandon dans lequel l'idée de revanche était tombée. En 1899, l'amiral français Réveillère proposa que l'Alsace-Lorraine fût déclarée neutre, placée sous la protection militaire de l'Allemagne, tout en continuant à faire partie de l'union douanière allemande. Cette idée fut partagée par Leroy-Beaulieu. En 1899, Gaston Moch, l'auteur, fit connaître le texte d'un projet de conciliation conçu comme suit :

1° L'Alsace-Lorraine, déclarée **neutre et indépendante,** sera nommée République du Rhin. L'Allemagne recevra un dédommagement compensant l'abandon du territoire qu'elle détient, et pour les travaux qu'elle y a faits.

2° La République du Rhin sera **désarmée.** En outre, la France et l'Allemagne entreprendront d'établir une zone neutre entre leurs armées et les frontières du nouvel Etat.

3° L'Allemagne, la France et la République du Rhin concluront un « traité amical » dont les bases seront les suivantes :

a) Accord pour l'établissement d'un tribunal d'arbitrage permanent.

b) Alliance économique.

c) Alliance militaire défensive, n'impliquant aucune menace à l'égard des autres Etats.

d) Fondation, à Strasbourg, d'une université modèle, franco-allemande, dont le but principal serait d'aider l'Alsace-Lorraine à former *un lien* entre deux des principales nations civilisées du centre de l'Europe.

En 1914, l'Allemand H. Fernau, qui a vécu dix ans en France, exprimait, dans un ouvrage intitulé *La démocratie française,* la conviction que la grande majorité du peuple français est pacifique et n'aspire en aucune façon à une guerre de revanche dont l'Alsace-Lorraine serait le prétexte. Il dénonçait certains chauvins qui ont crié haut leur désir de revanche, et il disait à ce propos : « En dépit de tous les efforts des bons patriotes, *il n'existe pas d'opinion générale en faveur d'une revanche contre l'Allemagne ;* tout au plus y aurait-il un accord patriotique pour appuyer l'idée d'une *guerre défensive.* »

Suivant Fernau, les traditions guerrières de la France étaient entièrement oblitérées. Une preuve « frappante » en était fournie par le fait qu'un grand nombre d'instituteurs d'écoles primaires se sont joints au mouvement de la propagande anti-militariste issu de la classe ouvrière. Quand la presse chauvine leur en fit le reproche, en 1912, le comité de l'Union des Instituteurs, qui ne fait pas de politique, et qui comprend 98 000 membres, publia une justification disant à peu près ceci : « Les instituteurs, affirmant de nouveau leurs tendances pacifistes et leur foi dans la réalisation de l'idée d'un arbitrage international, désirent faire remarquer qu'ils enseignent à leurs élèves un **patriotisme** basé sur le **sentiment de justice** et le respect du **droit d'autrui...** Ils condamnent énergiquement un chauvinisme étroit, jaloux et agressif, comme un danger pour la sécurité de la nation. »

Quel contraste entre ce patriotisme français et la transformation du patriotisme allemand, opérée par les instituteurs pangermanistes après les défaites des guerres de Napoléon, en une politique de force brutale et de mépris total pour les droits des nations !

Non. Ceux qui, en France, dans un délire chauvin, appelaient à grands cris la revanche, n'étaient qu'une minorité négligeable. Depuis longtemps, le peuple avait cessé de croire à la possibilité de cette revanche, et la plupart des Français insistaient pour qu'on pratiquât une politique amicale envers l'Allemagne. Le Français A. Guérand, traitant ce sujet : « La France et la guerre de revanche », dans la *Contemporary Review* de septembre 1914, a fort bien traité cette question.

Un rapprochement prometteur entre la France et l'Allemagne fut inauguré par les conférences interparlementaires, dont l'initiative fut prise, en 1913, par un membre du Reichstag, le docteur social-démocrate Franck, qui fut tué pendant la guerre par une balle ennemie. Une autre conférence franco-allemande eut lieu au printemps de 1914, à Bâle, et les délégués qui y prirent part représentaient la majorité des parlements des deux pays[1]. Une conférence analogue avait été organisée et devait se réunir en septembre 1914, mais, à cette date, la guerre était déjà déchaînée. L'article principal de son ordre du jour devait être la réconciliation de la France et de l'Allemagne. Les promoteurs des propositions qui devaient y être discutées devaient être des députés appartenant aux partis populaires des deux pays.

Au printemps de 1914, le député français Sembat, aujourd'hui membre du Gouvernement français[2], publia un ouvrage dans lequel il conseillait à la France d'abandonner définitivement l'idée de revanche ; il allait même jusqu'à suggérer l'idée de l'abandon des alliances avec la Russie et avec l'Angleterre, et de la participation de la France à la Triple-Alliance.

La majorité de la Chambre des Députés était favorable à la réconciliation avec l'Allemagne.

[1] En ce qui concerne la France, il serait plus exact de se contenter de dire que les députés qui furent à Bâle appartenaient aux partis majoritaires. (*N. des tr.*)

[2] A l'époque où fut écrit le livre de M. Nyström, M. Sembat, en effet, était ministre des Travaux publics dans le cabinet Briand.

d) L'ALLEMAGNE N'A PAS ÉTÉ MENACÉE PAR LA RUSSIE

Beaucoup de gens prétendent que si les sentiments pacifistes qui recevaient un accueil de plus en plus favorable en Europe, et qui trouvèrent leur expression dans les conférences interparlementaires, ne portèrent aucun fruit, la faute en est aux « agitateurs qui voulaient la guerre ». Le parlementaire allemand Gotheim, parlant des Russes dans un numéro du *Berliner Tageblatt* de décembre 1914, écrivait : « Voilà pourquoi les agitateurs du parti de la plus grande Serbie poussèrent au complot (contre l'héritier présomptif d'Autriche) et voilà la cause des intrigues en relation avec la visite du président de la République française et du président du Conseil à Saint-Pétersbourg ; l'un et l'autre de ces personnages subirent des influences ; leurs collègues du Gouvernement, qui n'étaient rien moins que belliqueux, ne furent point consultés. »

C'est ainsi qu'en quelques mots, Gotheim écarte le conflit austro-serbe et impute effrontément au président de la République française et au président du Conseil la responsabilité d'avoir, par leurs intrigues avec le gouvernement russe, déclenché « le plus grand crime qui ait jamais été commis contre l'humanité ».

Selon lui, l'Allemagne et l'Autriche n'eurent aucune part dans cette responsabilité. « Nous avons, dit-il, lutté jusqu'au bout pour **maintenir la paix** et nous n'avons pris les armes que pour **défendre notre existence** ».

On a dit aussi en Allemagne que la race allemande était menacée par le panslavisme, et que le monde slave tout entier était exposé à tomber dans la dépendance de la Russie, par le fait que la Russie avait soutenu la Serbie. C'est tout à fait absurde. Je l'ai dit plus haut (p. 30) : la politique panslave est irréalisable pour plusieurs raisons. Mais, même si elle était pratiquement réalisable, il ne s'ensuit nullement que toutes les nations slaves seraient par là soumises à la Russie ; celle-ci aurait à redouter, au contraire, le conflit avec des alliés dangereux ; la politique panslave n'implique pas davantage la ruine du monde germanique.

Les deux nations peuvent fort bien exister indépendamment l'une de l'autre et apprendre à respecter leurs droits mutuels.

Non, la question de la menace slave contre la situation de l'Allemagne n'est qu'un prétexte pour soulever l'opinion allemande et créer artificiellement un enthousiasme patriotique pour la défense du pays contre un ennemi imaginaire. C'est une « manœuvre » imaginée de toutes pièces dans le but de prouver que l'Allemagne, sous l'influence d'une menace constante, a été FORCÉE de faire la guerre à la Russie.

L'Allemagne fut rarement l'ennemie de la Russie ; au contraire, elle a été le plus souvent son alliée. Il est vrai que dans la guerre de Sept ans (1756-63), Elisabeth s'allia à Marie-Thérèse contre Frédéric le Grand, mais après sa mort, Pierre III, puis Catherine II s'unirent à Fréderic.

Pendant la Révolution, dans deux des coalitions contre la France, la Russie se joignit à l'Autriche et à la Prusse, et, après la rupture de l'alliance contractée lors de l'entrevue de Tilsit entre Napoléon et Alexandre Ier, la Russie marcha, en 1813, de concert avec l'Autriche et la Prusse pour libérer les deux pays du joug de l'empereur. Depuis cette époque, des relations amicales ont toujours existé entre l'Allemagne et la Russie. De fait, ce fut la neutralité bienveillante de la Russie qui garantit la Prusse, en 1870, d'une attaque de ceux qui furent ses adversaires à Sadowa.

Il est vrai que l'alliance entre les deux pays n'a subsisté qu'à la condition que la puissance militaire de la Prusse ne dépassât pas certaines limites. Or, depuis les victoires de la Prusse sur la France et sur l'Autriche, cette situation était rompue en faveur de l'Allemagne ; en outre, par la réalisation de l'unité allemande en 1870, la Russie avait perdu sur les petits Etats de l'Allemagne une influence basée sur des relations d'alliances. Tout sujet de conflit entre la Russie et l'Allemagne fut longtemps écarté par l'amitié qui unissait Alexandre II à son oncle Guillaume Ier, qui, à son lit de mort, recommandait encore à son petit-fils de maintenir de bonnes relations avec la Russie. Mais peu de temps après l'assassinat d'Alexandre Ier (1881), des troubles sérieux s'élevèrent et développèrent l'antagonisme entre Russes et Allemands. En Russie, on accusait les Austro-Hongrois d'opprimer les Slaves de la monarchie dualiste et de vouloir soumettre à leur autorité toute la péninsule des Balkans ; d'autre part, on soupçonnait les Allemands d'entretenir le dessein de s'emparer des provinces baltiques russes. De nombreuses manifestations contre les Allemands eurent lieu en Russie ; on crut même, en 1885, que les deux pays allaient vers une guerre inévitable. Ce fut à cette époque que la Russie chassa les

Allemands des provinces baltiques, et que l'Allemagne expulsa les sujets russes de ses provinces orientales.

Cependant, la tension se relâcha et en dépit de l'alliance franco-russe (1891), les bonnes relations se poursuivirent entre la Russie et l'Allemagne jusqu'en 1914.

En 1897, Guillaume II fit une visite à Nicolas II à St-Pétersbourg ; l'entrevue fut des plus cordiales, les deux monarques insistant dans leurs discours sur « les liens traditionnels qui les unissaient » et sur « les sentiments traditionnels de concorde et d'inaltérable harmonie qui existaient entre les deux pays ».

Ils eurent d'autres entrevues ; à Fredrikshamm, dans le golfe de Finlande, en 1909, à Postdam, en 1910, et à Baltischport en 1912, où ils étaient accompagnés de leurs ministres, afin de discuter de questions politiques. Le chancelier allemand Bethmann-Hollweg se rendit lui aussi à St-Pétersbourg en 1912. Toutes ces entrevues, qui eurent lieu pendant la guerre des Balkans, furent animées du même esprit de cordialité que celle de 1897, et les discours rappelèrent « la confiance mutuelle des souverains » et « les bonnes relations des deux nations ». Les rapports des ministres sur les entrevues disaient qu'il n'y avait aucun désaccord sur les questions courantes, et que les deux Etats « coopéraient afin de trouver une solution pacifique aux questions politiques qui pourraient se poser ».

Tout changea brusquement en 1914. Cette même Russie qui n'avait jamais menacé l'Allemagne, qui était son amie et son alliée depuis un siècle, fut alors déclarée « l'ennemie, la nation barbare souillée par le moscovitisme et le tartarisme » ; et le même tsar, qui naguère encore, était l'ami de l'empereur Guillaume, devint soudain l'objet des plus odieuses calomnies. Ne l'accusa-t-on pas d'être intervenu frauduleusement dans la correspondence télégraphique échangée entre les deux chefs d'Etat ?

XII

LA GUERRE MONDIALE DE 1914

DEUXIÈME PARTIE

A. — Causes immédiates de la guerre mondiale: Oppression par la Turquie des provinces balkaniques, mouvements révolutionnaires, protection russe, guerre russo-turque. — Le Congrès de Berlin de 1878. — Annexion par l'Autriche de la Bosnie et de l'Herzégovine. — Mouvement serbe. — Meurtre de l'archiduc héritier François-Ferdinand. — Note autrichienne à la Serbie.

La cause immédiate de la guerre mondiale de 1914 fut le *meurtre de l'archiduc héritier François-Ferdinand* et de sa femme, meurtre commis le 28 juin à Serajevo, capitale de la Bosnie, par Princip, un étudiant de vingt ans. Ce meurtre était en relation avec une forte agitation serbe, et l'Autriche, jugeant que le gouvernement serbe en était responsable, déclara la guerre à la Serbie et entraîna d'autres Puissances dans le conflit.

Derrière cette cause immédiate du conflit austro-serbe, on découvre une autre cause, des plus significatives, et qui explique le meurtre de Serajevo : *l'annexion de la Bosnie et de l'Herzégovine par l'Autriche.*

La Bosnie et l'Herzégovine, dont la population est essentiellement serbo-croate, avaient appartenu, à différentes époques, soit à la Hongrie, soit à l'ancien royaume de Serbie ; elles avaient été aussi un royaume indépendant. En 1463, elles avaient été conquises par la Turquie [1].

[1] La population de la Bosnie et de l'Herzégovine était, en 1879, de 1 158 114 habitants ; en 1910, de 1 898 122 habitants, ainsi répartis :

	En 1879	En 1910
Catholiques grecs	496 485	833 648
Catholiques romains	209 341	434 190
Mahométans	448 613	612 090
Juifs	3 426	11 857
Protestants	249	6 337

La mauvaise administration et les faibles finances de la Turquie, le manque de discipline parmi les fonctionnaires, la tyrannie des impôts, la persécution des chrétiens, autant de causes qui concoururent à affaiblir de plus en plus la position du pays vers 1870 et à mécontenter les Etats européens tributaires, Roumanie, Bulgarie, Serbie, Monténégro, Bosnie, Herzégovine, etc. Le trouble y régnait et on y attendait l'occasion de rejeter le joug. Le signal de la révolte fut donné en 1875 en Herzégovine où les chrétiens, irrités par une longue succession d'atrocités commises par les officiers du fisc et la soldatesque qui les appuyait, eurent enfin recours aux armes. Des volontaires serbes et monténégrins vinrent leur prêter main forte, et tous ceux qui étaient capables de porter les armes, prirent part à cette guerre de libération et de juste vengeance. Les ambassadeurs des Puissances à Constantinople jugèrent qu'il était de leur devoir d'intervenir pour aider les opprimés, et les insurgés déclarèrent qu'ils ne déposeraient pas les armes tant que les grandes Puissances ne leur auraient pas assuré certaines réformes. Elles n'y purent toutefois réussir. Le fanatisme excité parmi les Turcs augmenta encore les difficultés dans les Balkans; les consuls d'Allemagne et de France à Salonique furent assassinés et des massacres révoltants eurent lieu en Bulgarie. Dans ce dernier pays, une révolte générale éclata en 1875, plus que justifiée par une longue oppression; mais, comme elle était insuffisamment préparée et que les armes manquaient (il était interdit aux chrétiens de porter des armes dans les provinces turques), elle aboutit à une défaite. Les plus affreuses atrocités furent commises par les Turcs, qui réprimèrent la révolte en 1876. Quinze mille chrétiens furent tués. L'Europe entière fut frappée d'horreur et Gladstone lança une protestation flétrissante contre ces massacres bulgares [1].

Les Serbes et les Monténégrins continuèrent l'insurrection et attaquèrent les Turcs en mai 1876; bientôt après, les insurgés de Bosnie élirent pour chef Milan, prince de Serbie, tandis que l'Herzégovine reconnaissait la souveraineté du prince Nikita de Monténégro (Juin 1876).

L'union de la Bosnie à la Serbie, et celle de l'Herzégovine au Monténégro devinrent ainsi une condition *sine qua non* de la paix avec la Turquie. Et la Turquie ayant refusé de reconnaître cette

[1] Ces événements ont été décrits par un de ceux qui participèrent à la révolte, J. Vazow, le premier poète de Bulgarie, dans un roman historique intitulé : *Sous le Joug.*

situation, la guerre lui fut aussitôt déclarée par la Serbie et par le Monténégro (Juillet 1876).

Les diplomates des grandes Puissances se mirent une fois de plus au travail et l'antagonisme entre la Russie et l'Autriche commença à se manifester avec évidence. Les peuples slaves des Balkans qui s'étaient révoltés contre les Turcs étaient de la même race que les Russes ; et la Russie ne pouvait les voir opprimer avec indifférence. Elle fournit aux Serbes des armes, des officiers, des soldats, de l'argent et des fournitures pour les hôpitaux. Des docteurs et des dames russes allèrent porter leurs secours en Serbie et dans le Monténégro.

Par malheur, les peuples slaves opprimés des Balkans ne trouvèrent pas en Autriche la même bienveillance ; et l'on regrette de devoir rappeler que, en Hongrie surtout, il y avait bien plus de sympathie pour les Turcs que pour les insurgés. Le gouvernement garda une attitude d'attente, et la presse, maintenant que la chute de la domination turque semblait imminente, demanda avec insistance l'*occupation* de la Bosnie.

La politique anti-prussienne du premier ministre Beust (Saxon d'origine) avait fait place, en 1871, à la politique amicale du Hongrois Andrassy, et la rencontre de François-Joseph avec Guillaume 1er et Alexandre II à Berlin, en 1872, avait amené « l'Alliance des trois empereurs » et marqué une nouvelle époque dans la politique autrichienne, désormais soutenue par l'Allemagne. Les relations de l'Auchiche avec la Russie devaient rester cordiales pendant plusieurs années, à la suite de cette entrevue.

Lors d'une rencontre à Reichstadt, le 8 juillet 1876, entre Alexandre II et François-Joseph, accompagnés de leurs premiers ministres Gortchakoff et Andrassy, les deux souverains décidèrent de ne point intervenir et de prendre avis l'un de l'autre à mesure que les événements se dérouleraient. Si la guerre éclatait entre la Russie et la Turquie, l'Autriche s'engageait à rester neutre ; et, en retour, la Russie autorisait l'Autriche à occuper la Bosnie et l'Herzégovine sous couleur de maintenir l'ordre sur ses frontières. Cet arrangement fut confirmé en 1877 ; mais il ne fut suivi d'aucun effet.

La guerre de la Serbie et du Monténégro contre la Turquie, qui dura près de quatre mois, subit des fluctuations diverses. Le général russe Tchernayeff, qui avait pris du service en Serbie, commandait la principale armée serbe et fut en grande partie cause de la supériorité des armes serbes pendant les premiers temps de la guerre. Pourtant, malgré leur bravoure, les Serbes et les Monténégrins eurent à subir plus d'une défaite et furent enfin forcés de demander aide à la Russie. C'est alors que le général Ignatieff, sous la menace d'une intervention armée de la Russie, obtint un armistice, et une conférence des grandes Puissances eut lieu à Constantinople.

Les réformes et les concessions proposées à cette conférence, de même qu'une proposition faite ensuite par les Puissances, furent repoussées par la Turquie. Sur quoi le premier ministre russe Gortchakoff, voyant que les Puissances semblaient peu disposées à une action en commun contre la Turquie pour appuyer les demandes qui lui étaient faites, déclara que, puisque le gouvernement turc avait repoussé toutes les propositions tendant à améliorer la situation des peuples balkaniques, situation qui incommodait les Etats voisins, le tzar n'avait pas d'autre alternative que d'intervenir par les armes. Telle fut l'origine de la guerre russo-turque de 1877, où la Russie eut pour alliés la Roumanie, le Monténégro et la Serbie et fut aidée aussi par des bandes de volontaires bulgares. Après des défaites sérieuses de part et d'autre, les Russes gagnèrent les batailles décisives de Kars, de Plevna et de Chipka, prirent Andrinople et marchèrent sur Constantinople. Le sultan alors sollicita la paix, un armistice s'en suivit, et les préliminaires de paix furent signés à Andrinople. Les succès russes n'allèrent pas sans causer de l'anxiété à l'Angleterre qui avait de grands intérêts à sauvegarder dans l'empire ottoman (notamment en Egypte). Elle envoya une flotte dans les Dardanelles pour appuyer les Turcs et déclara qu'elle ne pouvait consentir à des arrangements privés entre la Russie et la Turquie, mais qu'elle insisterait pour que les clauses de la paix fussent établies par un congrès européen où l'Autriche aussi eût son mot à dire. Comme, là-dessus, la Turquie se montrait moins traitable dans les négociations de paix, les Russes menacèrent d'occuper Constantinople et établirent leurs quartiers généraux tout près de la capitale ottomane, à San Stefano, où la paix fut signée le 3 mars 1878. Aux termes de cette paix, la Bulgarie devait recevoir un débouché sur la mer Egée et devenir une principauté, tributaire de la Turquie, mais placée sous le protectorat de la Russie, tandis que la Roumanie, la Serbie et le Monténégro devenaient indépendants. La Bosnie et l'Herzégovine continuaient à appartenir à la Turquie ; mais les réformes votées dans la première conférence de Constantinople, devaient être mises à exécution. La Russie recevait Kars, Batoum et Bajazid en Asie Mineure.

Ce traité, qui dépouillait la Turquie de son rang de grande Puissance à l'avantage de la Russie, mécontenta l'Angleterre et l'Autriche. L'Angleterre prit les armes et fut à la veille d'entrer en guerre avec la Russie. L'Autriche, qui ne pouvait acquiescer à la nouvelle distribution de pouvoir parmi les peuples des Balkans, en revint au projet d'organiser un congrès des grandes Puissances, dans l'espoir d'obtenir que la paix de San Stefano fût revisée à son avantage. Elle voulait, avant tout, occuper la Bosnie et l'Herzégovine qui étaient devenues un facteur de la plus haute importance dans la politique de François-Joseph, encore que l'Autriche n'ait jamais eu le moindre droit de ce côté, et qu'on eût dû comprendre le danger qu'il y aurait à introduire de nouveaux éléments slaves dans cette monarchie déjà si hétérogène.

L'Autriche fit donc des représentations aux autres grandes Puissances en vue d'un congrès qui, la Russie s'étant ralliée à ce projet pour éviter la guerre avec l'Angleterre, s'ouvrit à Berlin le 13 juin 1878.

Peu avant, le 4 juin, l'Angleterre avait conclu avec la Turquie un accord suivant lequel elle s'engageait à protéger les possessions turques en Asie et recevait en échange l'île de Chypre, soumise à un tribut annuel. Cet accord fut présenté au Congrès de Berlin non pas comme un sujet de discussion, mais comme un fait accompli.

Le traité de Berlin du 13 juillet 1878 diminua, à certains égards, les avantages que la Russie avait obtenus à San Stefano, et favorisa l'Autriche d'autant.

La Bulgarie devenait une principauté indépendante bien que tributaire de la Turquie ; son prince devait être élu par la volonté du peuple, libre de toute contrainte, mais sa nomination était soumise à la sanction de la Turquie. Le gouvernement de la Bulgarie était confié provisoirement à un commissaire turc, à un commissaire russe et à des consuls choisis par les Puissances. L'armée russe d'occupation ne devait pas demeurer dans le pays plus de neuf mois. Le territoire d'abord assigné à la Bulgarie était restreint de façon à ne pas s'étendre jusqu'à la Mer Egée.

La Russie rendait Bajazid à la Turquie et ne devait pas fortifier Batoum, qu'elle conservait avec Kars.

La Serbie, le Monténégro et la Roumanie devaient avoir des gouvernements autonomes, tout à fait indépendants de la Turquie. La mesure la plus importante votée par le Congrès fut le mandat, accordé à l'Autriche sur la demande de l'Angleterre, *d'occuper et d'administrer les provinces de Bosnie et d'Herzégovine;* ces pays, cependant, restaient placés sous la suzeraineté du sultan. Un arrangement fut alors conclu entre l'Autriche et la Turquie, reconnaissant expressément la suzeraineté du sultan sur ces deux provinces (1879).

L'Autriche avait donc atteint son but; mais de redoutables conséquences devaient s'en suivre. Le traité de Berlin ne résolvait pas définitivement la question d'Orient; il la mettait seulement de côté pour un temps et détournait le danger d'une grande guerre balkanique ou même d'une grande guerre européenne.

L'Autriche, ayant obtenu par le traité de Berlin de 1878 et avec l'aide de Bismarck, la permission d'occuper la Bosnie et l'Herzégovine vit, par cela même, augmenter la tension de ses rapports avec la Russie. Pour obvier à cet antagonisme, l'Autriche, en 1879, conclut avec l'Allemagne une alliance formelle qui, par l'adhésion de l'Italie en 1882, devint la Triple-Alliance.

Alexandre II jugea qu'il avait été joué par Andrassy et par Bismarck grâce au traité de Berlin, et la Russie se jugea dépouillée par l'Allemagne des fruits de sa victoire sur les Turcs. Alexandre alors se retira de l'« Alliance des trois empereurs » et fit à la France des ouvertures qui aboutirent à une alliance avec la République.

Dès l'année 1875, le but de François-Joseph avait été de compenser, par des gains dans le sud, les pertes qu'il avait faites à l'ouest. (Vénétie 1866.) Ce fut aussi la politique que poursuivit le premier ministre Andrassy qui, au Congrès de Berlin, fit tous ses efforts pour obtenir la ratification de l'occupation autrichienne en Bosnie et en Herzégovine.

Toutefois l'opinion publique autrichienne n'était nullement unanime. La majorité de ce qu'on appelait le parti constitutionnel était opposée à Andrassy et à sa politique d'occupation, par crainte de voir augmenter encore l'élément slave dans la composition des peuples de l'Empire; et ce ne fut qu'avec l'aide des partis d'opposition que le gouvernement réussit à donner suite aux décisions du Congrès de Berlin.

Un Hongrois, le professeur L. von Thallóczy, avait défendu depuis longtemps cette politique à l'Académie consulaire de Vienne et avait posé en fait que « l'occupation de la Bosnie et de l'Herzégovine ne peut être jugée correctement qu'au point de vue historique ; la dynastie des Habsbourg n'a fait que poursuivre constamment l'extension naturelle de la Monarchie vers le sud-ouest, c'est-à-dire l'acquisition du « triangle adriatique ». Ce but a été le principe central de notre politique étrangère depuis la paix de Passarowitz (1718) ». Rappelons qu'alors la Serbie avait été pour quelque temps sous la dépendance de l'Autriche.

« La Bosnie et l'Herzégovine, dit encore Thallóczy, furent amenées dans la sphère d'influence des Habsbourg en 1878 *par suite d'une politique fermement établie*[1]. »

L'Autriche a, depuis longtemps, besoin d'une politique de concentration, d'affermissement intérieur, plutôt que d'une politique d'expansion. Ses hommes d'Etat auraient bien fait de se rappeler les paroles de Montesquieu : « Les monarques devraient avoir la sagesse de limiter leur puissance et de se rappeler les dangers de la grandeur ; ils ne devraient pas oublier que toute grandeur, toute puissance est relative, et que, en cherchant à augmenter la puissance extérieure, il ne faut pas diminuer l'intérieure.

Toutefois le système politique de l'Autriche a toujours été fondé sur des traditions historiques de dynastie et d'annexion. L'unité nationale, qui est la vraie force de tout Etat moderne, y semble inaccessible par suite du nombre des nationalités différentes (il n'y en a pas moins de huit), qui se contemplent les unes les autres avec rancune et suspicion, ce qui fait que, quand éclatent de grands conflits politiques, l'existence même de l'Etat autrichien se trouve menacée. Ses chefs sont tenus d'agir avec la plus grande prudence, et d'avoir soin de prendre en considération les tendances et les désirs des diverses nationalités. Le véritable lien de cet Etat paradoxal, si déchiré par des luttes et des dissensions, c'est la Couronne, c'est la dynastie des Habsbourg, seule garantie de la durée de l'état monarchique. Combien nécessaire n'est-il donc pas, en face des forces dangereuses à l'œuvre dans le sein même de la monarchie, ou sur ses frontières, de n'y rien entreprendre qui puisse causer du trouble et du mécontentement !

Par malheur, l'Autriche a été longtemps privée d'un grand homme d'Etat. Son absurde système de gouvernement, moitié absolu, moitié parlementaire, permet les actes les plus autocratiques. C'est ainsi que le ministre des Affaires étrangères n'a pas de compte à rendre au Parlement. Le docteur A. Jensen, qui a

[1] Cf. Thallóczy, *L'Autriche-Hongrie et les Etats balkaniques* (1901), et *La Bosnie et l'Herzégovine* (1900).

étudié si bien l'Autriche, a dit que « tout ce qui semble incroyable y est croyable » et que le « dilemme de la politique autrichienne » est le résultat naturel de la sottise, de l'imbécillité, de la fausseté des siècles et plus spécialement des dernières décades [1].

L'occupation de la Bosnie et de l'Herzégovine par l'Autriche fut demandée au Congrès de Berlin par les représentants du monarque sous le prétexte que cette occupation était le seul moyen de maintenir l'ordre dans ces provinces, d'où 150.000 fugitifs avaient cherché asile sur territoire autrichien et refusaient de s'en retourner chez eux tant que leur pays demeurerait sous la domination turque. L'Autriche fut soutenue surtout par les envoyés anglais qui considéraient que l'occupation autrichienne aiderait à ramener l'ordre dans les deux provinces.

Bien que les Autrichiens prétendissent, pour employer les termes d'une proclamation, « venir en amis », la population qu'on n'avait point consultée et qui n'avait aucune sympathie pour l'Autriche, s'opposa vigoureusement à l'occupation, et, pendant près de trois mois, aidée parfois par des troupes albanaises ou turques, lutta contre trois corps d'armée autrichiens. Cette déplorable mission pacifique rappelle les « dragonades » par quoi Louis XIV tentait de convertir les Huguenots à la foi catholique. Après un combat à Stolatz, Mostar, la capitale d'Herzégovine fut occupée et après la prise de la ville de Trebinje et de la forteresse de Klobuk, la résistance des provinces fut brisée. En Bosnie, plusieurs rencontres sanglantes eurent lieu avant que Serajevo fût prise d'assaut, et les Autrichiens furent défaits à Tusla et à Bibatch et ne réussirent à étouffer toute résistance qu'après avoir pris les forteresses de Behac et de Kladus.

Les deux provinces furent alors littéralement transformées en camps immenses, avec des armées, des forteresses, des casernes, etc.

La « pacification » fut longue à réaliser. Des guérillas continuèrent longtemps, et quand la conscription fut introduite, en 1881, une révolte éclata qui fut étouffée par les armes en 1882. Il y eut encore en Bosnie un soulèvement en 1883.

Tout se calma peu à peu, et, sous l'administration autrichienne, les provinces réalisèrent d'incontestables progrès. Le bon ordre a été maintenu, les conditions économiques améliorées ; on a construit des ponts, des routes, des chemins de fer ; on a fondé des bains publics, des écoles secondaires, etc. ; on a enseigné au peuple la tolérance religieuse et le respect social.

[1] Dans *Habsbourg*, 1899.

Il n'y a jamais eu de sympathie pour l'Autriche, le peuple se sentant opprimé par la conscription et par de lourds impôts. Officiellement on avait promis de retirer l'armée d'occupation dès que l'administration intérieure serait organisée sur des bases satisfaisantes ; mais en réalité il était évident que l'occupation serait permanente.

« Les provinces occupées de Bosnie et d'Herzégovine », comme on les appela officiellement, furent enfin, en 1908, *annexées* sans cérémonie en dépit du traité de 1879 qui stipulait la suzeraineté du sultan, et sans consulter le peuple des provinces. Le 5 octobre 1908, par un acte d'absolutisme assez singulier de nos jours, et qui rappelle le « l'Etat c'est moi » de Louis XIV, François-Joseph annonça l'annexion à son ministre des Affaires étrangères Ærenthal dans un décret où il déclarait : « En considérant le but hautement civilisateur et politique que la Monarchie s'est proposé en entreprenant d'administrer la Bosnie et l'Herzégovine, et les résultats qui n'ont été obtenus qu'au prix de grands sacrifices, et persuadé, en outre, qu'une « situation légale et sans équivoque » de ces deux pays est indispensable à la maintenance de leurs institutions constitutionnelles, *j'étends mes droits souverains* à la Bosnie et à l'Herzégovine et décrète que la *succession* de ma Maison comprendra aussi ces pays. »

Le 7 octobre, le gouvernement austro-hongrois envoya à la Turquie une note relative à l'annexion, rappelant les gages d'affection que l'empereur avait donnés, déclarant que la loi et le bon ordre régnaient désormais en Bosnie et en Herzégovine sous l'administration autrichienne, et statuant que, puisque la Turquie avait maintenant (après la révolution) un nouveau gouvernement capable de maintenir l'ordre, le gouvernement impérial et royal, pour montrer son esprit de conciliation, évacuerait le Sandjak de Novi-Bazar et rendrait cette province à la Turquie.

« Comme la Bosnie et l'Herzégovine, disait la note, ont atteint maintenant un haut degré de culture matérielle et intellectuelle, le moment semble opportun pour compléter cette belle œuvre en conférant à ces provinces les avantages de l'autonomie et du régime constitutionnel désiré par leur population. L'Autriche-Hongrie doit, toutefois, pour atteindre un but si élevé, régler consciencieusement la situation de ces deux provinces et se pourvoir de garanties efficaces contre les dangers que risquerait de faire naître la continuation du régime introduit en 1878. L'Autriche-Hongrie se trouve ainsi placée devant la *nécessité impérieuse de se libérer* des réserves impliquées dans la convention de Constantinople, et, en ce qui concerne la Bosnie et l'Herzégovine, de *reprendre son ancienne liberté d'action* (*Oesterreich-Ungarn sieht sich daher vor der gebieterischen* Notwendigkeit *sich der in der Konstantinopeler Konvention enthaltenen Vorbehalte zu* entledigen *und, was Bosnien und die Herzegovina betrifft,* seine frühere Aktionsfreiheit wiederzuerlangen.) »

Le ministre fit un rapport à la délégation des Affaires étrangères au sujet de l'annexion, expliquant qu'il était devenu nécessaire d'introduire dans les deux provinces des institutions constitutionnelles dont la principale était une diète qui avait pour mission d'examiner et de sanctionner le budget. « Cela, disait-il, nous a mis *dans la nécessité* de résoudre définitivement *la question de la possession de la Bosnie et de l'Herzégovine* et de compenser l'abandon que nous faisons de nos droits sur le Sandjak de Novi-Bazar, droits qui étaient stipulés dans l'article 25 du traité de Berlin, par *l'annexion formelle des deux provinces.* (*Die unerlässlich gewordene Einführung verfassungsmässiger Einrichtungen in Bosnien hat uns in die* Zwangslage *versetzt, die definitive Klärung der* Frage der Zugehörigkeit Bosniens und der Herzegowina *in Angriff zu nehmen und das endgültige Aufgeben unserer aus Art. 25 des Berliner Vertrages fliessenden Rechte im Sandschak (Novi-Bazar) mit* der formellen Annexion der beiden Prowinzen *zu kompensieren* [1].) »

La Russie, appuyée par l'Angleterre, protesta contre l'annexion, tandis que l'Allemagne, « en armure brillante » encouragea l'Autriche dans cette contravention aux traités et au droit des gens. Ainsi fut payée la dette de gratitude pour les arrangements de 1878 entre les empereurs d'Allemagne et d'Autriche, arrangements d'après quoi, par l'annulation de l'article 5 du traité de Prague, le Schleswig devenait définitivemeut une province prussienne, tandis qu'en même temps, l'Autriche recevait des compensations pour la perte de la Vénétie en 1866.

On répandit officiellement le bruit que l'annexion avait causé généralement la plus grande satisfaction parmi les paysans des provinces ; mais, quoi qu'il en fût, il est certain qu'elle donna naissance à une furieuse agitation dans les autres classes de la population. Cela ne rappelle-t-il pas le commentaire de Louis XV sur l'état de la France sous son règne : « Après nous le déluge » ?

Bien que le gouvernement de Serbie n'eût fait aucune protesta-

[1] Cf. Schulthe, *Europäischer Geschichtskalender* pour 1908.

tion contre l'annexion, il y eut des protestations à la Skupshtina et dans les déclarations et les actes des représentants responsables de l'Etat. Sur quoi, selon le conseil des Puissances, le gouvernement termina l'incident par une déclaration faite le 31 mars 1909 au gouvernement autrichien. « La Serbie, y était-il dit, reconnaît que ses droits n'ont pas été touchés par le « fait accompli » de l'annexion de la Bosnie et de l'Herzégovine. En conséquence elle s'en tiendra à la décision que les Puissances pourront prendre touchant l'article 25 du traité de Berlin. Par déférence pour l'avis des grandes Puissances, la Serbie s'engage à renoncer désormais à l'attitude de protestation et d'opposition qu'elle avait prise depuis l'automne dernier à l'égard de l'annexion, et elle s'engage en outre à modifier la direction de sa politique actuelle envers l'Autriche et à vivre à l'avenir en termes de bon voisinage avec ce pays. »

Le ministre des Affaires étrangères Ærenthal déclara, au sujet de l'annexion de la Bosnie et de l'Herzégovine : « Le but essentiel de l'article 25 du traité de Berlin était de *créer des conditions stables* en Bosnie et en Herzégovine avec l'aide d'une Puissance assez forte pour *réprimer tout soulèvement (Auflehnung)* dès sa naissance. C'est cette raison qui avait poussé les hommes d'Etat anglais Beaconsfield et Salisbury à offrir, à Berlin, le mandat d'occupation à l'Autriche-Hongrie. »

Ce mandat n'impliquait pas la possession des provinces. Le but qu'on lui alléguait de *réprimer tout soulèvement* était extrêmement vague, et il était permis de se demander ce que l'on entendait par là.

Par exemple, s'agissait-il de soulèvement contre la Turquie ou contre l'Autriche ?

En réalité, les provinces occupées devinrent *des pays conquis.* Leurs habitants vaincus nourrirent contre leurs vainqueurs autrichiens des sentiments de haine, non d'amitié.

Toutefois, l'Autriche avait reçu son mandat de réprimer tout soulèvement, et il importait peu que le Congrès de Berlin n'eût aucun droit de donner ce mandat.

Ce n'est point assez, en formant un Etat, de considérer les prétendues nécessités du pouvoir politique, qui, d'ailleurs, peuvent varier suivant la composition du gouvernement. Il faut aussi regarder les choses du point de vue de la psychologie des peuples. L'absorption d'un pays par un Etat plus grand *sans le consentement du peuple* ne saurait être en accord avec les droits des nationalités. Toute nation incorporée par force devient un ennemi de l'Etat qui l'incorpore.

Le traité de Berlin, en ce qui concerne la Bosnie et l'Herzégovine, constituait une violation du principe des nationalités, et la population serbe en fut violemment irritée.

Les Slaves d'Autriche-Hongrie n'ont pas oublié comment, depuis bien longtemps, l'Autriche a tenté, par des méthodes de violence et de despotisme, de *germaniser les possessions slaves de la monarchie* et de favoriser de toutes façons l'élément allemand au détriment des Slaves.

Ainsi, en Bohême, les Tchèques furent, en 1774, victimes d'un décret impérial qui proclamait sans cérémonie que seule la langue allemande serait désormais en usage dans les écoles, malgré la floraison toujours grandissante de la littérature tchèque.

Après une lutte prolongée et cruelle entre Tchèques et Allemands, due à cette politique de germanisation par force, les Tchèques réussirent à affirmer l'indépendance de leur culture (cf. pages 30 et 31).

Un fait analogue se produisit en Galicie, pays entièrement slave, peuplé de Polonais et de Ruthènes. Quand la Galicie, après le partage de la Pologne, fut soumise à la domination autrichienne, on décida de la *germaniser* et d'interdire l'usage du polonais et du ruthène dans l'instruction supérieure. Les universités de Cracovie et de Lemberg n'eurent plus que des professeurs allemands. Après sa défaite à Sadowa, en 1866, l'Autriche jugea nécessaire d'*octroyer* à la Galicie une autonomie assez étendue, et, chose étrange, ses représentants polonais au Parlement, le « Polenklub », ont longtemps exercé une influence considérable. Le polonais exila l'allemand des universités dès 1880, après qu'un professeur polonais eut courageusement commencé à faire son cours en polonais ; et, depuis lors, la culture polonaise a joui en Galicie d'une liberté sans entraves.

Le gouvernement autrichien peut mettre la plus grande part des difficultés qu'il a eues avec les Slaves de la monarchie sur le compte du mépris qu'il a manifesté à leur égard au profit de l'*élément allemand*. Peu à peu, les Allemands sont entrés en lutte avec les Slaves pour conserver leur prédominance dans le gouvernement et dans l'administration, mais nullement pour protéger leur culture. Ainsi, il n'est plus question d'une lutte du germanisme contre le slavisme dans le sens habituel de cette expression ; il ne s'agit que d'une lutte de partis sociaux, et les Allemands récoltent ce qu'ils ont semé : ils ont monopolisé tous les emplois lucratifs, toutes les sources de revenus, et ont cherché à évincer toute culture autre que la culture allemande, en affectant de considérer les Slaves comme un élément inférieur. Le germanisme a été partout le même. Si le slavisme joue un rôle dans la guerre actuelle de l'Autriche, c'est purement *en réaction contre l'oppression germanique.*

En dépit du grand nombre des Slaves et des Hongrois dans la monarchie, l'Autriche a toujours poursuivi une politique allemande et fait la sourde oreille aux revendications nationales. Le système de germanisation et de centralisation qui a été en vigueur depuis le temps de Schwarzenberg, ce premier ministre absolutiste et impitoyable (1848-52), a dû être maintenu par le gouvernement, dans une complète entente avec l'Allemagne, afin que toute opposition des autres nationalités, et particulièrement des Hongrois, pût être étouffée.

Depuis de longues années, il y a eu une propagande « panserbe », dont le but était d'unir tous les Serbes de la péninsule balkanique, et des agitateurs serbes voyagèrent au loin pour gagner la Bosnie à leur cause. Pendant un certain temps, l'union avec la Serbie parut être le but idéal ; mais ses monarques inspiraient peu de confiance, et ce fut enfin le prince de Monténégro, Nikita, qui, appuyé par l'empereur Alexandre III, devint le centre du mouvement et put rêver d'être un jour roi d'une plus grande Serbie. Pour que ces ambitions se réalisassent, il fallait d'abord détacher la Bosnie et l'Herzégovine de l'Autriche. Des députations furent envoyées à Vienne pour se plaindre à l'empereur et au ministre de Bosnie ; et de là elles se rendirent chez le ministre de Russie à Belgrade. Les espérances du prince de Monténégro étaient fondées sur l'impression que la monarchie serbe était près de sa fin et sur la nature provisoire des relations entre les provinces occupées et l'Autriche.

Mais le royaume de Serbie continua de vivre, et son roi, Milan, comme ensuite son fils Alexandre, demanda assistance à l'Autriche. Ce fut la cause de l'assassinat d'Alexandre et de sa femme ; le vieux roi exilé Pierre Karageorgévitch fut rappelé sur le trône, et, suivant une politique opposée à celle de ses prédécesseurs, se tourna vers la Russie.

L'idée panserbe est un mouvement national qui n'a en soi

rien d'extraordinaire ; en effet, pendant les cent dernières années, des aspirations nationalistes se sont fait sentir partout en Europe. Les Allemands, si fiers de leur germanisme, devraient être les derniers à trouver à redire au serbisme. Mais, dans les conditions politiques où se trouve la péninsule des Balkans, et par le fait que les Serbes y sont dispersés dans divers pays et dans diverses provinces où ils vivent côte à côte avec d'autres peuples, la propagande pan-serbe peut vraiment passer pour extraordinaire ; et le tempérament inflammable des Serbes, si propre à exciter des passions de parti, peut facilement les pousser à des excès. Le Serbe est grand patriote ; mais il est enclin à l'anarchie et se donne corps et âme à la politique, ou, pour mieux dire, aux débats politiques et aux luttes de partis. La distribution des partis serbes est généralement fondée sur des conceptions de politique extérieure, en d'autres termes sur les relations de la Serbie avec l'Autriche-Hongrie, la Russie, la Turquie, ou encore sur l'influence de certaines personnalités de premier plan. C'est, du moins, l'impression que nous donne le Dr A. Jensen, qui a étudié si consciencieusement le sujet, dans son ouvrage intitulé *Slavia* (1897). A la question de savoir si l'aide de la Russie n'a pas été un danger pour la Serbie, tous les Serbes intelligents ont fait la même réponse : « Notre petit Etat ne saurait dépendre entièrement de lui-même ; et, si nous refusions la main que nous tend la Russie, nous serions livrés entièrement *à la merci de l'Autriche-Hongrie.* »

Au surplus, les inclinations russophiles des Serbes n'étonneront personne, si l'on veut bien se rappeler que la Russie a versé des ruisseaux de sang et de roubles pour la libération de leur pays.

Que les Russes nationalistes ou panslavistes aient été la cause de la guerre mondiale, comme on voudrait le faire croire en Allemagne et en Autriche, rien ne le prouve, même si l'on admet qu'ils ont leur responsabilité dans les troubles serbes. De même, on a beaucoup répété que le ministre de Russie à Belgrade, von Hartwig, dont la mort soudaine dans la résidence du ministre d'Autriche peut n'avoir pas été naturelle, avait pris une part active à l'agitation serbe contre l'Autriche.

La Russie a toujours lutté avec l'Autriche pour la suprématie dans les Balkans, dans le dessein, surtout, de s'assurer Constantinople ; mais il faut dire, à son éloge, que la Russie fut la *seule grande Puissance qui, au nom de l'humanité, intervint contre la Turquie en 1877,* et qui mit ainsi fin à *l'oppression turque* et assura *l'existence indépendante et nationale* de plusieurs Etats balkaniques.

Certes, la Russie a donné son approbation au mouvement panserbe et elle est allée peut-être jusqu'à l'appuyer pour affaiblir sa vieille ennemie, l'Autriche. Mais dire que l'Autriche serait ruinée si la Bosnie et l'Herzégovine venaient, avec l'aide de la Russie, à faire partie de la monarchie serbe, et ajouter que la situation de la race germanique en deviendrait intenable, est sûrement une absurdité. C'est là pourtant ce qu'on a répété dans les sphères les plus en vue d'Allemagne ; c'est là qu'on a voulu voir une des causes de la guerre. L'Autriche-Hongrie et ses dépendances existaient longtemps avant l'annexion de la Bosnie et de l'Herzégovine ; et il est évident que ces provinces n'étaient point nécessaires pour raffermir la Monarchie ; bien au contraire cette annexion a été une *menace à sa sécurité*, une cause de trouble, un prétexte à intervention pour la Russie. Cela est si manifeste qu'on ne peut comprendre que le gouvernement austro-hongrois ait eu la vue assez courte pour ignorer ce facteur quand il décida l'annexion.

L'idée panserbe qui implique l'union de tous les peuples serbes est, cela va sans dire, grosse de menaces pour l'Autriche. Car ce ne sont pas seulement la Bosnie et l'Herzégovine, c'est aussi la région côtière de l'ouest, la Dalmatie, qui sont des pays entièrement serbo-croates ; et le nord de la Croatie et de la Slavonie sont habitées par la même population. Les tribus serbo-croates faisaient partie de la grande famille slave et, à en croire V. Jagié, il n'y a dans le développement plus récent du langage, pas plus que dans ses phases anciennes, aucune ligne bien nette de démarcation entre elles.

Il est sans doute probable que la Serbie, qui a si longtemps désiré un débouché sur l'Adriatique, espérait atteindre ce but par l'Herzégovine, et par l'absorption de la Dalmatie dans une Grande-Serbie. Si la Croatie et la Slavonie devaient se joindre à la Grande-Serbie, l'Autriche perdrait toutes ses provinces slaves du Sud ; et ce sera peut-être là un des résultats de la guerre de l'Autriche contre la Serbie.

La volonté de former une Grande-Serbie, qui a toujours persisté en Serbie, peut être attribuée en partie à l'antique désir d'atteindre l'Adriatique, d'y avoir un port, et de se rendre ainsi commercialement indépendante de l'Autriche-Hongrie, qui a toujours profité de la position géographique de la Serbie pour obtenir des avantages à ses dépens. La Serbie, par exemple, avait à subir des droits d'entrée exorbitants et toutes sortes de vexations en fait de douanes, et avait été forcée de tirer presque toutes ses importations de l'Autriche-Hongrie, bien qu'elle eût pu se procurer ailleurs des marchandises meilleures et à meilleur marché. En outre, quand la Serbie demanda un chemin de fer jusqu'à l'Adriatique, l'Autriche défendit toute exportation à la Serbie ; la Serbie toutefois réussit à éviter le danger d'un appauvrissement complet en obtenant ailleurs, par des voies détournées et à grands frais, un marché pour ses denrées.

Quand, au début de la guerre avec la Turquie, en 1912, treize corps de troupes serbes, renforcés de Monténégrins. se dirigèrent vers la côte d'Albanie, l'Autriche chercha immédiatement à leur barrer le passage, et, les menaces n'ayant eu aucun effet, elle engagea des pourparlers avec la Bulgarie. Ce fut l'Autriche qui, aidée de l'Italie, donna force au principe de « l'Albanie aux Albanais », origine de cette malencontreuse petite principauté d'Albanie. L'Autriche voulait par là frustrer la Serbie de son débouché sur l'Adriatique.

On comprendra sans peine que ces manœuvres de l'Autriche aient provoqué un ressentiment passionné chez tous les Serbes et aidé à augmenter l'agitation panserbe.

Le professeur J. Redlich, de Vienne, donne dans la *Friedenswarte*, journal publié par M. Fried, lauréat du prix Nobel, un compte rendu du conflit austro-serbe. En voici un extrait intéressant :

« Des siècles d'oppression étrangère ont été impuissants à effacer chez les Serbes la marque de la conscience nationale ; malgré toutes les persécutions, toutes les souffrances, l'amour de la liberté et de l'indépendance a survécu et s'est développé, avec l'avènement du nouveau roi, en *un rêve impérialiste d'une plus grande Serbie*, protectrice et maîtresse de tous les Slaves du Sud. La Russie apparaît de plus en plus comme la protectrice de la Serbie et de ses intérêts, et, sous la direction de M. Pashitch, le parti russophile demeurera sans doute au pouvoir longtemps encore. On peut juger de la force du nouveau sentiment national serbe par le *ressentiment passionné* que l'annexion de la Bosnie et de l'Herzégovine a provoqué en Serbie. A partir de ce moment, le rêve avoué de former une plus grande Serbie est de venu un des facteurs de la politique européenne et un des anneaux de la chaîne de forces qui se sont groupées contre l'Autriche et contre la Triple-Alliance. Il est vrai que cette crise de l'annexion aboutit à une défaite diplomatique de la Serbie, mais cette défaite fut plus que compensée par la certitude que, avec la chaude amitié de la Russie, elle avait gagné aussi les sympathies de la France. Ainsi, c'est de la crise de l'annexion qu'est née l'Alliance des Balkans sous l'égide et sous la direction de la Russie.

« *Repousser la Turquie* » était la première tâche. Et on se rappelle comment la Serbie, avec succès et sans de trop grands sacrifices sut faire son chemin dans les deux guerres balkaniques. Ces succès furent obtenus par une armée, levée en masse d'un peuple qui, du haut en bas de l'échelle sociale, sans considération de différences de partis, était inspiré par une même idée : celle que *la Serbie avait la mission* de réunir tous les Slaves du Sud et d'en former une seule nation ayant sa place au soleil.

» Il n'est pas surprenant que cette levée de boucliers serbes et ces *succès* de l'armée serbe aient fait une profonde impression sur tous les peuples slaves du Sud, dont la majorité avaient, de temps immémorial, habité le territoire de l'Autriche-Hongrie. Cette impression fut facilitée par deux causes : d'abord le rêve d'union, d'origine académique et littéraire, qui avait cours parmi les Slaves cultivés du sud de l'Autriche-Hongrie ; ensuite le mécontentement de Slaves hongrois du sud, particulièrement des Croates, contre le régime politique du pays. Ce régime, encouragé par le chauvinisme magyar porte, avec l'impitoyable politique économique des propriétaires terriens austro-hongrois, la plus grande part de responsabilité dans les conséquences malheureuses de la politique austro-hongroise dans les Balkans. Finalement les intellectuels, et peu à peu, les couches profondes de la population serbe et croate en Croatie s'élevèrent contre le régime brutal des Magyars. Le gouvernement hongrois répondit par des représailles, et en agissant de la sorte, montra qu'il y avait dans son propre territoire, un terrain singulièrement préparé pour une propagande panserbe. »

Malgré les progrès qui marquèrent l'administration autrichienne dans les provinces annexées, un implacable fanatisme de parti s'y faisait sentir. « Sur un seul point, dit Redlich, les partis semblaient unanimes ; c'est sur la haine de l'ancien régime, de tous les fonctionnaires, professeurs, faiseurs de propagande économique envoyés par la Monarchie dans les deux provinces, et des milliers d'Allemands, de Magyars, de Tchèques et de Polonais qui, pendant les trente dernières années ont accaparé presque tout l'enseignement. Dès le premier jour on les considéra comme des étrangers et on les remplaça par des gens du pays, sans se préoccuper de savoir si ceux-ci avaient les qualités requises. L'amabilité et la considération ne servirent de rien : elles furent généralement prises pour faiblesse ou soumission et ne firent qu'augmenter le mécontentement. Cependant les journaux serbes proclamaient bruyamment que ce que l'Autriche avait fait pour la Bosnie n'était qu'une apparence trompeuse et devait être mis sur le compte de la peur que la Monarchie ne s'écroulât à la mort de François-Joseph et que la Bosnie et l'Herzégovine ne passassent alors à la Serbie. »

Plus récemment, une nouvelle agitation, qui prit naissance parmi les mahométans de Mostar, a été suscitée contre Kallay, ministre des Finances, et les mécontents demandèrent que la propagande catholique et la propagande croate prissent fin, que les impôts ne fussent point prélevés avec la sévérité habituelle, etc.

En décembre 1911, la diète de Bosnie présenta au gouvernement d'Autriche-Hongrie un mémoire demandant le droit de décision en matière de recrutement et de budget, faisant remarquer que, privé de ce droit, le pays se trouverait à la merci des gouvernements d'Autriche et de Hongrie et que cette situation donnait à la Bosnie le caractère d'une simple colonie. Ces droits, disait le mémoire, pouvaient bien être réclamés par la Bosnie, puisque les dépenses faites pour les troupes de Bosnie et d'Herzégovine, qui n'étaient en 1883 que de 213.000 couronnes, s'étaient élevées, en 1912, à 7.167.708 couronnes.

Le ministre de l'Intérieur hongrois comte Andrassy (fils du premier ministre de ce nom), dans un livre récent sur les causes de la guerre de 1914 [1], se fait le champion énergique de la cause de l'Autriche-Hongrie contre la Serbie en ce qui concerne la propagande panserbe, etc.

Ses raisonnements touchant l'annexion de la Bosnie et de l'Herzégovine et la question serbe sont très représentatifs du point de vue officiel de l'Autriche-Hongrie, mais ne sauraient guère convaincre l'observateur impartial :

« Je ne prétends pas nier, dit-il, que nous ayons, nous aussi, commis des fautes dans nos relations avec la Serbie, mais il n'y a aucun doute que ce n'est pas nous, le grand Etat, qui désirons des conquêtes au détriment de la Serbie, mais que c'est au contraire le petit Etat qui nourrit des projets d'expansion à nos dépens. »

La réponse à cette affirmation est que l'annexion de la

[1] J. Andrassy, *Wer hat den Krieg verbrochen?* (1915).

Bosnie et de l'Herzégovine fut une conquête de l'Autriche aux dépens de la Serbie, qui perdit ainsi tout espoir d'atteindre l'Adriatique, désavantage immense et durable pour elle.

« L'annexion, dit Andrassy, fut le résultat direct de l'agitation serbe, et fut mise à exécution parce que l'Autriche était persuadée que cette propagande serbe, toujours croissante, ne pourrait être arrêtée, tant que la *situation légale* de notre Monarchie ne serait pas définie internationalement.

» Le gouvernement local de Bosnie pensait que l'agitation sans cesse grandissante des Slaves du sud serait augmentée encore par la conception fausse d'après laquelle la Bosnie et l'Herzégovine étaient placées sous notre domination pour un temps limité, et que le mandat qui nous avait été confié par l'Europe, serait bientôt révoqué, puisqu'il n'avait plus aucune utilité.

» Le décret d'annexion devait mettre fin à cette conception et aux agitations qui en étaient la conséquence. »

Andrassy montre toutefois que cette mesure du gouvernement eut un résultat à peu près opposé à celui qu'on en attendait. Le ressentiment en fut aggravé. Toute la nation serbe, les classes officielles aussi bien que les autres, fit montre de cette hostilité qu'on ne rencontre peut-être que chez des voisins vivant en paix les uns avec les autres. Le ministre des Affaires étrangères d'alors, M. Joanovitch, bien qu'il fût le plus pacifique des hommes d'Etat serbes, écrivit (dans *Die Serbische Frage*) : « Je déclare, en tant que ministre responsable de la politique étrangère de la Serbie, que le programme national serbe, dans la situation créée ces derniers jours, exige la *libération* de la Bosnie et de l'Herzégovine... Ici, l'Autriche est un danger constant, une constante menace pour nous. En annexant la Bosnie et l'Herzégovine, en fermant l'Adriatique à la Serbie, en empêchant une union entre nous et le Monténégro, l'Autriche-Hongrie nous oblige, dans un avenir plus ou moins rapproché, nous et tous les Serbes, à une lutte titanique, une lutte à la vie et à la mort. »

Andrassy convient « qu'il y a et peut y avoir des différences d'opinion sur l'*à propos* de l'annexion, et que les formalités employées pour exécuter cette mesure peuvent aussi être sujettes à discussion ». Pourtant il insiste sur le fait que « le but direct de notre occupation était une fois pour toutes de *détruire les espérances que la Serbie nourrissait de s'étendre vers l'Ouest* ». Il se refuse à admettre avec le ministre des Affaires étrangères de Serbie que le mandat d'occupation confié à l'Autriche-Hongrie avait expiré, et il maintient que ce mandat n'était soumis à aucune limitation quelconque. Il essaie d'en donner pour preuve ce que son père avait dit le 1er décembre 1878, en réponse à quelqu'un qui demandait combien de temps durerait l'occupation : « Jusqu'à ce qu'elle ait atteint tous ses buts, c'est-à-dire jusqu'à ce que le danger slave ait disparu dans le sud, jusqu'à ce que les Etats balkaniques de l'ouest aient trouvé une situation plus stable, jusqu'à ce qu'il n'y ait plus de question d'Orient. »

Ce fut l'annexion par l'Autriche de la Bosnie et de l'Herzégovine, ce fut cette violation du droit des gens et de la volonté des peuples qui donna naissance à la violente agitation des Serbes dans ces provinces et en Serbie. Dans les sociétés et dans la presse, la haine et l'excitation à la revanche furent à l'ordre du jour. Parmi ces sociétés, la plus importante était la *Harodna Odbrana* de Belgrade, dont la fondation résulta de l'agitation populaire qui surgit en Serbie à la nouvelle de l'annexion des deux provinces, et dont le but était de renforcer le sentiment national, de former des corps de volontaires, d'exalter le mouvement défensif dans le peuple serbe, etc. Cette société avait quatre départements : l'enseignement, l'entraînement physique, les questions économiques, les Affaires étrangères. Plusieurs autres sociétés, dont les buts étaient semblables, s'unirent à elle.

Parmi ces dernières se trouvait le *Dusan Silni*, un « Sokol », c'est-à-dire un club d'entraînement. A en croire un discours de son président, prononcé en janvier 1914, le mouvement des « Sokol » qui naquit de la lutte *contre le germanisme* est une institution purement slave, dont le but est d'unir, d'inspirer et, grâce à un entraînement intellectuel et physique, de préparer au combat contre les ennemis du slavisme.

Parmi les déclarations de la presse serbe, je puis citer des articles parus dans la *Politika* et le *Mali Journal* du 8 octobre 1910 discutant l'annexion de la Bosnie et de l'Herzégovine. Ces articles contenaient de violentes attaques contre l'Autriche-Hongrie et avertissaient l'Europe que le peuple serbe avait l'intention de se venger. La *Politika* du 18 avril 1911 disait : « Par l'annexion de la Bosnie et de l'Herzégovine tout espoir d'amitié entre la Serbie et l'Autriche-Hongrie a été détruit pour toujours. Aucun Serbe n'ignore cela ».

Le *Piémont* du 8 octobre 1913 écrivait : « Il y a aujourd'hui cinq ans que, par un décret impérial, le sceptre des Habsbourg s'est étendu sur la Bosnie et l'Herzégovine. Le peuple jure de se venger. Les soldats serbes jurent d'en agir avec la « seconde Turquie » comme ils en ont agi, grâce à Dieu, avec la Turquie balkanique [1]. »

Quelque vivement que nous puissions déplorer l'assassinat de l'archiduc héritier François-Ferdinand et de sa femme par le jeune étudiant bosnien Princip, le 28 juin 1914, assassinat commis conformément aux desseins d'une conspiration serbe, ce serait mal comprendre la psychologie des peuples que de ne pas reconnaître que cette conspiration fut dans une certaine mesure *l'œuvre de l'Autriche* et qu'elle était fondée sur des motifs politiques et patriotiques. Dans les époques de troubles populaires, on est forcé de compter avec de jeunes cerveaux brûlés dont les actes, s'ils suivent de trop près l'impulsion du moment, peuvent être cependant l'expression d'un ressentiment universel et justifié. Il est malheureux que dans ce cas, des gens tout à fait innocents, dont la mort ne servit à rien, soient devenus par hasard victimes des circonstances.

La psychologie criminelle de notre temps demande qu'on recherche sans passion tous les motifs possibles d'un crime, et tient souvent compte des circonstances atténuantes en émettant un jugement. Cette science n'est pas comme le juge criminel qui n'est guidé que par le code pénal ; elle ne voit pas seulement dans tout accusé un criminel possible ; elle l'étudie comme une personne humaine, cherchant à discerner son hérédité, son tempérament, son caractère, enfin, et, peut-être, surtout, le milieu dans lequel il a vécu, les circonstances qui l'ont environné, etc.

Il me paraît évident que Princip n'était pas un assassin vulgaire, mais un jeune homme nerveux et exalté qui, comme son compagnon Cabrinovitch, s'était laissé hypnotiser par sa haine passionnée de l'Autriche au point de commettre un acte de démence.

Le journal de Belgrade *Balkan* disait des deux assassins [2] : « Cabrinovitch, compositeur de musique, était imbu d'idées anarchistes et connu comme un esprit agité. Princip était un jeune homme tranquille, nerveux, docile, qui inclinait au socialisme. Tous deux avaient grandi à Serajevo et étaient unis depuis l'enfance par les liens de la plus intime amitié. »

Un autre journal de Belgrade, le *Mali Journal*, disait, au sujet du meurtre de l'archiduc héritier : « Il fut assassiné par un enfant

[1] Cf. *Le Livre rouge* d'Autriche-Hongrie, N° 19.
[2] Cf. Le *Livre rouge* d'Autriche-Hongrie. Supplément 9, p. 94.

conduit à l'hystérie par la douleur que lui causait l'oppression de son pays natal. »

L'Autriche-Hongrie remit le 23 juillet à la Serbie la note fatale qui réclamait une réponse dans les quarante-huit heures. Cette note constituait contre la Serbie une accusation de complicité dans la conspiration formée par un certain nombre de Bosniaques contre l'Archiduc héritier; elle débutait par un rappel de la déclaration faite par le gouvernement serbe le 31 mars 1909 touchant l'abandon de toute opposition à l'annexion de la Bosnie et de l'Herzégovine. Puis venait l'accusation : « L'histoire des dernières années et plus spécialement les pénibles événements du 28 juin ont montré l'existence en Serbie d'un *mouvement subversif ayant pour but de détacher certaines parties du territoire de la monarchie austro-hongroise*. Le gouvervement serbe, loin d'exécuter les promesses contenues dans la déclaration du 31 mars 1909, n'a rien fait pour réprimer ce mouvement. Il a toléré les manœuvres criminelles dirigées contre la Monarchie par diverses sociétés et associations, et a permis à la presse de tenir le langage le moins mesuré, et de glorifier ceux qui outrageaient l'Autriche. Les dépositions et la confession des auteurs de l'attentat du 28 juin montrent que les assassinats de Serajevo avaient été préparés à Belgrade, que les armes et les explosifs dont les assassins étaient pourvus leur avaient été donnés par des officiers serbes et des fonctionnaires de la *Narodna Odbrana*... Les résultats de l'enquête imposent au gouvernement le devoir de mettre fin aux intrigues qui sont une perpétuelle menace à la tranquillité de la Monarchie. »

Le gouvernement autrichien demanda donc l'assurance formelle que le gouvernement serbe condamnerait cette propagande et l'enjoignit de publier dans le *Journal officiel* une déclaration spécifiée en dix points.

Dans sa réponse du 25 juillet à la note austro-hongroise, le gouvernement serbe déclara « qu'il ne pouvait être tenu pour responsable de manifestations d'un caractère privé telles qu'articles de journaux, paisibles travaux de sociétés, manifestations qui ont lieu dans presque tous les pays, etc. » ; mais qu'il était « prêt à livrer à la justice tout sujet serbe dont la complicité dans le crime de Serajevo serait démontrée... qu'il condamnait et déplorait toute propagande dirigée contre l'Autriche-Hongrie... qu'il regrettait que, à en croire la communication du Gouvernement impérial et royal, certains officiers et fonctionnaires serbes aient pris part à cette propagande... et qu'il s'engageait à prendre les mesures les plus rigoureuses contre toute personne coupable de tels actes, etc. » Toutes ces déclarations devaient être publiées.

Le gouvernement se déclara prêt à exécuter huit des dix points de la note autrichienne relatifs à la répression de l'agitation dirigée contre la Monarchie, mais ajouta « qu'il ne comprenait pas clairement le sens ou la portée de la demande (clause 5) que la Serbie *acceptât la collaboration des agents* du Gouvernement impérial et royal *sur son propre territoire*, et ne pouvait pas consentir à ce que (d'après la clause 6) des *délégués ou des autorités nommés par le Gouvernement impérial et royal* fussent autorisés à participer à l'enquête sur le complot du 28 juin, attendu que ce serait là une *violation de la Constitution et des lois de la procédure criminelle.* »

Le gouvernement serbe concluait sa réponse par les mots suivants : « Si le gouvernement impérial et royal n'est pas satisfait par cette réponse, le Gouvernement royal de Serbie, jugeant qu'il n'est pas de l'intérêt commun de précipiter la solution de cette question, sera toujours prêt à accepter une entente pacifique, soit en portant la question devant le *Tribunal international de la Haye*, ou devant les *grandes Puissances* qui ont pris part à la rédaction de la déclaration faite par le Gouvernement serbe le 31 mars 1909. »

L'ultimatum de l'Autriche-Hongrie, étant donné qu'on s'attendait fermement à ce qu'il fût rejeté par la Serbie, et qu'on désirait que le conflit fût résolu par les armes, fut assurément un acte précipité et déplorable. Son résultat a été une guerre mondiale, au cours de laquelle des millions d'êtres humains ont été tués ou mutilés et qui a été conduite avec une barbarie sans égale dans l'histoire des temps modernes.

XII (*suite*)

LA GUERRE MONDIALE DE 1914

B. Le conflit serbe et les grandes Puissances. — Résolution de l'Autriche de réduire la Serbie par les armes. — Propositions de médiation faites par la Grande-Bretagne, la France et la Russie. — Opposition de l'Autriche. — Pourquoi l'Autriche ne voulait-elle pas d'une conférence ? — L'Allemagne appuie l'Autriche. — Déclarations de guerre aux Puissances.

Tous les juges compétents d'Europe se sont accordés à trouver que les conditions contenues dans les points 5 et 6 n'étaient acceptables pour aucun Etat indépendant. En outre il était *impossible* de s'y soumettre dans le court espace de quarante-huit heures accordé pour la réponse ; il aurait fallu pour cela un changement du code criminel, changement qui demandait un temps plus long.

Les gouvernements de Russie, de France et de Grande-Bretagne exprimèrent aussi l'opinion que ces points étaient inacceptables, et que, sur les autres points, la réponse serbe donnait ample satisfaction à l'Autriche, et c'est là un fait que l'Autriche devrait reconnaître. La Russie d'ailleurs conseilla à la Serbie de faire à la note autrichienne toutes les concessions possibles.

M. Viviani, Président du Conseil français, déclara dans une lettre adressée à M. Paul Cambon à Londres, le premier août :

« La France n'a cessé de donner, d'accord avec l'Angleterre, des conseils de modération à Saint-Pétersbourg. Ces conseils ont été écoutés. Dès le début, M. Sazonof a fait pression sur la Serbie pour qu'elle acceptât toutes celles des clauses de l'ultimatum qui étaient compatibles avec sa souveraineté. »

Lorsque l'article 5, par lequel l'Autriche demandait à la Serbie de permettre la collaboration de fonctionnaires autrichiens dans la répression des mouvements subversifs en Serbie fut jugé inacceptable par les Puissances qui y voyaient un empiétement sur les droits souverains du Royaume, et quand le ministre des Affaires étrangères russe eut appelé l'attention sur ce point, le comte Berchtold chargea l'ambassadeur d'Autriche d'informer M. Sazonof « en stricte confidence » que l'insistance sur ce point « était due entièrement à des considérations pratiques et n'était nullement destinée à soulever la question de la souveraineté de la Serbie. » « En parlant, dans l'article 5, de « collaboration », disait-il, nous songeons à l'établissement à Belgrade d'un « *bureau de sûreté secret* » qui opérerait de la même façon que l'institution russe analogue existant à Paris, et qui collaborerait avec la *police et l'administration serbes.* »

M. Sazonof se laissa persuader que la souveraineté de la Serbie n'était pas menacée, mais déclara qu'user de force envers la Serbie sur ce point serait la réduire à l'état de *vassale de l'Autriche.*

Le *Livre rouge* autrichien et le *Livre bleu* serbe montrent les points de vue des deux Etats au sujet de l'agitation serbe contre l'Autriche. Malgré tous les efforts des deux Etats pour se disculper, le gouvernement serbe porte, sans aucun doute, une lourde responsabilité ; car il était resté inactif devant le mouvement de propagande contre l'Autriche et s'était rendu coupable de divers subterfuges pour masquer l'évidence; il était donc naturel que l'Autriche exigeât des garanties pour l'avenir et demandât satisfaction à la Serbie d'avoir toléré cette agitation dirigée contre elle.

La note autrichienne du 23 juillet, toutefois, ne demandait pas seulement des garanties et des satisfactions; elle semblait encore calculée de manière *à amener le conflit à un point* où il ne pourrait plus être résolu que *par les armes.*

Dans une note remise le 23 juillet à l'ambassadeur d'Autriche à Londres, le comte Berchtold déclarait que l'Autriche ne pouvait soumettre ses demandes à des *négociations et à des compromis*, attendu que tout ce que ces demandes contenaient était *évident,* et que la Monarchie, si elle était soucieuse de ses intérêts économiques, ne pouvait courir le risque de voir la Serbie prolonger la crise indéfiniment.

Le gouvernement autrichien, en réponse à une proposition de médiation faite par sir Edward Grey, insista sur le fait que la question ne regardait que l'Autriche et la Serbie seules ; pourtant il n'ignorait en rien l'attitude de la Russie et il devait par conséquent prévoir qu'une guerre universelle s'ensuivrait.

Quand sir Edward Grey, le 24 juillet, fit remarquer qu'il était inutile que l'Autriche ajoutât à sa note à la Serbie un ultimatum qui exigeait une réponse dans les quarante-huit heures, attendu qu'il serait assez tôt de poser un ultimatum après avoir reçu la réponse, au cas où elle ne serait pas jugée satisfaisante, le comte Berchtold répondit que ce n'était « pas un ultimatum formel », mais seulement « *eine befristete Demarche* » (une démarche avec limite de temps) qui, si elle n'était pas acceptée dans le délai voulu, ne serait « pour le moment suivie que de la rupture des relations diplomatiques et le commencement des préparatifs militaires nécessaires ». Cette explication n'était qu'un jeu de mots diplomatique. Que la note à la Serbie eût tous les caractères d'un ultimatum, cela était rendu plus évident encore par l'observation qui y était ajoutée où l'Autriche se disait « *irrévocablement résolue* » *à faire exécuter ses demandes.*

L'ambassadeur d'Autriche à Belgrade, le baron Giesl, résuma dans un télégramme, le 21 juillet, l'attitude récente de la Serbie qu'il qualifia de « folie nationaliste » ; en même temps il soulignait la haine, bien plus, le mépris de la Serbie pour l'Autriche. Comme ce télégramme fut envoyé seulement un jour avant la note de l'Autriche à la Serbie, on ne saurait croire qu'il formait la base de cette note. De plus, il ne contenait rien que des réflexions générales sur l'irréductible inimitié des Serbes, et le baron Giesl se bornait à remarquer qu' « un règlement de comptes avec la Serbie, une *guerre* destinée à maintenir à la Monarchie sa position de grande Puissance, et son existence même, *ne peut être toujours évitée.* »

Le prince héritier de Serbie Alexandre télégraphia au Tsar le 24 juillet pour lui faire part de la note autrichienne et des points inacceptables, en indiquant la probabilité d'une attaque contre la Serbie. « Il nous est impossible, disait-il, de nous défendre, et nous supplions Votre Majesté de nous donner son aide le plus tôt possible. »

L'empereur Nicolas répondit le 27 juillet qu'il espérait que le gouvernement serbe ne négligerait rien pour éviter la guerre, pour autant que la dignité de la Serbie n'aurait pas à en souffrir et qu'il était en train d'agir lui-même dans le même sens. « Si, disait-il, malgré notre plus sincère désir, nous ne réussissons pas, Votre Altesse peut être assurée que, *en aucun cas,* la Russie *ne se désintéressera du sort de la Serbie.* »

Quand le chargé d'affaires russe à Berlin reçut l'ordre de demander au gouvernement allemand d'obtenir du cabinet de Vienne, le 25 juillet, une prolongation du délai fixé dans l'ultimatum de l'Autriche, M. de Jagow ne le reçut que vers la fin de l'après-midi, c'est-à-dire peu avant le moment où le délai devait expirer. Le représentant de la Russie fit remarquer que le communiqué de l'Autriche aux Puissances était venu si tard que l'effet en était presque illusoire, étant donné que *le temps leur manquait pour prendre connaissance* des faits allégués, et qu'il fallait donc demander une prolongation du délai. M. de Jagow répondit que toutes ces mesures lui paraissaient venir *trop tard.* Il ajouta qu'il n'était « pas question de guerre, mais simplement de punition dans une affaire locale ». Et quand l'ambassadeur se plaignit de ce que « le gouvernement allemand ne semblait pas réaliser ses responsabilités, puisque, si des hostilités éclataient, elles *pourraient entraîner le reste de l'Europe* », M. de Jagow répondit qu'il ne pouvait croire à de pareilles conséquences.

Cette façon de se laver les mains de tout le conflit et de se refuser à une médiation sous prétexte qu'il ne s'agissait que d'une question de « punition » dans une affaire locale est une attitude beaucoup trop légère dans une conjoncture d'une si haute gravité. Elle montre, en tout cas, que l'Allemagne était décidée à n'encourager aucune médiation.

Le même jour, le chargé d'affaires russe à Vienne fit des représentations analogues au ministère des Affaires étrangères et lui fit remarquer que c'était manquer à la courtoisie internationale que de donner aux Puissances des causes de plaintes fondées sur des documents absents et sans leur laisser le temps nécessaire pour s'enquérir des circonstances.

Quand le gouvernement russe demanda au comte Berchtold d'accorder une prolongation au délai fixé dans l'ultimatum à la Serbie, celui-ci chargea le comte Szapary, ambassadeur d'Autriche à St-Pétersbourg de répondre (25 juillet) « *Nous ne pouvons pas permettre une prolongation de ce délai* ». L'ambassadeur fut encore chargé de dire : « *Notre note aux Puissances n'était nullement destinée à les presser de donner leurs avis respectifs* » et ne devait être regardée que « comme un *avis* que nous pensions devoir leur donner pour ne pas manquer à la courtoisie internationale. »

C'était là rejeter catégoriquement toute médiation.

Le même jour, le baron Giesl annonçait à la Serbie que les relations diplomatiques étaient rompues et quittait aussitôt Belgrade.

Que le gouvernement autrichien, en déclinant toute médiation des Puissances dans la question de Serbie, ait su que la Russie, au cas d'une guerre avec la Serbie, dût être l'alliée de ce pays et l'Allemagne de l'Autriche, cela résulte avec évidence de la lettre adressée le 25 juillet par le comte Berchtold à l'ambassadeur d'Autriche, comte Szapary : « Nous comprenons, cela va sans dire, qu'*un conflit avec la Russie* peut sortir de la querelle serbe. Cependant il est concevable, si la Serbie rejette nos demandes et qu'une intervention armée de notre part devient nécessaire, que la Russie réfléchisse avant d'agir et soit même disposée à réfréner le parti de la guerre. »

Le comte Berchtold supposait aussi que l'ambassadeur était arrivé à une entente parfaite avec l'ambassadeur d'Allemagne à Pétersbourg « qui a sans doute été chargé par son gouvernement de bien faire comprendre au gouvernement russe que, au cas d'un conflit avec la Russie, l'Autriche-Hongrie *ne demeurerait pas seule.* »

La déclaration de guerre de l'Autriche à la Serbie fut faite le 28 juillet par la communication suivante du ministre des Affaires étrangères : « Le Gouvernement royal de Serbie n'ayant pas répondu d'une manière satisfaisante à la note que le ministre d'Autriche-Hongrie remit le 23 juillet, le Gouvernement impérial et royal se voit forcé de *pourvoir à la sauvegarde de ses droits et de ses intérêts* et, dans ce but, *d'avoir recours à la force des armes.* L'Autriche-Hongrie se considère donc désormais en *état de guerre* avec la Serbie. »

Le jour suivant Belgrade était bombardée.

Même si les charges de l'Autriche-Hongrie contre la Serbie au sujet de l'agitation agressive causée par la propagande panserbiste étaient fondées, cela ne constituait pas une raison suffisante de faire la guerre avant que des efforts eussent été faits pour régler la querelle soulevée par l'assassinat de l'archiduc-héritier, étant donné surtout que la Serbie s'était ralliée au projet d'une médiation des Puissances neutres et avait suggéré elle-même que l'affaire fût portée devant le tribunal de La Haye.

A en croire le *Livre rouge* autrichien, la *mobilisation russe* fut la cause de la rupture entre la Russie et l'Allemagne.

Mais il faut remarquer que le ministre de la Guerre russe avait déclaré à l'attaché militaire allemand à Pétersbourg, dès le 26 juillet, que, *si l'Autriche passait la frontière serbe, la Russie mobiliserait* quatre districts militaires contre l'Autriche. Ainsi, quand l'Autriche déclara la guerre à la Serbie, elle savait à quoi s'en tenir sur les intentions de la Russie Il semble un peu naïf que le comte Berchtold ait alors prié le gouvernement allemand de rendre, « d'une façon amicale », le gouvernement russe attentif au fait que cette mobilisation constituait une menace contre l'Autriche « et qu'on y devrait répondre par les plus considérables contre-mesures militaires en Autriche et en Allemagne ». Les ambassadeurs à Pétersbourg et à Paris étaient chargés, eux aussi, « de déclarer amicalement qu'une continuation de la mobilisation russe entraînerait des mesures semblables en Allemagne et en Autriche, ce qui mènerait aux plus graves conséquences. Ceci était une dernière tentative pour empêcher une guerre européenne. »

Mais il est de la plus grande importance de remarquer que le comte Berchtold déclara néanmoins que l'Autriche *ne pouvait évidemment admettre aucune entremise dans ses mesures militaires contre la Serbie.*

Notons que l'Allemagne ne demanda à l'Autriche de cesser de mobiliser, au risque d'entraîner une mobilisation en Allemagne et une déclaration de guerre, qu'*après* les représentations autrichiennes du 28 et du 29 juillet. Ainsi, l'Autriche doit être tenue pour responsable, dans une grande mesure, de l'ultimatum allemand du 31 juillet, et la cause en est à son obstination à vouloir régler le conflit serbe par les armes et à son refus d'accepter la médiation proposée par sir Edward Grey. Quand, le 31 juillet, le comte Berchtold déclara qu'il voulait bien accepter de nouvelles propositions de l'Angleterre en vue d'une médiation, il posa deux conditions : que l'action militaire de l'Autriche contre la Serbie continuât, et que le cabinet anglais obtînt du gouvernement russe qu'il suspendît sa mobilisation contre l'Autriche.

Le comte Berchtold, toutefois, avait déclaré le jour précédent dans un télégramme adressé à l'ambassadeur d'Autriche à Pétersbourg « *qu'il n'avait jamais été dans les intentions de l'Autriche de retirer aucune partie des points de la note.* »

Usant d'un vieil artifice de tactique, qui maintenant semblerait démodé, l'Autriche-Hongrie affecta de dire, au début de la guerre, que *la Serbie était l'agresseur !*

Le comte Berchtold chargea son ambassadeur à Londres, le 28 juillet, d'informer sir Edward Grey que la Serbie avait décrété la mobilisation générale dès le 25 juillet, à trois heures de l'après-midi, alors que sa réponse à la note autrichienne ne fut remise qu'à six heures, et que l'Autriche « n'avait pris jusque là aucune mesure militaire », mais « fut forcée de le faire par la mobilisation serbe ». Le ministre d'Autriche à Pétersbourg fut chargé de faire la même déclaration.

Le peu de valeur qu'il faut attacher à ces déclarations est prouvé par le fait que le comte Berchtold avait, dès le 24 juillet, informé l'ambassadeur d'Autriche à Londres que des « *préparatifs militaires » en Autriche devaient suivre l'expiration du délai.*

Quand l'Autriche-Hongrie eût remis sa déclaration de guerre à la Serbie et déclenché immédiatement des opérations militaires (29 juillet), bien que la Russie eût déclaré qu'elle ne pouvait rester indifférente au sort de la Serbie, la Russie mobilisa quatre districts militaires. Le gouvernement allemand avait été averti que cette mesure de la Russie était la *conséquence des préparatifs militaires de l'Autriche.* Le ministère des Affaires étrangères russe publia un compte-rendu des quelques jours qui avaient précédé la guerre et il y rappela que, « *soit par la voie des négociations directes avec le Cabinet de Vienne, soit en suivant la proposition de la Grande-Bretagne*, par la voie d'une conférence entre les quatre grandes Puissances, l'Angleterre, la France, l'Allemagne et l'Italie, le *gouvernement russe s'était montré disposé* à continuer les pourparlers en vue d'une solution pacifique du conflit. »

« Cependant, disait-il, cette tentative de la Russie échoua également ; l'Autriche-Hongrie déclina un nouvel échange de vues avec nous, et le Cabinet de Vienne se déroba à la participation à la Conférence projetée des Puissances. Néanmoins la Russie ne discontinua pas ses efforts en faveur de la paix ; mais ses propositions furent jugées inacceptables par l'Allemagne. Simultanément on reçut à Saint-Pétersbourg la nouvelle de la proclamation de la mobilisation générale en Autriche-Hongrie. En même temps, les hostilités continuaient sur le territoire serbe, et Belgrade fut bombardé derechef[1]. »

Il est attesté unanimement par les sources anglaises, russes et françaises (*Livre blanc* et *Livre jaune*) que *non seulement l'Autriche cacha entièrement ses intentions contre la Serbie durant le mois de juillet*, mais qu'elle chercha, au contraire, *à faire croire aux Puissances de l'Entente* qu'elle ne préparait aucune entreprise guerrière, mais qu'« on pouvait s'attendre à une *solution pacifique* », ainsi que le rapporta le 22 juillet M. Dumaine, ambassadeur de France à Vienne.

L'Allemagne, en outre, affirma à plusieurs reprises aux Puissances de l'Entente que le gouvernement allemand n'avait eu

[1] *Livre orange* russe nº 77.

aucune connaissance de la note autrichienne avant qu'elle fût remise à la Serbie.

M. de Jagow, ministre des Affaires étrangères allemand, déclara le 24 juillet, en réponse à la question de M. Jules Cambon, ambassadeur de France, que le Cabinet de Berlin *n'avait rien su des demandes de l'Autriche* avant qu'elles fussent présentées à Belgrade, mais qu'il les *approuvait* maintenant qu'il les connaissait. M. Cambon, cependant, fut frappé par l'anxiété avec laquelle M. de Jagow et tous ses fonctionnaires tâchaient de faire croire à chacun qu'ils ignoraient le contenu de la note autrichienne. M. de Jagow déclara aussi solennellement à un représentant de la légation anglaise qu'il n'avait eu aucune connaissance préalable de la note.

Le baron de Schœn, ambassadeur d'Allemagne à Paris, affirma le 25 juillet au ministre des Affaires étrangères qu'il n'y avait pas eu « concert » entre l'Autriche et l'Allemagne pour la note autrichienne, et que le gouvernement allemand ignorait celle-ci, bien qu'il l'eût approuvée ultérieurement. M. Berthelot, directeur politique par intérim, lui dit franchement que, « pour tout esprit simple, l'attitude de l'Allemagne ne pouvait s'expliquer *si elle ne tendait pas à la guerre*. Etait-il vraisemblable que l'Allemagne se fût rangée, *les yeux fermés*, à côté de l'Autriche dans une pareille aventure? Pouvait-on admettre que l'Autriche eût pris une position sans recul possible, avant d'avoir *pesé, avec son alliée, toutes les conséquences* de son intransigeance? M. de Schœn affirma de nouveau que l'Allemagne avait ignoré le texte de la note autrichienne. »

Les Puissances de l'Entente avaient leurs raisons pour douter de cette affirmation. M. Allizé, ministre de France à Munich, avisa le ministre des Affaires étrangères, le 23 juillet, que le président du conseil de Bavière avait parlé de « la note autrichienne, *dont il avait connaissance* ». En outre, l'ambassadeur d'Angleterre à Vienne, Sir Maurice de Bunsen, informa Sir Edward Grey que *l'ambassadeur d'Allemagne avait connaissance du texte de l'ultimatum autrichien*, avant qu'il fut envoyé à Belgrade, et qu'il l'avait télégraphié à l'empereur d'Allemagne. « Je sais, disait-il, par l'ambassadeur lui-même, qu'il en approuve chaque mot[1]. » Tout cela était bien étrange. L'empereur d'Allemagne, comme le président du conseil de Bavière, avait eu connaissance du contenu de la note avant qu'elle fût remise à la Serbie, tandis que

[1] *Livre jaune* français, nº 21, et *Livre bleu* anglais, nº 95.

M. de Jagow, ministre des Affaires étrangères, et M. de Schœn, ambassadeur d'Allemagne, n'en savaient rien ! Cela veut-il dire que l'empereur, qui ne doit compte de ses actions qu'à Dieu seul, n'a pas à conférer avec ses ministres, ou qu'il était malade le jour fatal où la note lui fut télégraphiée et n'en put faire aucune communication ? Ou bien est-ce *de la haute politique* ? Si c'est le cas, il est regrettable que cette politique ait été complètement percée à jour par les ambassadeurs de France et d'Angleterre. Cela rappelle un des mots favoris de Bismarck : « Il ment comme une dépêche ! » Les ministres allemands sont-ils désireux de se montrer aussi ingénus que Bismarck le jour où il contrefit la dépêche d'Ems ?

A en juger par tous les rapports, il est évident que les Puissances de l'Entente furent complètement prises au dépourvu par les demandes de l'Autriche dans la note à la Serbie, par son imprévu et par sa forme d'ultimatum, juste au moment où le président de la République et le président du conseil faisaient route entre Pétersbourg et Stockholm, et se trouvaient ainsi dans l'impossibilité de rien faire, dans le court délai de quarante-huit heures, pour contribuer à une solution pacifique du conflit.

Sir Maurice de Bunsen, ambassadeur d'Angleterre à Vienne, télégraphia le 27 juillet à Sir Edward Grey que, après avoir conféré avec les ambassadeurs des grandes Puissances, il gardait l'impression que « la note de l'Autriche-Hongrie était rédigée *de façon à rendre la guerre inévitable.* »

Quand Sir Edward Grey, le 26 juillet, soumit sa proposition, appuyée par la France, d'une *conférence* entre l'Allemagne, la Grande-Bretagne, la France et l'Italie, dans le but d'empêcher les hostilités entre l'Autriche et la Russie, M. de Jagow déclara, le 27 juillet, que cette conférence, du point de vue politique, ne serait rien de moins qu'*une cour d'arbitrage*, et ne pouvait être convoquée qu'à la demande des deux Etats en conflit. Il « *ne pouvait* donc, disait-il, *approuver la proposition*, quelque heureux qu'il eût été de concourir à maintenir la paix ». Il déclara, malgré les prières instantes de M. Cambon, qu'« *il ne pouvait intervenir* dans le conflit austro-serbe ». Quand on lui demanda s'il avait entrepris de suivre aveuglément l'Autriche quoi qu'elle pût faire, et s'il avait pris connaissance de la réponse de la Serbie à l'Autriche, il dit qu'il « n'en avait pas encore eu le temps [1]. »

Dans un télégramme du 28 juillet à Sir Edward Grey, Sir

[1] *Livre jaune* français, n° 74.

Edward Goschen, ambassadeur d'Angleterre à Berlin, déclarait: « Le Chancelier de l'Empire a désiré que je vous dise qu'il a le plus grand désir que l'Allemagne *travaille avec l'Angleterre* à maintenir la paix générale... *Il n'a pas pu accepter votre proposition d'une conférence* des représentants des Grandes Puissances, parce qu'il ne jugeait pas qu'elle pût avoir un résultat... Son Excellence dit qu'*il ne voulait pas discuter la note à la Serbie*, mais que le point de vue de l'Autriche — qui était le sien aussi — était que sa querelle avec la Serbie ne *regardait que l'Autriche* et ne concernait en rien la Russie... Ses derniers mots ont été qu'une guerre entre les Grandes Puissances devait être évitée ».

Le jour suivant, Sir Edward Goschen télégraphiait à Sir Edward Grey : « Le Chancelier de l'Empire regrette de dire que le gouvernement austro-hongrois, à qui il a communiqué tout de suite votre opinion, a répondu que *les événements avaient marché trop rapidement*, et que, par conséquent, il était *trop tard* pour agir selon votre suggestion d'après laquelle la réponse serbe pouvait former la base d'une discussion prolongée. »

Quand la Serbie refusa de se soumettre à une surveillance de la police autrichienne, comme l'avait demandé l'Autriche, et que l'Autriche ne voulut pas accepter les promesses de la Serbie sans garantie de leur accomplissement, M. Cambon suggéra à Berlin qu'une *Commission internationale* fût nommée pour surveiller l'enquête de la Serbie sur la conspiration contre l'Autriche. Mais Berlin et Vienne jugèrent qu'il n'y avait pas de temps à perdre. Quand la suggestion de M. Cambon fut avancée, le 29 juillet, le conflit entre l'Allemagne et la Russie était déjà au premier plan.

Les documents officiels français et anglais contiennent des reproches véhéments contre l'Allemagne, l'accusant d'avoir, par son ultimatum à la Russie, détruit toute possibilité d'une solution pacifique, qu'on pouvait encore espérer au moment où le comte Berchtold permettait à son ambassadeur à Pétersbourg de discuter la note serbe avec le ministre russe des Affaires étrangères.

Tandis que le gouvernement autrichien jugeait que la réponse de la Serbie à sa note n'était pas satisfaisante et que l'attitude conciliante n'en était qu'apparente, l'ambassadeur d'Angleterre à Vienne émit l'opinion que la réponse de la Serbie semblait fournir une base d'entente. Mais le comte Berchtold fut d'un sentiment contraire. Sur quoi Sir Edward Grey demanda au Gouvernement allemand d'exercer une pression sur Vienne, soit pour qu'on y regardât la note serbe comme satisfaisante, soit pour qu'on en fît la base d'une discussion entre les Cabinets. Mais le comte Berchtold s'obstina également à décliner les suggestions venues d'Allemagne, sous prétexte que la partie négative de la réponse serbe avait trait précisement au point qui devait garantir l'accomplissement de ce que désirait l'Autriche.

L'ambassadeur d'Allemagne à Vienne, M. de Tschirscky, y travaillait pour la guerre, si l'on en croit les ambassadeurs de France et d'Angleterre ; et M. Cambon, ambassadeur de France à Berlin, rapporta que l'Allemagne se préparait à « *soutenir l'Autriche* d'une manière particulièrement effective ».

Quand, le 30 juillet, l'ambassadeur d'Allemagne à Pétersbourg demanda que la Russie cessât ses préparatifs militaires, affirmant que l'Autriche ne violerait pas l'intégrité du territoire serbe, M. Sazonoff répondit : « Ce n'est pas seulement l'intégrité territoriale de la Serbie que nous devons sauvegarder, c'est encore son indépendance et sa souveraineté. Nous ne pouvons pas admettre que la Serbie devienne *vassale de l'Autriche.* En intervenant à Pétersbourg, tandis qu'elle décline d'intervenir à Vienne, l'Allemagne *ne cherche qu'à gagner du temps,* afin de pouvoir écraser le petit royaume serbe *avant que la Russie ait pu le soutenir.* Mais l'empereur Nicolas a un tel désir de conjurer la guerre, que je vais vous faire en son nom une nouvelle proposition :

» Si l'Autriche, reconnaissant que son conflit avec la Serbie a assumé le caractère d'une question d'intérêt européen, se déclare prête à *éliminer de son ultimatum les clauses qui portent atteinte à la souveraineté de la Serbie,* la Russie s'engage à *cesser toute mesure militaire* [1]. »

A en croire les affirmations du chancelier Bethmann-Hollweg dans le *Livre blanc* allemand, *l'Allemagne avait l'intention de faire cause commune avec l'Autriche dans le conflit serbe.* Ce fait est de la plus haute importance, puisqu'il implique que l'Allemagne approuvait les préjudices infligés à la Serbie par l'Autriche, et le refus de l'Autriche d'accepter la proposition serbe tendant à un règlement de compte à l'amiable, et rejetait la suggestion faite par la Serbie de porter l'affaire devant le tribunal de La Haye, et celle de Sir Edward Grey de convoquer une conférence de quatre Grandes Puissances en vue d'aplanir les difficultés entre la Russie et l'Autriche et d'éviter la guerre.

Tout concourt à montrer — et les preuves ne manquent pas dans la correspondance officielle et publiée des Puissances avant

[1] *Livre jaune* français n° 103 et *Livre orange* russe n° 60.

les déclarations de guerre, — que le gouvernement allemand, tout en affichant en toute occasion ses intentions pacifiques et son désir d'agir en harmonie avec les autres Puissances, par ses retards et ses réponses évasives, se plaça entre l'Autriche et les Puissances, rendit vaines toutes les tentatives de conciliation, et, sinon poussa, du moins encouragea l'Autriche à prendre une attitude inflexible.

Comment excuser une politique comme celle du chancelier allemand qui faisait profession de vouloir agir dans le même sens que l'Angleterre et qui, pourtant, *se refusait à discuter la question* dont il s'agissait ? Comment excuser une attitude comme celle du ministre des Affaires étrangères allemand, ou celle du gouvernement autrichien, qui jugeaient que les propositions de négociation ou de médiation venaient trop tard, que les événements avaient marché trop vite, etc. ? Pendant les derniers jours avant les déclarations de guerre, de nombreux télégrammes furent échangés entre les monarques de Russie, d'Angleterre et d'Allemagne, se conjurant les uns les autres de travailler au maintien de la paix et de différer la mobilisation ; le prince Henri de Prusse et le roi Georges échangèrent aussi des dépêches sur ce sujet. Mais tout cela fut vain, puisque les seuls moyens d'éviter la guerre, les propositions de médiation ou d'arbitrage, furent rejetés par l'Allemagne et par l'Autriche.

Il est curieux de remarquer que le télégramme envoyé par le tsar à l'empereur Guillaume le 29 juillet et où il manifestait son désir d'un *arbitrage*, A ÉTÉ OMIS dans le *Livre blanc* allemand ! Il a été publié depuis dans la *Gazette officielle* de Russie ; il contient le passage suivant : «*Il serait bon de porter le problème austro-serbe devant le tribunal de La Haye*. Je compte sur votre sagesse et votre amitié. »

En commentant cette dépêche, la *Norddeutsche Allgemeine Zeitung* fait remarquer que cette proposition d'arbitrage « ne pouvait pas être considéré sérieusement *au moment où la Russie faisait des préparatifs militaires contre l'Autriche*, puisque, ce même 29 juillet, la Russie ordonnait la mobilisation de treize corps d'armée contre l'Autriche-Hongrie ». Il faut remarquer que les mobilisations furent constamment alléguées comme causes de guerre ; et, pourtant, il va sans dire que tout Etat, y compris l'Allemagne, doit se préparer à recourir aux armes, *pour le cas où les négociations n'aboutiraient pas*.

Dans son livre *Wer hat den Krieg verbrochen ?* le comte

Andrassy se plaint de la politique russe dans les Balkans et s'efforce de montrer que c'est la Russie surtout qui est responsable de l'agitation serbe et que « *l'hostilité et les prétentions russes dans l'Est* furent le *primum mobile* et la *vraie cause de la guerre mondiale*, et que cette politique agressive ne fut rendue possible que par *ses alliés*. »

La responsabilité de l'Autriche-Hongrie dans cette guerre ne peut, dit le comte Andrassy, même aux yeux de l'Entente, « consister que dans notre désir de poursuivre un but légitime, et de sauvegarder notre existence et nos intérêts les plus vitaux *par des moyens radicaux* que l'Entente ne trouvait pas à son gré et ne se souciait pas de sanctionner », — ce qui signifie, en d'autres termes : châtiment par les armes, dans une *guerre localisée*. Car, dit-il, le conflit avec la Serbie était « une question qui ne concernait personne autre que nous ». Il dit encore : « Tandis que les actes *(Daten)* de l'Entente montrent qu'elle ne fit aucun *effort tangible* dans l'intérêt de la paix du monde, ces mêmes faits montrent que nous, les offensés, le parti menacé, avions consenti de *grands sacrifices* pour la paix ». Il loue aussi l'Allemagne d'avoir « soutenu avec honneur l'Autriche dans sa tentative de résoudre le conflit serbe *sans complications européennes* et avec des garanties telles qu'elles eussent empêché tout retour des agitations qui ont eu lieu jusqu'ici ».

Il est surprenant que le comte Andrassy refuse aux Puissances de l'Entente le mérite d'avoir tenté de résoudre le conflit serbe dans l'intérêt de la paix, alors qu'il est démontré qu'elles firent les plus grands efforts dans cette direction. D'autre part, il n'hésite pas à déclarer que l'Autriche-Hongrie fit de « grands sacrifices ». Or, ces sacrifices sont restés ignorés. Il est clair que l'Autriche ne fit de concession sur aucun point de son ultimatum à la Serbie, et Andrassy lui-même dit que des « moyens plus radicaux » que ceux de l'Entente devaient être employés. En ce qui concerne le concours de l'Allemagne, il n'était pas de nature à éviter des complications européennes. Bien au contraire.

Nous avons, de source autrichienne, une déclaration remarquable qui est en contraste évident avec les vues du comte Andrassy et qui montre que l'Allemagne exerça réellement une influence déterminante sur l'attitude de l'Autriche dans le conflit serbe. Il s'agit d'une communication publiée le 17 décembre 1914 dans la *Gazette de Lausanne* par un *diplomate autrichien*, qui s'était retiré par suite de divergences de vues avec les chefs de la politique austro-hongroise. « La réponse serbe à l'ultimatum du Cabinet de Vienne après l'attentat de Serajevo, écrit-il entre autres choses, paraissait suffisante pour qu'on pût conclure à une véritable victoire diplomatique. En acceptant une conférence des Puissances on pouvait obtenir une demi-vassalité qui aurait permis d'empêcher les retours du pan-serbisme qu'affectionne et que cultive à notre détriment le Gouvernement de Belgrade.

» *Notre diplomatie fut poussée à l'intransigeance*, et, le jour où les affaires parurent, malgré tout, s'arranger, l'ultimatum à la Russie fut envoyé afin de nous couper les ponts et pour empêcher *toute velléité d'accommodement* de notre part.

» Depuis le 7 octobre 1879, date à laquelle nous signâmes un pacte d'alliance avec l'Allemagne et l'Italie, nous avons servi d'*instrument à la politique du roi de Prusse.* Le rôle de l'Italie n'a pas été plus brillant que le nôtre ; du moins a-t-elle su, dans ces dernières années, prendre conscience de ses intérêts vitaux et se dégager de la tyrannie germanique, et cela encore à notre détriment.

» Pendant quarante ans, *le Ballplatz a marché dans les voies que lui traçait Berlin ;* on oublia Sadowa, pour courir sus à l'Orient que l'Allemagne nous désignait comme une belle proie en même temps qu'elle nous empêchait de nous en saisir. Nous ne servions qu'à inquiéter la Russie, à menacer les intérêts des Puissances méditerranéennes et aussi à permettre aux chanceliers allemands d'entretenir *le malaise politique nécessaire pour leur permettre de faire voter par le Reichstag les formidables crédits militaires.* »

Nous avons vu, par ce qui précède, que d'abord la Serbie, dans sa réponse, puis l'empereur Nicolas, proposèrent que le conflit serbe fût porté devant le Tribunal de La Haye, et que la Grande-Bretagne et la France avaient suggéré une médiation des grandes Puissances, mais que l'Autriche n'en voulut pas entendre parler.

C'était l'occasion, ou jamais, pour les Puissances placées devant l'éventualité d'une guerre générale, de se montrer unanimes à désirer que la dispute fût portée devant le Tribunal de La Haye. Les délégués à la Conférence de La Haye de 1907 avaient affirmé leur désir inflexible de voir se maintenir la paix universelle et d'encourager, par tous les moyens possibles, *l'arrangement à l'amiable* des disputes internationales. Ils s'étaient engagés, autant que les circonstances le permettraient, à réclamer le concours des Puissances neutres avant de recourir aux armes.

Il est piquant de remarquer que la Serbie ne s'était pas ralliée à la Convention de La Haye, tandis que l'Autriche y était représentée !

Quel peut avoir été le vrai motif de l'Autriche, dans le conflit serbe, en préférant la guerre à un arbitrage ?

Ce motif doit avoir été des plus graves. Je ne puis trouver qu'une seule raison : le gouvernement autrichien devait craindre que le mandat du Congrès de Berlin autorisant l'Autriche à *occuper* la Bosnie et l'Herzégovine, l'occupation elle-même après trois mois de guerre, et enfin l'*annexion* formelle, fussent présentés comme jetant quelque lumière sur l'agitation anti-autrichienne en Serbie et en Bosnie. Il était impossible de savoir à l'avance comment une conférence jugerait ces matières. Le mandat du Congrès de Berlin autorisant l'Autriche à occuper les deux provinces, pouvait être désapprouvé : autres temps, autres hommes, autres points de vue ; ou peut-être que la Conférence n'accepterait pas le décret impérial proclamant l'annexion et le traiterait de *chiffon de papier sans valeur*, avec bien plus de raison que M. de Bethmann-Hollweg le traité de neutralité belge.

L'Autriche a maintenu, en réponse aux aspirations pan-serbistes qu'il lui était impossible de céder à la Serbie aucune partie de son territoire ; cela eût été un précédent dangereux pour les autres parties de la Monarchie.

Mais, à supposer qu'une conférence vînt décider que la partie appelée Bosnie et Herzégovine n'était pas un territoire acquis légitimement ? A supposer qu'elle considérât l'annexion comme une violation des droits internationaux ?

Ces craintes ne laissaient pas d'être fondées. L'Autriche n'en voulait point courir le risque et refusa, sans conditions, d'accepter les propositions d'un arbitrage. Mais elle n'aurait pu agir de la sorte sans l'aide de l'Allemagne et sans l'espoir que l'Allemagne lui donnerait un appui effectif.

Le comte Andrassy l'avoue sans ambages dans son livre *Wer hat den Krieg verbrochen ?* « L'Allemagne, dit-il, fit tout ce qui était en son pouvoir pour localiser la question, mais quand elle vit que la chose n'était pas possible et que la Russie était prête à entrer en guerre pour sauvegarder le prestige de la Serbie, l'Allemagne n'eut plus qu'un but : conduire les négociations de façon à obtenir une *décision rapide* et *à augmenter les chances de victoire.* »

M. Ivanovitch, ministre de Serbie à Vienne, écrivit au chef du

Cabinet, M. Pachitch, dans un rapport sur la situation, que l'ambassadeur d'Allemagne à Vienne, M. de Tschirscky, avait déclaré ouvertement que *la Russie ne bougerait pas pendant que l'Autriche-Hongrie faisait contre la Serbie son expédition de châtiment*, et que la Russie n'avait aucun droit d'intervenir.

Longtemps auparavant, on avait dit et écrit à Vienne qu'il fallait faire la *guerre à la Russie avant qu'elle fût prête* militairement.

M. Dumaine, ambassadeur de France à Vienne, écrivit le 28 juillet 1914 au ministre des Affaires étrangères : « Parmi les soupçons qu'inspire la soudaine et violente résolution de l'Autriche, le plus inquiétant est que l'Allemagne l'aurait poussée à l'agression contre la Serbie afin de pouvoir elle-même entrer en lutte avec la Russie et la France dans les circonstances qu'elle suppose devoir lui être le plus favorables. »

M. Salandra, chef du Cabinet italien, fit à la Chambre, le 4 décembre 1914, à propos de la façon dont la guerre avait éclaté, une déclaration qui montre aussi l'opinion qu'on avait en Autriche sur l'attitude de la Russie : « Dès le début, après le crime de Serajevo, quand les relations entre l'Autriche et la Serbie étaient au pire, le marquis de San Giuliano, alors ministre des Affaires étrangères, jugea qu'il était de son devoir de conseiller à Vienne de *montrer de la modération et d'éviter une intervention de la Russie* en faveur de Belgrade. L'Autriche répondit à cela qu'elle ne croyait pas que *la Russie était suffisamment préparée*, après la guerre avec le Japon, pour entreprendre des opérations militaires en faveur de la Serbie. »

Le gouvernement allemand et l'état-major général savaient bien qu'il fallait *agir promptement*, et ne croyaient certes pas que la Russie serait prête à entrer en lutte avec l'Allemagne en 1914. C'est pourquoi l'Allemagne provoqua audacieusement le destin et se plaça sans hésitation aux côtés de l'Autriche, quand cette monarchie déclara la guerre à la Serbie.

Le plan de l'Allemagne, confiante qu'elle était dans la supériorité de sa préparation militaire, et pensant n'avoir affaire qu'à l'Alliance franco-russe, était de se précipiter sur la France avec la rapidité de l'éclair et de l'obliger à capituler, ou, du moins, de prendre Paris par un coup de main, et, ensuite, avec une égale rapidité, de jeter la plus grande partie de ses armées à travers la Russie et de la réduire à merci par une série de victoires décisives. Au début de la guerre, des officiers se sont vantés, avec la plus grande confiance, à Berlin, devant des gens que je connais, « d'être à Paris quatre semaines plus tard », et telle semblait être l'opinion générale.

Comme, en 1914, l'Angleterre était menacée d'une guerre civile avec l'Irlande et se trouvait au seuil d'une révolution sociale, et que la Russie pouvait craindre elle aussi un grand bouleversement, tandis qu'en France la nouvelle loi militaire était encore en discussion, il est plus que probable que l'Allemagne et l'Autriche jugèrent que le moment était bien choisi pour entrer en guerre avec ces pays et pensèrent qu'il ne convenait pas de différer davantage.

Bien que la guerre eût pu être évitée si l'Autriche avait accepté les offres de médiation dans le conflit serbe, on prétendit que *la guerre avait été imposée à l'Autriche.* Ainsi François-Joseph écrivit à son premier ministre, M. Stürgkh, en février 1915, une lettre autographe dans laquelle se trouvent les passages suivants : « Quand je jette les yeux sur cette période d'une demi-année, durant laquelle nous avons été entraînés dans une lutte *qui nous a été imposée* par les intentions hostiles de nos ennemis, je songe, avec un cœur plein de reconnaissance, à l'esprit de sacrifice de mes peuples fidèles pendant ces temps douloureux. »

Le comte Andrassy parle de la même façon dans son ouvrage déjà mentionné sur les causes de la guerre : « La responsabilité en appartient d'abord à la Russie, et, à un moindre degré, à ses alliés. *Nous n'avons fait que nous défendre.* »

Dans le discours du trône, par lequel l'empereur Guillaume ouvrit la séance extraordinaire du Reichstag, le 4 août, le monarque s'exprime comme suit : « *François-Joseph fut forcé de recourir aux armes* pour défendre le salut de son pays contre les dangereuses machinations d'un Etat voisin... Quand la monarchie avec laquelle nous sommes alliés, voulut affirmer ses justes intérêts, *l'empire russe se mit en travers de son chemin.* Ce n'est pas seulement notre devoir d'alliés fidèles qui nous appelle aux côtés de l'Autriche ; nous sommes aussi placés devant la tâche immense de *sauvegarder notre propre position* en même temps que la culture commune à nos deux pays contre l'assaut des forces ennemies... L'hostilité qui couvait depuis si longtemps à l'Est et à l'Ouest, a jailli maintenant en flammes. La situation actuelle est le résultat d'un ressentiment accumulé pendant des années contre *la puissance et la prospérité de l'empire allemand...* D'après les documents qui ont été placés devant vous (le *Livre blanc* allemand), vous verrez comment mon gouvernement, et d'abord, et surtout, mon chancelier, ont, jusqu'à la dernière minute, fait tous leurs efforts pour *éviter une catastrophe*. C'est dans un cas de *légitime défense*, c'est avec une conscience et des mains nettes, que nous tirons l'épée. »

Le chancelier de l'Empire, M. de Bethmann-Hollweg, a exposé la situation à la veille de la guerre dans le *Livre blanc* allemand (3 août). Il a décrit la conspiration contre l'archiduc François-Ferdinand et l'agitation panserbe et parlé de l'espoir nourri par la Serbie d'obtenir la Bosnie et l'Herzégovine avec l'aide de la Russie; mais il n'a pas dit un mot de l'annexion par l'Autriche de ces provinces, et du mécontentement qui s'en était suivi. Il jugeait évidemment que l'empereur d'Autriche était pleinement dans son droit quand il les annexa à son royaume en 1908, et que toute protestation contre cette mesure était une action criminelle. « Il était clair pour l'Autriche, dit-il, qu'il n'était conforme ni à la dignité de la Monarchie, ni à son désir de sauvegarder son existence, d'assister plus longtemps en témoin passif à ce mouvement de l'autre côté de la frontière. Le Gouvernement impérial et royal *en appela au jugement impartial de l'Allemagne*, et nous ne pûmes qu'embrasser, de tout notre cœur, le sentiment de nos alliés sur la situation... Nous ne pouvions pas, quand il s'agissait des intérêts vitaux de l'Autriche-Hongrie, lui conseiller de faire des concessions, d'autant moins que nos propres intérêts étaient sensiblement menacés par l'agitation serbe. Si les Serbes, aidés par la Russie et la France, avaient continué à menacer *l'existence de l'Autriche-Hongrie*, cela aurait amené peu à peu la chute de l'Autriche et la réunion de tous les Slaves sous le sceptre russe, et la situation de la *race germanique* en Europe centrale serait devenue intenable. »

Il est vraiment surprenant de rencontrer une telle sollicitude pour l'Autriche de la part de ceux-là mêmes dont ce pays avait reçu *un des coups les plus cruels* qui aient été portés dans les temps modernes. Rappelons, en effet, que la Prusse avait fait la guerre à l'Autriche, l'avait vaincue à Sadowa, l'avait ébranlée dans sa position de grande Puissance, l'avait exclue de la Fédération germanique, et lui avait enlevé la Vénétie pour en faire présent à l'Italie. Après cela, pendant longtemps, aucun pays ne fut plus haï en Autriche que la Prusse. On n'en veut pour preuve que la politique anti-prussienne du premier ministre Beust, qui rêva de se venger de 1866, rechercha l'alliance de la France, promit à Napoléon III le concours de l'Autriche en 1870, et travailla à empêcher la reconstitution de l'Allemagne en 1871.

Pour la dédommager de la perte de la Vénétie, l'Allemagne aida l'Autriche à obtenir la Bosnie et l'Herzégovine. Mais cela ne fit que lui causer de nouvelles difficultés. Si son existence est aujourd'hui menacée, cela est dû avant tout à cette annexion illégale.

M. de Bethmann-Hollweg tâcha de montrer que, par l'intervention de la Russie, la guerre avait été rendue inévitable, et son principal argument était la déclaration faite par le gouvernement allemand à la Russie :

« *Les préparatifs militaires de la Russie* nous ont forcés à des mesures analogues qui devront prendre la forme d'une mobilisation. *Mais qui dit mobilisation dit guerre.* »

Pour lui la question de la mobilisation est un facteur décisif, et il fait mention de mobilisation dans un pays ou dans un autre vingt-quatre fois dans onze pages du *Livre blanc*, pour montrer que « le gouvernement russe, par sa mobilisation, qui mettait l'empire allemand en danger, avait réduit à néant les efforts de médiation des Cabinets européens. »

Quand la Russie refusa d'arrêter sa mobilisation après la déclaration de guerre de l'Autriche à la Serbie, le gouvernement allemand déclara qu'il « se considérait en état de guerre, puisque ses demandes ont été rejetées. De plus des troupes russes avaient traversé la frontière et avancé sur territoire allemand avant que la confirmation eût été reçue que l'ordre avait été exécuté. *La Russie entrait ainsi en guerre contre nous.* »

En ce qui concerne la France, le chancelier déclare que le Président du Conseil, à la question que lui posa l'Allemagne touchant son attitude, ne fit pas une réponse satisfaisante, et déclara que la France agirait comme ses intérêts le lui dicteraient. Quelques heures plus tard des ordres de mobilisation pour toute l'armée et la marine françaises furent envoyés. Le lendemain matin *la France ouvrait les hostilités.* »

Le chancelier tenta de donner force à cette assertion faite dans son discours au Reichstag, le 4 août, en citant les déclarations non-confirmées de M. de Schœn, ambassadeur d'Allemagne, touchant des actes hostiles commis par les Français.

Il faudrait pourtant faire remarquer, comme le répéta avec insistance le gouvernement français, que *mobilisation n'est pas guerre.*

La Suède en fournit un exemple. Dès que la guerre éclata, notre gouvernement ordonna la mobilisation générale, non pas certes pour que nous prissions parti pour l'un ou pour l'autre, mais seulement pour être en état de défendre notre neutralité au cas où elle serait violée. L'historien impartial qui décrit les événements tels qu'ils se sont passés et qui remonte jusqu'à leur source, ne saurait admettre que la mobilisation puisse être alléguée comme un prétexte à déclaration de guerre. Il serait temps, comme nous l'avons déjà dit, de renoncer à ce vieux principe de tactique qui consiste à dénoncer son ennemi *comme étant l'agresseur*. Cette production incessante de preuves, réelles ou apparentes, tendant à démontrer que telle ou telle nation *fut la première à mobiliser*, ou que telle armée fut *la première à passer la frontière*, n'est qu'un artifice diplomatique peu digne de respect. Le but en est de faire croire que certains pays furent les vrais instigateurs de la guerre, tandis que d'autres auraient fait tout leur possible pour maintenir la paix et ne seraient entrés en guerre qu'attaqués les premiers et en cas de légitime défense. C'est toujours le même vieux subterfuge. Aucun observateur impartial et intelligent n'y prête d'attention. La *date de la mobilisation* dans un pays ou dans un autre est un fait d'importance secondaire, quelque importance qu'on cherche à lui donner. Ce ne sont pas les mobilisations qui décidèrent de la guerre ou de la paix [1].

La guerre entre la Russie et l'Autriche-Hongrie éclata de la manière suivante : L'ambassadeur d'Autriche à Berlin télégraphia le 2 août au comte Berchtold : « Des troupes russes ont traversé la frontière allemande à Schwiden. La Russie a donc attaqué l'Allemagne. Aussi l'Allemagne se considère-t-elle comme étant en guerre avec la Russie. » Sur quoi le comte Berchtold, dans une note au ministre des Affaires étrangères russes, déclara, le 5 août, que, « par suite de l'*attitude menaçante de la Russie* dans le conflit entre la monarchie austro-hongroise et la Serbie, par le fait que la Russie se croit justifiée par ce conflit *à ouvrir les hostilités contre l'Allemagne*, et que l'Allemagne se trouve ainsi en état de guerre avec cette Puissance, l'Autriche-Hongrie, de même, se considère comme étant *en guerre avec la Russie.* »

L'Allemagne ayant déclaré l'existence de l'état de guerre, le tsar publia un manifeste qui contenait les passages suivants :

[1] Dans le cas qui nous occupe, la question d'établir qui fut l'agresseur paraît tranchée par l'insuffisance de préparation de l'Entente. On ne peut contester qu'elle ait de l'importance. On verra plus loin ce que dit l'auteur de l'attitude de l'Italie.

« L'Autriche-Hongrie ayant fait à la Serbie des demandes rédigées volontairement de manière à *les rendre inacceptables* à un Etat indépendant, et ayant, sans considération pour la réponse pacifique et conciliante du gouvernement serbe, rejeté l'intervention amicale de la Russie, *s'est hâtée d'attaquer la Serbie par les armes* et a commencé le bombardement de la ville ouverte de Belgrade... Le devoir de la Russie est non seulement de protéger une nation amie qui a été outragée injustement, mais aussi de sauvegarder l'honneur de la Russie, sa dignité, son intégrité, sa place parmi les grandes Puissances. »

Entre la France et l'Autriche-Hongrie, l'état de guerre commença par cette déclaration du Gouvernement français : « Puisque le Gouvernement de l'Autriche-Hongrie a déclaré la guerre à la Serbie et a, de la sorte, *pris l'initiative des hostilités* en Europe il a, sans aucune provocation de la part de la République française, créé un état de guerre avec la France : 1° L'Allemagne ayant à son tour déclaré la guerre à la Russie et à la France, le Gouvernement austro-hongrois est entré dans le conflit. 2° Suivant des rapports nombreux et dignes de foi, l'Autriche a envoyé des troupes à la frontière allemande, dans des conditions qui équivalent à une menace directe contre la France. Ces faits obligent le gouvernement français à déclarer qu'il prendra toutes les mesures nécessaires pour répondre à ces actes et à ces menaces. »

La Grande-Bretagne entra en état de guerre avec l'Autriche par cette déclaration de Sir Edward Grey : « Une rupture ayant eu lieu avec la France, l'état de guerre existe entre la Grande-Bretagne et l'Autriche-Hongrie. »

Il n'y a aucun doute que le gouvernement impérial allemand *aurait pu éviter la guerre*, s'il l'avait voulu. Une confrontation et un examen impartial de toutes les notes échangées par les Puissances, et telles qu'elles sont publiées dans les *Livres blanc, jaune, bleu,* etc., le prouve avec la plus grande clarté. En cette affaire, l'Allemagne n'a pas été « diffamée » par ses adversaires. »

Quand M. Viviani, dans son discours du 22 décembre 1914 à la Chambre des députés, déclara que, jusqu'au 31 juillet, l'Allemagne aurait pu empêcher la guerre si elle avait accepté, comme l'avaient déjà fait la Russie et la France, la proposition d'entreprendre des *pourparlers* à Londres, et si elle avait en même temps suspendu toute mesure militaire, M. de Bethmann-Hollweg nia la justesse de ce point de vue, — partagé pourtant de plus en plus par tous les pays neutres, — dans une longue circulaire adressée aux diplomates allemands et dans laquelle, comme dans ses déclarations précédentes, *il se bornait à nier tout* ce qui avait été dit et prouvé par ses adversaires au sujet des négociations négatives de l'Allemagne avant les déclarations de guerre, et, une fois de plus, rejetait la faute sur l'Angleterre, la France et la Russie.

La neutralité de l'Italie pendant la première période de la guerre fut significative, non seulement par le désappointement qu'elle causait à l'Allemagne et à l'Autriche, mais parce qu'elle reposait sur la réponse à cette question : la guerre est-elle pour l'Allemagne et l'Autriche une guerre d'attaque ou de défense ? L'Italie n'était liée à la Triple-Alliance que dans le cas où un des membres de l'Alliance serait attaqué, c'est-à-dire serait entraîné à une *guerre de défense*, mais non s'il était l'agresseur. Cela résulte avec évidence des déclarations que M. Salandra, chef du Cabinet italien, fit à la Chambre italienne le 4 décembre 1914 : « *Sans que nous ayons été consultés*, dit-il, *et sans notre approbation*, la guerre éclata tout à coup. Après avoir pesé avec le plus grand scrupule *la lettre aussi bien que l'esprit* du traité d'alliance, et après nous être *renseignés à fond sur les causes et le but de la guerre*, nous sommes arrivés à la ferme et consciencieuse conviction que nous *n'étions pas tenus d'y prendre part*, et avons donc proclamé tout de suite notre *neutralité*. »

Ainsi le gouvernement italien ne put partager le point de vue du gouvernement allemand et juger que l'Allemagne et l'Autriche avaient été *attaquées* et obligées à une guerre de défense ; il fut d'avis, au contraire, que ces deux pays étaient eux-mêmes les agresseurs, et que la guerre était pour eux une *guerre d'agression*.

XII (*suite*)

LA GUERRE MONDIALE DE 1914

L'Allemagne viole la neutralité de la Belgique et du Luxembourg. — Elle négocie avec la Grande-Bretagne. — Mesures hostiles de l'Allemagne contre la France et la Belgique. — Protestations. — Déclaration de guerre. — Les défenseurs de la violation des neutralités. — Ce qui poussa la Grande-Bretagne à prendre part à la guerre. — Vue d'ensemble des causes de la guerre mondiale.

L'ultimatum et la déclaration de guerre de l'Autriche à la Serbie entrainèrent la Russie dans la guerre. Le résultat en fut que l'Allemagne en tant qu'alliée de l'Autriche, déclara la guerre à la Russie. La France à son tour, en tant qu'alliée de la Russie, était forcée de prendre part à la guerre contre l'Allemagne *qu'elle n'avait pas provoquée*. L'Allemagne désirait, pour réaliser son plan de campagne, pénétrer en France par sa frontière la plus faible, celle du nord-est ; c'est pourquoi elle demanda à la Belgique et au Luxembourg de permettre à ses armées de passer sur leur territoire, bien que leur neutralité fût garantie par des traités (pages 87-89). M. Davignon, ministre des Affaires étrangères de Belgique, le 25 juillet 1914, avertit les Puissances qui avaient garanti la neutralité belge que, au cas où la menace d'une guerre franco-allemande se réalisât, le Gouvernement belge avait « *la résolution très arrêtée de remplir les devoirs internationaux* imposés par les traités de 1839 ».

Néanmoins, le 2 août, le chancelier allemand demanda que la Belgique « observât une neutralité bienveillante envers l'Allemagne », et lui accordât libre passage sur son territoire. Il menaçait la Belgique, au cas où elle adopterait une attitude hostile à l'égard des troupes allemandes, c'est-à-dire au cas où elle *défendrait sa neutralité*, de la « considérer comme *ennemie de l'Allemagne* ». La raison alléguée fut que le gouvernement allemand « savait, par des informations dignes de foi, que la France comptait faire avancer des forces le long de la Meuse, dans le secteur de Givet à Namur. »

Aucune preuve n'était donnée de cette affirmation.

Le ministre des Affaires étrangères de Belgique répondit : « Les intentions que l'Allemagne attribue à la France sont en contradiction avec les déclarations formelles qui nous ont été faites le 1er août, au nom du Gouvernement de la République... D'ailleurs, si, contrairement à notre attente, une violation de la neutralité belge venait à être commise par la France, *la Belgique remplirait tous ses devoirs internationaux*... Le gouvernement belge en acceptant les propositions qui lui sont notifiées, sacrifierait l'honneur de la nation, en même temps qu'il trahirait ses devoirs à l'égard de l'Europe. »

Le gouvernement allemand déclara alors, le 4 août, que, par suite de ce refus, il serait forcé « d'exécuter *les mesures de sécurité* exposées comme indispensables en présence des menaces françaises ».

Là-dessus, les relations diplomatiques furent rompues.

Le même jour, le gouvernement anglais informa le gouvernement belge qu'il s'attendait « à ce que la Belgique résistât par tous les moyens possibles et qu'il était prêt à se joindre à la Russie et à la France pour offrir au gouvernement belge une action commune qui aurait pour but de résister à l'usage de la force employée par l'Allemagne contre la Belgique. »

Quand le gouvernement français fut informé de l'ultimatum de l'Allemagne à la Belgique, relatif à la violation de sa neutralité, il protesta en ces termes : « Le Gouvernement de la République *proteste* auprès de toutes les nations civilisées, et spécialement auprès des gouvernements signataires des conventions et traités susrappelés (touchant la neutralité belge) contre la violation par l'Empire allemand de ses engagements internationaux ; il fait toutes ses réserves quant aux représailles qu'il pourrait se voir amené à exercer contre un ennemi aussi peu soucieux de la parole donnée[1]. »

Quand la forteresse de Liége eut été prise par les Allemands, le gouvernement allemand chercha à induire le gouvernement belge à prendre part à la violation de sa neutralité : « L'Allemagne ne vient pas en ennemie en Belgique. » Quand l'armée belge, par une héroïque résistance contre des forces numériques écrasantes eût défendu son honneur militaire, le gouvernement allemand pria le roi des Belges et le gouvernement belge « d'éviter à la Belgique les horreurs ultérieures de la guerre ».

[1] *Livre gris* belge, nos 3, 12, 20, 22, 27, 28, 47 et *Livre jaune* français no 157.

Quand cette demande, qui impliquait la permission de faire *en Belgique, sans être gêné, des opérations contre la France,* fut rejetée, on déclara que la Belgique « commettait un suicide ». Mais, si la Belgique avait accédé à cette demande, elle aurait trahi sa neutralité.

Le gouvernement allemand avait nourri l'espoir que la Grande-Bretagne resterait neutre, et fit les plus grands efforts pour atteindre ce but.

Le 29 juillet 1914, Sir Edward Goschen, ambassadeur d'Angleterre à Berlin, télégraphia à Sir Edward Grey : « Le chancelier a dit que, au cas où l'Autriche *serait attaquée par la Russie, une conflagration européenne* pourrait, il le craignait, devenir inévitable, étant données les *obligations de l'Allemagne* en tant qu'*alliée de l'Autriche,* et en dépit de ses efforts constants (à lui, le chancelier), pour maintenir la paix. Il continua en réclamant avec instance la *neutralité anglaise.* Il dit qu'il était clair, pour autant qu'il pouvait juger les principes dirigeants de la politique anglaise, que l'Angleterre n'assisterait jamais en spectateur insensible à l'écrasement de la France dans un conflit quelconque. Mais là n'était pas le but que l'Allemagne se proposait. Si l'*Angleterre* promettait formellement sa *neutralité,* le gouvernement anglais recevrait l'assurance que le gouvernement impérial ne recherchait aucune acquisition territoriale aux dépens de la France, au cas où l'Allemagne serait victorieuse dans quelque guerre qui pût s'ensuivre.

« J'ai, écrivait Sir Edward Goschen, questionné Son Excellence sur les colonies françaises, et elle a répondu qu'il lui était *impossible de donner les mêmes assurances en cette matière....* Les opérations auxquelles l'Allemagne *pourrait être forcée de procéder en Belgique* dépendaient de *la conduite de la France.* Mais, quand la guerre serait terminée, l'intégrité de la Belgique serait respectée si elle ne prenait pas parti contre l'Allemagne. »

Nous voyons ainsi le chancelier allemand, un jour après avoir déclaré qu'il était nécessaire d'*éviter la guerre,* négociant avec la Grande-Bretagne, *comme si la guerre était déjà projetée.* Il avait aussi fait part à Sir Edward Goschen de la réponse du gouvernement autrichien : « *Il est trop tard pour recourir à une médiation.* » Il termina, disait Sir Edward Goschen dans le même télégramme, « en disant que, depuis qu'il était chancelier, le but de sa politique avait été d'amener une *entente avec l'Angleterre.* »

Le même jour, 29 juillet, Sir Edward Grey répondit à Sir

Edward Goschen qu'il avait dit à l'ambassadeur d'Allemagne à Londres que « si l'Allemagne, puis la France étaient entraînées dans la guerre, le résultat pourrait en être si grand qu'il toucherait à tous les intérêts européens ». « Je n'ai pas voulu, écrivit Sir Edward Grey, que le ton amical de notre conversation pût l'engager à croire que nous *resterions à l'écart*.... mais que si la situation devenait réellement telle que nous jugions que les intérêts de l'Angleterre nous demandaient d'intervenir, nous serions *forcés d'intervenir tout de suite.* »

Le 30 juillet, Sir Edward Grey répondit au télégramme du 29 de Sir Edward Goschen : « Le Gouvernement de Sa Majesté *ne peut pas pour un instant accueillir* la proposition du chancelier, s'engager à la *neutralité* et rester à l'écart pendant que les colonies françaises seraient enlevées et la *France écrasée*, simplement parce que l'Allemagne s'engage à ne prendre aucun territoire français en dehors des colonies.... Ce serait un déshonneur pour nous de faire ce marché avec l'Allemagne aux dépens de la France.... Et en effet le chancelier nous propose de nous *débarrasser par un marché* des obligations ou des intérêts que nous avons touchant la neutralité de la Belgique. Nous ne pouvons pas accepter ce marché.... Nous devons garder notre entière liberté d'agir comme les circonstances paraîtront le réclamer. »

Tel fut le message que Sir Edward Goschen fut chargé de remettre au chancelier. Il devait ajouter : « Si la paix de l'Europe peut être maintenue et la crise actuelle éloignée, je ferai mes efforts pour amener *quelque arrangement* auquel 'Allemagne puisse s'associer et par lequel elle soit assurée qu'aucune *politique agressive ou hostile* ne sera exercée contre elle ou ses alliés, par la France, la Russie ou nous-mêmes, conjointement ou séparément. »

Le 31 juillet Sir Edward Goschen répondit à ce télégramme : « J'ai lu au chancelier votre réponse à son appel à la neutralité de l'Angleterre dans le cas où la guerre éclaterait. Son Excellence était si occupée par la nouvelle des mesures prises par la Russie sur la frontière et dont j'ai parlé dans mon précédent télégramme, qu'elle a reçu votre communication *sans commentaire.* »

Le 31 juillet, Sir Edward Grey télégraphia aux ambassadeurs d'Angleterre à Paris et à Berlin ce qui suit : « Devant la perspective d'une mobilisation en Allemagne, il devient essentiel pour le gouvernement de Sa Majesté, étant donnés les *traités existants*, de demander si le gouvernement français (ou allemand) est prêt à s'engager à *respecter la neutralité de la Belgique* aussi longtemps qu'une autre Puissance ne la violera pas. » L'ambassadeur à Paris répondit le même jour qu'il avait reçu la réponse suivante du ministre des Affaires étrangères : « *Le gouvernement français est décidé à respecter la neutralité de la Belgique*, et ce serait seulement dans le cas où quelqu'autre Puissance violerait cette neutralité que la France pourrait se trouver dans la nécessité d'agir autrement, afin d'assurer la défense de sa propre sécurité. Cette assurance a été donnée plusieurs fois. Le Président de la République en parla au roi des Belges, et le ministre de France à Bruxelles l'a *renouvelée au ministre des Affaires étrangères belge.* »

Le gouvernement allemand NE FIT PAS DE RÉPONSE A LA QUESTION. L'ambassadeur d'Angleterre télégraphia le 31 juillet que « le ministre des Affaires étrangères l'avait informé qu'il devait consulter l'Empereur et le chancelier avant de pouvoir répondre. » « J'ai conclu de ce qu'il m'a dit, qu'il pensait que la réponse risquerait de livrer une part quelconque de leur plan de campagne, au cas où la guerre éclaterait, et que, par suite, *il était fort douteux qu'on répondît...* Il semble, d'après ce qu'il a dit, que le gouvernement allemand considère que *certains actes d'hostilité ont déjà été commis* par la Belgique. Il m'a cité, comme exemple, le fait que *déjà l'embargo avait été mis* sur un chargement de blé à destination de l'Allemagne. »

Les intentions de l'Allemagne étaient donc claires. Mais, « considérer » que la Belgique avait commis un acte hostile contre l'Allemagne en agissant comme il est dit plus haut, est une charge tout à fait injuste.

La Belgique, en effet, d'après la Convention de La Haye de 1907, était forcée d'ordonner cet embargo après l'ultimatum de l'Allemagne à la Russie.

Le ministre des Affaires étrangères belge fit aussi une déclaration à ce sujet et montra qu'il n'était question que d'obéir « aux arrêtés royaux du 30 juillet qui ont prohibé provisoirement l'exportation de Belgique de certains produits » et que, quand le ministre d'Allemagne avait parlé de cette consignation de grain, la douane belge, le 2 août, avait reçu « des instructions donnant pleine et entière satisfaction à l'Allemagne [1]. »

On ne pouvait guère s'attendre à ce que le Luxembourg fît respecter sa neutralité. Un effort, cependant, fut tenté dans ce sens : Le 31 juillet, M. Eyschen, Président du gouvernement de la

[1] *Livre gris* belge, n° 79.

Grande Duchesse, demanda au ministre d'Allemagne une promesse que la *neutralité du Grand-Duché serait respectée*. Celui-ci répondit que *cela allait sans dire*, mais qu'il était nécessaire que le *gouvernement français fît une réponse semblable*. Le 1er août, *le gouvernement français donna par télégramme l'assurance demandée*. Le jour suivant, *le Luxembourg fut occupé par les troupes allemandes*.

Le Président du gouvernement du Luxembourg adressa à l'Empereur d'Allemagne une protestation énergique. Le chancelier, M. de Bethmann-Hollweg, répondit que les mesures militaires prises dans le Luxembourg n'avaient d'autre but que de protéger le trafic allemand sur les lignes de chemin de fer louées à l'Allemagne contre *la possibilité d'une attaque de l'armée française*. Il prétendait plus loin que *des troupes françaises avaient déjà passé sur le territoire du Luxembourg*, et, de là, *menaçaient la frontière allemande*. Cette affirmation est repoussée dans un *Livre jaune* publié par le Luxembourg. Il est très important de remarquer que le Président du gouvernement *nia catégoriquement l'affirmation allemande d'après laquelle la neutralité du Luxembourg avait été violée par la France*. « Devant l'Europe », et avec l'approbation de la Chambre, il appela le Grand-Duché tout entier à témoigner que *personne dans le Luxembourg n'avait rien vu ou entendu qui eût trait à une pareille mesure de la part de la France*. Loin de passer la frontière du Grand-Duché, les Français, *en arrachant une partie de la voie ferrée*, s'étaient enlevé tout moyen de faire pénétrer des troupes dans le Luxembourg par chemin de fer.

M. Viviani, Président du Conseil, fit faire le 30 juillet, par M. Cambon, une communication au ministre des Affaires étrangères anglais touchant les préparatifs militaires respectifs de la France et de l'Allemagne : « Bien que l'Allemagne ait pris ses dispositifs de couverture *à quelques centaines de mètres de la frontière* sur tout le front du Luxembourg aux Vosges, et porté ses troupes de couverture sur leurs positions de combat, nous avons retenu nos troupes *à 10 kilomètres de la frontière*, en leur interdisant de s'en approcher davantage... En France, les permissionnaires n'ont été rappelés qu'après que nous avons acquis la certitude que l'Allemagne l'avait fait *depuis cinq jours*... En Allemagne non seulement les troupes en garnison à Metz ont été poussées jusqu'à la frontière, mais encore elles ont été renforcées... L'armement des places fortes de la frontière a été commencé en Allemagne dès le samedi 25 ; il va l'être, chez nous, la France ne pouvant plus se dispenser de prendre les mêmes mesures ».

En Allemagne les réservistes, par dizaine de milliers, ont été rappelés par convocations individuelles, ceux résidant à l'étranger rappelés, les officiers de réserve convoqués ; à l'intérieur, les routes sont barrées, les automobiles ne circulent qu'avec un permis. C'est le dernier stade avant la mobilisation. Aucune de ces mesures n'a été prise en France. L'armée allemande a ses avant-postes sur nos bornes-frontières ; par deux fois, hier, des patrouilles allemandes ont pénétré sur notre territoire. Il est donc clair que la France n'a pris aucune mesure agressive. »

Le 1er août, M. Viviani avisa M. Cambon, ambassadeur de France à Londres, que la France était résolue à essayer jusqu'au bout avec l'Angleterre de réaliser la suggestion de Sir Edward Grey touchant une médiation, mais que l'Autriche rendait l'accord impossible par sa mobilisation. « *L'attitude de l'Allemagne*, continuait-il, nous a mis dans l'obligation absolue de rendre aujourd'hui le décret de mobilisation. *Bien avant la mobilisation russe*, dès mercredi dernier, M. de Schœn m'avait annoncé la publication prochaine du *Kriegsgefahrzustand*. Cette mesure a été prise par l'Allemagne, et, à l'abri de ce paravent, elle a immédiatement commencé sa mobilisation proprement dite. Notre décret de mobilisation est donc une *mesure essentielle de précaution*. Le gouvernement l'a accompagnée d'une proclamation signée du Président de la République et de tous les ministres, dans laquelle il est expliqué que *la mobilisation n'est pas la guerre* et qu'en l'état actuel c'est pour la France le meilleur moyen de sauvegarder la paix. »

Le ministre d'Allemagne à Bruxelles déclara le 3 août au gouvernement belge que des troupes allemandes *étaient entrées en Belgique et lui porta un ultimatum disant que son gouvernement, ayant appris que les Français préparaient des opérations* dans le voisinage de Givet et de Namur, se voyait forcé de prendre certaines mesures dont la première était de demander au gouvernement belge de déclarer, dans un délai de sept heures, s'il était disposé *à faciliter les opérations militaires de l'Allemagne contre la France en Belgique*. Dans le cas d'un refus, la question serait réglée *par les armes*.

Le gouvernement belge répondit : « Les intentions qu'elle (la note allemande) attribue à la France sont en contradiction avec les déclarations formelles qui nous ont été faites au nom du gouvernement de la République. Si, contrairement à notre attente une violation de la neutralité belge venait à être commise... la Belgique *remplirait tous ses devoirs internationaux*, et son armée *opposerait à l'envahisseur la plus vigoureuse résistance*, Les traités de 1839 confirmés par les traités de 1870 consacrent l'indépendance et la neutralité de la Belgique sous la garantie des Puissances et notamment du Gouvernement de Sa Majesté le Roi de Prusse. »

Il était absurde de la part du gouvernement allemand de prétendre que les Français occupaient Givet et menaçaient ainsi l'Allemagne, puisque Givet est une ville *française*.

Après que, le 2 août, des troupes allemandes eurent traversé la *frontière française* en divers points, M. Viviani adressa une protestation au gouvernement allemand contre ces faits qui constituaient, sans provocation, une violation de frontière.

Le 3 août, M. de Schœn, remit au Président du Conseil une lettre où il déclarait que l'Empire allemand se considérait *en état de guerre avec la France* pour les raisons suivantes : Les autorités administratives et militaires allemandes ont constaté un certain nombre d'actes d'hostilité caractérisés commis sur le territoire allemand par des *aviateurs militaires français*. Plusieurs de ces derniers ont manifestement violé la neutralité de la Belgique en *survolant le territoire de ce pays* (!). L'un d'eux a essayé de détruire des constructions près de Wesel ; un autre a jeté des bombes sur le chemin de fer, près de Karlsruhe et de Nuremberg. Je suis chargé et j'ai l'honneur de faire connaître à Votre Excellence qu'en présence de ces agressions l'Empire allemand *se considère en état de guerre avec la France, du fait de cette dernière puissance.* »

Il demanda donc ses passeports.

Voilà donc la raison que choisit l'Allemagne pour expliquer sa guerre avec la France. On ne peut que s'étonner de cette rupture, survenue *sans aucune provocation de la part de la France*. Le gouvernement allemand fit allusion aux « mesures » de la France. Mais qu'avait fait la France sinon travailler avec la Grande-Bretagne et la Russie à *écarter* la guerre ? Elle avait déclaré qu'elle respecterait la neutralité de la Belgique, et n'avait fait, et ne s'était même préparée à faire aucune attaque contre l'Allemagne par la Belgique. Il est démontré que tout cela n'était qu'une *pure invention*.

M. Viviani contesta avec force les déclarations de l'ambassadeur d'Allemagne, d'abord en sa présence, ensuite dans le discours qu'il prononça le 4 août à la Chambre et où il annonça l'état de guerre. Il montra dans son discours l'absurdité de ces prétextes et déclara qu'aucun aviateur français n'avait à aucun moment survolé la Belgique, ni n'avait commis aucun acte hostile en Bavière ou en aucun point de l'Allemagne.

Le Président du Conseil attira une fois de plus l'attention sur les actes hostiles commis par l'Allemagne contre la France, le Luxembourg et la Belgique. La frontière française avait été traversée en quinze endroits ; des fusils avaient été déchargés contre des soldats français ou des douaniers, plusieurs ayant été tués ou blessés, un aviateur militaire allemand avait jeté trois bombes sur Lunéville le 3 août. Le Président du Conseil chargea l'ambassadeur à Berlin de protester auprès du gouvernement allemand contre ces actes hostiles, auxquels d'autres étaient venus s'ajouter depuis. Deux patrouilles allemandes avaient passé la frontière le 2 août et, franchissant dix kilomètres à l'intérieur, atteint les villages de Forcherey et de Baron, où l'officier qui commandait ces patrouilles avait brûlé la cervelle à un soldat français, où des cavaliers avaient saisi des chevaux, etc.

Il est démontré que la France n'avait commis aucun acte d'hostilité et avait respecté la zone de dix kilomètres, derrière laquelle elle avait maintenu ses troupes, même après la mobilisation.

Remarquons, à ce propos, que le journal allemand *Vorwärts* nia le fait que des aviateurs français avaient été vus au-dessus du territoire allemand, et que le gouvernement allemand reconnut que des patrouilles allemandes avait attaqué des soldats français.

Dans son message au Parlement, le 4 août, le Président Poincarré déclara que la France avait été victime d'une attaque brutale et préméditée qui constituait un défi insolent aux droits de l'humanité, que la France était en droit de proclamer solennellement que jusqu'au dernier moment, elle avait fait des efforts suprêmes pour écarter la guerre qui avait éclaté, et dont l'Empire devait porter devant l'histoire l'écrasante responsabilité ; et que la France représentait devant le monde la cause de la liberté, de la justice et de la raison.

Le roi des Belges demanda le 4 août à la Grande-Bretagne, à la France et à la Russie, garantes de la neutralité belge, de concourir à la défense de son territoire contre l'agression de l'Allemagne. L'appel à la Grande-Bretagne contenait le message suivant :

« L'Allemagne a remis une note proposant la neutralité amicale comportant le *passage libre par notre territoire*, promettant le maintien de l'indépendance du Royaume et de ses possessions à la conclusion de la paix, et menaçant, *en cas de refus, de traiter la Belgique en ennemie.* » Une réponse était demandée dans un délai de douze heures.

Le Gouvernement belge refusa catégoriquement cette demande qui constitutait la violation la plus flagrante du droit des gens, et o testa contre cette violation d'un traité (Traité de Conches, 1839) dont la Prusse, aussi bien que l'Angleterre, la France et la Russie, était signataire. Le Gouvernement anglais enjoignit au Gouvernement allemand, le 4 août, de retirer son ultimatum à la Belgique et de donner sa réponse le même jour — l'Angleterre se déclarait prête à venir en aide à la Belgique aux côtés de la France et de Russie.

Le même jour, le ministre d'Allemagne à Bruxellles informa le ministre des Affaires étrangères belge que « par suite du refus opposé par le Gouvernement de Sa Majesté le Roi aux propositions bien intentionnées que lui avait soumises le Gouvernement impérial, celui-ci se verrait à son plus vif regret, *forcé d'exécuter, au besoin par la force des armes, les mesures de sécurité exposées comme indispensables vis-à-vis des menaces françaises.* »

Quand, en présence des menaces allemandes de pénétrer en Belgique par la force des armes, l'ambassadeur d'Angleterre présenta l'ultimatum de son gouvernement, il demanda que la neutralité de la Belgique, garantie par un traité, fût respectée, le chancelier de Bethmann-Hollweg s'étonna que l'Angleterre attachât tant d'importance au « *chiffon de papier* » *de 1839* ! Le monde civilisé a rarement été aussi stupéfait, son sens du bien et du mal a rarement été aussi gravement offensé que par ces paroles d'un homme politique de premier plan, et par les actes qui suivirent.

Ces incidents nous rappellent les paroles du chancelier de Suède, Axel Oxenstierna, cet homme droit et éclairé, qui, avec Gustave-Adolphe et Richelieu, joua un si grand rôle dans la politique européenne pendant la guerre de Trente ans : « Le monde, écrivait-il à son fils Erik, est fait de dissimulation et de fausseté. Nous devons le reconnaître et nous en souvenir pour n'être pas trompés. » Et à son fils Johan : « Ne savez-vous pas, mon fils, avec *combien peu de sagesse le monde est gouverné?* »

Depuis le jour où Bismarck organisa son diabolique germanisme et sa politique brutale de la force, calquée sur les enseignements de Machiavel, le droit des gens a cessé d'exister dans l'esprit de certains hommes d'Etat et professeurs d'Allemagne. Treitschke dans ses ouvrages sur la *Politique* (1874 et 1894) préconise ouvertement cette doctrine de la violence qui, par malheur, lui a valu de nombreux admirateurs et disciples.

« Un Etat, dit-il, ne peut pas engager sa volonté pour l'avenir dans ses relations avec d'autres Etats. » En d'autres termes : les traités internationaux n'engagent pas toujours un Etat, mais constituent seulement une restriction volontaire, durable tant que cet Etat la juge avantageuse. »

Le disciple de Treitschke, le général Bernhardi, déclare aussi qu'il n'y a pas de lois internationales générales, et que « chaque nation se fait sa propre conception du bien et du mal. »

Ainsi, ce fut d'après une politique de force et de violence, de fabrication allemande, que les premiers hommes d'Etat d'Allemagne violèrent la neutralité de la Belgique.

L'un des premiers auteurs qui aient exposé le droit des gens, le Français Montesquieu, président au Parlement, historien, encyclopédiste, dans son fameux ouvrage sur l'*Esprit des lois* (1748), écrit à propos de la guerre :

« La force offensive est réglée par le droit des gens, qui est la loi politique des nations considérées dans le rapport qu'elles ont les unes avec les autres.... La loi de la guerre dérive de la nécessité et du juste rigide. Si ceux qui dirigent la conscience ou les conseils des princes ne se tiennent pas là, tout est perdu; et, lorsqu'on se fondera sur des principes arbitraires de gloire, de bienséances, d'utilité, des flots de sang inonderont la terre. »

Il peut être aussi à propos de rappeler ce que Frédéric le Grand écrivait dans son *Antimachiavel* ou *De la Sainteté des traités :*

« J'avoue d'ailleurs qu'il y a des nécessités fâcheuses où un prince ne saurait s'empêcher de rompre ses traités et ses alliances ; mais il doit se séparer en honnête homme de ses alliés, en les avertissant à temps, et surtout n'en venir à ces extrémités que si le salut de ses peuples et une très grande nécessité ne l'y obligent. »

Maintenant le bien du peuple allemand exigeait-il que le gouvernement allemand violât le traité qui garantissait la neutralité de la Belgique?

Dans son discours du 4 août au Reichstag, le chancelier Bethmann-Hollweg déclara que la violation de la neutralité de la Belgique et du Luxembourg était nécessitée par l' « *extrémité* » où se trouvait l'Allemagne, que la « nécessité ne connaît pas de lois », que ces violations « étaient *contraires aux enseignements du droit des gens*, mais que l'Allemagne *savait que la France était prête à l'attaque*, raisons qui forcèrent le Gouvernement impérial à esquiver les protestations des Gouvernements du Luxembourg et de la Belgique. »

Mais le chancelier négligea d'apporter des preuves, des faits, des rapports ou des documents interceptés montrant que telles étaient bien les intentions de la France. Il lui suffit de dire : « Nous savions. »

Cependant le chancelier de l'Empire reconnut que les droits des Etats neutres avaient été enfreints quand il déclara : « Les torts que nous avons, nous nous efforcerons de les réparer plus tard. »

L'Allemagne demanda à la Belgique une « neutralité bienveillante » et le libre passage pour ses troupes sur le territoire belge. Ainsi, ce fut pour des raisons stratégiques, au détriment de la France, que l'Allemagne viola le droit des gens.

Si la Belgique avait consenti, elle aurait elle-même, — le chancelier devait le savoir, — violé sa propre neutralité et enfreint le traité de 1837, qui *obligeait la Belgique à n'accorder* ce privilège à aucune puissance belligérante. Si la Belgique avait agi de la sorte, elle aurait *donné à la France le droit* de faire passer des armées à travers son territoire.

On ne saurait montrer trop clairement que la violation du traité qui garantissait la neutralité de la Belgique était entièrement *préméditée* et faisait partie du *plan stratégique de l'Allemagne dans l'éventualité d'une guerre avec la France.* Le lieutenant-colonel Frobenius dans son livre intitulé : *L'heure fatale de l'Allemagne*, publié peu avant la guerre, parle de la possibilité pour « les troupes allemandes de *violer la neutralité belge* et de faire invasion en France par la Belgique ou bien par la Suisse ». L'invasion de la Belgique et du Luxembourg n'avait absolument rien à voir avec les intentions de la France à cet égard, et avec la découverte d'un arrangement ou d'un traité entre la Belgique et l'Angleterre. Aucune *preuve* de ces allégations n'a jamais été fournie ; ce ne sont que des suppositions gratuites et de faux rapports.

Les Allemands ont tenté d'expliquer leur conduite à l'égard de la Belgique et de montrer, sur la foi de certains documents belges, que la Belgique avait elle-même violé sa neutralité et que l'Allemagne était donc dans son droit en la traitant en ennemie. Mais toutes ces explications ont été vaines, comme on le verra par ce qui suit :

Dans son exemplaire du 26 novembre 1914, la *Gazette de Cologne* disait : « Nous étions dans notre droit en envahissant le territoire belge, attendu que *la Belgique n'avait pas observé ses obligations de pays neutre.* Cela est prouvé clairement par deux *documents irréfutables*, dont l'un a été publié par la *Gazette de l'Allemagne du Nord.* Ce document prouve qu'il existait une *entente secrète* entre la Belgique et la Grande-Bretagne en vue d'une coopération des forces militaires de ces deux pays, en cas de guerre contre l'Allemagne. »

A ce propos, le Gouvernement belge publia une réponse où il était dit, entre autres choses, que, quand le colonel Barnadiston, attaché militaire à la légation anglaise, demanda en janvier 1906 au général Ducarne, du ministère de la guerre, si la Belgique était préparée à défendre sa neutralité, le général répondit : « Nous sommes prêts à nous défendre à *Liége contre l'Allemagne*, à *Namur contre la France*, et à *Anvers contre la Grande-Bretagne.* » Plus tard, plusieurs conversations eurent lieu entre le chef de l'état-major général et l'attaché militaire touchant les mesures que l'Angleterre devrait prendre pour remplir son obligation de *garantir* la neutralité belge.

En s'attachant à l'étude de cette question, le chef de l'état-major général ne fit qu'accomplir le devoir de s'informer des mesures qui permettraient à la Belgique, soit seule, soit avec l'aide des puissances signataires du traité de 1839, *d'empêcher une violation* de sa neutralité.

Le 10 mai, le général Ducarne soumit au ministère de la guerre un compte-rendu de ses conversations avec l'attaché militaire anglais. Dans ce rapport il est spécifié par deux fois que l'envoi de *secours anglais* à la Belgique *dépendait de la violation de son territoire.* Il y a en outre une note marginale, — que la *Gazette de l'Allemagne du Nord* négligea de traduire, de peur que la majorité de ses lecteurs n'en eussent connaissance, — qui certifie que *des troupes anglaises n'entreraient pas en Belgique avant que l'Allemagne eût violé la neutralité belge.* Le cours des événements a bien démontré la sagesse de cette prévision.

Un document publié le 25 octobre 1914, dans la *Gazette de l'Allemagne du Nord*, fait allusion à une rencontre entre le général Jungbluth et le colonel Bridges qui montre que la conversation de 1912 sur le secours de l'Angleterre ne mena à aucun résultat. Etait-il donc nécessaire d'informer les puissances que le colonel Bridges avait donné un avis qui n'avait été appr é ni par le Gouvernement belge, ni par le Gouvernement anglais, et contre lequel le général Jungbluth protesta immédiatement, sans que son interlocuteur jugeât qu'il valût la peine d'insister? Cela eût été absurde.

La prétendue justification de l'Allemagne retombe donc sur l'Allemagne elle-même.

Dans son discours au Reichstag, le 4 août 1914, et dans sa conversation avec l'ambassadeur d'Angleterre le jour suivant, le chancelier de l'Empire déclara que l'attaque contre la Belgique était seulement *dictée par une nécessité stratégique.*

L'Allemagne ne peut pas prétendre être de bonne foi, puisqu'elle n'a découvert les documents dont elle veut se servir pour justifier la violation de la neutralité belge *qu'après avoir délibérément violé cette neutralité.* Tout ce que prouvent les documents cités par l'Allemagne, c'est *qu'on s'attendait à la violation de la neutralité belge par l'Allemagne*, et qu'aucun arrangement n'avait été pris à ce sujet.

Un discours de M. de Broqueville, chef du Cabinet et ministre de la guerre belge, dans une séance secrète du Parlement en 1913 au sujet de la nouvelle loi militaire, montre que tous les propos du chancelier allemand sur une prétendue alliance secrète entre la France et la Belgique sont une pure invention. Le discours de M. de Broqueville contenait le passage suivant : « La raison des crédits militaires demandés par le gouvernement est le décret militaire allemand du 14 juillet 1912. Ce décret marque le plus grand effort que l'Allemagne se soit imposé depuis 1870. L'été dernier nous apprîmes que l'Allemagne a l'intention de *faire avancer son armée à travers la Belgique.* Nous devons ce renseignement à plusieurs Puissances étrangères. Il nous importe donc d'aller au fond de cette question. Je ne crains aucune violation de notre neutralité de la part de la France ; mais j'apprends que *le Gouvernement français a été forcé d'étudier la question d'une avance française à travers la Belgique au cas où l'Allemagne ne respecterait pas notre territoire.* Pour éviter toute violation de notre neutralité, il nous faut rapidement nous *préparer dans les deux sens.* Le plus grand danger est que des Puissances étrangères prennent possession de notre territoire sous couleur de nous protéger. Cet avertissement nous a été donné par plusieurs chefs d'Etat; et, pas plus tard que le mois de juillet de cette année, un chef d'Etat, ami du roi des Belges, disait avec insistance à notre souverain : « Je donne à la Belgique le conseil amical de *se préparer* avec vigueur *à se défendre;* car le miracle de 1870, qui permit à la Belgique de demeurer inviolée entre deux armées ennemies, ne se reproduira pas. »

Le personnage en question était le roi Carol de Roumanie.

M. de Broqueville parla aussi des mesures militaires françaises dont la Belgique devrait tenir compte en ce qui concernait la protection de son territoire, bien qu'il n'y eût aucune bonne raison de croire que la France violerait la neutralité belge, sauf dans le cas où elle serait forcée de se défendre contre une attaque de l'Allemagne à travers la Belgique. C'est en effet ce qui arriva un an après que ce discours fut prononcé. Il était évident que l'Allemagne avait beaucoup à gagner en violant la neutralité de la Belgique. C'est un fait que la Belgique ne pouvait oublier et en vue duquel elle devait se tenir prête.

Le roi Albert, dans une conversation avec un correspondant du journal bernois le *Bund* à la fin de mars 1915, prononça les paroles suivantes qui confirment les sentiments déjà exprimés par le Gouvernement belge : « Les neutres sont très sensibles à toute attaque ou toute réflexion faite contre leur attitude. Cela est très naturel. Je vous assure que, avant la guerre, moi et mon pays nous avons toujours observé *avec la plus extrême conscience* les devoirs de neutralité *imposés par les grandes puissances.*

« Pourtant nous ne faisons que ce que les citoyens suisses eussent fait eux-mêmes, si on avait attenté à la neutralité de leur pays. Notre *amour passionné de l'indépendance* semble avoir surpris l'ennemi et lui a servi de prétexte pour prétendre que nous-mêmes, *par suite d'une entente préalable avec d'autres puissances, étions à blâmer de la violation de notre neutralité.* Je le répète une fois encore: Il n'y a pas un mot de vrai dans cette accusation. »

En ce qui concerne la prétendue intention de la France d'attaquer l'Allemagne par la Belgique et les régiments français qui, à en croire les Allemands, étaient déjà en Belgique quand la guerre éclata, il n'est pas sans intérêt de répéter ce qu'un lieutenant belge, artiste dans la vie civile, raconta à l'écrivain Gustave Hellström qui publia ces déclarations dans le *Dagens Nyheter*, en novembre 1914 :

« Les Allemands, dit-il, prétendent que, s'ils n'avaient pas violé la neutralité belge, les Français l'eussent fait. Les Français l'ont-ils fait? Non. Quand la guerre éclata, *les Français avaient* un, *je dis un misérable corps d'armée à huit kilomètres de la frontière belge.* S'ils avaient pensé que les Allemands allaient passer à travers la

Belgique, ils auraient eu en cet endroit dix corps d'armée, et alors Charleroi et Mons n'auraient pas l'aspect qu'ils ont aujourd'hui, la Belgique garderait beaucoup de villes saines et sauves, et nos malheureux compatriotes ne seraient pas forcés de vagabonder par les routes et de mendier une croûte de pain. Mais *Joffre fut obligé tout à coup de transporter le gros de son armée de l'est au nord. Cela prit du temps,* et c'est nous pauvres diables, qui eûmes à en souffrir, nous et notre pays. »

Au sujet de la prétendue entente avec l'Angleterre, le lieutenant belge dit : « Les Allemands s'excusent en invoquant le fait que *nous avions des traités secrets avec l'Angleterre.* Nous avons vu, tout le monde a vu comme les Anglais ont pu nous aider. Nous savions bien, depuis huit ans, que *l'armée anglaise ne serait pas créée avant que la guerre n'éclatât,* et qu'il faudrait six mois avant qu'ils puissent mettre en campagne une armée digne de ce nom. Et si nous avions un arrangement secret avec l'Angleterre depuis huit ans, pourquoi ne nous sommes-nous avisés d'avoir une bonne armée que depuis quelques mois ? »

Le député allemand Gothein écrivait dans le *Berliner Tageblatt* en décembre 1914 : « *Nous tenions pour certain depuis des années* que la Belgique serait au nombre de nos adversaires, bien que les détails de l'entente franco-anglo-belge ne nous fussent pas connus. »

Comment donc savaient-ils cela? *Rien, absolument rien* n'était connu touchant de prétendus sentiments hostiles de la Belgique envers l'Allemagne. Si ces sentiments avaient existé, il est hors de doute que l'organisation militaire de la Belgique eût été meilleure. Cet arrangement avec la France et l'Angleterre, tout compte fait, se réduit à rien, comme je l'ai montré plus haut.

Non, il n'y a aucun fondement véritable aux accusations allemandes contre la Belgique ; ce ne sont que des tentatives désespérées pour justifier la violation de la neutralité belge, violation qui est, et restera toujours une tache honteuse à la réputation de l'Allemagne. Les Allemands le savent bien maintenant ; c'est pourquoi ils cherchent *des moyens d'imputer à la Belgique des desseins belliqueux contre l'Allemagne.*

Le député allemand F. Naumann, dans un discours très lu et très applaudi, prononcé à Berlin le 10 janvier 1915, fait sur la neutralité belge ces commentaires caractéristiques, (je cite d'après le *Berliner Börsen-Courier) :*

« Quand on prononce le mot « neutralité », on n'est neutre que dans ce sens que l'on attend (*nur im Sinne des Abwartens)* la tournure que prendront les événements.

» Si *l'absurde arrangement de 1839*, par lequel un Etat gardait la possibilité de faire la guerre, d'entretenir une armée, de bâtir des forteresses, tout en restant à l'abri de toute attaque, n'avait pas été fait, notre conduite vis-à-vis de la Belgique aurait été extrêmement simple. Nous aurions dit seulement, comme Bismarck avait dit en 1866 au Hanovre : « Voulez-vous ou ne voulez-vous pas ? » Etant donné les circonstances, les Anglais avaient une excellente excuse pour soutenir la validité du « papier de 1839 ».

Ainsi le docteur Naumann, lui aussi, regarde un traité comme un simple morceau de papier ; en d'autres termes, il n'y a pas pour lui de droit des gens.

D'autres ont prétendu que la Belgique n'avait aucun traité valable de neutralité.

Le professeur allemand Dernburg, et M. Burgess, un professeur américain germanophile, ont tenté de prouver que la neutralité de la Belgique, garantie par le traité de 1839, avait cessé d'être garantie par les Puissances, puisque le traité de garantie de 1870, négocié à propos de la guerre franco-allemande, expirait en 1872. « Depuis lors, ni la France, ni l'Empire allemand n'ont renouvelé le vieux traité de 1839, ni n'en ont conclu de nouveau, » dit M. Burgess en essayant de prouver que la neutralité de la Belgique n'était nullement garantie.

Cependant le traité de 1870 spécifie que, « après l'expiration de cette période (douze mois après la ratification de la paix), l'indépendance et la neutralité de la Belgique continueront, comme par le passé, a être fondées sur l'article premier du traité des cinq Puissances du 17-19 avril 1839. »

Dernburg omit simplement cette dernière clause de traité, et se rendit ainsi coupable d'une falsification indiscutable. Tels sont les moyens employés en Allemagne pour justifier l'odieuse violation de la neutralité belge.

Dans une collection d'essai sur *Deutschland und der Weltkrieg* (tirés de *Zeitschrift für Völkerrecht*, 1914), nombre d'hommes de science allemands se sont levés pour défendre la position de l'Allemagne dans la guerre, et surtout *son droit à commettre l'attentat*, avoué par le chancelier, contre la Belgique.

Le professeur Kohler, dans son essai sur la *Légitime défense et la neutralité*, déclare que la violation de la neutralité belge est l'exemple typique d'un acte *justifié de légitime défense*, puisque la France était prête à faire passer ses troupes à travers la Belgique.

Il ne fait que répéter ce que le chancelier avait déjà dit sur ce sujet, un mensonge avéré. Avec des prémisses de ce genre, il n'est pas difficile de prouver le cas de légitime défense.

Kohler affirme que la Belgique n'avait aucun droit de s'opposer au passage des troupes allemandes sur son territoire, et que, au contraire, *elle aurait dû les aider* à s'opposer à la violation de neutralité que se proposait la France! Evidemment il ignore que la Belgique avait *l'obligation* de refuser ce passage. Il continue en expliquant que la Belgique avait une entente avec la France et répète les déclarations non confirmées ou controuvées d'après lesquelles des troupes françaises auraient passé en Belgique et traversé la frontière allemande avant la déclaration de guerre, etc.

Les mêmes faits sont allégués par un autre auteur, M. Nelte, dans un essai sur *Die belgische Frage ;* il dit que la ville d'Erquelines fut occupée par des troupes françaises, ce qui n'est pas exact ; il prétend aussi que M. Picquart, ancien ministre de la guerre français, fit un voyage en Belgique pour inspecter les forteresses sur la Meuse, et que des aviateurs français avaient survolé le territoire belge, toutes raisons suffisantes pour annuler le traité de neutralité de la Belgique (cf. les déclarations des Gouvernements français et belge, pages 201-206).

Nelte admet cependant qu'il s'est trouvé en Allemagne d'éminents experts en droit international pour désapprouver, *en leur particulier*, le prétexte de légitime défense.

Le grand écrivain et penseur hollandais F. van Eeden, dans une lettre ouverte à ses amis allemands, critiqua les tentatives qu'on a faites en Allemagne pour justifier aux yeux des peuples étrangers l'attaque allemande contre la Belgique et les représailles exercées contre les civils belges qui s'y étaient opposés, et déclara que « la malédiction d'une mauvaise action était de continuer à faire le mal » ; il entendait par mauvaise action la violation de la neutralité belge.

M. von Blume, professeur de jurisprudence à Tubingue, écrivit en réponse, dans *Das grössere Deutschland*, un article intitulé *Die belgische Neutralität und wir*, qui parut le 28 novembre 1914. Il y dit, pour commencer, que l'Allemagne elle-même compte des « hommes bien intentionnés qui secouèrent la tête quand nous marchâmes sur la Belgique », et il explique qu'« il n'est pas indifférent aux Allemands d'être bien ou mal jugés par les honnêtes gens », et qu'« ils se sont toujours trop reposés sur leur bonne conscience et leur sabre fidèle, et n'ont pas assez considéré que, dans les relations internationales aussi, *une bonne réputation est un élément de force.* » Mais, dans le cas actuel, dit-il, « nous luttons en vain contre la calomnie », et il montre que l'Allemagne était entièrement dans son droit quand elle fit marcher ses armées en Belgique et que c'est ce pays lui-même qui viola sa propre neutralité.

Rarement un professeur allemand dépensa plus de science et d'habileté pour annihiler un adversaire que ne l'a fait Blume dans cet article où il essaie de défendre la « bonne réputation » de l'Allemagne. Le lecteur lui-même en jugera par le résumé de son article :

Les Allemands ont occupé la Belgique par force, dit-il, parce que le libre passage leur fut refusé, bien qu'ils y eussent droit par la *loi de la nécessité.* « Il existe parmi les nations un droit de nécessité qui *transforme les traités en chiffons de papier* et les annule dans l'intérêt d'un *droit supérieur.* C'est cela, et rien autre, que voulait dire le chancelier de l'Empire, quand il prononça les paroles fameuses que nos ennemis ont tant citées avec une indignation hypocrite. »

On peut juger par ce qui précède que le cynisme du « chiffon de papier » est devenu maintenant partie de la morale allemande !

« Le droit international, dit Blume, repose sur la conception fondamentale d'une *camaraderie internationale.* Aucune neutralité ne peut être, en toutes circonstances, inviolable, devant les extrémités où la guerre peut réduire un peuple. De même qu'un Etat neutre doit donner asile aux troupes qui ne veulent plus combattre, il doit, en certaines circonstances, permettre aux armées belligérantes de passer sur son territoire. *Le droit de la nécessité est le droit le plus haut.* Mais ce doit être une condition *sine qua non,* cependant, que l'Etat qui demande droit de passage, *soit, sans aucun doute, engagé dans une guerre de juste défense et incapable de repousser l'attaque dont il est victime autrement qu'en pénétrant sur territoire étranger.* »

C'est là, encore une fois, le nœud de la discussion. Mais, malgré les dires de Blume et d'innombrables autres qui prétendent que l'Allemagne se trouvait dans cette situation, il n'existe, je le dis une fois encore, *aucune preuve quelconque* que la France eût le projet d'attaquer l'Allemagne par la Belgique, ou qu'il existât une alliance secrète de la Belgique avec la France et l'Angleterre. Ce projet de la France et cette alliance sont devenus l'idée fixe des défenseurs de la violation de la neutralité ; ils y reviennent comme mécaniquement. Comment la Belgique a violé sa propre neutralité, comment, « d'accord avec les ennemis de l'Allemagne, elle avait *préparé la guerre contre l'Allemagne* », comment, à Berlin, « on le suspectait sans pouvoir en acquérir de preuve décisive » (quand le chancelier exposa le projet présumé de la France de marcher à travers la Belgique), « tout cela, dit Blume, a été enfin mis en lumière par les archives de l'Etat-major général belge. » Il parle des fameux papiers concernant les conférences entre l'attaché militaire anglais et l'Etat-major général belge en 1916, etc., qui, comme nous l'avons montré, n'impliquent aucune préparation militaire contre l'Allemagne (pages 207-208). « Je suis tout prêt, continue Blume, à répondre à ceux qui disent que la Belgique *ne prit des précautions que pour le cas où elle serait attaquée par l'Allemagne.* »

Il ne peut pas ignorer que c'était, en effet, le cas ; et, *pourtant,* il dit que « les Allemands *savent* que la Belgique fit tous les préparatifs nécessaires aux opérations des armées alliées. »

Un esprit de fanatisme absolu semble avoir obscurci le raisonnement et émoussé le sentiment de la justice chez cet éminent professeur de jurisprudence.

Mais ce n'est pas assez que la Belgique ait elle-même violé sa neutralité ; ce pays coupable a manqué en outre à ses obligations de neutre en *n'armant pas suffisamment !* On en croit à peine ses oreilles. Le savant « professeur de droit » enseigne ce qui suit : « C'est le devoir d'un pays neutre d'être *si bien armé,* que sa neutralité ne devienne pas un *danger pour ses voisins.* Un Etat qui ne remplit pas cette obligation, ne mérite pas de garder sa neutralité. Sa neutralité n'est plus qu'un *chiffon de papier sans valeur,* si les autres la *considèrent comme nuisible* (!)... Il est maintenant prouvé, à la consternation de ce pays abusé, que la Belgique *n'était pas suffisamment préparée* pour repousser une attaque... Non, mes amis neutres, la neutralité n'est pas une maison que d'autres vous ont construite pour que vous puissiez y vivre commodément, pendant que d'autres ne maintiennent leur existence journalière qu'à la sueur de leur front... Si un pays neutre se montre impuissant à assurer sa sécurité par ses propres moyens, il devient un danger pour les autres, car il est forcé, *par une politique d'alliances,* de compenser ce qui lui manque de force défensive... Quand la Belgique négligea ses armements, elle devint dépendante de la volonté de ses voisins. Quand elle entra en pourparlers avec un de ses voisins au sujet de son attitude en cas de guerre, elle manqua grossièrement à ses devoirs envers ses autres voisins. Quand, enfin, elle fut alliée avec un de ses voisins, elle ne pouvait plus, au moment où la guerre éclata, prétendre encore être neutre. *Elle avait, par cette alliance, manqué à sa neutralité.* »

Ce raisonnement nous oblige à conclure que la *Belgique est responsable* de la guerre que lui fait l'Allemagne, et, par suite, de l'intervention anglaise qui élargit tellement le domaine de la guerre; elle en est responsable, parce qu'elle a *négligé de lever une armée suffisante pour empêcher l'Allemagne d'envahir son territoire et de l'occuper !*

La Belgique avait, à vrai dire, adopté un nouveau système de défense nationale, mais elle *n'avait pas eu le temps* de le mettre pleinement en vigueur en 1914. Elle n'avait pas été négligeante. Mais elle avait différé ses réformes.

Que la guerre ait éclaté si vite, ce n'était pas par la faute de la Belgique, c'était par la volonté de l'Allemagne. Mais, à supposer que le nouveau système belge de défense nationale eût été pleinement mis en vigueur, qui pourrait croire que l'Allemagne, si bien préparée à la guerre, avec ses armées colossales, aurait été retenue par la Belgique, si elle avait décidé de la traverser? Nous avons vu, au début de la guerre, les armées allemandes briser la résistance française et menacer même Paris, si bien que le Gouvernement fut forcé pour un temps de se retirer à Bordeaux.

Pour réfuter l'« information digne de foi » d'après laquelle les Français avaient profité d'avancer à travers la Belgique le long de la Meuse, par Givet et Namur, il est du plus grand intérêt de rappeler ce qu'un écrivain militaire suédois distingué, le capitaine J. Hallgren, dit dans sa série d'articles sur « la Guerre mondiale » dans le *Forum* du 7 novembre 1914. Il fait remarquer que, le 19 août, les Allemands commencèrent d'attaquer Namur, et, le 20 août, semblèrent prêts à entreprendre des opérations décisives, tandis que ce n'est qu'à peu près à la même date que l'armée franco-anglaise fut prête le long de la frontière de l'est. « On ne peut s'empêcher d'être surpris que les Alliés n'aient pas été prêts plus tôt. Si les transports avaient été, dès les débuts, dirigés vers la Belgique, les Français eussent été prêts avant les Allemands. De ce fait, nous pouvons tirer deux conclusions: *que les Français ne contemplaient pas l'éventualité d'une avance à travers la Belgique au début de la guerre,* et que l'assaut allemand à travers ce pays fut pour eux une surprise. »

Mais, à quoi bon tous ces arguments sophistiques, toutes ces assertions douteuses pour prouver que la Belgique elle-même a violé sa neutralité, quand le chancelier Bethmann-Hollweg a déclaré expressément que la violation de la neutralité belge était une *infraction au droit* et une mesure de défense, et ne fit aucune allusion au fait que la Belgique se considérait dès avant la guerre comme une ennemie de l'Allemagne et avait une entente secrète avec la France et l'Angleterre?

Nous avons d'ailleurs, de source allemande, une explication franche de la raison qui a poussé l'Allemagne à la guerre. Elle est de Maximilien Harden, qui, dans sa revue *Die Zukunft*, exprima son opinion en ces termes le 17 octobre 1914 :

« Ce n'est pas *contre notre gré* que nous nous sommes embarqués dans cette formidable aventure. Nous n'y avons pas été entraînés par surprise. *Nous l'avons voulue ;* il fallait que nous la voulussions. La puissante Allemagne ne se propose pas de paraître devant le Tribunal de l'Europe. Nous ne reconnaissons pas ce Tribunal.

» Notre accroissement de force créera de nouvelles lois pour l'Europe. *C'est l'Allemagne qui frappe.*

» L'Allemagne fait la guerre avec la conviction inébranlable que ce qu'elle a accompli mérite *une place plus en vue dans le monde*, et plus d'espace pour ses activités.

» L'Espagne, le Portugal, la Hollande, la France, la Grande-Bretagne ont, depuis longtemps, pris et colonisé d'immenses étendues de pays, les plus riches du monde. Maintenant, l'heure de l'Allemagne a sonné, et il faut qu'elle prenne sa place dominante dans le monde ! »

En ce qui concerne la Belgique, Harden dit que jamais on n'a fait une guerre plus juste que celle où la Belgique a été écrasée, que jamais guerre n'a été une source de plus de bénédiction pour le peuple conquis !

Quand la Belgique déclara expressément qu'elle ne permettrait pas le passage des troupes allemandes sur son territoire, et qu'elle était *forcée*, par son traité de neutralité, d'agir de la sorte, l'intervention armée de l'Allemagne devint un acte de barbarie. Cette méthode de *forcer* une nation à la guerre, quand elle n'a fait aucun tort et n'a montré aucune intention hostile, cette façon de violer délibérément un traité qui avait été tenu pour sacré et accepté par les nations civilisées comme faisant partie de leur code de morale, ont causé partout la plus grande dépression et la plus vive indignation. Le devoir d'observer la *neutralité politique* ne peut pas obliger les citoyens des pays neutres à une *neutralité morale*, c'est-à-dire, en d'autres termes, à l'indifférence et à la nonchalance; ils se sont, au contraire, exprimé fortement contre cette violation du droit des autres et contre cette méthode exagérée et impitoyable de punir la population civile qui a défendu son pays contre l'usurpateur. Le bon renom de l'Allemagne a été sali d'une tache indélébile par l'attaque de l'Allemagne contre la Belgique, et aucun appel à la parenté de race n'a pu apaiser l'indignation des autres rameaux du tronc germanique. Le sentiment de la justice et de l'humanité est plus fort que le sentiment de la race qui disparaît complètement quand des actes injustes et cruels sont commis.

La justice ne tolérera jamais l'injustice, où qu'elle soit commise. Il ne faut pas que la voix de la conscience soit jamais étouffée ou réduite au silence. Un traité solennellement passé a été foulé aux pieds, et les peuples germaniques hors d'Allemagne ne peuvent pas, parce qu'ils sont du même sang, admettre cette politique de la force, quelle que soit d'ailleurs leur admiration pour la culture de l'Allemagne. Ils s'affligent de voir la culture allemande déchue de la haute place qu'elle avait occupée; mais ils ne sont pas entièrement surpris, puisque, en 1864 et en 1878, le Danemark fut victime de la même politique, et que les habitants du Sleswig en subissent aujourd'hui encore, en gémissant, la sinistre domination.

CE QUI FORÇA LA GRANDE-BRETAGNE A INTERVENIR DANS LA GUERRE.

Le 4 août, le ministre des Affaires étrangères allemand, M. von Jagow chargea son ambassadeur à Londres, le prince Lichnowsky, d'informer Sir Edward Grey que « l'armée allemande ne pouvait rester exposée à *une attaque française par la Belgique* », projet dont il avait les preuves irréfutables. L'Allemagne était, par suite, forcée de *ne pas tenir compte de la neutralité de la Belgique*, attendu que c'était pour l'Allemagne une *question de vie ou de mort* d'empêcher l'avance française.

Le même jour, Sir Edward Grey fut informé que des *troupes allemandes avaient pénétré sur le territoire belge*, et que Liége avait été *sommée de se rendre* par un petit détachement allemand qui avait toutefois été repoussé.

Devant de tels événements, la requête par laquelle l'Angleterre avait demandé que la neutralité belge fût respectée, fut changée en un *ultimatum* que l'ambassadeur d'Angleterre fut chargé de présenter au chancelier le 4 août. Cet ultimatum attirait l'attention sur la menace de l'Allemagne de recourir aux armes si la Belgique ne laissait pas libre parcours aux troupes allemandes sur son territoire, et au fait que le territoire belge avait été violé à Gemmenich. « Dans ces circonstances, et par le fait que l'Allemagne a refusé de donner, au sujet de la Belgique, la même assurance que la France en réponse à notre demande faite en même temps à Berlin et à Paris, nous sommes forcés de répéter cette demande et de prier qu'une réponse satisfaisante en soit donnée aujourd'hui. Si cette réponse n'est point donnée, vous êtes chargé de demander tout de suite vos passeports et de dire que le gouvernement de Sa Majesté se trouve dans l'obligation de prendre toutes les mesures qui sont en son pouvoir *pour soutenir la neutralité belge et l'intégrité d'un traité* dont l'Allemagne est signataire autant que nous. »

La politique de la Grande-Bretagne *n'aurait pu être différente* devant l'attitude agressive de l'Allemagne, et après les efforts persistants que son ministre des Affaires étrangères, comme ceux de France et de Russie, avaient faits pour empêcher que le conflit serbe ne dégénérât en une guerre générale. Les ambassadeurs d'Autriche et d'Allemagne à Londres montrèrent certainement bien peu de jugement politique en comptant fermement, comme le rapporta M. Paul Cambon le 27 juillet, sur la neutralité anglaise, comme le fit d'ailleurs, jusqu'au dernier moment, le gouvernement allemand.

A en juger par le rapport que Sir Edward Goschen donna de l'impression causée par l'ultimatum de l'Angleterre, il semble que le chancelier Bethman-Hollweg perdit complètement la tête et réalisa soudain le danger qui menaçait maintenant l'Allemagne, grâce à la politique audacieuse mais imprudente de son gouvernement. La guerre rêvée avec la France et la Russie allait devenir, par l'intervention de la Grande-Bretagne, une *guerre mondiale*, et l'Allemagne ne pourrait plus réduire ses ennemis à merci et leur imposer des conditions de paix aussi vite qu'elle l'avait espéré. Cela aurait dû être prévu par le chancelier. Au lieu de quoi il fut pris par surprise et débordé par la colère ; mais il montra aussi comment lui-même, disciple de Treitschke et de Bernhardi, respectait les traités. Quand il ne put plus espérer s'assurer la neutralité de l'Angleterre, il sentit qu'il fallait au moins rendre *l'An-*

gleterre responsable de la guerre, — une guerre qu'on avait déjà présentée comme une lutte du germanisme contre le slavisme et comme une conséquence du conflit austro-serbe ! Dans le discours du chancelier au Reichstag, et dans toute la presse, ce fut la même histoire : « La nation allemande a été forcée par l'Angleterre à lutter pour sa vie. » Dans son discours du 2 décembre 1914 au Reichstag, le chancelier Bethmann-Hollweg déclara : « *La Grande-Bretagne et la Russie portent ensemble devant Dieu et devant les hommes la responsabilité* de la catastrophe qui a englouti l'Europe et la race humaine. »

En réponse à un manifeste allemand contre l'Angleterre, signé des plus grands noms du monde lettré d'Allemagne, un manifeste anglais parut à son tour, signé par un grand nombre d'hommes de science anglais qui défendaient la politique de la Grande-Bretagne. Les points principaux en sont les suivants :

« Jusqu'au dernier moment l'Angleterre garda le grand désir de maintenir sa neutralité, pourvu qu'il n'en coûtât aucun déshonneur. Mais *l'Allemagne elle-même rendit cet effort impossible.*

» Nos sentiments les plus forts, comme nos intérêts les plus vitaux, sont liés à la neutralité de la Belgique. La violation ne détruirait pas seulement l'indépendance belge, elle minerait tout l'édifice qui permet à un Etat d'être neutre.

» Quand l'Allemagne s'apprêta, sous nos yeux, à *enfreindre le traité*, dont nous et l'Allemagne sommes également signataires, et quand nous vîmes qu'elle s'attendait à trouver dans l'Angleterre une lâche complice, toute hésitation devint impossible, même aux Anglais les plus amis de la paix. La Belgique en appela à la parole donnée par l'Angleterre, et l'Angleterre tint sa parole.

» Nous déplorons profondément que, sous la sinistre influence *de son système militaire et de rêves déréglés de conquêtes*, le pays que nous avons honoré autrefois se révèle maintenant comme l'ennemi commun de l'Europe et de toutes les nations qui respectent le droit des gens.

» Il nous faut continuer la guerre que nous avons commencée. Pour nous, comme pour la Belgique, c'est une guerre de défense, une guerre pour la liberté et la paix. »

Ce manifeste est signé de 116 hommes de science anglais, écossais et irlandais, parmi lesquels se trouvent non moins de quatre titulaires du Prix Nobel, à savoir : Lord Rayleigh, chancelier de l'Université de Cambridge ; Sir W. Ramsay, professeur de chimie; Sir J. J. Thomson, professeur de physique, et Sir Ronald Ross, professeur de médecine.

La même opinion est exprimée dans un ouvrage signé par six membres de la faculté d'histoire moderne d'Oxford et intitulé : *Pourquoi nous sommes en guerre*. Les auteurs, E. Barker, H. W. C. Davis, etc., y déclarent qu'ils ne sont pas eux-mêmes des politiciens, et qu'ils appartiennent à diverses écoles de pensée. Ils décrivent, avec beaucoup de méthode, les événements les plus importants qui ont précédé la guerre, les alliances et les armements qui suivirent 1871, la crise serbe, les négociations entre les Puissances, la nouvelle politique allemande de force, etc.

« L'histoire, disent-ils, attribuera sans doute la cause de la guerre entre l'Angleterre et l'Allemagne au développement de la question belge, et, nous en sommes sûrs, jugera que, sans l'attaque gratuite de l'Allemagne contre un pays neutre, la guerre avec l'Angleterre n'aurait pas éclaté le 4 août 1914. Nous savons maintenant qu'il n'y avait aucune chance que les tentatives de médiation réussissent, puisque l'Allemagne était décidée à ce qu'elles ne réussissent pas. Il ne fallait rien de moins qu'une invasion allemande en Belgique pour convaincre les Anglais que la diplomatie allemande avait dégénéré en rapine. L'Angleterre ne combat pas le peuple allemand; elle combat un système politique que représente en ce moment l'Empire allemand »

Bien que la cause immédiate de l'intervention anglaise dans la guerre de 1914 fût la *violation de la neutralité belge* et la *situation critique de la France*, l'Angleterre avait une raison pour prendre part à la guerre, à savoir le désir *de se défendre contre la puissance croissante de l'Allemagne*. Cette raison n'a pas été cachée en Angleterre; c'est pourquoi il est injuste de parler de l'hypocrisie anglaise. Le *Times* disait au début de la guerre : « Ce n'est pas pour la Serbie, ce n'est pas pour la Russie, que nous entrons en guerre ; c'est *pour notre propre existence*. »

Le même journal déclarait le 8 mars 1915 : « Quand l'Angleterre, pour tenir la parole qu'elle avait donnée, vint au secours de la Belgique, elle savait fort bien que ses intérêts marchaient la main dans la main avec l'honneur, la justice, la pitié. Pourquoi avions-nous garanti la neutralité de la Belgique ? Pour une impérieuse raison d'intérêt, pour la raison qui nous a toujours poussés à nous opposer à l'établissement d'une grande Puissance en face de notre côte orientale. M. de Bethmann-Hollweg a raison. Même si l'Allemagne n'avait pas envahi la Belgique, l'honneur et l'intérêt nous eussent uni à la France. Il est vrai que, jusqu'au dernier moment, nous avons refusé de prendre avec elle, comme avec la Russie, aucun engagement qui nous liât. Nous avions, toutefois, depuis bien des années, amené ces deux nations à comprendre que, si elles étaient injustement attaquées, elles pouvaient compter sur notre aide. Nous mettre comme au pilori dans une situation d'isolement infâme a longtemps été le rêve chéri de la Wilhelmstrasse. L'Allemagne voit clairement que la destruction ou l'humiliation de l'Angleterre sont le prélude nécessaire à ses plans de domination universelle. »

La Grande-Bretagne avait, en ce qui concerne la France, de bonnes raisons de prendre part à la guerre. Sir Edward Grey déclara, en réponse aux propositions de neutralité faites par l'Allemagne le 30 juillet, que la Grande-Bretagne ne pouvait pas assister en spectatrice indifférente à l'écrasement de la France, et que si la France, sans avoir montré aucune prétention déraisonnable, était entraînée dans la guerre, la Grande-Bretagne y serait entraînée aussi. Le gouvernement anglais, sur ces entrefaites, donna au gouvernement français, le 2 août, l'assurance que « si la flotte allemande venait dans le Pas-de-Calais ou par la mer du Nord pour entreprendre des opérations hostiles contre les *côtes françaises* ou les forces navales françaises, la flotte anglaise lui apporterait tout le secours qui serait en son pouvoir. »

Cette assurance fut donnée parce que la flotte française, d'après un arrangement fait avec l'Angleterre, avait été transférée dans la Méditerrannée, en sorte qu'elle ne pouvait protéger les côtes françaises.

Si la Grande-Bretagne était restée neutre, l'Allemagne aurait, selon toute probabilité, vaincu la France ; c'est ce sur quoi comptait l'Allemagne dans la poursuite d'un plan stratégique préconçu ; mais c'est ce que la Grande-Bretagne ne voulut pas permettre : d'où l'Entente franco-anglaise.

Que la Grande-Bretagne fût tenue de se mettre activement en accord avec les actions de la France et de la Russie dans l'intérêt commun de l'Europe et dans *son propre intérêt*, cela fut clairement montré tant par M. Asquith que par Sir Edward Grey dans leurs discours du 3 et du 6 août :

« Si la France était vaincue, dit Sir Edward Grey, si elle perdait sa situation de grande Puissance et devenait subordonnée à la volonté d'une *Puissance plus forte* qu'elle, si la Belgique tombait sous la même influence dominante, et ensuite la Hollande, et ensuite le Danemark, l'Angleterre ne comprendrait-elle pas qu'il y aurait un intérêt commun contre l'agrandissement dénaturé de la Puissance qui chercherait à amener de tels résultats ? Il faut que le pays réalise pleinement la grandeur des dangers qui pesaient sur l'Europe occidentale. L'Angleterre ne pouvait attendre, et à la fin d'une telle guerre, elle ne pouvait empêcher tout l'Ouest de l'Europe de tomber sous la domination d'une seule Puissance. »

M. Asquith montra que la Grande-Bretagne combattait « pour venger des principes d'importance vitale pour la civilisation : la sainteté des solennelles obligations internationales, et le droit des petites nations de n'être pas écrasées par la volonté arbitraire d'une Puissance forte et tyrannique ».

La position tout entière de la Grande-Bretagne était, d'ailleurs, menacée par l'assaut de l'Allemagne contre la France et la Belgique.

Il pouvait en résulter la maîtrise de l'Allemagne dans le Pas-de-Calais ; et cela, l'Angleterre ne pouvait jamais le permettre.

Après que, le 30 juillet, Sir Edward Grey eut donné sa réponse au chancelier Bethmann-Hollweg touchant ses propositions de neutralité, et eut dit que la Grande-Bretagne se rangerait du côté de la France et de la Belgique si ces pays étaient attaqués, le chancelier n'aurait dû être ni si surpris ni si furieux quand, le 4 août, Sir Edward Goschen lui remit l'ultimatum de l'Angleterre. *Le respect de la neutralité belge était pour l'Angleterre* la pierre d'angle non seulement du droit international, mais aussi de tout l'édifice politique de l'Europe occidentale, et était le résultat d'une lutte que l'Angleterre avait livrée pendant des siècles *pour empêcher une grande Puissance militaire de dominer Pas-de-Calais.*

M. de Bethmann-Hollweg aurait dû prévoir cela. Ce n'était nullement un secret, surtout depuis que l'Allemagne s'était embarquée dans une politique coloniale et était devenue une grande Puissance navale.

Il aurait dû se rappeler les mots de Richelieu dans son *Testament politique:* « Par *prévoyance,* on peut sans peine éviter bien des maux qui ne guérissent qu'avec peine après qu'ils ont eu le loisir de croître... Celui qui regarde au loin ne fait rien précipitamment, parce qu'il a eu amplement le temps de peser ses actes ; et l'on se trompe rarement quand on a mûrement délibéré à l'avance. »

Dire que la Grande-Bretagne *désirait* la guerre avec l'Allemagne pour désarmer ce dangereux concurrent est assurément une accusation injuste. Tout montre le contraire.

Mais, d'autre part, il ne peut y avoir aucun doute que, quand la guerre sembla inévitable, elle se rangea du côté de la France et de la Russie en gardant en vue ses propres intérêts, car *son existence entière aurait été menacée* par la suprématie de l'Allemagne. Et cette suprématie aurait été, en effet, un très grand danger si, comme on le craignait, l'Allemagne avait pris pied solidement en Belgique et en Hollande ou sur les côtes de la mer du Nord, en face de l'Angleterre.

Cela n'empêche pas que l'Angleterre soit intervenue dans la guerre à cause de la violation de la neutralité belge. Cette intervention était entièrement justifiée par ses devoirs de Puissance signataire du traité de 1839. L'Angleterre avait deux bonnes raisons de faire la guerre à l'Allemagne. Aucun homme d'Etat allemand n'aurait dû avoir de doute là-dessus.

Certains facteurs bien connus rendent parfaitement claire la politique de l'Angleterre. Son but a toujours été d'empêcher une grande Puissance d'obtenir la maîtrise de ce coin nord-ouest de l'Europe. C'est pour elle une question de vie ou de mort. Quand Louis XIV décida de conquérir la Hollande, l'Angleterre fit alliance avec la Suède et la Hollande, en 1668, dans le dessein d'aider l'Espagne à garder la Belgique, dessein qui, somme toute, fut heureux. Dans la guerre de la Succession d'Autriche (1741-48), l'Angleterre s'allia à l'Autriche pour combattre, avec l'aide de la Hollande, son ennemie la France, quand cette Puissance envahit la Belgique autrichienne ; et, par la paix d'Aix-la-Chapelle, l'Angleterre assura la restauration de la Belgique. Plus tard, pendant la Révolution, l'Angleterre, une fois de plus, s'opposa à la France en Belgique, la République ayant occupé ce pays en 1792. Pitt le jeune, l'ennemi infatigable de la France, annonça au Gouvernement de la République que « la Grande-Bretagne ne permettrait jamais que la France s'arrogeât arbitrairement le droit d'enfreindre le système politique de l'Europe, et que le gouvernement anglais ne verrait jamais avec indifférence la France devenir maîtresse des Pays-Bas et se poser en arbitre des droits et des libertés de l'Europe. »

Récemment, toutefois, une *preuve véritable* est venue confirmer la déclaration du gouvernement anglais, que c'était la violation de la neutralité belge qui avait décidé l'Angleterre à entrer en guerre contre l'Allemagne. Cette preuve nous est fournie par une certaine information publiée en avril 1915 dans le *Labour Leader*, organe de l'*Independent English Labour Party* : « Nous croyons, y est-il dit, que nous sommes en droit de déclarer que, une semaine avant l'ultimatum de l'Angleterre à l'Allemagne, la majorité des membres du Cabinet était opposée à l'intervention anglaise. Nous savons, sur la foi des plus hautes autorités, que, même quand nous nous trouvions sur le seuil de la guerre, le Premier avait entre les mains les démissions de six membres du Gouvernement. M. Asquith, Sir Edward Grey et ce qu'on peut appeler dans le gouvernement le groupe impérialiste favorisait l'intervention à cause de l'entente avec la France et la Russie et des engagements secrets du *Foreign Office*. L'autre groupe était opposé à l'intervention.

» *Si l'Allemagne n'avait pas envahi la Belgique, il est probable qu'un nombre considérable de membres du Cabinet auraient donné leur démission*, et qu'un Gouvernement de coalition aurait été formé, car des lettres de lord Lansdowne et de M. Bonar Law à M. Asquith montrèrent que les impérialistes pouvaient compter sur leur concours. *L'invasion allemande en Belgique convertit quatre* des six membres récalcitrants du Cabinet et les poussa à appuyer le parti de la guerre. Lord Morley et M. John Burns persistèrent dans leur attitude et donnèrent leur démission, et furent imités par un membre du Ministère, M. C.-P. Trevelyan. »

M. Lloyd George, alors chancelier de l'Echiquier, déclara dans une entrevue publiée par le *Pearson's Magazine* qu'il n'aurait pas voulu partager la responsabilité d'une déclaration de guerre *si la Belgique n'avait pas été attaquée*, et qu'il pensait en pouvoir dire autant de la plupart de ses collègues, sinon de tous.

Cela montre que, en *violant la neutralité* belge, l'Allemagne poussa un nouvel ennemi à prendre les armes contre elle, et, étant donné les circonstances, le plus redoutable de tous ses ennemis. En outre, c'est cette violation qui affermit en Angleterre l'opinion publique en faveur de la guerre.

Il n'y a aucun fondement à l'accusation portée contre l'Angleterre d'avoir été cause de la guerre ; au contraire, son attitude dans la crise austro-serbe montra qu'elle était désireuse de trouver une solution pacifique du conflit.

Malgré la rivalité commerciale de l'Angleterre avec l'Allemagne, une excellente occasion se présentait d'arranger tous les différends à l'amiable et de satisfaire à la fois les intérêts commerciaux de l'Angleterre et ceux de l'Allemagne. Les colonies anglaises n'étaient pas menacées par l'Allemagne, pas plus que les colonies allemandes par l'Angleterre.

VUE D'ENSEMBLE DES CAUSES DE LA GUERRE MONDIALE

I. Causes lointaines.

Si nous passons en revue les principaux événements européens durant le dernier siècle, nous trouvons, à la guerre mondiale, les causes lointaines suivantes :

1. Le *Germanisme*, d'abord réaction nécessaire après les défaites allemandes dans les guerres napoléoniennes, *devint une obsession chauviniste*, amenant une fausse politique de race, fondée sur la mégalomanie germanique.

2. *La Prusse*, sous la direction de Bismarck, établit son *hégémonie sur l'Allemagne* par la guerre danoise de 1864, et la guerre allemande de 1866.

3. Bismarck provoqua la guerre franco-allemande de 1870 par laquelle il prépara les voies à l'hégémonie de l'Allemagne en Europe sous la domination de l'Etat militaire de Prusse.

4. *L'annexion par l'Allemagne de l'Alsace-Lorraine en 1871* fut cause que l'Allemagne, par peur d'une guerre de revanche, accrut nécessamment ses forces militaires, força la France à des armements correspondants[1], la menaça d'une nouvelle guerre, créa la *Triple Alliance*, et donna naissance à l'*Alliance franco-russe*.

5. Après la *guerre russo-turque* de 1877-78 qui mit fin à l'oppression de la Turquie dans la Péninsule balkanique et donna naissance aux Etats *balkaniques indépendants*, le Congrès de Berlin (1878) donna *à l'Autriche des avantages aux dépens de la Russie*, en sorte que la Russie commença à faire des ouvertures à la France.

6. Le mandat donné à l'Autriche par le congrès de Berlin touchant *l'occupation de la Bosnie et de l'Herzégovine* et l'annexion arbitraire de ces provinces en 1908, annexion qui violait l'esprit des nationalités, et qui jeta de l'huile sur le feu de l'agitation serbe contre l'Autriche.

7. *La surpopulation de l'Allemagne et sa politique coloniale* amenèrent la création d'une flotte puissante et le développement d'une politique agressive qui était une menace pour les autres Puissances.

[1] « correspondants », mais non « équivalents ». La France suivait l'Allemagne de loin, de trop loin. L'insuffisance de la préparation française souligne, mieux que tout le reste, le caractère pacifiste de la politique républicaine au moment de la guerre. (*N. d. Tr.*)

II. Causes immédiates.

Les événements qu'on peut indiquer comme causes immédiates de la guerre sont les suivants :

1. Après que l'assassinat de l'archiduc-héritier François-Ferdinand eut amené le *conflit serbe, le refus de l'Autriche, appuyé par l'Allemagne*, de porter la dispute devant une *conférence*, comme l'avaient proposé l'Angleterre, la France, la Russie et la Serbie, et l'*ultimatum* de l'Autriche à la Serbie.

2. *La violation de la neutralite belge par l'Allemagne.*

Ces événements eurent lieu pendant les journées historiques qui vont du 28 juillet au 4 août 1914. Ils peuvent donc être regardés comme le prélude de la plus épouvantable catastrophe que l'Europe ait jamais connue, une « halte » militaire dans le développement de la civilisation, qui a coûté, par de barbares destructions, la vie, la santé, le bonheur à des millions d'êtres humains.

La responsabilité de la guerre mondiale doit donc, si nous avons bien établi ces causes prochaines, être mise au compte de l'Allemagne et de l'Autriche qui toutes deux, par deux annexions, celle de l'Alsace-Lorraine et celle de la Bosnie-Herzégovine, donnèrent naissance aux conflits fatals qui précipitèrent la guerre.

XII (Suite)

LA GUERRE MONDIALE DE 1914

D. Militarisme allemand et préparation de l'Allemagne à la guerre. — Crainte de l'Allemagne en Europe. — Le point de vue allemand : nous avons été attaqués ; l'Allemagne est engagée dans une guerre de défense. — Une nation hypnotisée.

En passant en revue les guerres de l'Europe centrale et occidentale dans le dernier demi-siècle, celles de 1864, de 1866, et de 1870, nous verrons que la Prusse a toujours été l'agresseur, et qu'elle a fait de l'Allemagne le plus puissant Etat militaire au monde. Depuis la guerre franco-allemande, l'Allemagne n'a jamais cessé de faire des armements et d'augmenter sa force militaire d'une façon anormale, en sorte que la paix, pendant quarante-trois ans, n'a été qu'une paix armée, une trêve sinistre, prolongée sous la menace d'une guerre toujours imminente.

Tous les autres Etats ont été obligés de faire des armements et de développer leurs ressources militaires d'une façon absurde, parce que l'Allemagne, par sa colossale puissance militaire et son impitoyable dédain pour les arrangements internationaux, a été une *constante menace à la paix*. Les déclarations pacifiques de certains hommes politiques allemands n'ont pas réussi à rassurer pleinement les autres nations. C'est là, je crois, un fait reconnu.

Quand nous parlons du monstrueux développement du *militarisme* causé par l'accroissement de la force militaire de l'Allemagne, nous parlons d'abord du développement de la puissance militaire en soi. Mais ce mot de militarisme a aussi un autre sens qui, appliqué à l'Allemagne, est significatif.

Par militarisme dans son sens le plus étroit, nous désignons, dans la conversation sa prédominance et l'encouragement de l'esprit martial, la domination militaire, la suprématie de l'élément militaire sur l'élément civil.

Dans les petits pays, à qui les épreuves de la guerre ont été longtemps épargnées et chez qui ne naissent pas ces causes de conflits qui peuvent résulter, par exemple, des alliances, une tendance à s'opposer à toutes les mesures de défense nationale se fait sentir parmi les gens qu'on appelle « pacifistes ». Ceux-ci pensent qu'il est inutile de rien faire pour gagner le privilège de vivre en paix, et qu'il est mal d'encourager les armements parce que les Etats voisins pourraient y voir des intentions hostiles, et que, d'ailleurs, il serait impossible de se protéger contre l'attaque d'une Puissance plus forte. Ils ne font pas de distinction entre militarisme et défense nationale ; et tout intérêt porté à cette défense est stigmatisée par eux sous le nom de propagande militariste ; ils s'y opposent à leur tour par une « propagande anti-militariste ».

Cette opposition à toute propagande militaire se fait aussi sentir jusqu'à un certain point chez les grandes Puissances ; ainsi, en Allemagne, les ouvriers s'agitèrent pour demander l'*Abrüstung* (désarmement) ; mais par désarmement ils n'entendaient que la réduction de ces armements absurdes à des proportions raisonnables, grâce à une entente entre les Etats.

Bien que le monde entier considère depuis longtemps l'Allemagne comme un exemple typique de militarisme, il y a des Allemands qui ne veulent pas admettre que cette opinion soit fondée. C'est ainsi que le docteur Walter van der Bleck [1] écrit ce qui suit : « Nos ennemis identifient le mot d'Allemagne avec le terme de militarisme. » C'est là plus qu'une simple phrase, plus qu'une simple étiquette. Le militarisme allemand est censé aussi impliquer un principe, et ce terme, grâce à des insinuations perfides, a pris un sens péjoratif.

« On représente, dit encore l'auteur, l'Allemagne comme un pays de traîneurs de sabres, d'obus éclatant avec bruit, dont l'idéal est la guerre, dont la morale est la brutalité soldatesque, dont le système est le despotisme militaire. Mais ceux qui, *sine ira et studio*, réfléchissent sur le vrai sens du mot, s'aperçoivent que le militarisme tant décrié des Allemands n'est que leur magnifique organisation, la *subordination des intérêts égoïstes* à un but grandiose et toujours présent à leur esprit. Le libre développement des *aspi-*

[1] Voyez *Die Vernichtung der englischen Weltmacht und des russischen Zarismus durch den Dreibund und den Islam.* (La destruction de la puissance mondiale de l'Angleterre et du tsarisme russe par la Triple alliance et l'Islam) par K. L. Walter van der Bleck, 1915.

rations de la culture n'est possible que par une discipline et un ordre puissant, le bon agencement des parties dans le tout; l'armée et les armements ne servent qu'à protéger les travaux les plus diligents et les plus assidus. La définition du militarisme allemand, c'est donc *l'amour de l'ordre* qui, porté à ses conclusions logiques, signifie un *système militaire idéalement organisé.* Ceci explique à toute l'Europe et à la conscience intime de tout le monde habité la véritable importance de l'*Allemagne* et aussi de la *race germanique* représentée par cette expression, quelque incomprise qu'elle soit. »

Nous reconnaissons dans ce tableau brillant du germanisme « méconnu » les rêves de grandeur germanique du commencement du 19me siècle, mais joints désormais à la puissance militaire que l'Allemagne a atteinte grâce à Bismarck. Les porte-paroles de la politique libérale entre 1860 et 1870, tels que Virchow, Richter et d'autres membres du parti progressiste ont cherché vainement à empêcher le chauvinisme allemand de se développer uniquement vers la règle militaire, ou, en d'autres termes, vers le militarisme dans l'esprit du chancelier de « sang » et de « fer ». (Voir pages 51-52).

Van der Bleck atteint le plus haut point du militarisme allemand quand il dit : « Par impérialisme, l'Allemagne n'entend pas dictature militaire, mais seulement une mission intellectuelle et morale de la culture appuyée par une grande force militaire et navale ».

Il fait, sur la guerre mondiale, les réflexions suivantes : « Le but de l'Allemagne et de ses alliés n'est pas la conquête ; c'est *l'éducation en morale, en culture...* Le *bien du monde* est lié à la *victoire de l'Allemagne...* il faut que les nations soient libérées du *joug mondial de l'Angleterre.* Il nous incombe de préserver la civilisation européenne grâce aux peuples germaniques de l'Allemagne et du Nord et aux nations qui leur sont unies par les liens du sang ou des alliances. »

A en croire van der Bleck, « l'impérialisme de l'empereur Guillaume *recherche* non la guerre mais *la paix* » mais il « ne recule pas devant le devoir de châtier sévèrement tout acte hostile à la culture ; c'est ainsi que, quand le droit des gens fut enfreint en Chine, il n'hésita pas à frapper d'un poing ganté de fer. »

Si dans ce cas, — il s'agissait du meurtre de deux missionnaires, dans une émeute (voir page 129), — l'Allemagne eut raison d'intervenir, assurément l'Angleterre eut raison aussi, plus de raison peut-être, de châtier l'Allemagne de *son* poing ganté de fer quand l'Allemagne viola le droit des gens en attaquant la Belgique.

Nulle part le militarisme n'a atteint un si grand développement qu'en Allemagne et surtout en Prusse. L'idée de la supériorité et de l'importance de l'élément militaire comparé à l'élément civil est encouragée par les classes dirigeantes. Revêtir l'uniforme de l'Empereur, c'est atteindre à un état plus noble ; et comme aucun grade n'est accordé dans l'armée à un homme sorti des basses classes, on peut en vérité parler d'une *caste militaire*. Une *obéissance aveugle* à son supérieur est le devoir de chacun ; et ce devoir est imposé aux recrues avec la plus extrême rigueur. Guillaume II a dit une fois dans un discours adressé aux recrues de sa Garde, il y a quelques années, qu'elles devaient obéir aveuglément à leurs supérieurs, fût-il même question de tirer sur leurs père et mère !

Cette subordination à ses supérieurs est le parallèle exact de celle qui existe dans l'ordre des Jésuites : le chef suprême est seul arbitre de la conscience des membres et doit être obéi avec aveuglement, selon le précepte : *eris secut cadaver*. Il est évident qu'une telle discipline doit amoindrir le caractère et entraver l'initiative, en sorte que les hommes deviennent *geknechtet* (asservis). Que de réelles brutalités soient souvent exercées, nous le savons par les journaux et les débats parlementaires qui parlent constamment de mauvais traitements infligés à des soldats par des officiers ou des sous-officiers.

Nous avons eu il n'y a pas longtemps, à Saverne, en Alsace, un exemple d'arrogance militaire allemand : un jeune lieutenant, pour l'obliger à respecter l'uniforme, attaqua, — en cas de « légitime défense » — à coups de sabre, un savetier estropié qui se trouvait par hasard sur son chemin et fut ensuite saisi par deux soldats. L'obéissance aveugle et le respect de l'uniforme ont pour résultat de transformer souvent les hommes en automates qui agissent sans aucune réflexion[1].

[1] A ce propos, je rappellerai le fameux exploit du savetier Vogt à Köpenick (faubourg de Berlin), en 1908. Cet homme portait un grand intérêt aux choses militaires et connaissait le prestige de l'uniforme. Un jour, se trouvant sans travail, il résolut de faire un usage pratique de sa connaissance de la nature humaine, et il acheta de seconde main, chez un marchand d'habits, un uniforme de capitaine. L'ayant revêtu, il ordonna à un caporal et à quelques soldats qu'il rencontra de l'accompagner. Ils obéirent sans une minute d'hésitation et le suivirent jusqu'à Köpenick. Ils se rendirent à l'Hôtel de Ville où le maire, vieil officier de réserve, fit une profonde révérence au « capitaine ». Mais celui-ci ordonna sévèrement que le maire fut arrêté et mené à Berlin. Aussitôt fait que dit et le maire fut conduit par les soldats au corps de garde de la Porte de Brandenbourg. Cependant le « capitaine » s'empara de 20.000 marks dans la caisse de la ville et disparut pour quelque temps. — Pareil exploit ne serait possible dans aucun autre pays d'Europe.

Il est fort à craindre que la culture allemande, que nous aurons jusqu'ici si hautement appréciée, ne reste longtemps souillée par la politique de violence qui, inaugurée par Bismarck et développée dans l'esprit de Bismarck, a conduit l'Allemagne à des violations des lois reconnues aussi flagrantes que l'attaque de la Belgique, les massacres de Louvain et d'autres villes, etc.

Le sang-froid avec lequel le général Bernhardi a édifié la politique de la force, fondée sur les rêves germanistes de grandeur, a fait grande impression hors d'Allemagne à tous ceux qui ont lu son livre démoniaque et a causé une stupeur et une horreur universelles. On peut dire sans risquer de se tromper qu'un pareil livre ne pouvait être écrit dans aucun autre pays au monde. Qu'il ait osé le publier et que lui, général prussien, ait eu la permission de le publier, sont de terribles et tristes témoignages de l'esprit qui règne en Prusse au moins dans la caste militaire et qui signifie non *progrès dans la culture*, mais *recul dans la civilisation*. Il n'y a d'ailleurs aucun doute que de semblables ouvrages aussi bien que la politique bismarckienne sont désapprouvés par beaucoup d'Allemands.

Si l'Allemagne n'entra pas en guerre en 1911 à propos du Maroc, c'est, dit, Bernhardi, qu'elle obéit à un sentiment de « fausse humanité », qui donna naissance au nouveau mouvement pacifiste. Il voulait donc montrer que la guerre est pour un Etat un devoir, non seulement de défense, mais encore d'extension, de conquête.

Bismarck est mort ; mais il a fait école, et ses disciples ont continué sa politique. Les principes de Bismarck, identiques à ceux de Machiavel, sont encore approuvés et appliqués par de nombreux admirateurs du chancelier « de sang et de fer ». Bien des Allemands pensent que *la force* est tout, et qu'il vaut mieux être craint qu'être aimé.

Grâce à Bismarck, et en dépit de tout son effort de culture, l'Allemagne est devenue avant tout un *Etat militaire*, et son peuple a été systématiquement élevé dans cet esprit. La caste guerrière y a consacré ses plus grands efforts à augmenter les armements en vue d'une guerre qu'elle juge depuis longtemps inévitable, et que les écrivains militaires appellent de leurs vœux, comme un moyen de rendre le peuple plus vigoureux et d'avancer la culture ! La seule préoccupation est de trouver des prétextes à la guerre, et elle déplore la paix qu'elle juge un état débilitant.

Dans un manifeste adressé, au début de la guerre de 1914, à l'armée et à la marine, et caractéristique — pour le dire en passant — d'une nation militaire, l'empereur Guillaume donna cours aux sentiments suivants : « Je mets ma confiance dans le vieil *esprit guerrier* qui vit encore dans le peuple allemand, ce *puissant esprit guerrier* qui fait assaut sur l'ennemi là où il le rencontre, quoi qu'il en doive coûter, cet *esprit guerrier* qui, depuis les âges les plus reculés, a été la *terreur* et le *fléau* de nos ennemis. Rappelez-vous notre grande et glorieuse victoire, rappelez-vous que vous êtes des Allemands ! Dieu avec nous ! »

Ainsi la foi germaniste en la supériorité de l'Allemagne sur tous les autres pays a été peu à peu suggérée à la conscience du peuple allemand qui ne semble pas admettre que la politique allemande ait jamais pu être en défaut dans des questions importantes. que l'Allemagne, et surtout la Prusse, ait jamais violé le droit des gens, et foulé aux pieds les droits des nations, faisant *surgir des ennemis* tout autour d'elle et créant à travers le monde un antagonisme contre sa politique militaire. *La haute culture intellectuelle et la grande valeur industrielle de l'Allemagne sont reconnues partout ;* mais les nations n'admirent pas sa politique ; elles *ont peur de cet Etat guerrier.*

Il semble, en effet, que la caste militaire désire actuellement créer la *crainte de l'Allemagne.*

Combien différents les sentiments de Fréderic le Grand ! « C'est forger des monstres pour les combattre, dit-il, que de se faire des ennemis pour les vaincre. Il est plus naturel, plus raisonnable, plus humain de se faire des amis. »

Dans une réponse au pamphlet : *Pourquoi les nations nous haïssent-t-elles ?* récemment publié par un physicien berlinois bien connu, le docteur Hirschfeld, un Hollandais, le docteur Treub dit que la raison pour laquelle les Allemands sont généralement peu aimés, c'est leur arrogance, leur esprit de laquais, leur grossièreté, et que les nations haïssent l'Allemagne à cause de son militarisme et de son ardeur à soumettre toutes les autres nations.

Aucun pays au monde n'a jamais été si *continuellement prêt à la guerre* que l'Allemagne ; c'est le pays militaire par excellence. L'Allemagne ne devrait pas parler de mobilisation dans le sens ordinaire de ce mot au moment où la guerre menace. Elle est *toujours* mobilisée d'une façon suffisante et par suite est prête quand l'état de guerre est proclamé. Le ministre de la guerre n'a qu'à presser quelques boutons, — *ein, zwei, drei* — et, au premier mot, les armées sont à la frontière prêtes à agir en quelques jours.

Les yeux toujours fixés sur leur but, les autorités militaires ont pourvu à tous les besoins avec la minutie la plus admirable. Ce sont partout des dépôts immenses, contenant nourriture, vêtements chaussures et autres articles d'équipement, fournitures d'hôpitaux, etc. pour des millions encore inconnus de soldats de toutes les classes; des canons, des fusils, et d'autre matériel de guerre ont été empilés dans les arsenaux et dans les usines, tout cela en prévision de la Guerre des guerres. Toutes les nécessités qui peuvent naître d'une guerre avec d'autres grandes Puissances ont été prévues, et c'est dans ce but qu'a été organisée toute la vie industrielle de la nation.

L'Allemagne n'a donc jamais à s'inquiéter de la mobilisation dans les autres Etats. Elle est toujours prête à la guerre, toujours prête à frapper.

Bien que la majorité du peuple allemand, les ouvriers, les fermiers, les petits fabricants, les marchands, etc., soient amis de la paix, et aient par suite été pris à partie par Bernhardi, l'agitation organisée par lui et par d'autres meneurs chauvins a réussi à opérer sur l'opinion publique avec un tel succès que le traité du Maroc du 9 novembre 1911 fut reçu avec désappointement par des millions d'Allemands de toutes classes. C'est aussi cette agitation qui rendit possible la nouvelle loi militaire de 1912 qui augmenta beaucoup la force de l'armée. Le contre-coup en France fut la remise en vigueur du service militaire de trois ans, accepté malgré une opposition considérable. On proposa alors en Allemagne d'augmenter encore les armements, et on exploita le centenaire de la grande guerre de libération contre la France en 1813 pour inciter la nation à de nouveaux efforts. Le résultat en fut l'extraordinaire *impôt de la défense* qui rapporta 1000 millions de marks et fut accompagné d'une augmentation des impôts annuels au profit de l'armée. Quand le gouvernement commença de craindre que le peuple ne murmurât sous de tels fardeaux, il tenta, comme il l'avait déjà fait souvent dans des cas analogues, de prouver que la sûreté de l'empire était menacée.

M. Etienne, ministre de la guerre en France, réussit, en mars 1913, à se procurer un rapport *allemand, officiel et secret* concernant les nouvelles lois militaires, le but de la politique allemande, etc. Ce remarquable document de mars 1913 contient les passages suivants qui éclairent bien des points : « C'est notre devoir sacré d'aiguiser l'épée que l'on nous a mise en main, et de la tenir prête pour nous défendre comme pour porter des coups à notre ennemi.

Il faut faire pénétrer dans le peuple l'idée que nos armements sont une réponse aux armements de la politique française. Il faut l'habituer à penser qu'une guerre offensive de notre part est une nécessité pour répondre aux provocations de l'adversaire. Il faudra agir avec prudence pour n'éveiller aucun soupçon... Il faut préparer la guerre au point de vue financier... Il faudra *susciter des troubles dans le nord de l'Afrique et en Russie.* C'est un moyen d'absorber les forces de l'adversaire. Il est donc absolument nécessaire que nous nous mettions en relations, par des organes bien choisis, avec des gens influents en Egypte, à Tunis, à Alger et au Maroc pour préparer les mesures nécessaires en cas de guerre européenne... Nous devons être forts pour pouvoir anéantir d'un puissant élan nos ennemis de l'Est et de l'Ouest. Mais dans la prochaine guerre européenne, il faudra aussi que *les petits Etats soient contraints à nous suivre*, ou soient domptés... Au Nord nous n'avons à craindre aucune menace du Danemark ou des Etats scandinaves... mais on ne peut considérer de même la situation vis-à-vis des petits Etats de notre frontière nord-ouest, la Belgique et la Hollande. Là, ce sera pour nous une question vitale, et le but vers lequel il faudra tendre c'est de *prendre l'offensive* avec une grande supériorité *dès les premiers jours...*

» Un ultimatum à brève échéance, que doit suivre immédiatement *l'invasion*, permettra de justifier suffisamment notre action au point de vue du droit des gens... nous nous souviendrons alors que les provinces de l'ancien Empire allemand : comté de Bourgogne et une belle part de la Lorraine sont encore aux mains des Francs et que des milliers de frères des provinces baltiques gémissent sous le joug slave. C'est une question nationale de *rendre à l'Allemagne ce qu'elle a autrefois possédé*[1]. »

Ainsi, nous avons là un plan complet pour une *guerre d'agression et de conquête !*

Ce document fut, cela va sans dire, désavoué dans les sphères officielles allemandes. Mais il porte la marque d'une authenticité indubitable, et tous ses détails correspondent exactement à d'autres déclarations de politiciens et d'écrivains militaires allemands, en sorte qu'il n'y a aucune raison pour ne pas le croire authentique, surtout après ce que le général Bernhardi écrivait, deux années auparavant, dans *l'Allemagne et la prochaine guerre.* Mais il était évidemment très désagréable au gouvernement allemand

[1] *Livre jaune* français. No 2.

qu'un rapport officiel et secret de cette espèce tombât entre les mains du gouvernement français. De là le démenti officiel, toujours attendu en pareille occurence [1].

M. Cambon, ambassadeur de France à Berlin, disait, dans sa dépêche du 6 mai 1913, à M. Pichon, ministre des Affaires étrangères, qu'il avait eu connaissance d'une déclaration du général de Moltke touchant le plan de l'Etat-major général en cas de guerre, plan qui consistait à prendre l'ennemi par surprise ! « Il faut laisser de côté, a dit le général de Moltke, les *lieux communs* sur la *responsabilité de l'agresseur*. Lorsque la guerre est devenue nécessaire, il faut la faire en mettant toutes les chances de son côté. *Le succès seul la justifie. L'Allemagne ne peut ou ne doit laisser à la Russie le temps de mobiliser*, car elle serait obligée de maintenir sur sa frontière une force telle *qu'elle se trouverait en situation d'égalité, sinon d'infériorité, avec la France*. Donc il faut prévenir notre principal adversaire, dès qu'il y aura neuf chances sur dix d'avoir la guerre, et *la commencer sans attendre*, pour écraser brutalement toute résistance. »

Le militarisme allemand, par l'effet psychologique que sa sévère discipline et son obéissance aveugle ont produit sur les esprits, a été un des facteurs qui ont permis à la nation allemande d'être unanime dans sa conception du rôle de l'Allemagne dans la guerre de 1914. On a réussi à imposer par suggestion à l'esprit national l'idée que l'Allemagne avait été attaquée et à entretenir cette idée à force de répétitions. C'est une méthode bien connue, et nous en avons un exemple célèbre dans la phrase du vieux Caton qui terminait tous ses discours au Sénat par ces mots : « Ceterum censeo Carthaginem esse delendam ». Cette opinion devint peu à peu courante à Rome, si bien que la ville ennemie finit par tomber sous les assauts répétés des Romains.

Par *suggestion* on entend un acte par lequel une idée est implantée dans l'esprit et y prend racine, une opinion imposée qui peut se développer en une conviction profonde. La suggestion peut s'exercer à l'état de veille ou dans un sommeil hypnotique : elle ne demande qu'un esprit prédisposé à croire.

[1] On a tenté de prouver la fausseté de ce document en faisant remarquer que le « Comté de Bourgogne » y était donné comme faisant partie de l'ancien Empire allemand, faute « qu'aucun auteur allemand responsable n'aurait jamais faite. » A ce sujet je voudrais rappeler que non seulement l'ancien Royaume de Bourgogne, mais aussi le Duché de Bourgogne, actuellement province de Bourgogne, fut autrefois dans une situation de vasselage vi-à-vis de l'ancien Empire allemand. Le cas est le même pour la Franche-Comté, ou « Freigrafschaft Burgund ».

Les orateurs, les avocats, les hommes d'Etat, etc. emploient tous la suggestion et tentent de tout leur pouvoir d'imposer certains tableaux mentaux sur l'esprit de leurs auditeurs. C'est par la suggestion ou l'hypnose, — comme on l'appelle aussi quand elle a le même effet que l'hypnotisme, — que le fanatisme politique, comme le fanatisme religieux, obtient ses adhérents.

L'universel dévouement patriotique montré par les Allemands dans cette guerre et fondé sur la certitude que la patrie avait été attaquée, est l'exemple le plus remarquable de suggestion ou d'hypnotisme collectif sur une échelle colossale qu'on ait pu remarquer dans les temps modernes. A le considérer du point de vue psychique, il rappelle l'émotion qui s'empara des peuples quand le pape Urbain II, au Concile de Clermont en 1095, exhorta la multitude à partir pour la première Croisade contre les Infidèles en Palestine : la grande assemblée fut plongée dans l'extase et tout à coup le cri s'éleva : « *Deus vult! Deus vult!* ». La foule qui était au dehors répéta le cri à son tour, et tous fixèrent une croix rouge sur leur épaule droite.

Alors c'étaient les Francs qui étaient la « nation élue de Dieu ». Quand les pèlerins se mirent en route pour la première Croisade le cri : « Dieu le veut ! » était incessamment sur leurs lèvres ; à la moindre objection des gens prudents, ils répondaient : « Dieu le veut ! » Et quand enfin les Croisés atteignirent Jérusalem, au milieu de leur joie immense, ils tombèrent tous à genoux, et crièrent : « Dieu le veut ! »

Nous avons été témoins d'une ferveur patriotique et religieuse analogue en Allemagne quand la guerre commença d'être dans l'air. Les patriotes les plus exaltés proclamèrent : « *L'Allemagne a été attaquée par ses ennemis. La guerre a été déchaînée contre nous pour nous détruire. Le gouvernement a fait tout son possible pour éviter la guerre. En avant avec l'aide de Dieu! Que nos cœurs battent pour Dieu et que nos poings abattent l'ennemi! Pour nous c'est une question de vie ou de mort. Dieu avec nous!* »

Tout cela fut répété mille et mille fois dans les églises et dans la presse ; et la suggestion prit racine dans tous les esprits. A tous les degrés de l'échelle sociale, tous furent pénétrés par cette conviction et montrèrent le plus grand dévouement, le plus grand esprit de sacrifice pour défendre la patrie, que tous croyaient attaquée traîtreusement par ses ennemis. Une foi aveugle dans ce qu'avait dit l'autorité suprême de l'Etat ne laissait place à aucun doute. Les réponses des autres Etats, les négociations entre les gouvernements restèrent généralement inconnus ; et tout ce qui fut rendu public avait été teinté de la nuance que le gouvernement jugeait convenable. Toute la nation était unie dans une seule pensée : *L'Allemagne a été attaquée ; l'existence de l'Allemagne est menacée.* Parmi les gens généralement mesurés, parmi les penseurs et les savants, l'exaltation fut aussi grande que dans la caste militaire. Tous furent certains de la victoire, car « la cause de l'Allemagne était sacrée et juste ». « On ne peut détruire l'Allemagne », cette patrie de la race la plus noble qui soit au monde, le peuple choisi de Dieu, destiné à marcher à la tête de la civilisation et à fonder l'empire mondial germanique. *Dieu le veut !*

Dans son manifeste de guerre au peuple allemand l'empereur déclara : « Nos ennemis étaient jaloux du résultat de nos travaux. Nous avons jusqu'ici supporté avec patience leur animosité déclarée ou secrète, de l'Est et de l'Ouest, et à travers la mer. *Mais maintenant ils cherchent à nous humilier.* On voudrait que nous restions les bras croisés, pendant que nos ennemis préparent un *assaut perfide contre nous... Au sein de la paix, l'ennemi nous attaque* ; c'est pourquoi nous crions aux armes !... C'est une lutte pour voir si la force allemande et l'esprit allemand doivent *être ou ne pas être.* En avant, avec l'aide de Dieu qui sera avec nous comme il a été avec nos ancêtres ! »

Dans un discours de Noël, prononcé en France, l'empereur dit : « Dieu a voulu que l'ennemi nous force à célébrer cette fête ici. *Nous avons été attaqués et nous nous défendons.* Nous sommes sur le territoire de l'ennemi, et nous tenons l'ennemi à la pointe de notre épée. La tête courbée devant notre Seigneur nous disons, comme disait le Grand Electeur : « Que tous les ennemis de l'Allemagne soient réduits en poussière ! Amen. »

Tout comme les proclamations officielles allemandes, les manifestes autrichiens parlèrent aussi de la guerre comme d'une guerre défensive. Un communiqué officiel du 17 avril 1915, annonçant que tous les hommes capables de porter les armes, de dix-huit à cinquante ans, seront passibles du service dans le landsturm, dit : « La lutte gigantesque *à laquelle nous avons été forcés* par un ennemi supérieur en nombre, nous oblige à user de toutes nos forces », etc.

Le chancelier allemand déclara au Reichstag que la Serbie avait repoussé les justes demandes de l'Autriche-Hongrie, et que le gouvernement partageait avec son allié l'opinion que la position de la race germanique était menacée, que la Russie avait empêché les tentatives de médiation de l'Allemagne, et qu'elle voulait la guerre. « Nos troupes se bornèrent tout d'abord à une attitude *défensive*. Nous nous tînmes le dos contre le mur... C'est avec une conscience tranquille que l'Allemagne marche à la bataille. » Le général de Falkenhayn, chef de l'état-major général, interviewé en janvier 1915 par M. Conger, représentant de l'association de la presse à Berlin, répéta aussi que l'Allemagne avait été attaquée et qu'elle faisait donc une guerre défensive :

« Cette guerre n'est point, dit-il, une guerre offensive de notre fait. *Elle n'a pas été causée par une secte militaire ou un parti ;* c'est une *guerre entreprise pour nous défendre, et qui nous a été imposée* par la mobilisation russe. La Russie avait été avertie par l'empereur et par son ambassadeur et savait que si elle mobilisait, nous serions forcés, pour *nous défendre*, de proclamer la mobilisation générale et de prendre toutes les mesures nécessaires à *la sauvegarde de notre existence nationale.* »

Quand le Gouvernement allemand, en mars 1915, demanda au Reichstag encore 10 000 millions de marks pour continuer la guerre, le Dr Helfferich, ministre des finances, dit : « Il nous faut répéter avec insistance que *nos ennemis seront tenus pour responsables* des pertes matérielles qu'il nous ont causées par leur *attaque criminelle.* »

Dans la Chambre haute allemande, le président dit, le 16 mars 1915 : « *L'antique envie de nos voisins* a uni les Puissances de l'Entente contre nous. *La France veut les provinces qu'elle a perdues en 1871, la Russie veut la province de Prusse et l'Angleterre poursuit la destruction du commerce et des forces navales de l'Allemagne.* Qu'ont-elles obtenu ? La perte de la plupart de nos colonies n'est pas décisive. D'autre part, le territoire de l'Allemagne a été nettoyé de ses ennemis ; la Pologne, la Belgique et une partie considérable de la France sont en notre possession. *Le plan que nos ennemis avaient formé d'écraser l'Allemagne* a donc été déjoué. Si nous n'aspirions à rien de plus qu'à repousser nos ennemis, il ne nous serait pas difficile d'obtenir promptement la paix. Mais ce qui a été fait ne saurait suffire à l'Allemagne. (Applaudissements bruyants de toutes parts.) Nous ne remettrons pas l'épée dans le fourreau avant d'avoir l'assurance que nos voisins *ne renouvelleront pas l'attaque.* »

M. Gotthein, économiste et membre du Reichstag, déclare dans le *Berliner Tagblatt*, en décembre 1914, qu'« on pourrait prouver sans conteste que l'Allemagne avait fait tout son possible pour *éviter la guerre*, que la mobilisation russe et les déclarations de la France touchant son attitude *l'avait forcée à se défendre*, et que, bien que la déclaration de guerre formelle fût venue de l'Allemagne, cette mesure n'avait été prise que pour lui permettre de profiter de son organisation supérieure pour agir rapidement dans la guerre qui lui était ainsi imposée. *S'il avait été possible pour le Gouvernement allemand* d'empêcher la guerre, dit-il ensuite, les cent onze socialistes-démocrates du Reichstag n'auraient pas voté les crédits de guerre. »

On peut se demander comment ces socialistes-démocrates et autres représentants, au train d'enfer où marchaient les choses, auraient pu alors examiner l'attitude et les actes du gouvernement dans le conflit et ses possibilités de l'empêcher ? Il faut se rappeler que tout était secret.

A l'occasion de la fête de la Toussaint célébrée par les Allemands dans l'église paroissiale de Bapaume, le 1er novembre 1914, en commémoration des soldats tombés sur le champ de bataille, un sermon fut prononcé qui renferme les passages suivants : « Ces tombes sont un immense reproche à nos ennemis ; mais pour nous à l'avenir elles seront un monument sacré. Ceux qui ont semé le vent récolteront la tempête. *Egarés par des motifs mesquins* et par de petits groupes de partisans égoïstes, « ils ont semé dans la chair et ils récolteront la destruction ». Nous n'hésitons pas à jurer devant Dieu que *nous avons semé dans un esprit de justice et de paix.* Pour nous la guerre est une immense *question spirituelle* qui touche au plus profond le cœur d'une nation qui s'est levée comme un seul homme, qui a été blessée dans ses sentiments les plus sacrés, et qui a été forcée à se *défendre.* »

Le Dr Schepp, inspecteur scolaire, réunit dans un article intitulé *l'Ecole et la guerre* et publié dans *Die Woche*, le 20 mars 1915, plusieurs conseils relatifs à la guerre et destinés à être médités par les écoliers. Il y disait entre autres : « Les élèves doivent comprendre que nous poursuivons le combat de *la vérité et du droit* contre *le mensonge et la tromperie*, et contre la perfidie anglaise ; que la *bonne foi* n'est pas devenue chez nous un vain mot, mais que nous demeurons forts et résolus auprès de notre alliée, et qu'être un *Allemand* veut dire être vrai jusqu'au fond de l'âme. Il faut qu'ils sachent que nous combattons pour la *paix*, et non pas par *désir de conquête*, comme la Russie, par esprit de *vengeance* comme la France, ou par *sordide appétit* comme l'Angleterre. » Toutefois, il explique aussi, — et contredit ainsi ce qui précède, — que « les enfants doivent avant tout comprendre à quoi l'Allemagne doit son agrandissement ». « En 1866, dit-il, nous combattîmes pour l'*hégémonie de la Prusse en Allemagne ;* en 1870-71 nous atteignîmes notre unité et la *position de l'Allemagne en Europe en tant que grande Puissance*... Il faut encore que les élèves comprennent que nous avions besoin d'espace dans le monde et particulièrement sur les mers pour notre commerce. »

Dans un meeting de professeurs et de mères tenu à l'hôtel de ville de Berlin, en novembre 1914, pour discuter ce sujet : « Comment devons-nous parler aux enfants de la guerre ? » il fut entendu qu'on enseignerait certains principes d'humanité, comme, par exemple, que la haine du prochain ne devait pas être inculquée dans l'esprit des enfants et qu'il fallait cultiver des sentiments de compassion et de fraternité, etc. Mais il fut aussi décidé qu'on dirait aux enfants que « l'Allemagne était engagée *sans qu'il y eût de sa faute,* dans une *lutte pour son existence,* une *lutte pour la vie ou la mort,* pour le succès de laquelle les Allemands devaient tout souffrir et tout endurer, et se soumettre à tous les sacrifices. »

Ainsi nous voyons que la jeune génération doit être dressée systématiquement à croire que *l'Allemagne n'est pas à blâmer pour le déchaînement de la guerre et qu'elle a été le parti attaqué.* Cela, pour la nouvelle génération, deviendra parole d'Evangile ; car il y aura sans doute bien peu d'Allemands qui étudieront les origines de la guerre ailleurs que dans les sources allemandes. Comment, dans ces conditions, sera-t-il possible de ne pas haïr les autres nations qui « ont attaqué l'Allemagne et l'ont forcée à une guerre pour défendre son existence ? »

Ces derniers mots sont tirés d'un ouvrage intitulé *La vérité sur la guerre* et qui est un extrait des sources officielles, compilées en août 1914 par dix auteurs bien connus parmi lesquels se trouvent deux membres du Reichstag, le Dr Naumann, le comte Oppersdorf, le Dr Erzberger, le Dr Rohrbach et d'autres. La responsabilité de la guerre y est mise surtout au compte de la Russie : « *Le Tsar porte devant Dieu et la postérité la responsabilité* de sa faiblesse en se laissant terroriser par un parti militaire sans scrupule. Ce n'est qu'après que la France et la Belgique eurent *elles-mêmes violé la neutralité* de la Belgique que nos troupes entrèrent dans ce pays. La France et la Russie ont comploté de *nous détruire*... L'Empereur d'Allemagne tenta de pousser le Tsar à maintenir la paix, mais il fut *cruellement désappointé* », etc.

Cet ouvrage a été traduit en suédois pour influencer l'opinion suèdoise en faveur de l'Allemagne. Il est précédé d'une préface intitulée : « Un mot au peuple suédois. » J'en donne quelques extraits : « *L'amour de la paix* fait partie de notre esprit national... mais nous sommes forcés d'être une nation de soldats pour maintenir notre liberté... *Nous mettons notre confiance en Dieu* et, du milieu du fracas des batailles, nous en appelons à vous, pour que vous ne croyiez pas les mensonges perfides répandus à l'étranger par nos ennemis... Nous croyons que l'*Allemagne ne peut être effacée* de la carte du monde. Vous savez que notre pays a donné naissance à de grands penseurs, à de grands poètes dont le but a été surtout de faire progresser la cause de l'humanité. Les noms de Gœthe et de Kant sont révérés à travers tout le monde, et il n'y a pas de culture sans ces géants de génie, » etc.

Ce qui précède montre bien comment l'opinion publique allemande avait été égarée quand la guerre éclata, et combien les Allemands s'étaient laissés hypnotiser par les déclarations officielles. Pas un mot des efforts infatigables de la Grande-Bretagne, de la France et de la Russie pour éviter la guerre; l'empereur Guillaume avait été « cruellement désappointé » dans son appel au Tsar, quand bien même nous savons que c'est le Tsar qui avait fait appel à l'empereur et lui avait demandé de porter le conflit devant le tribunal de La Haye. Personne, hors d'Allemagne, ne peut concevoir en quoi l'Allemagne était menacée par ses voisins; aucun Etat n'a jamais songé à « effacer l'Allemagne » ou à déposséder les Allemands de leur liberté.

Toutes ces imaginations ont été suggérées au peuple allemand par des hypnotiseurs politiques qui veulent une nation de patriotes prêts à se sacrifier et qui veulent aussi obtenir beaucoup d'argent du Reichstag. Et certes ils ont réussi.

Mais, comme dans l'appel au peuple suédois et dans tant d'autres ouvrages, parler, à propos de la guerre, des penseurs allemands qui ont guidé l'humanité, citer les noms de Goethe et de Kant, c'est aller un peu trop loin. J'ai déjà parlé de ces grands hommes (page 57) ; mais j'ai montré qu'ils étaient diamétralement opposés à cette politique mondiale si égoïste qui a régné en Prusse depuis le temps de Bismarck. Goethe et Kant auraient exécré un Bethmann-Hollweg, un Bernhardi, et autres semblables, s'ils avaient vécu dans notre époque maudite.

Dans la compilation intitulée *Die Vernichtung der englischen*

Weltmacht (la *Destruction de la puissance mondiale anglaise*, 1915) se trouve, sous le titre de l'*Allemagne et les Etats du Nord*, un article du docteur S. Hedin [1] dont voici quelques extraits :

« Tous les Allemands savent que leur pays a été *attaqué par une ligue, dont le membre dirigeant, l'Angletere*, a pour unique idée *d'annihiler l'Allemagne*. L'Allemagne lutte pour son existence, tandis que les Anglais ont pris les armes pour *détruire la prospérité* que leurs parents allemands ont acquise par un travail dur et honorable. »

« Un vent frais souffle sur le front allemand. Mais qu'en est-il dans le Nord ? En Allemagne, on agit ; *dans le Nord on ne fait que parler*. On s'applaudit d'une *paix illusoire* qui en réalité est un *sommeil de mort*. »

« Si notre peuple ne *réalise pas maintenant, quand la liberté et la paix perpétuelle invitent tout le monde, que leur place est dans la lutte des Allemands pour la vie*, alors, en vérité, les jours de notre nation sont comptés. Si l'heure n'a pas maintenant sonné pour nous de *passer à l'action*, sûrement cette heure ne sonnera jamais. Celui qui se contente d'être spectateur au milieu d'événements si colossaux *n'est pas digne de vivre !* »

Ces sottises sont acceptées avec délices, comme une digne contribution, par les compilateurs de l'ouvrage mentionné plus haut ; et le nom de Hedin est inscrit le premier sur la couverture parmi ceux des collaborateurs !

Le docteur Hedin a-t-il perdu l'esprit ? Ne sait-il donc pas que l'Allemagne n'a jamais été attaquée par aucune puissance, mais est entrée en guerre pour faire cause commune avec l'Autriche, qu'elle a elle-même attaqué la Belgique ; et que c'est cet acte qui a fait de l'Angleterre son ennemie ? En vérité le temps est venu de mettre fin aux exploits de ce docteur allemand et de ses accusations avilissantes contre l'Angleterre et la Suède. Ce valetage et cette flagornerie envers l'Allemagne, aussi éhontés que dénués de tact et de jugement politique, peut faire du tort à la Suède auprès d'autres Puissances ; surtout si l'on n'est pas averti que l'équilibre mental de l'auteur est affecté et si l'on ignore que ses vues sur la guerre, sur l'Allemagne, sur le germanisme, etc., sont de plus en plus désavouées en Suède. A sa déclaration, faite devant le public allemand tendant à faire croire que tout vrai Suédois pense « germaniquement », par où il veut dire : en sympathie avec le militarisme germanique, je réponds avec force que ces idées n'ont eu aucun écho en

[1] Un Suédois. N. d. tr.

Suède ; en outre je rappellerai au lecteur l'antipathie contre l'Allemagne et surtout contre la Prusse causée en Suède pendant si longtemps par la guerre dano-allemande de 1864 et la guerre franco-allemande de 1870. Lors de la première, nous sentîmes comme doivent sentir des Scandinaves ; et lors de la seconde nous nourrîmes les plus vives sympathies pour la France, bien que nous ne fussions unis aux Français par aucun lien de race. Aujourd'hui la plupart des Suédois sont animés de la plus vive sympathie pour les Belges. En ce qui concerne la prétendue lutte de la race germanique, je prétends, moi, que, si les Suédois devaient prendre parti pour une nation, pour des raisons de race et de parenté, ce serait avec les Anglais qui sont une race germanique plus pure que les Allemands. La race allemande, en effet, contient bien des éléments étrangers, et particulièrement slaves.

Bien qu'on croie généralement en Allemagne que le pays a été attaqué et entraîné à une guerre de défense, on rencontre çà et là un Allemand qui ne partage pas cette vue. Ainsi Maximilien Harden, qui, dans un passage cité plus haut, reconnaît que l'Allemagne *voulait la guerre et n'y a pas été forcée.*

Les documents diplomatiques publiés par les nations belligérantes dans leurs *Livres blanc*, *jaune*, *rouge*, *bleu* et *gris*, de même que les discours de leurs présidents du conseil et de leurs ministres des Affaires étrangères, discours donnés au public après la publication des Livres, nous fournissent les matériaux nécessaires à faire la lumière sur l'origine de la guerre mondiale et à juger l'attitude et les actes des différents Etats.

Une étude comparative et critique de ces données devrait nous permettre de découvrir la vérité sur l'origine de la guerre. Tout ce qui n'est vu que d'un côté, tout ce qui a été dit avec partialité devrait être écarté. Bien que les documents publiés par chaque Etat défendent naturellement le point de vue de cet Etat, il devrait être cependant possible, d'après des faits indiscutables et des assertions positives, reconnues de part et d'autre comme exactes, de tirer des conclusions qui ne doivent rien aux préjugés.

A un observateur impartial, sans attaches ni avec l'Allemagne ni avec les autres pays belligérants il résulte avec évidence de ces publications officielles et de certains autres rapports et informations tenus pour importants :

1. Que *l'Autriche fut l'agresseur* dans la guerre contre la Serbie, qui donna naissance à la guerre mondiale, et que *l'Allemagne appuya l'Autriche* dans son action.

2. Que l'*Allemagne ne fut pas attaquée* par la Russie, la France et la Grande Bretagne.

3. Que *la guerre aurait pu être évitée* si l'Autriche et l'Allemagne avaient accepté, dans le conflit serbe, les propositions de médiation des Puissances de l'Entente.

4. Que l'*Allemagne attaqua la Belgique*, en violant sa neutralité garantie par un traité et entraîna ainsi la Belgique dans une guerre de défense.

5. Qu'il *n'existe aucune preuve que la Belgique ait manqué à ses devoirs de pays neutre* et que les documents trouvés a Bruxelles au ministère de la Guerre et par lesquels on a cherché à prouver cette accusation, *ne révèlent aucun plan d'attaque contre l'Allemagne*, mais montrent seulement qu'on avait pris certaines précautions pour le cas où la Belgique serait attaquée par cette Puissance, précautions trop justifiées par la conduite de l'Allemagne au début de la guerre.

XII (*suite*)

LA GUERRE MONDIALE DE 1914

E. Barbarie de la Guerre. — Aucune guerre entre nations civilisées ne s'est jamais distinguée par tant de cruauté et de sauvagerie.

La guerre actuelle se distingue par un malheureux retour aux procédés sauvages des temps anciens. Plusieurs guerres se sont faites relativement sans destructions pour le plaisir de détruire, sans cruauté dans le vrai sens de ce mot. Mais la guerre actuelle a été menée avec une brutalité barbare qui marque d'une tache honteuse l'Europe chrétienne, continent civilisé, patrie de la philosophie et de la science.

Les Grecs et les Romains de l'Antiquité, les plus hautement cultivés des peuples alors connus dans l'histoire, appelaient *barbares* les autres races parce qu'elles n'avaient pas leur civilisation et leur raffinement. Depuis lors le terme de « barbares » a toujours été appliqué aux peuples cruels et sans civilisation, aux races qui n'ont pas des sentiments d'humanité.

Mais les nations civilisées ne peuvent pas toujours être sûres d'avoir bien soumis leurs instincts brutaux et barbares ; et, dans les grands soulèvements, les révolutions violentes et sanglantes, il se trouve toujours des individus féroces qui se rendent coupables d'actes cruels et sauvages. Il en va de même de beaucoup de guerres entre nations civilisées et plus que toutes, de la guerre mondiale qui fait rage depuis neuf mois[1].

La guerre a généralement une influence *brutale* qui *barbarise* même les plus civilisés. Elle place le guerrier au niveau des *animaux de proie* et le réduit à la condition et aux instincts de l'homme primitif. Le mot *brutal* signifie aussi bestial, féroce.

[1] Cet ouvrage fut écrit en mars 1915. — Note du traducteur anglais.

Les bêtes de proie regardent leur proie vivante seulement comme une nourriture qu'ils se sont appropriée et sont tout à fait indifférente à son agonie. L'homme aussi, à la chasse et à la guerre acquiert le caractère général des bêtes de proie et leur indifférence aux souffrances des animaux et des hommes. Tous les peuples barbares et primitifs ont fait preuve d'une insensibilité et d'une cruauté extrêmes envers leurs ennemis, et les nations civilisées n'ont souvent pas mieux valu. Elles ont opprimé et maltraité d'une façon révoltante des races conquises : ainsi les Portugais en Afrique, les Espagnols en Amérique, les Anglais aux Indes, etc.

La guerre, en elle-même, « *déshumanise* » ; les combattants ont à songer à eux-mêmes, à se défendre, à échapper à une mort toujours menaçante, et ils sont enclins à se laisser mettre dans un état de fureur qui en fait des bêtes féroces poussées par l'envie de tuer et de détruire.

Les instincts de la bête de proie sont latents chez beaucoup d'êtres humains, chez qui la brutalité est due surtout à l'*atavisme*, à la transmission héréditaire de qualités qui distinguaient leurs ancêtres dans des temps plus anciens.

Des causes accidentelles, la crainte d'un danger, des insultes, etc., peuvent pousser des gens d'ailleurs bons et paisibles, à commettre des actes violents et déraisonnables. Le citoyen ordinaire qui, en temps de paix, regarde les autres nations avec sympathie et amitié, dès qu'il a été appelé à combattre contre elles, les juge méprisables, indignes de merci et bonnes à être détruites.

Loin de faire des progrès en humanité et en compréhension réciproque, les peuples se confrontent maintenant comme des ennemis mortels, tout cela par la faute de certains hommes d'Etat ; la barbarie et la cruauté fleurissent sur un continent regardé naguère comme le centre de la civilisation, non moins que si la guerre faisait rage entre des tribus de sauvages primitifs. En fait nous assistons à un ou deux phénomènes *ataviques*.

Bernhardi et d'autres politiciens ont cherché systématiquement à éveiller les instincts combatifs des Allemands en leur rappelant leurs « tendances guerrières originelles ».

L'humanité est arrêtée dans son développement, la terre devient un enfer, le soleil ne brille plus comme autrefois, et l'ombre s'étend sur l'âme des hommes. La force a usurpé la place du droit, après avoir été, de la façon la plus satanique et la plus écœurante, décorée de noms attrayants, comme patriotisme, politique, légitime défense, destinée, intérêt.

On exalte une guerre agressive ; on tourne en dérision les efforts vers la paix, sous couleur de promulguer une culture plus haute.

Quelle dégénérescence épouvantable !

Il est très difficile de se former un jugement général sur une nation entière. La plupart des gens, dans un pays civilisé, sont des êtres doux et paisibles ; mais il y a toujours aussi comme un levain d'individus vicieux. Les Allemands, dans les journaux, et autres écrits qu'ils ont répandus à l'étranger pour répondre à ceux qui les accusent d'avoir commis des atrocités pendant la guerre, déclarent qu'ils ne sont pas des barbares et qu'ils ont montré tout ce que l'Allemagne avait fait pour la culture générale. Cela est certain, et personne ne le nie. Mais la politique des hommes d'Etat qui dirigent l'Allemagne, la guerre, la violation des neutralités, et certains actes barbares commis pendant la guerre par des Allemands, aussi bien que par d'autres, et qui ne peuvent pas être écartés par un simple *es ist nicht wahr*, voilà qui est une toute autre affaire.

Personne ne peut dire de la nation dont il fait partie : « Nous ne sommes pas des barbares ; » personne ne peut dire en temps de guerre que c'est l'ennemi seul qui est cruel, que la nation à laquelle on appartient n'est pas coupable de tels actes, et que tout ce qu'on peut raconter à cet égard n'est que mensonges répandus par l'ennemi· Les Allemands ont été sans cesse trop disposés à recourir à cette dernière excuse pendant la guerre actuelle. Voici, par exemple, un appel distribué en grand dans les pays neutres par un groupe de dames allemandes distinguées ; il est adressé : « *An die Frauen des Auslandes* », et contient entre autres le passage suivant : « Nous, mères, femmes et sœurs, nous nous sentirions nous aussi coupables si les hommes d'Allemagne avaient réellement, dans cette guerre, enfreint les lois de la culture et de l'humanité. Mais *nous savons* que nos maris et nos fils, nos frères et nos amis *n'ont pas cessé d'être des représentants de la culture allemande* en donnant leur vie pour défendre la patrie. Aucune personne qui connaît l'Allemagne, la moralité de son peuple, l'étendue de son éducation populaire, l'ordre et la discipline de la vie publique, ne peut croire que la guerre ait renversé ces monuments de la culture allemande et soudain *transformé le peuple allemand.* » Tandis que l'appel proteste contre « les atrocités révoltantes exercées contre nos troupes par la population belge mal dirigée, » les troupes allemandes, elles, sont excusées parce qu'elles « ont été *forcées de prendre des mesures* nécessitées par une guerre de *francs-tireurs.* »

Personne ne peut répondre de ce qui se passe en guerre, dans la chaleur d'un engagement sanguinaire. Pourtant il semble assez étrange que, dans cet appel, le peuple allemand soit montré comme si moral, si élevé dans ses conceptions, si dépourvu de représentants indignes. Dans tous les pays, malheureusement, il y a une assez forte proportion d'individus sans éducation, dangereux, qui, dans des circonstances normales, commettent des actions criminelles. Ce n'est pas une raison pour appeler barbare et grossière la nation tout entière où le plus grand nombre est honorable. Les Suédois, par exemple, sont sans doute un peuple cultivé et moral ; pourtant la statistique montre qu'en 1907, près de 2000 individus furent condamnés pour des crimes sérieux (trois à la peine de mort) et près de 11 000 condamnés aux travaux forcés pour des crimes moindres.

Si nous examinons l'Allemagne, nous trouvons dans la *Statistik des deutschen Reiches (1907), Justizwesen*, pour la période de cinq ans 1898-1902 les statistiques criminelles suivantes :

	Condamnations	Moyenne annuelle
Meurtre	92	18
Homicide sans préméditation	167	33
Vol avec violence	511	102
Coups et blessures sérieux	94 810	18 962
Coups et blessures légers	26 798	5 359
Violation de domicile	22 667	4 533
Petits vols	85 330	17 067
Vols importants	12 749	2 549

Il est donc évident qu'il y a toujours des milliers d'Allemands prêts à commettre des actes brutaux et criminels et qu'on ne peut considérer comme représentatifs de la culture allemande. Beaucoup de ces individus à instincts primitifs ont sans doute pris part à la guerre actuelle et ont commis des atrocités sur territoire ennemi, sans y avoir été forcés par une guerre de francs-tireurs. Les preuves ne manquent pas.

Il n'est vraiment guère surprenant que des cruautés aient été commises par des soldats allemands, quand on sait que les écrivains militaires allemands ne sont jamais las de déclarer que la guerre doit être faite en répandant la terreur. Ainsi le général von Hartmann écrivait, dans son ouvrage sur *La nécessité et l'huma-*

nité de la guerre (1877), les phrases suivantes : « Il ne faut pas épargner à la nation ennemie la *détresse et les horreurs de la guerre*. Que des particuliers soient durement frappés en cela, qu'ils aient à servir d'exemple et d'avertissement, cela est très regrettable pour eux. Mais cette sévérité est, pour le peuple, *utile et bienfaisante*. Quand une guerre a éclaté entre nations, le *terrorisme* devient, du point de vue militaire, un principe indispensable. »

Le pamphlet du grand état-major général allemand intitulé *Kriegsgebrauch in Landskriege* (1902) dit que « tous les moyens de faire la guerre doivent être considérés comme justifiés, abstraction faite de ceux qui empêcheraient d'atteindre le but de la guerre. »

Un *manifeste allemand adressé aux nations civilisées* en réponse aux rapports sur les atrocités allemandes pendant l'invasion de la Belgique a été lancé, il y a quelque temps, par quatre-vingt treize des hommes les plus célèbres d'Allemagne, y compris Brentano, Deissmann, Eucken, Hæckel, Gerhardt Hauptmann, Max Klinger, Lamprecht, Liszt, Ostwald, Schmoller, Sudermann et S. Wagner. En voici un extrait :

« Nous, soussignés, représentants allemands de la science et de l'art, protestons ici solennellement devant le monde civilisé contre les *mensonges* et les calomnies par lesquels nos ennemis ont tenté de souiller le bon droit de la cause allemande...

» *Il n'est pas vrai* que, en faisant la guerre, *nous méprisions le droit des gens*. Nos soldats ne commettent pas d'actes contraires à la discipline, *ni de cruautés*...

» *Il n'est pas vrai* que nos soldats aient pris la vie à des civils, à moins d'y avoir été forcés par *la loi de la nécessité*...

» *Il n'est pas vrai* que nos troupes aient, *de gaîté de cœur, détruit Louvain*, etc....

» *Croyez-nous !* Croyez que dans cette lutte nous marcherons en avant, jusqu'à la fin, comme un peuple civilisé, un peuple à qui l'héritage d'un Gœthe, d'un Beethoven, d'un Kant sont aussi sacrés que le foyer et la patrie. Que nos noms et notre honneur nous soient garants ! »

Outre cette protestation des intellectuels allemands, une autre *protestation* collective *des universités allemandes* (au nombre de vingt-deux) fut lancée. On y demandait aux professeurs de toutes les universités de l'étranger de protester contre les accusations de cruauté formulées sur le compte de la méthode allemande de faire la guerre. Tous les professeurs d'université, disent-ils, doivent être familiers avec la *culture* allemande, avec la *science* et les *recherches* allemandes ; comment peut-on croire qu'une armée nationale qui contient une grande proportion de professeurs et d'étudiants des universités allemandes *puisse être coupable d'actes de barbarie*, et accusée de la destruction des monuments de la culture, à moins d'être forcée par la dure nécessité de la guerre? L'appel a la conclusion suivante :

« Dans le cours de cette guerre monstrueuse, *où notre peuple est forcé de combattre* non seulement pour sa puissance, mais encore pour son existence et pour sa culture, il semble que l'œuvre de destruction ait été plus grande que dans d'autres guerres, et que maint trésor précieux de la culture ait été sacrifié. Mais *toute la responsabilité* en doit être portée par ceux qui, non contents *de déchaîner cette guerre infâme* sur le monde, n'ont pas hésité à mettre des armes meurtrières aux mains d'une population pacifique, *poussée traitreusement à assaillir nos troupes* qui comptaient sur l'observation des usages de la guerre reconnus par toutes les nations civilisées. *Ce sont les Alliés qu'il faut blâmer* de tout ce qui se passe maintenant ; c'est sur eux que tombera la malédiction de l'histoire pour le tort irréparable fait à la civilisation. »

Cet appel montre qu'en général tous les représentants des lettres et de la science allemandes ont, tout autant que le corps même de la nation, été hypnotisés au point de croire que l'Allemagne a été « forcée » de faire la guerre pour son existence, et que toute la responsabilité en revient aux puissances de l'Entente. Ils n'ont pas réalisé que, déjà, l'histoire peut prouver le rôle joué par l'Allemagne dans les origines de la guerre ; ils ont cru aveuglément au droit de l'Allemagne à violer la neutralité de la Belgique, et ils ont oublié que, même si les universitaires d'Allemagne ne sauraient être crus capables d'actes de barbarie, il doit y avoir, dans la colossale armée allemande, bien d'autres gens de peu d'éducation qui ont pu se livrer à des violences et à des cruautés.

Nous avons vu ce que les intellectuels allemands restés à la maison avaient à *dire*. Cependant les Allemands *faisaient* exactement le contraire, comment le prouvent leurs « journaux » trouvés en France. Les extraits suivants en font preuve :

« Dorf durch die 11 Pioniere zerstört, 3 Frauen an den Bäumen erhängt. » (« Village détruit par le IIme bataillon de pionniers. Trois femmes pendues aux arbres. ») Longeville, 24 août 1914.

« In der Nacht sind unglaubliche Sachen passiert : Laden aus-

geplündert, Geld gestohlen, Vergewaltigungen. Einfach haarsträubend! » (« Pendant la nuit des choses incroyables se sont passées : des boutiques pillées, de l'argent volé, des actes de brutalité. De quoi faire dresser les cheveux sur la tête. ») Cirey, 24 août.

« Das wunderschöne Dorf Gué d'Hossus soll ganz unschuldig in Flammen aufgegangen sein. Ein Radfahrer soll gestürzt und dabei sein Gewehr losgegangen sein ; gleich ist auf ihn geschossen worden. Man hat männliche Einwohner einfach in die Flammen geworfen! » (« Le magnifique village de Gué d'Hossus, bien que tout à fait innocent, à ce qu'il me semble, a été incendié. Un cycliste est tombé de sa machine, en faisant par accident partir son fusil. On a fait feu dans sa direction. Là-dessus les habitants mâles ont simplement été jetés dans les flammes. ») Tiré du journal d'un officier du 178me régiment d'infanterie, premier corps d'armée saxon, 26 août.

La dernière page du journal d'un soldat contient ce qui suit : « So haben wir 8 Häuser mit den Einwohnern vernichtet. Aus einem Hause wurden allein 2 Männer mit ihren Frauen und ein 18-jähriges Mädchen erstochen. Das Mädel konnte mir Leid tun denn Sie machte solch unschuldigen Blick, aber man konnte gegen die aufgeregte Menge nichts ausrichten, denn dann sind es keine Menschen sondern Tiere. Wir sind jetzt auf dem Wege nach Sedan. » (« Ainsi nous avons détruit huit maisons avec leurs habitants. Dans une maison seulement deux hommes avec leurs femmes et une jeune fille de dix-huit ans furent passés à la baïonnette. La petite a failli m'attendrir, elle avait un air si innocent! mais on ne pouvait rien faire contre les soldats déchaînés, car alors ce ne sont plus des hommes mais des bêtes. Nous sommes maintenant en route pour Sedan. »)

Ces notes sont tirées d'une quarantaine de ces « journaux » publiées par M. Joseph Bédier, le célèbre philologue français, professeur au Collège de France, sous le titre de *Les crimes allemands, d'après des témoignages allemands* (janvier 1915). La plupart de ces journaux sont reproduits en fac-simile photographiques, en sorte que chacun peut voir ce que les soldats allemands ont écrit sur les atrocités dont ils ont été témoins. M. Bédier fait le commentaire suivant : « J'ai voulu que le premier venu, ouvrant cette brochure, n'y trouve que des documents dont l'authenticité frappe aussitôt ses yeux, pourvu qu'il ait des yeux, comme leur ignominie touchera aussitôt son cœur, pourvu qu'il ait un cœur. »

Ainsi, ce n'est pas la peine de nier que la brutalité soit pratiquée par certains peuples dans la guerre mondiale qui fait rage à présent; cela arrive dans toutes les guerres, même si beaucoup d'individus, mieux favorisés par les circonstances, se montrent plus humains.

Le docteur S. Hedin, après avoir vu la guerre de près, écrit : « Il y a des gens qui disent que la guerre moderne est plus humaine. Quelle erreur déplorable! La guerre, telle qu'elle fait rage maintenant entre nations civilisées est pire que jamais. Elle est faite des deux côtés avec une frénésie et une férocité qui défient toute description. On peut bien dire que c'est une guerre de vie ou de mort. »

Parfois nous rencontrons des déclarations faites par de hauts personnages sur le front qui avouent que la guerre est barbare. Ainsi le général Hindenburg disait en novembre 1914, au correspondant de la *Neue Freie Presse*, après avoir appris que les Russes *mouraient de faim* et que le pays même (la Pologne) souffrait de famine. « Cela est regrettable; mais *il vaut mieux qu'il en soit ainsi*. Nous ne pouvons faire la guerre sentimentalement. Plus la guerre est impitoyable, plus elle devient vraiment humaine; c'est le meilleur moyen de la terminer rapidement. »

Les événements ont malheureusement prouvé la fausseté de ce raisonnement : la guerre dure depuis août 1914 et sera sans doute encore de longue durée. Mais on ne doit montrer aucune pitié! Rien que mort, détresse, destruction!

Les francs-tireurs, ou les personnes qui, dans leur propre pays, et, sur leur propre initiative, cherchent à arrêter le progrès d'une armée envahissante sont proscrits par les usages de la guerre moderne, et on a tenté par des arrangements internationaux, d'empêcher une telle défense, les armées régulières étant considérées comme les seuls belligérants en temps de guerre. Si ces combattants volontaires, réunis en corps, veulent obtenir la permission de combattre, on juge nécessairement qu'ils soient reconnus par quelque autorité militaire, qu'ils aient reçu des *instructions écrites* et qu'ils portent un *uniforme* de quelque espèce, de façon à pouvoir être reconnus pour des soldats. Mais la force des circonstances rend souvent ces formalités impossibles; et, en réalité, n'est-il pas déraisonnable que les citoyens d'un pays ravagé par l'ennemi, poussés par un *ressentiment et un désespoir patriotiques* à assaillir cet ennemi en francs-tireurs, soient traités autrement que des soldats ordinaires, et, s'ils sont pris, tués comme des chiens? Par exemple, un franc-tireur peut n'avoir pas eu le temps de se procurer un uniforme, ou, par quelque retard dans un règlement de conscription, on peut avoir négligé de l'enregistrer comme combattant.

Nous savons cependant que dans la guerre franco-allemande de 1870, l'état-major général allemand n'exigea pas que tous les combattant français portassent un uniforme. Les francs-tireurs qui combattirent dans cette guerre vêtus de la blouse bleue nationale, n'étaient pas en fait reconnaissables comme combattants et furent pourtant encouragés par le préfet de la Côte d'Or (en novembre 1870) à former de petits piquets de trois ou quatre hommes et de tirer sur les Prussiens quand cela pouvait être fait sans risque.

La guerre est la guerre. La guerre est brutale, qu'elle soit organisée ou improvisée. Se mettre en embuscade, employer des ruses de guerre est habituel parmi les troupes régulières ; elles ne combattent pas seulement avec des armes. Elles usent de puits et de mines et cherchent à tromper l'ennemi en empilant des buches et des tonneaux pour imiter les canons, etc. Quant aux Belges il est manifestement déraisonnable de leur reprocher des crimes contre les *lois de la guerre* et le *droit des gens*, attendu qu'ils ont été forcés à combattre contre les Allemands grâce au crime commis par l'Allemagne contre le droit des gens en violant la neutralité de la Belgique.

Après ce crime révoltant, que le chancelier de Bethmann-Hollweg avoua devant le Reichstag, il est naturel que beaucoup de Belges aient abandonné tout scrupule.

Le crime de l'Allemagne parut immense à leurs yeux et ils jugèrent qu'ils devaient le punir.

Ce que les Belges ont ressenti quand les Allemands envahirent et dévastèrent leur pays, nous pouvons nous en rendre compte par ce qu'un combattant de la guerre, un artiste belge que j'ai déjà cité (v. page 210) déclara à M. Gustave Hellström qui publia ces déclarations dans le *Dagens Nyheter :* « Nous savons que cela ne sert de rien. Mais nous ne pouvons nous empêcher de songer à tout ce *qu'ils ont brûlé et détruit*; nous ne pouvons nous empêcher de penser qu'ils ont fait de nous un peuple sans foyers, que *nos femmes, nos enfants, nos parents, nos frères et nos sœurs* peinent, cette nuit même, comme des vagabonds, sur les routes qui mènent en Hollande et en France... Quand nous pensons à tout cela nos esprits sont prêts de défaillir. Quand nous pensons que nous les avons reçus chez nous comme marchands, comme tenanciers d'hôtels, et qu'ils nous ont payé par cette traîtrise, nous sentons que c'est là presque plus que nous ne pouvons supporter.

» Et aujourd'hui je vois dans les journaux qu'ils nous traitent de bandits ! Moi, je suis artiste...

» Croyez-vous que nous ne savions pas ce que cela nous coûterait ? Croyez vous qu'une si *extraordinaire unité* aurait pu être obtenue par un gouvernement ou par un autre ; — la moitié de la population se moque du gouvernement ! — qui aurait fait quelque traité secret avec une autre Puissance ? Est-ce qu'aucun homme dans son bon sens croit cela ? Dites que nous fûmes fous quand nous nous levâmes comme un seul homme, mais ne nous appelez pas *traîtres et bandits !* Il y a des moments où tous, du roi au paysan nous sentons simplement ceci : Plutôt la guerre et la dévastation que d'être assis doucement et confortablement au coin du feu. Pour nous, c'est à cela que se résout le problème. Le roi n'avait pas besoin de parler. De toute façon nous aurions agi comme nous l'avons fait. »

Pendant les premiers temps de la guerre en Belgique, les journaux allemands mirent en circulation de nombreux récits d'atrocités commises sur des soldats allemands par des civils belges, par des femmes aussi bien que par des hommes. Mutilations, yeux arrachés, etc. Deux commissions, l'une civile, l'autre militaire, furent chargées par le ministère de la Guerre à Berlin, d'examiner ces accusations; et après des enquêtes minutieuses, elles en arrivèrent à la conclusion que, dans l'état de confusion et d'excitation qui régnait, il était tout naturel que des actes de brutalité et de cruauté fussent commis ici et là, et des deux côtés, mais qu'en réalité ces actes avaient été très exagérés. Les récits particulièrement révoltants d'yeux arrachés furent formellement démentis.

Si beaucoup de civils belges combattirent en francs-tireurs les usurpateurs allemands, c'est que le service militaire pour tous n'avait pas encore été introduit en Belgique ; en sorte que des hommes bien portants, pleins de ferveur patriotique, voyant l'ennemi sur leur territoire, se jetèrent sur lui, sans savoir que le droit international qui règle la guerre interdit ces efforts de volontaires.

L'envoyé R. Kleen dit dans son grand ouvrage sur *Les lois de la guerre* : « Mettre à mort un grand nombre de gens pour un coupable qu'on ne peut trouver, ou choisir au hasard, ou tirer au sort une ou plusieurs victimes qui doivent expier un acte dont, le plus souvent, elles n'ont aucune connaissance quelconque, est un procédé qui flétrit les belligérants comme indignes d'être comptés au nombre des peuples civilisés. »

L'article 50 des règlements de guerre adoptés par la conférence de La Haye de 1899 contient le passage suivant : « Un *châtiment collectif*, sous forme d'amende ou sous tout autre forme, ne doit pas être infligé à la population pour des *actes individuels* dont elle ne *peut être tenue pour responsable collectivement.* »

Le professeur Meurer dans un article intitulé : Le *jugement de Louvain* qui parut dans *Deutschland und der Welt krieg 1914* a, comme beaucoup d'autres écrivains, Neukampf, etc., attiré l'attention sur les comptes-rendus donnés par les journaux des atrocités commises par des Belges sur des soldats allemands, récits qui peuvent être vrais en partie, mais qui ont été aussi en partie réfutés. La rumeur d'après laquelle des francs-tireurs auraient arraché les yeux de soldats allemands blessés, a été, après une enquête minutieuse, à laquelle le journal *Vorwärts* prit part, reconnue fausse. Mais le titre même de l'article du professeur Meurer *Le Jugement de Louvain*, montre que les chefs allemands ordonnèrent que certaines atrocités fussent commises sur la personne de civils belges, atrocités que l'auteur approuve : comme de fusiller, non seulement ceux qui avaient fait feu sur les Allemands, mais aussi nombre de femmes et d'enfants. Quant à l'incendie de la ville froidement décidé, et au cours duquel plus de 1074 maisons d'habitations furent brûlées comme *punition*, c'est un acte atroce de barbarie et qui n'est pas conforme aux règles de la guerre touchant les représailles.

La conférence de La Haye de 1899 adopta certaines règles contre la participation de la population civile à la guerre. Parmi ces règles se trouve une clause, rappelée par Martens et d'après laquelle il est décrété que : « dans les cas imprévus, la population et les combattants resteront sous la protection et la sauvegarde du droit des gens tel qu'il a été établi par *les usages qui ont cours entre peuples civilisés, les lois de l'humanité, et les principes de morale en général.*

Que cette clause ait été enfreinte par des soldats allemands, et par l'ordre même de leurs chefs, tant à Louvain qu'en beaucoup d'autres endroits, cela a été abondamment prouvé. Quand de cruelles représailles sont avouées par les Allemands, ils les excusent en prétextant la nécessité de protéger les troupes allemandes. Ainsi l'incendie de Louvain fut une juste mesure de répression !

Les non-combattants qui ont le plus souffert de la guerre sont les Belges, bien qu'ils eussent cru être sauvegardés par leur neutralité garantie par les grandes Puissances. L'Allemagne ayant violé cette neutralité et la Belgique ayant essayé de se défendre par les armes, le pays a été écrasé, ses villes bombardées, son commerce et son industrie interrompus, ses vivres et son bétail enlevés, ses récoltes détruites; d'énormes contributions de guerre ont été levées et une grande part de la population pauvre obligée par le besoin de fuir en Hollande. Le *Courrier belge* en fixe approximativement le nombre à un million, y compris vingt mille enfants orphelins. Ce nombre énorme de fugitifs se compose essentiellement de vieillards, de femmes et d'enfants. Presque chaque jour, au moment de l'invasion, on entendait parler de femmes qui étaient devenues folles ou s'étaient suicidées. La plupart avaient perdu leur mari; plusieurs leurs enfants. Pour la majorité, il n'y a aucune espérance dans l'avenir. Tout est en ruine; le plus grand nombre n'osent ni ne peuvent rentrer dans leur pays, où leurs demeures ont été dévastées ou complètement détruites. La détresse n'est pas moindre parmi ceux qui sont restés chez eux. Nous contemplons une nation réduite à la famine. L'histoire a eu rarement à rappeler tant de souffrances supportées par un peuple entier. Pour trouver un parallèle il faut retourner aux destructions de Carthage ou de Jérusalem. C'est comme si le spectre décharné du besoin plânait sur la Belgique. C'est comme si une effroyable catastrophe naturelle, un tremblement de terre dévastateur ou un gigantesque ras-de-marée avait visité ce pays, et non pas une Puissance amie qui avait garanti sa neutralité. Quelque secours est fourni aux malheureux Belges, grâce aux collectes faites par des âmes compatissantes dans d'autres pays. Mais leurs souffrances n'en sont pas moins terribles et, dans des cas innombrables, impossibles à secourir.

Tout ce malheureux pays est entièrement paralysé et les habitants qui y sont restés y mènent une existence pitoyable. Au milieu de décembre 1914 le journal allemand *Vorwärts* donna de l'épouvantable situation économique en Belgique un compte-rendu rédigé par une personne qui connaissait à fond l'état des choses dans ce pays. On ne pouvait songer à sortir de cette triste situation. Toutes communications avaient cessé; les matières premières pour l'industrie manquaient complètement: les industries du verre et du métal avaient péri; les carrières n'étaient plus exploitées; la construction était arrêtée. Environ quatre-vingt-deux pour cent des personnes habituellement occupées par les industries se trouvaient sans travail, et ne subsistaient que grâce aux secours communaux; les caisses des syndicats étaient vides. Même des fonctionnaires se trouvaient dans le besoin et la plupart d'entre eux ne recevaient aucun salaire. Plus de cinquante mille personnes à Bruxelles étaient forcées d'aller chercher journellement leur soupe aux cuisines populaires, où se réunissaient des représentants de toutes les classes.

En avril 1915 le télégramme suivant sur la situation en Belgique fut rendu public : « Le Comité du Secours de guerre formé par le *Rockefeller Trust* pour faire une enquête sur la condition de la population belge dans les territoires envahis a maintenant publié son rapport qui constitue une accusation écrasante contre la domination allemande en Belgique. Dans les plus petits villages aussi bien que dans les grandes villes détruits par le feu, l'armée allemande a *pillé toutes les maisons* qui restaient debout et tous les objets qui ne pouvaient être emportés ont été, de sang-froid, livrés aux flammes. Dans les villages à demi-brûlés, les malheureuses familles continuent à vivre dans l'état le plus pitoyable et le plus malsain. »

Le 3 mai, le télégramme suivant fut envoyé de Belgique: « Les Allemands continuent leur *sac méthodique de la Belgique.* »

Le journal *Vaderland* publie un télégramme d'Aix-la-Chapelle qui contient ce qui suit: « Pendant les quelques derniers jours, des trains chargés d'objets pris en Belgique ont passé par Aix-la-Chapelle. Votre correspondant a compté plus de dix trains pleins de betteraves, d'outils, de meubles et de voitures, toutes choses destinées sans doute à être vendus en Allemagne. »

Un important dossier des atrocités allemandes en Belgique a été publié dans la *Revue des deux Mondes* de janvier 1915; il est contenu dans un article de M. P. Nothomb, membre influent du Parlement belge, intitulé *la Belgique martyre.*

En France, les Allemands agirent avec la brutalité et la cruauté les plus épouvantables dans les départements occupés au début de la guerre. Cela est prouvé par le rapport publié le 17 décembre 1914, par la commission que le gouvernement avait chargé de faire une enquête sur les infractions au droit des gens commises par l'ennemi[1]. Cette commission était composée de MM. Payelle, président à la Cour d'Appel, Mollard, ambassadeur, Maringer, conseiller d'Etat et Paillot, conseiller juridique. Ils se mirent à l'œu-

[1] *Rapport de la Commission instituée en vue de constater les actes commis par l'ennemi en violation du droit des gens : Journal officiel,* 8 janvier 1915.

vre avec la plus scrupuleuse minutie et n'acceptèrent aucun récit qui ne fût prouvé abondamment, en sorte qu'ils peuvent certifier que le rapport ne contient que des faits qui ont été pleinement établis, et qui peuvent être considérés comme des preuves irréfutables des crimes qui ont commis. Les déclarations dont l'authenticité n'avait pas été démontrée au delà de toute espèce de doute n'ont pas été admises. Chaque cas dont il est parlé est accompagné des preuves les plus absolues, fondées non seulement sur les observations faites par les membres de la commission mais aussi par des documents photographiques et des dépositions faites sur la foi du serment.

Les atrocités rapportées dans ce rapport dépassent en étendue et en horreur tout ce que l'imagination peut concevoir. Des villages entiers ont été détruits à coup de canons et de fusils. *Des villes entières sont complètement désertées* et il ne reste que des ruines. certains endroits où les incendiaires de l'envahisseur ont fait leur œuvre on pourrait croire qu'on a été transplanté sur les ruines de quelque antique cité, détruite par un grand cataclysme naturel. Le rapport montre que jamais guerre, entre nations civilisées n'a été marquée par une férocité aussi sauvage que celle que poursuit, dans l'Ouest de l'Europe, un ennemi impitoyable. Des faits prouvent sans conteste que l'armée allemande est animée d'un *mépris* absolu et complet *pour la vie humaine*. L'officier, non moins que le soldat, achève les blessés et tue sans merci les habitants des territoires occupés, n'épargnant ni femmes, ni vieillards, ni enfants. Les officiers eux-mêmes prennent part aux massacres. Les Allemands s'excusent sur le fait que *la population civile a commence à les attaquer*, mais c'est là un mensonge. Ceux qui l'ont répandu à l'étranger ont été incapables de lui donner une ombre de vraisemblance. Les membres de la commission ont eu la preuve que, dans bien des cas, les *Allemands eux-mêmes*, pour faire croire qu'ils avaient été attaqués avaient *déchargés leurs fusils* dans le voisinage des maisons. Dans presque toutes les villes, tous les villages, des citoyens ont été arrachés à leurs foyers et jetés en prison. Beaucoup sont morts ou ont été tués en route. L'ennemi, dit le rapport de la commission, s'est servi de l'incendie en partie pour intimider la population, en partie pour poursuivre un système préconçu de destruction. La *furie incendiaire* des Allemands s'est exercée surtout sur les églises et les monuments historiques. Des milliers de maisons ont été brûlées de fond en comble, mais les membres de la commission ne se sont occupés que des incendies causés par la malveillance, et n'ont pas pris en considération ceux qui avaient été allumés par le feu des obus dans le cours d'un combat. Quant aux vols, il a été démontré que les Allemands, en présence de leurs officiers, et souvent avec leur complicité, se sont livrés *méthodiquement à un pillage organisé*. Cette pratique abominable des Allemands a été particulièrement remarquée à Lunéville et jette une lumière étrange sur la mentalité des usurpateurs. Après avoir indistinctement pillé et éventré soixante-dix maisons, ils se mirent en devoir de massacrer les paisibles habitants. Les autorités allemandes affichèrent une proclamation où les accusations les plus ridicules étaient formulées pour justifier la levée d'une contribution de 650 000 francs.

Le rapport conclut en disant que ces actes sont autant de violations du droit des gens. *Le meurtre des blessés et des prisonniers* est interdit par les conventions internationales, de même que les attaques sur les services de la Croix-rouge, les docteurs, les brancardiers, attaques dont on a pu citer bien des exemples.

Des vieillards de soixante-dix, de quatre-vingts ans et plus ont été fusillés.

Les violences criminelles sur des jeunes filles, des nonnes, et des dames dont les maris étaient à la guerre ont été innombrables et, dans bien des cas, prouvés sans aucun doute possible. Souvent plusieurs soldats, et jusqu'à neuf à la file, ont violé la même femme, parfois sous la menace du revolver.

Cet effroyable rapport qui remplit soixante pages in-folio, de trois colonnes, et où chaque cas cité est accompagné de l'indication de la localité, de la date, du nom, etc., ne peut être lu par personne sans la plus profonde horreur, et fait défaillir l'âme et le corps. C'est là du moins l'impression qu'il fit sur moi, et je n'ai pas pu le lire sans m'arrêter de temps à autre, comme quand je lis l'histoire de l'Inquisition et de ses terreurs.

En ce qui concerne la destruction de Senlis le 2 septembre, destruction dont il est aussi question dans le rapport, M. Gustave Hellström a rendu compte dans le *Dagens Nyheter* de ses recherches personnelles. Il n'y avait ni soldats français ni soldats anglais dans la ville, mais seulement quelques zouaves, et il n'y eut pas de combat. La ville fut bombardée pendant trois heures et des obus furent lancés contre la cathédrale, après que les Allemands eurent entendu une fusillade des zouaves. Le maire avait écrit une proclamation, qui fut trouvée à son domicile, mais qu'il n'avait pas eu le temps d'afficher dans un lieu public. Il fut cependant entraîné comme otage avec quelques autres et tous furent fusillés. Même des jeunes garçons furent fusillés .Les soldats allemands commencèrent par piller un hôtel et y voler de la nourriture et du vin; puis ils s'enivrèrent et se mirent à danser; ils allèrent de cabaret en cabaret, s'enivrant de plus en plus. Alors ils mirent le feu à la ville avec des grenades à main et du pétrole. D'après la commission d'enquête, cinq cents maisons furent réduites en cendres. Bien que ce fussent les zouaves qui eussent tirés les coups de fusils entendus par les Allemands, ceux-ci persistèrent à dire que c'étaient des civils, accusation reconnue mensongère.

Tandis que les Allemands pendant les premiers mois de la guerre poursuivaient leur marche triomphale à travers la Belgique et la France, avec de « bons résultats », le peuple d'Allemagne ne se sentait pas de joie; les drapeaux et les étendards flottaient partout; partout, le peuple chantait avec ferveur *Deutschland, Deutschland über alles in der Welt.* Les églises retentissaient des sons enflés de *Nun danket alle Gott*, et le peuple allemand s'exaltait lui-même sous le nom de descendants de Gœthe, de Kant et de Beethoven. Cependant des milliers de civils belges et français fuyaient leurs demeures en flammes, des centaines étaient blessés ou agonisants, d'autres centaines gisaient assassinés et des femmes violées souffraient des agonies de désespoir et d'humiliation; tout cela par les exploits de ces dignes fils de Gœthe, Kant et Beethoven.

Il n'est pas difficile à comprendre que les Français qui, depuis bien des lustres, ne gardaient plus rancune aux Allemands et dont le désir de revanche s'était éteint, aient été remplis d'une haine immense par les exploits des Allemands dans cette guerre, et soient résolus, peuple et gouvernement, à combattre jusqu'au bout et à ne pas faire la paix avant que l'Allemagne soit vaicue. On ne peut s'étonner davantage que les femmes de France aient réfusé de s'associer au Congrès des femmes pour la paix à La Haye à la fin d'avril 1915. « Aussi longtemps que le territoire de France n'est pas libéré des ennemis, les femmes françaises ne peuvent songer à la paix. » Tel fut leur message au Congrès.

Le message de l'empereur Guillaume à son armée au moment où la guerre éclata, et où il dit qu'il met sa confiance dans l'invincible esprit martial qui, depuis les anciens temps, a rempli nos ennemis de *crainte et de terreur*, et la doctrine du général Hartmann qu'il ne faut pas épargner aux états ennemis la *détresse et les horreurs de la guerre*, ont eu une suite épouvantable. Cela nous rappelle en vérité les barbares germains de l'antiquité tels qu'ils étaient quand ils firent irruption dans l'Empire romain et ravagèrent la Gaule, la Grèce et l'Orient, faisant le sac des villes, passant les habitants au fil de l'épée; ou encore les Huns dont la sauvage ivresse de destruction répandit la terreur à travers l'Europe (voir page 37).

L'Empereur Guillaume, il y a quelque vingt ans, menaça la Chine de son « poing ganté de fer » et ses ordres aux troupes de Chine du Feld-Maréchal de Waldersee étaient : « En avant tels des Huns! » Les Allemands ont montré qu'ils peuvent obéir; ils n'ont pas oublié l'ordre impérial; et, même dans cette guerre européenne, ils ont obéi avec toute la conscience prussienne.

Quand le général de Hindenburg eut défait les troupes russes dans la prusse orientale, les Allemands pénétrèrent en Pologne et en Lithuanie, et, quoique ces pays ne soient pas habités par des Russes, ils furent traités de la façon la plus atroce par les Allemands victorieux. D'après des documents publiés par le « bureau d'informations de Lithuanie » à Paris [1], une cinquantaine de communes, dont les noms sont cités, furent ravagées cruellement par l'invasion allemande. Le pillage y fut systématique; les soldats prirent des vivres, du bétail et des chevaux sans donner les reçus qui sont de rigueur dans de semblables réquisitions ; et, quand, dans certains endroits, les habitants réclamèrent ces garanties, on leur donna des morceaux de papier sur lesquels étaient écrits ces mots : « Quiconque présentera ce papier sera pendu ou recevra cent coups de fouet. » Dans toutes les localités mentionnées, les Allemands ont détruit ou réquisitionné pour une somme de dix millions et ont prélevé un impôt de milliers de vies humaines.

Un rapport fut envoyé au pape le 28 janvier 1915, pour lui demander d'intervenir auprès du gouvernement allemand et de protester contre les mauvais traitements infligés par les Allemands aux prêtres de Lithuanie. Dans ce rapport il est établi que dans les districts de Vilna et de Seina, sept églises ont été bombardées, dont trois sont en ruines, et que plusieurs centaines de personnes — femmes, enfants, vieillards, — qui y avaient cherché refuge ont été tuées ou blessées. Deux prêtres qui avaient refusé d'exciter la population à la rébellion contre l'administration russe furent fusillés.

Les dévastations sur le théâtre de la guerre en Pologne ont été décrites par une Polonaise, la comtesse Ledochowska, dans deux

[1] *Pro Lithuania, bulletin mensuel du bureau d'informations de Lithuanie*, mars 1915.

allocutions prononcées à Stockholm en avril 1915; elle y donna les détails suivants: Environ deux cents villes et neuf mille villages ont été abîmés par la guerre, et *cinq mille villages rasés jusqu'au sol.* Les églises sont en ruines, les granges vides, l'agriculture est complètement paralysée, faute de bétail et de grains. Plusieurs villes comme Lodz, avec ses 450000 habitants, deux fois conquises, sont *sont complètement en ruines.* Les usines sont fermées, réduisant environ *400 000 ouvriers à la famine. Des milliers d'habitants errent dans les forêts, sans foyers,* et les mères n'ont pas de nourriture à donner à leurs enfants. De *terribles épidémies,* — le typhus, la dysenterie, etc. — ont éclaté surtout parmi les enfants qui ont souffert d'un manque complet de lait. Des centaines des milliers tendent des mains implorantes vers une croûte de pain, mais il n'y en a pas à leur donner. Les mères détournent leurs visages de ceux de leurs enfants pour ne pas voir leurs traits décharnés et pincés par la famine. Le soldat qui est parti pour la guerre, et qui garde comme un trésor dans son cœur l'image du foyer qu'il a laissé derrière lui revient pour trouver les cadavres de sa femme et de ses enfants morts de faim.

Une race qui a beaucoup souffert de la guerre, ce sont les Juifs. Ce qui a rendu la guerre particulièrement terrible pour eux, c'est la dévastation qui a balayé tous ces pays de l'Europe orientale où ils vivaient en grandes communautés, comme la Pologne russe qui en compte deux millions et la Galicie où ils sont au nombre d'un million. Nous savons maintenant que ces pays ne sont plus qu'un immense cimetière, un immense désert de ruines, où *toute vie industrielle a cessé* et au milieu duquel les habitants survivants sont menacés de destruction, tandis que des millions ont du fuir loin de leur sol natal et sont sans foyer et sans pain.

Les Juifs, comme les autres sujets d'un état, sont appelés à servir sous les drapeaux, et on compte qu'il y en a eu environ un million sous les armes, dont environ 200 000 ont été tués ou gravement blessés. Eparpillés comme ils le sont parmi les peuples belligérants, ces coreligionnaires et ces compatriotes ont partout été forcés à combattre les uns contre les autres.

En Palestine, une culture juive qui s'était développée ces dernières années, est maintenant menacée de mort, grâce aux communications interrompues, et à l'impossibilité qui en résulte, de rendre l'agriculture productive. Pour les Juifs la guerre est donc une catastrophe, peut-être la plus grande qu'ils avaient eu à subir dans notre ère depuis la destruction de Jérusalem.

Le professeur Reiss, de Lausanne, après avoir fait une enquête sur les atrocités autrichiennes en Serbie, a donné les détails suivants: A Sjabatz, — son enquête est limitée à ce district, — 4000 civils, appartenant surtout à la classe des paysans, et des femmes de tous âges, ont été massacrés. La plupart avaient été pris comme otages, mais, dans l'impossibilité où l'on se trouvait de les envoyer tout de suite en Autriche, on les mit à mort. A Lechnitza les Autrichiens forcèrent 109 citoyens pris comme otages, appartenant à la population civile, et dont les âges variaient entre huit et quatre-vingt dix ans, à creuser des tranchées. Puis on les aligna le long de ces tranchées et on les fusilla, en sorte que leurs corps tombèrent dans la fosse derrière eux. Beaucoup toutefois ne furent pas tués sur le coup, un certain nombre même ne furent pas touchés, ce qui n'empêcha pas d'ensevelir dans la tranchée les morts et les vivants. Le professeur Reiss ajoute que, dans quelques-unes des petites villes qu'il a visitées 1148 civils ont été tués.

Dans la presse autrichienne ces atrocités sont excusées sous le prétexte que la population civile serbe avait attaqué les troupes autrichiennes !

CENSURÉ

CENSURÉ

L'Allemagne a maintenant surpris ses ennemis par des mortiers géants de 42 centimètres, dont l'effet est des plus épouvantables, et qui ont permis de prendre les places les plus fortes, véritables machines infernales dont Mme Bertha Krupp a doté la guerre allemande; n'est-ce pas un bel exemple de la part des femmes dans la culture moderne? Ces canons ont été, par plaisanterie, appelés « Dicke Bertha », les « grosses Bertha »[1].

A côté d'un grand nombre de canons du type le plus perfectionné, obusiers, etc., atteignant leur but avec une précision

[1] Des canons aussi grands, sinon plus, furent employés en 1453 et décidèrent du sort de Constantinople. Mahomet II avait réussi à attirer à son service un habile fondeur danois ou hongrois, appelé Urban, qui devint son Krupp. Dans les fonderies d'Andrinople, il se mit à construire des canons d'une grandeur incroyable. Le projectile de pierre du plus grand pesait 600 livres. Le transport de ces canons monstres demandaient trente charriots liés ensemble et traînés par soixante bœufs. Ce canon ne pouvait pas tirer plus de sept fois par jour. Et Urban chercha à empêcher qu'il n'éclatât, — accident qui se produisit, d'ailleurs, — en y versant de l'huile après chaque coup.

incroyable à de grandes distances déterminées par des calculs scientifiques, à côté des obus et des shrapnells les plus perfectionnés, cette guerre a aussi vu inaugurer des mitrailleuses de la plus grande efficacité, capables de vendre la mort en gros. Un officier allemand écrivait de Belgique, après avoir vu ses hommes décimés par le feu des mitrailleuses anglaises : « Ces mitrailleuses sont une invention du diable lui-même ! »

Cette guerre a été fertile en nouvelles méthodes de combat et en engins de destruction dont on n'avait même pas rêvé jusque-là. Aux bombardements aériens on a ajouté l'usage des grenades à main et des mines, et, maintenant, nous avons l'arrosage avec des liquides corrosifs. Cette invention diabolique est allemande, et fut employée, pour la première fois, en février 1915, dans la forêt de Malancourt, entre les Ardennes et la Meuse. Les Allemands aspergèrent là les tranchées françaises d'un liquide corrosif qui fit aux soldats d'affreuses brûlures et les obligea à abandonner leur position.

Une autre invention diabolique des Allemands (en mars 1915) fut *d'arroser l'ennemi avec du pétrole*, auquel ils mettaient le feu en jetant des bombes et des torches. Les vêtements des soldats, imprégnés de pétrole, prenaient feu de toute part et ressemblaient à des torches vivantes ; pourtant, ils continuèrent à combattre jusqu'à ce que leurs fusils tombassent de leurs mains.

Au commencement d'avril, les Allemands introduisirent à Ypres l'usage de *bombes contenant des gaz asphyxiants*, dont l'efficacité fut hautement louée dans leurs communiqués.

Des docteurs anglais et français ont fait des rapports sur ces bombes et ont trouvé que le gaz qui y était employé était l'un des plus dangereux et des plus corrosifs, le gaz *chlorique*. Ceux qui sont exposés à ses effets sentent, d'abord, une douleur cuisante accompagnée d'une irritation intolérable dans la gorge et les yeux. Ces symptômes sont suivis par de graves attaques de suffocation et une forte douleur à la poitrine, accompagnée d'une toux incessante. *Beaucoup tombèrent* pour ne plus se relever ; d'autres chancelèrent, en proie à une atroce agonie, et durent quitter la ligne de feu. Un grand nombre de ceux qui échappèrent furent malades pendant longtemps, et *moururent*, malgré tous les soins qu'on leur prodigua.

Ce fut l'intention des Allemands de mettre habituellement en usage des méthodes de ce genre ; et c'est depuis longtemps leur idée de derrière la tête. En fait, *tout le matériel nécessaire était organisé à l'avance.* Il a été établi, par des déclarations d'un prisonnier, que des tubes contenant des gaz avaient été distribués sur une grande étendue du front, à raison de vingt tubes tous les cinquante mètres. Un sous-lieutenant prisonnier a déclaré qu'il considérait le gaz comme une arme utile pour le service de l'Allemagne. Que l'organisation en eût été longtemps préparée, cela est démontré par le fait que les troupes allemandes, le 22 avril, portaient un attirail propre à les protéger de l'asphyxie.

Enfin, les Allemands ont tenté d'*empoisonner les sources* de leurs ennemis dans l'Afrique du Sud-Ouest. Le ministre des Colonies anglais publia sur ce sujet, le 5 mai 1915, un rapport où se trouvent les détails suivants : Quand Swakopmund fut occupé par les troupes de l'Union, on découvrit que six sources avaient été empoisonnées par une *substance arsenicale.* Dans certains cas, *des sacs contenant ce poison furent découverts dans la source.* Le général Botha envoya une lettre au colonel Francke, commandant des troupes allemandes pour lui faire remarquer que de tels procédés étaient contraires à l'article 23 de la Convention de la Haye.

Francke reconnut que les Allemands avaient essayé la substance en question, et avait découvert que, par son emploi, tout ennemi pourrait être forcé de chercher, pendant quelque temps, son eau ailleurs. Francke ajouta que, pour ne pas porter atteinte à la santé de l'ennemi, il avait ordonné que les sources ainsi empoisonnées eussent un avertissement affiché auprès d'elles.

Mais le général Botha déclara qu'aucun de ces avertissements ne fut trouvé. De plus, trois semaines plus tard, une lettre d'un capitaine Krüger, des troupes du Protectorat allemand adressé à un poste avancé à Pforte, fut interceptée. Il était dit dans cette lettre que « les patrouilles de Gabib avaient reçu l'ordre *d'infecter à fond de virus l'Ida Mine.* » « Veuillez donc, ajoutait-il, approcher Swakof et Ida Mine avec les plus grandes précautions et n'y jamais plus prendre d'eau. »

Après avoir évacué Aus, Warmbad, et autres lieux, *les troupes allemandes empoisonnèrent systématiquement toutes les sources le long de la voie ferrée pendant leur retraite.*

Or l'article 23 de la Convention de La Haye de 1897, signée par l'Allemagne, prévoit qu'il est particulièrement *défendu* : *a*) D'user de *poison* ou *d'armes empoisonnées.*

Bien d'autres faits épouvantables ont eu lieu pendant cette guerre. Les combats à la baïonnette y ont été, dit-on, particulièrement sanguinaires : les hommes se battent corps à corps, en proie à une fureur déchaînée et visent les parties les plus vulnérables du corps : la tête, la poitrine, le ventre. Ils mettent toute leur force à tuer, non pas à blesser seulement, et nul n'échappe à la mort qui ne réussit pas à la donner à son adversaire. En général il y a peu de survivants à un combat à la baïonnette.

La *guerre aérienne* faite par le moyen des aéroplanes et des dirigeables est devenue une méthode vraiment diabolique de prendre la vie de ceux qui ne font pas partie des armées belligérantes, d'attaquer des villes ouvertes, et de détruire des monuments artistiques, des propriétés privées, etc. ; il n'est rien contre quoi tout le monde civilisé n'aurait dû protester davantage. Cette façon de laisser tomber des bombes ailleurs que sur des fortifications ou des armées est d'une barbarie absolue ; c'est une invention toute nouvelle qui a déshonoré les belligérants et qui a été plus particulièrement exploitée par l'Allemagne avec ses zeppelins.

Quand bien même les règles de la guerre aérienne n'ont pas été codifiées moins encore ratifiées par une conférence internationale, il est évident, d'après les principes les plus élémentaires du droit des gens qui n'est que l'expression de la justice des nations, que des *reconnaissances* et des attaques aériennes ne peuvent être permises que sur des *forces combattantes ou sur des fortifications.*

D'après les arrangements internationaux sur les règles de la guerre, le bombardement aérien de villes ouvertes devrait être regardé purement et simplement comme un *crime,* et ceux qui se sont rendus coupables de tels méfaits pendus comme de vulgaires malfaiteurs quand leur aéroplane ou leur dirigeable est abattu. La Russie a jugé nécessaire de faire savoir que ces bombardements aériens seront considédés comme des actes de piraterie, puisque on a trouvé sur des officiers allemands tués des documents montrant que l'empereur Guillaume leur avait ordonné de traiter les cosaques comme des voleurs.

Les *mines dans la mer* telles qu'elles sont employées dans cette guerre sont parmi les armes les plus barbares puisqu'elles ne menacent pas seulement les belligérants mais les citoyens et les vaisseaux des pays neutres.

En répandant dans la mer du Nord, avec un dédain absolu pour le trafic international, des mines qui ont causé la perte de nombre de bateaux de pêche, et de navires marchands de pay neutres et d'innombrables vies humaines, l'Allemagne a montré une fois de plus que pour elle le droit des gens n'existe pas et que, comme le dit le chancelier de Bethmann-Hollweg à propos de la Belgique, « nécessité ne connaît pas de loi ». Tout peut donc être fait pour la « nécessité » de l'Allemagne ; et l'Allemagne ne fait que se défendre.

Il faut enregistrer que l'Allemagne, bien que signataire de la Convention de La Haye de 1907, l'a violée des deux façons suivantes :

1° Les mines n'ont pas été posées de telle manière qu'elle devinssent inoffensives si elles étaient entraînées au loin.

2° L'Allemagne n'a pas fait le nécessaire pour pourvoir à la sécurité des voyageurs pacifiques, les mines n'ont pas été surveillées systématiquement, et rien n'a été fait pour indiquer les zones dangereuses aux vaisseaux neutres.

L'Allemagne n'ayant pu obtenir une victoire décisive, s'est mise à conduire la guerre d'une façon de plus en plus barbare, avec un dédain avoué pour les principes du droit des gens et des lois reconnues de la guerre. J'en puis citer comme exemple le bombardement par des zeppelins de villes et de villages anglais non fortifiés, et plus encore, l'effroyable ravage que les *mines* flottantes et les *sous-marins* ont fait parmi les navires marchands, les bateaux de pêche, les vaisseaux d'émigrants, non seulement anglais, mais encore appartenant à des pays neutres. On reste stupéfié par ces méfaits qui ont déjà coûté d'innombrables vies humaines et d'énormes pertes matérielles. Il semble que les Allemands soient devenus fous-furieux et veuillent montrer au monde ce que c'est que la *furor teutonicus*. Ou bien certains capitaines de sous-marins ont-ils perdu la tête ? Les sous-marins allemands semblent torpillier indistinctement sans prévenir et sans savoir s'ils s'attaquent à des vaisseaux neutres ou portant des passagers neutres. La Suède, la Norvège, le Danemark et la Hollande ont déjà perdu un grand nombre de vaisseaux et de vies.

Une vive indignation éclata partout quand le vapeur *Falaba* avec ses 140 passagers et ses 100 hommes d'équipage fut torpillé en avril 1915; on ne donna que cinq minutes aux passagers et à l'équipage pour descendre dans les chaloupes; quand la torpille fut lancée, quelques hommes de l'équipage étaient encore suspendus aux claviers et une seule chaloupe avait pu atteindre l'eau; le résultat fut que 100 personnes furent noyées.

Les atrocités commises par les sous-marins allemands semblèrent atteindre leur point culminant quand, avec une affreuse barbarie, qui laissait loin derrière elle tous les méfaits du même genre, un des plus grands paquebots du monde, le *Lusitania*, qui avait 2160 personnes à bord, fut coulé sur la côte d'Islande le 7 mai 1915 par des torpilles déchargées par un sous-marin allemand. Le vaisseau coula après dix-huit minutes; 1396 personnes furent noyées et 764 seulement sauvées.

Il y eut ici et là dans les journaux allemands un mot de regret sur la perte de tant de vies; mais partout ailleurs on reconnut dans les commentaires de la presse allemande une note de véritable *triomphe*. « Par la vigilance de nos bateaux U, dit le *Berliner Boersen Courrier* nous avons pu couler ce titan des mers; d'un simple coup, un vaisseau valant dix millions de marks a été annihilé. » Pas un mot des innocentes victimes, pas un mot de compassion pour la douleur de milliers de personnes — « Il y a, télégraphiait de Berlin le correspondant du *Stokholms Dagblad*, un certain sentiment de *satisfaction et d'orgueil* de ee que les Allemands, nonobstant les patrouilles de la flotte anglaise, aient pu accomplir ce qu'ils avaient annoncé. »

Mais de tous les coins de la terre vint le *verdict unanime* que le reste du monde chez qui le sens de la décence et de la justice n'a pas encore été perverti, prononça sur le crime allemand.

Les Allemands, en temps voulu, apportèrent de prétendues preuves qu'ils avaient *agi correctement*. Leurs arguments ont été pesés et trouvés insuffisants. Le comte Bernstorff, dit-on, dans un *avertissement ouvert*, avait prié le public en Amérique de ne pas s'embarquer sur le *Lusitania* et alla même jusqu'à faire envoyer des avertissements personnels à divers passagers. Mais, outre que les avertissements *ne pouvaient pas atteindre tous ceux dont les vies étaient menacées*, personne n'aurait pu prendre ces avertissements pour autre chose que pour une vaine menace, un acte de bluff. *Qui aurait pu imaginer que l'amirauté allemande projetait de sang-froid de commettre une action qui, quelque révoltantes qu'aient été les méthodes allemandes de faire la guerre*, surpassait tout ce qu'on avait vu jusque-là ?

L'excuse allemande de *l'avertissement* doit être *écartée catégoriquement*, pour la bonne raison *qu'un crime reste un crime* quand bien même il a été *annoncé à l'avance*; de même qu'un meurtre prémédité est jugé plus sévèrement qu'un meurtre sans préméditation, la responsabilité morale de l'Allemagne n'en est que *plus grande* depuis qu'il a été montré que le crime avait été *projeté et préparé à l'avance*.

On a allégué encore que le *Lusitania* était un croiseur auxiliaire ; mais le fait que ce vaisseau était sur la liste de ceux qui *pourraient*, en certaines circonstances, servir de navire de guerre, ne prouve pas que c'est en cette qualité qu'il fit son dernier voyage ; l'Amirauté anglaise a d'ailleurs repoussé cette allégation allemande avec indignation.

On a dit aussi que le *Lusitania* contenait de grandes quantités de *munitions* et de *matériel de guerre* dans ses soutes ; mais cette accusation *n'a pas été prouvée* et ne serait guère convaincante.

Mais, même dans ce cas, même si nous admettons *l'attitude* paradoxale de l'*Allemagne* qui prétend que les Allemands sont en droit, dans leur guerre sous-marine, de *fouler toutes les règles du droit des gens* en ce qui concerne les prises et les captures, et même en admettant que les Allemands eussent des raisons pour couler le vaisseau, *leur crime n'en demeure pas moins dans toute son iniquité.*

Pendant le premier mois de guerre sous-marine, les passagers et l'équipage des vaisseaux condamnés gardaient *une chance de sauver leur vie* : on leur *accordait le nombre de minutes nécessaire*, pour mettre les chaloupes à l'eau. Mais dans le cas du *Lusitania*, les torpilles furent lancées *sans aucun avertissement quelconque.*

Au lieu de permettre au sauvetage de se faire sans entrave, ce qui aurait peut-être sauvé la vie à la majorité des passagers, *une nouvelle torpille fut déchargée contre le vaisseau* : il devint alors difficile, même impossible de faire descendre les chaloupes, et quelques minutes plus tard, le *Lusitania* coula. Le jet de cette seconde torpille prouve une perverse soif de sang, le besoin de tuer pour le plaisir de tuer. Le compte rendu qui précède est tiré du *Dagens Nyheter* dont le directeur est M. O. v. Zweigberg, membre du Parlement ; je suis d'accord en tous points avec la façon dont ce journal et, d'ailleurs la majorité de la presse suédoise, jugent le crime allemand.

Toute la Suède a été vivement émue par cette politique de mépris des lois et de meurtre qui, si les hommes d'Etat allemands et les journaux influents défendent le crime du *Lusitania*, met l'Allemagne au ban de l'humanité. Nous devons observer dans la guerre une stricte neutralité politique ; mais cela ne doit pas nous empêcher de protester hautement contre cette horrible dégénérescence de la mégalomanie germanique.

Le *Karlstadstidningen*, dont le directeur est M. Hellberg, membre du Parlement, fait les commentaires suivants : Il y a quelque chose de tout à fait déraisonnable, de tout à fait fou dans une telle conduite qui révèle un manque absolu de sens des proportions. Il semble que les Allemands n'aient cure de jeter leur mépris à la face de l'humanité, et de ranger les deux grandes Puissances encore neutres du côté de leurs ennemis. Mais une arrogance aussi impitoyable ne doit pas rester impunie. *Il faut de toute nécessité qu'elle soulève la haine des peuples*, et tout ce qu'il y a en eux de fier et de libre, tout ce qui plaide pour la culture et l'humanité, doit se révolter contre de tels principes. Comme le despotisme russe, qui persiste à lutter contre les meilleurs éléments du peuple russe, l'insolent *césarisme allemand*, champion fidèle de la réaction, s'avance et jette un défi à l'humanité. »

Une protestation suédoise contre le crime du Lusitania, témoignage de l'opinion courante en Suède parmi les gens intelligents et signée par un grand nombre de représentants de la science et de l'art suédois, fut adressée aux journaux anglais quelques jours après la catastrophe. Elle prit la forme du télégramme suivant :

« Vous, habitants de l'Angleterre, savez que la nation suédoise en général est unanime avec son gouvernement pour demander le maintien de la plus stricte neutralité politique. Mais cela n'empêche nullement une grande partie de notre peuple, une majorité peut-être, de n'être *rien moins que neutre dans les sentiments que lui inspirent les méthodes adoptées dans cette horrible guerre et qui ont abouti maintenant au torpillage du Lusitania*. Cette idée fausse que *la guerre suspend toutes les lois de l'humanité* sera sans doute fatale non seulement à la civilisation à venir, mais surtout au *sentiment de solidarité humaine*, qui est d'une importance si vitale pour les petits peuples. » Le télégramme était signé par un grand nombre de personnes éminentes parmi lesquelles beaucoup dont les noms sont universellement respectés en Suède.

Pour s'excuser de l'immoralité de leur guerre aérienne et sous-marine contre l'Angleterre, les Allemands allèguent que la *Grande-Bretagne commença à faire une guerre barbare contre l'Allemagne* en essayant de la réduire par la *famine*.

Mais il ne semble donc pas être bien entendu que, dans toutes les guerres, il va sans dire que, si une prompte décision n'est pas obtenue par les armes, on peut compter sur le manque de vivres pour obliger à une capitulation.

Bien des privations peuvent en résulter ; mais il y a un moyen facile d'y mettre fin : c'est de déposer les armes et d'abandonner toute espérance de victoire. D'ailleurs les souffrances sans nom, les pertes de vies et de biens causées par la guerre active sont évitées par la guerre économique; la prétendue méthode de famine n'est donc en rien plus mauvaise que la méthode de boucherie.

Mais, il est évident qu'un Etat qui s'engage dans une guerre doit considérer comme un de ses premiers devoirs de faire des provisions de vivres suffisantes pour un long temps à venir.

Il est tout à fait certain, d'autre part, que ceux qui dirigent les destinées de l'Allemagne ne pensaient pas *que la guerre durerait ce qu'elle a duré*, car en ce qui touche les provisions de vivres, leur plan de mobilisation n'a pas reçu toute l'attention qu'il méritait.

Il est curieux de noter que les Allemands accusent maintenant l'Angleterre de barbarie parce qu'elle tâche d'affamer l'Allemagne; ne se rappellent-t-ils pas qu'*ils ont affamé Paris en 1871*, et que Paris ne capitula que quand ses deux millions d'habitants ne purent plus soutenir les ravages de la famine ?

La manière dont les Allemands procèdent pour se croire le « peuple choisi de Dieu » tout en défendant le crime du *Lusitania* a été mise en lumière par un ecclésiastique allemand, le pasteur Günther dont un sermon adressé le 9 mai à la congrégation allemande de Christiania et reproduit par *Stockholms Tidningen* contient les extraordinaires remarques qui suivent :

« Les Allemands ne se mettent pas en peine de l'opinion des autres. La *voix de la conscience* est leur seule mesure. Dans la Guerre mondiale, c'est la conscience qui a été le soutien et la force du peuple allemand. Le torpillage du *Lusitania* laisse la conscience allemande sans tache. L'Angleterre, l'Angleterre seule doit porter la responsabilité de cette terrible tragédie; le torpillage du *Lusitania* était la juste réponse à la *brutale et illégale politique de l'Angleterre qui cherche à affamer l'Allemagne.* Si la volonté de l'Angleterre s'accomplissait, des milliers de femmes et d'enfants innocents en Allemagne seraient torturés jusqu'à ce que mort s'en suive. Pourquoi les vies des passagers du *Lusitania* seraient-elles tenues pour plus précieuses que celles de femmes et d'enfants allemands ? *La force est la force*, et c'est l'*Angleterre* qui doit répondre devant Dieu de ce terrible événement. »

Outre le démenti de l'Amirauté anglaise, le principal officier de la douane du port de New-York a déclaré officiellement que le *Lusitania* ne portait pas un seul canon.

Les Allemands, d'autre part, déclarent qu'il est *démontré* que le Lusitania portait des munitions, — 5400 caisses, — et ils font de ce fait l'excuse de leur crime; mais *aucune preuve* n'en a été donnée ; rien que des assertions sans valeur.

En vérité les Allemands n'ont pas oublié l'ordre impérial : « En avant, tels des Huns ! »

On ne peut répéter avec trop d'insistance que, même si le *Lusitania* avait été armé de canons et avait porté des munitions et même si l'ambassadeur d'Allemagne à Washington avait averti qu'il ne fallait pas voyager sur ce vaisseau, le torpillage en demeure un crime monstrueux par la raison que *le temps nécessaire ne fut pas accordé pour sauver les passagers et l'équipage*, ce qui causa la mort misérable de la plupart.

En ce qui concerne les avertissements de l'ambassadeur d'Allemagne, nous voyons que ses entrefilets dans les journaux ne mettaient pas les gens en garde contre le *Lusitania*, mais leur recommandaient seulement en général de ne pas voyager sur des bateaux anglais.

Comment ne pas éprouver la plus profonde compassion pour toutes les *victimes de la guerre*, ces milliers d'hommes blessés grièvement qui sont restés sans secours sur les champs de bataille et sont morts d'une mort lente, ou qui ont été emportés dans des hôpitaux, mais mutilés, avec d'horribles blessures béantes, pourris de gangrène, privés de leurs membres ou de la vue; ou pour ces milliers d'hommes frappés de maladies malignes causées par les privations et les intempéries; pour les nombreuses victimes du « mal des tranchées » qui noircit les pieds et les jambes et les couvre d'une sorte de pourriture ; et pour tous ces malheureux dont les nerfs sont pour toujours ébranlés par les horreurs d'un carnage sans fin ; ou pour ceux encore qui sont épuisés par les cauchemars et tombent dans l'apathie, l'indifférence, l'aberration mentale, la folie. Dans les tranchées les soldats souffrent horriblement de cauchemars. Un chirurgien français, le docteur H. Bourget a longuement étudié ces cauchemars et les a considérés comme étant à la base de toutes les affections psychiques qui règnent dans les armées. Epuisés par un devoir incessant, les soldats tombent de sommeil, mais le sommeil est bientôt troublé par les fantasmes de ce qu'ils ont vu, soldats ennemis sans têtes, sans bras, ou hideusement mutilés, obus qui éclatent, etc.; souvent ils se dressent et hurlent de terreur, attaquant leurs camarades endormis ou errant comme des somnambules. Ces cauchemars ne leur laissent aucun repos et leur font perdre la raison en sorte que les tranchées sont souvent semblables à des cabanons.

La guerre cause des souffrances non seulement à ceux qui y prennent part, aux blessés, à ceux qui subissent les horreurs des champs de bataille, mais encore à d'innombrables *non combattants*, femmes, mères, sœurs, filles, restées à la maison et sans soutiens et réduites à la pénurie, et tous ceux aussi qui sont expulsés d'un pays où ils habitaient parce que leur patrie est en guerre avec ce pays. Ici, à Stockholm, nous avons eu l'occasion de voir et d'entendre des milliers de Russes expulsés d'Allemagne, des milliers d'Allemands expulsés de Russie et qui rentraient chez eux en passant par la Suède. Ils ont eu bien des maux à endurer et ont dû tout laisser derrière eux ; beaucoup, sans doute pour toujours, ont été privés de leur gagne-pain, de leurs usines, de leurs affaires, objets de leurs peines pendant tant d'années. Des chevaux ont été réquisitionnés sans compensation, des banques ont retenu des fonds qui y étaient placés, des usines ont été fermées. En fait nous avons vu en Suède des milliers de gens tout à fait ruinés et qui ne trouveront rien à faire dans la patrie où ils retournent.

En outre, tous les hommes en âge de servir sous les armes ont été retenus comme prisonniers et mis dans des camps de concentration où ils mènent une existence oisive et misérable et sont incapables de veiller à la subsistance de leurs femmes et de leurs enfants qui ont été expulsés du pays.

Et songeons encore à la perte que cette guerre cause à la civilisation : des milliers d'hommes intelligents et éminents, représentants des sciences et des arts ont été tués, qui auraient pu rendre à leur pays, bien plus, au monde entier, d'inappréciables services.

Tout ce qui était l'idéal commun de l'humanité a disparu. *Tout effort de culture internationale* a été rendu impossible, car les nations se haïssent et ne veulent plus agir de concert.

Quelle foi aura-t-on désormais pour les *traités internationaux ?*

Etudier le *droit international* est maintenant une perte de temps. A l'Université de Coppenhague, par exemple, le droit international a été provisoirement *supprimé des examens de droit*. Le professeur Jörgensen notifia à ses étudiants qu'ils n'auraient pas à se préparer à être examinés sur ce sujet puisque les prescriptions du droit international n'étaient plus observées. Il faisait allusion surtout à la déclaration de Londres qui, comme le disait le professeur Jörgensen, avait été suspendue surtout en ce qui concernait les droits des Puissances neutres.

Les Européens qui ont jusqu'ici regardé les Asiatiques du haut de leur orgueilleuse civilisation n'ont plus qu'à se voiler la face en signe de honte.

La misérable situation que la Guerre mondiale à révélée en Europe ; la haine brûlante entre nations, les destructions de vies et de biens dans des proportions encore inconnues ; tout cela a détruit le respect qu'on avait accordé jusqu'ici à la civilisation européenne. Le professeur Erik Nyström, qui a travaillé avec tant de succès à l'Université de Shansi en Chine, avait l'intention de commencer, à son retour dans ce pays en 1914, une série de conférences sur la civilisation européenne. Mais, dit-il en quittant Stockholm, ce projet doit être abandonné; car les Chinois se rendent maintenant pleinement compte du triste mensonge qu'est devenue la culture européenne.

Je voudrais souvent que certains auteurs cessassent, en essayant d'expliquer la misère sans nom de la guerre, d'y introduire la religion et la philosophie, de parler de la providence de Dieu et de ses desseins, des lois de l'histoire, de l'âme du peuple dans tel ou tel pays, de la révélation de l'esprit cosmique, autant de phrases vides et dépourvues de signification. Arrière la philosophie et les lieux-communs de morale! Ce que nous voyons est le chaos, rien de plus.

Il est vraiment pitoyable de remarquer qu'en Russie, aussi bien qu'en Allemagne, quand éclata cette guerre dévastatrice, le peuple se plaisait à en appeler à Dieu comme à son protecteur « En avant avec Dieu, qui sera pour nous ! » « Dieu avec nous ! » C'est avec ces cris que les armes s'avancèrent à la boucherie et à la destruction, obéissant aveuglément à la doctrine : « Malheur aux vaincus ! »

Nous vivons en un temps où l'on a de bonnes raisons pour douter de l'existence de l'honneur et de la foi, de la bonté humaine et de la bonne volonté, et où les passions guerrières ont enchaîné la raison. Le pessimisme fut-il jamais plus justifié qu'aujourd'hui ? Cette guerre mondiale, la plus grande et la plus cruelle de l'histoire, a éclaté et nous sommes tombés du haut de notre civilisation tant vantée au niveau barbare des temps anciens où le droit des gens était encore inconnu, où il n'y avait eu aucun Grotius, aucun Puffendorf, aucun Thomasius, aucun Wolff, aucun Leibniz, aucun Kant : mais, en vérité, à voir ce que nous avons appris, il aurait autant valu pour nous n'avoir ni grands penseurs ni grands hommes d'Etat pour nous guider.

C'est comme si toutes les puissances des ténèbres avaient été lâchées, comme si la terre était devenue un enfer avec Satan pour roi. Il n'est pas étonnant que la pensée soit venue à beaucoup que c'est Satan et non Dieu qui gouverne l'univers. Il ne faut pas s'étonner que dans beaucoup d'esprits troublés ce doute se soit élevé : Comment un Dieu bon et tout-puissant peut-il permettre cette horrible guerre, avec ses sacrifices de millions de vies et du bien-être de millions d'hommes ?

Une chose est certaine : après dix mois des efforts les plus prodigieux et le sacrifice de tant de vies, Dieu n'a pas encore donné la victoire à l'Allemagne, malgré les supplications et les prières qui montent des églises et des palais.

Malgré la foi de l'Empereur dans le « formidable esprit guerrier » des Allemands ; malgré son appel à « l'indomptable volonté de vaincre » de ses soldats ; malgré les « glorieuses victoires » d'Hindenburg et la « joie de la bataille » exprimée par lui-même et par d'autres généraux allemands dans les télégrammes de félicitations ; malgré tout cela, l'Allemagne semble n'avoir encore aucune perspective de dicter la paix, avec l'aide de Dieu, quand l'heure sera venue.

Les hommes qui dirigeaient l'Allemagne, quand ils la précipitèrent dans la guerre, s'étaient grossièrement trompés sur sa puissance en pensant que, après tant d'années de préparation, elle ne ferait qu'une bouchée de ses ennemis et dicterait à Paris les conditions de la paix.

La France s'est montrée plus forte qu'on ne pensait ; et il y a longtemps que l'invasion allemande y est arrêtée. Et l'Angleterre, en envoyant ses troupes fraîches en France, a beaucoup contribué à la résistance.

Non seulement l'Italie refusa de se ranger aux côtés de l'Allemagne et de l'Autriche quand la guerre éclata, son gouvernement, jugeant que ces pays étaient les agresseurs, non les attaqués, mais le traité autrichien concernant la Triple Alliance fut formellement dénoncé par l'Italie le 4 mai 1915 et la guerre déclarée à l'Autriche le 23 mai.

M. Sonnino, ministre des Affaires étrangères, envoya aux gouvernements des pays neutres un communiqué détaillé sur la rupture de l'Italie avec l'Autriche-Hongrie. Ce communiqué montre que la tension entre les daux pays avait existé dès le début de la guerre et que les souvenirs de l'oppression autrichienne n'étaient pas effacés du cœur des Italiens.

« En causant la guerre européenne, dit M. Sonnino, en *rejetant la réponse de la Serbie, pourtant si conciliante*, et qui donnait toutes les satisfactions qu'on pouvait raisonnablement demander, en *rejetant ensuite toutes les propositions de médiation* faites par l'Italie et d'autres puissances pour sauver l'Europe d'une terrible conflagration, l'Autriche-Honrgie a, de ses propres mains, déchiré son traité d'alliance avec l'Italie. En outre, par son action contre la Serbie, l'Autriche a délibéremment dédaigné les intérêts généraux de l'Italie dans la péninsule des Balkans. »

Après toutes ces iniquités, toutes ces souffrances, toutes ces pertes parmi les belligérants, après les faux calculs qui ont marqué les débuts de la guerre, après les désappointements qui doivent s'être fait sentir quand, malgré des mois de lutte sanguinaire, on n'a pu compter aucune victoire décisive; avec la perspective de voir finir la guerre comme elle a commencé, par des tueries jusque-là inconnues, mais sans avantage décisif de part ou d'autre ; en songeant que les pertes économiques vont appauvrir les peuples pour des générations ; enfin, et surtout, en considérant que la guerre aurait fort bien pu être évitée, on s'étonne en vérité qu'aucun de ceux qui ont appelé de telles calamités sur le monde, ne se soient pas sentis poussés, comme Judas Iscariote, à donner leur vie pour prix de leur crime.

XIII

DANGERS DE LA SURPOPULATION
CE QU'ENSEIGNENT LES STATISTIQUES
LA SURPOPULATION DE L'ALLEMAGNE EST UNE MENACE CONSTANTE POUR LA PAIX

Il y eut des époques où il était nécessaire de provoquer l'accroissement de la population, parce que, la guerre y était presque l'état normal; ce fut le cas, dans l'antiqnité, au moyen âge, ou après la guerre de Trente ans, quand une grande partie de la population avait succombé sur les champs de bataille ou à la suite des grandes épidémies que la guerre amenait avec elle. A de telles époques, les gouvernements étaient forcés de réparer ces pertes dans la mesure du possible, et souvent distribuaient des terres aux pauvres.

De nos jours, la situation dans beaucoup de pays, est tout opposée.

Les principaux pays civilisés sont déjà trop peuplés et le moindre dérangement dans le commerce et l'industrie cause de grandes misères et de grandes souffrances à cause de la difficulté qu'éprouvent des gens de toutes classes, à obtenir un gagne-pain.

Mais même dans des conditions ordinaires, quand les guerres ne font pas rage et que les récoltes sont satisfaisantes, la plupart des gens ont plus de peine qu'il ne faudrait à nouer les deux bouts; et c'est là souvent la cause d'un mécontentement et d'une indifférence facile à comprendre envers les aspets plus élevés de la vie.

La reproduction est encore pour le plus grand nombre un acte purement instinctif, comme à l'époque des cavernes ou dans l'âge de la pierre; et maintenant encore, au 19me siècle, la plupart du temps, aucune tentative n'est faite pour la régler. Pourtant ce devrait être le but d'un âge éclairé de civiliser ces conditions primitives, de faire en sorte que la réflexion et le sens de la responsabilité aient leur influence sur l'instinct sexuel ; on pourrait ainsi améliorer la race, et combattre la pauvreté et la détresse causées par la surpopulation et les deux grands maux qui l'accompagnent : une perpétuelle lutte pour l'existence et des guerres barbares et dévastatrices.

Il est certain que beaucoup de pays du monde sont déjà trop peuplés. Et, bien qu'il y ait encore de nombreuses contrées, en Afrique, dans l'Amérique du Sud, en Sibérie, où il y a encore place pour des millions d'habitants, il n'en est pas moins vrai que la plupart des pays ont maintenant une population si dense que, pour des millions d'hommes, la vie est une lutte pleine de souffrances et de misère, et qu'un continuel accroissement de la population du globe *doit devenir bientôt un danger très grave*. Bien que des chiffres exacts nous manquent pour évaluer la population de bien des pays, des statisticiens dignes de foi ont cru pouvoir calculer la population du globe comme suit :

En 1870 environ 1400 millions.
En 1914 environ 1700 millions.

Cela marque un accroissement de 300 millions en quarante-quatre ans, c'est-à-dire de *sept millions par année*.

A propos de la menace que cette surpopulation est pour la paix du monde, je puis donner pour exemple le Japon, puissance qui a déjà adopté une politique d'expansion rendue nécessaire par le colossal accroissement de sa population. Voici quelques chiffres qui indiquent la population du Japon :

1880	38 millions.
1900	45 millions.
1912	53 millions.

C'est pour faire place à cette population toujours croissante et pour être en état de la nourrir que le Japon fit la guerre à la Chine et à la Russie ; il en eut pour prix la Corée. Maintenant, dans la guerre mondiale, le Japon en tant qu'allié de l'Angleterre, a attaqué les possessions allemande de Kiao-chau qui se rendirent après une défense énergique.

L'éminent eugéniste anglais Havelock Ellis a montré, au sujet de la population du Japon, sur l'autorité du meilleur expert japonais, le professeur Tokano, combien colossale est la mortalité parmi les enfants japonais, — en 1907 pas moins de 25,7 pour cent ; — et que le taux des naissances qui en 1902 s'élevait à 26 pour mille est quelque peu tombé pendant ces dix dernières années. Cet *abaissement du taux des naissances joint à l'élèvement du taux des morts* est, si cette double tendance continue, un problème sérieux pour les Japonais occupés de réformes sociales, mais devrait réconforter ceux qui parlent, en Europe d'un « péril jaune », venant du Japon.

Pour la même raison, le « péril jaune » est peu à craindre de la part de la Chine. Il est vrai que le taux des naissances y est élevé ; mais la mortalité des enfants y est énorme.

Le professeur A. Ross, qui connait bien la Chine, et qui appuie ses calculs sur les preuves que lui ont fournies trente-trois médecins qui pratiquent dans ce pays, estime que, de dix enfants nés en Chine, trois meurent en bas âge, et probablement cinq plus tard. D'autres évaluent la mortalité des enfants à 90 pour cent.

Revenons à notre continent. Nous trouvons, sur la *population de l'Europe*, les statistiques suivantes :

En 1870	305 millions.
En 1890	363 »
En 1911	452 »

L'accroissement des naissances de 1890 à 1911 fut donc de 89 millions, c'est-à-dire 4,2 millions par année.

Si l'accroissement de la population continuait dans les mêmes proportions, la population de l'Europe serait :

En 1930 de 532 millions.
En 1940 de 574 »
En 1950 de 616 »

On frémit en lisant ces chiffres et en songeant à ce qu'ils présagent : non la richesse et la prospérité, mais la détresse, la famine, la misère qui résultent de la guerre, que suivent à leur tour la démoralisation et la décadence de toute civilisation ! Et penser que tout cela peut arriver dans quelques décades !

La France contribue relativement peu à cet état de choses ; le taux de ses naissances a depuis longtemps cessé de croître sérieusement : Sa population compte :

En 1821	30 $^{1}/_{2}$ millions.
En 1872	36 »
En 1911	39 $^{2}/_{8}$ »

Après que la population de la France se fut, pendant une longue série d'années, accrue imperceptiblement, on enregistra, pour la première fois en 1911, une diminution réelle ; cette année-là le nombre des naissance fut de 742 114 et le nombre des morts de 776 683, ce qui laisse un déficit de 34 569.

En Russie et en Allemagne, par contre, la population s'accroît régulièrement, et la question est de savoir si l'un ou l'autre de ces pays ne devient pas par là-même une menace à la paix du monde. La population de la Russie était :

En 1815 de 45 millions.
En 1867 de 71 »
En 1897 de 129 »
En 1912 de 171 »

Mais, malgré l'énorme accroissement de la population en Russie, nous pouvons conclure que l'Europe n'est pas menacée de ce côté-là ; car la Russie a, en Sibérie, un territoire à coloniser qui sera long à remplir.

Pendant les trois cents ans qui ont précédé l'année 1896, *trois millions* de personnes environ émigrèrent de Russie en Sibérie ; pendant les neuf années qui s'écoulèrent entre 1896 et 1905 environ 1 350 000 ; et de 1905 à 1913 non moins de *trois millions*. Ainsi, en huit ans, autant d'émigrants russes se sont établis en Sibérie que pendant les trois cents ans qui précédèrent l'année 1896 ! Quand les chiffres de l'émigration étaient le plus hauts, en 1908, 759 000 émigrants arrivèrent dans les territoires à l'est de l'Oural. Ces dernières années les chiffres ont varié de 250 000 à 325 000. C'est surtout après que la chambre de l'agriculture russe eût institué une distribution systématique de l'immense steppe et des forêts de Sibérie occidentale et des pays de l'Amour sur les rives du Pacifique, que l'émigration prit les proportions colossales que nous avons indiquées.

Le gouvernement russe dépense maintenant des sommes considérables pour la création d'une nouvelle Russie en Sibérie et, dans toutes les provinces, des comités se sont formés qui donnent toute espèce d'informations et desecours aux émigrants.

Frithiof Hansen qui, au cours d'un long voyage à travers la Sibérie en 1913, fit soigneusement l'inventaire du pays, se rendit compte que ce serait un champ d'émigration colossal si certaines vastes et fertiles régions étaient cultivées et si on y introduisait la navigation fluviale. Selon lui, la Russie tend maintenant à s'étendre vers l'est dans la direction de sa colonie de Sibérie. Ses observations sont recueillies dans un livre publié récemment et intitulé *A travers la Sibérie*.

Quand aux craintes que pourrait donner la sur-population en Russie, bien que le taux des naissances y soit très élevé, il faut remarquer que ce facteur est balancé par une mortalité énorme. M. Havelock Ellis établit que, quoique la mortalité parmi les enfants en Russie ait été réduite, ces trente dernières années, de 31 à 26 pour cent, (1896-1900) elle est cependant plus grande encore que dans les autres pays d'Europe. La statistique montre, dit-il, que sur 1000 personnes, il en meurt 15 de plus en Russie qu'en Angleterre ce qui, en prenant la totalité de la population, fait une perte annuelle de 1 650 000 âmes.

En Allemagne, où après la guerre de Trente ans, vers le milieu du 17me siècle, la population était tombée à *5 millions*, il y eut place, pendant les deux siècles suivant pour un accroissement considérable de la population. On peut le voir par les chiffres suivants :

Population en	1820	27	millions.
»	1871	41	»
»	1890	49 $^1/_2$	»
«	1914	68	»

Depuis de nombreuses années la population d'Allemagne s'est accrue environ de 860 000 âmes par an, c'est-à-dire environ 4 250 000 âmes en cinq ans, c'est-à-dire *8 500 000 âmes en dix ans*. La statistique montre que l'accroissement pendant la décade de 1904 à 1913 a été de *8 352 000*.

En prenant cet accroissement comme base d'un calcul approximatif servant à établir l'accroissement futur, nous trouvons que la population de l'Allemagne sera :

Dans 20	ans, en	1934	d'environ	85	millions.
Dans 40	»	1954	»	102	»
Dans 60	»	1974	»	119	»
Dans 80	»	1994	»	136	»

En d'autres termes, la population aura doublé eu 80 ans environ.

Le danger d'une véritable surpopulation d'ici à vingt ou quarante ans est évident ; c'est une menace à la fois pour l'Allemagne et pour le monde. On ne peut pas concevoir comment l'Allemagne pourra, dans ses limites actuelles, contenir sa population, telle que nous l'avons évaluée, dans quarante ans, bien plus dans soixante ou dans quatre-vingt ans.

Dans tous les pays qui jouissent d'une civilisation avancée, il devient de plus en plus général parmi les gens mariés de comprendre la nécessité de *limiter le nombre des enfants* en tenant compte des circonstances matérielles, du prix élevé de l'éducation et de l'instruction, des soins médicaux, etc.

Nous savons que les Français ont contemplé cet aspect de la situation ; en France le système « des deux enfants » est depuis longtemps pratiqué dans presque toutes les classes. En Angleterre aussi ce système a été adopté dans les classes moyennes éclairées et aussi de plus en plus, dans le peuple.

En Allemagne ou la population s'est accrue jusqu'ici avec une si effarante rapidité, et où cet accroissement a été considéré avec contentement par certaines classes qui y voient une augmentation de la sécurité militaire du pays, on a commencé cependant à limiter les familles. Ainsi le professeur Max Flesch, dans son ouvrage sur *La Prostitution et les maladies de femmes*, (1898) dit ce qui suit : « Dans toutes les couches sociales, il est difficile de nos jours d'élever une nombreuse famille. Les femmes des classes pauvres craignent non seulement l'accouchement mais aussi les troubles domestiques causés par la suspension de leurs salaires pendant leur grossesse. Dans les classes plus aisées, les ennuis relatifs à l'éducation des enfants, et la difficulté de pourvoir à la dot des filles et aux études des fils ont diminué le désir d'avoir des familles nombreuses. »

Pendant ces quelques dernière décades, beaucoup de médecins et de sociologues ont protesté vivement contre cette imprudente rapidité de la reproduction en Allemagne ; leur objet était surtout de diminuer la pauvreté et les maladies.

Le docteur Mensinga (de Flensbourg) fut le premier à écrire sur ce sujet en Allemagne (1885) ; il fut suivi par le docteur Löwenfeld, le professeur Hegar, M. Meyerhof (sous le pseudonyme de H. Ferdy) le professeur Gruter, d'autres encore[1]. Tous ces auteurs montrent que le néo-malthusianisme est justifié tant en ce qui concerne le mariage qu'en ce qui touche la population en général, et

[1] Voir C. Hasse (Mensinga), *Unsere fakultative Sterilität*, 1885 ; L. Löwenfeld, *Sexualleben und Nervenleiden*, 1891 ; A. Hegar, *Der Geschlechtstrieb*, 1894 ; H. Ferdy, *Die Mittel zur Verhütung der Conception*, 1895 ; M. Gruter, *Hygiène des Geschlechtslebens*, 1905.

qu'il est nécessaire de diminuer le taux des naissances, attendu que des accouchements trop nombreux compromettent souvent la santé de la mère et des enfants ; ils préconisent donc l'emploi de mesures préventives, pour alléger la misère parmi les basses classes et diminuer la mortalité chez les enfants.

D'autre part, par crainte d'une baisse dans le taux des naissances et d'une diminution de la population, des lois pour combattre le néo-malthusianisme ont souvent été présentées au Parlement, tant en Allemagne qu'en France. Une loi fut proposée en 1909 à la Chambre française par M. Gauthier qui la recommanda par ces mots : « Si la population continue à diminuer, nous ne pourrons plus remplir les cadres de l'armée, et subvenir aux besoins de l'industrie nationale ». En Allemagne, le professeur Flesch critiqua ce mouvement très à fond dans un périodique, les *Sexual-Probleme* (1910), et montra qu'il serait funeste aux basses classes « si elles faisaient ce qui est habituel dans les hautes classes. » Il montra aussi que, bien que la population de l'Allemagne eût augmenté si considérablement (de 862 000 âmes en 1905), le manque de mains pour les travaux des champs ne se fait nulle part plus cruellement sentir, et que les travaux les plus importants ne peuvent souvent être accomplis qu'avec l'aide d'étrangers, d'Italiens, par exemple, dans les chemins de fer et de Polonais dans les mines ; il montra aussi que la plupart des réformés militaires appartiennent aux villes et aux communautés industrielles.

Quand le gouvernement allemand proposa au Reichstag une loi contre les pratiques du néo-malthusianisme, le docteur Max Marcuse protesta hautement dans les *Sexual-Probleme* (1911). Il montra qu' « en Allemagne comme dans les autres pays occidentaux, tandis que le taux des naissances est relativement bas dans les hautes classes, les familles nombreuses sont habituelles dans le peuple. » « Les misères économiques et sexuelles parmi les prolétaires, ajoutait-il, viennent dans une large mesure du fait qu'ils ne ne recourent pas suffisamment aux méthodes néo-malthusiennes. *Il y a des conditions qui sont plus fortes que toutes les lois*, et si le Reichstag votait cette loi, elle serait tout à fait impuissante à atteindre son véritable but, à savoir l'élévation du taux des naissances.

Le docteur Marcuse citait les paroles d'un des plus éminents politiciens populaires allemands, M. Rümelin qui déclarait que « si l'Allemagne continue à ajouter chaque année à sa population 900 000 âmes, il faudra *inévitablement qu'elle cherche au-*

delà des mers une expansion territoriale, ce que l'Angleterre en particulier, *ne peut pas* admettre. Et dans ce cas, dans un avenir assez peu éloigné, la population toujours croissante de l'Allemagne devra *déborder hors de nos frontières.* »

Quand la question de la diminution du taux des naissances fut placée devant la Chambre basse prussienne en 1913, le docteur Mugdan contesta que cette diminution fût une marque de décadence et montra qu'elle est due plus souvent à une meilleure conception des *devoirs des parents;* il montra aussi que c'est un phénomène international.

Le sujet est discuté chaque année dans beaucoup de journaux bien connus, plus spécialement dans les *Sexual-Probleme*, dirigé par le docteur Max Marcuse (Berlin), et par la *Neue Generation* dirigée par le docteur Hélène Stöcher (Berlin). En outre une société s'est formée récemment sous le nom de « Gesellschaft zur Bekämpfung der Uebervölkerung Deutschlands (Société pour combattre la surpopulation de l'Allemagne), et présidée par le docteur Goldstein (Berlin). La question des naissances, la « politique des naissances », etc. ont, durant les deux dernières années occupé l'attention d'une Société pour la protection des mères (« Deutscher Bund für Mutterschutz. »

Il faut mentionner que, pendant la grande exposition d'hygiène, de Dresde en 1911, parmi les congrès scientifiques et sociaux qui s'y tinrent, il y eut un « Congrès néo-malthusien » (du 24 au 27 septembre). Outre les délibérations privées, des conférences publiques furent données et éveillèrent le plus vif intérêt. Le professeur Wicksell donna des conférences fort intéressantes qui contenaient des avertissements contre la surpopulation en Allemagne. Moi aussi, je fournis des documents au Congrès.

La volonté ferme d'échapper à la pauvreté et de vivre dans des circonstances dignes d'une humanité civilisée, a, depuis plusieurs années, induit des familles sans nombre et de toutes classes, surtout dans les villes, à ne pas s'augmenter au-delà de certaines limites ; et les statistiques montrent qu'en Allemagne aussi se marque un *abaissement* notable *du taux des naissances.*

Cette constatation ne devrait pas troubler l'Allemagne. Les statistiques montrent qu'un abaissement du taux des naissances se remarque dans *tous les pays européens* et aussi dans tous les pays civilisés hors d'Europe. Seule la Roumanie accuse un accroissement.

Dans l'Empire allemand le taux annuel des naissances pour 10 000 habitants a été :

Pendant la décade	1871-1880	. . .	391
»	» 1901	. . .	369
»	» 1910	. . .	307
»	» 1911	. . .	295

Ceci, il est vrai, montre une diminution de 56 000 dans le nombre des naissances en 1911. Mais cela ne prouve nullement qu'il y ait diminution dans l'accroissement de la population. Au contraire, cet accroissement depuis bien des années, est énorme, et, en somme, constant. Dans l'empire allemand, il y eut 38 303 naissances de moins en 1909 qu'en 1908 ; pourtant l'accroissement de la population fut environ le même, de 884 061 âmes. En 1904 il fut de 862 664 âmes.

Ceci s'explique par la réduction considérable du taux des morts, réduction qui excède celle du taux des naissances. Ainsi le nombre des morts pour 10 000 habitants a été :

En 1870 de 290
En 1890 de 250
En 1910 de 171

Le danger de surpopulation a été particulièrement menaçant en Allemagne par le fait que l'*émigration*, qui autrefois était considérable, s'est réduite, ces vingt dernières années, à relativement peu de chose à cause de l'immense développement économique qui a donné aux ouvriers des chances de profits.

L'émigration allemande d'outre-mer était en moyenne, de 1881 à 1890, de 136 000 âmes ; en 1893 elle était tombée à 87 000 ; en 1894, elle n'était plus que de 40 000. Depuis lors la moyenne annuelle a été :

En 1901-5	de 29 308	âmes.
En 1906-10	de 26 449	»
En 1911	de 22 592	»
En 1912	de 18 445	»
En 1913	de 25 775	»

Les conditions de l'émigration n'étant pas favorables partout, par le peu de chances de gagner de l'argent, par interdiction d'immigrer, etc., il faut que l'Allemagne possède de *bonnes colonies* dont elle a besoin d'ailleurs pour son commerce, pour l'exportation de ses produits industriels, pour l'importation de matières premières etc.

L'Allemagne, avec ses soixante-huit millions d'habitants, a maintenant le maximum de population qu'elle puisse contenir, si elle veut que son peuple soit prospère et satisfait ; et, même aujourd'hui, une certaine part de son peuple est forcée de chercher subsistance hors des frontières du pays ou dans ses colonies.

Le prodigieux accroissement de la population en Allemagne a finalement, vers le début du vingtième siècle, conduit à *l'encombrement de beaucoup de métiers*. Le docteur Goldstein, dans un *Denkschrift* publié en 1911 sur le sujet de la surpopulation, montra que les médecins, les avocats, les ingénieurs, les musiciens, les peintres, les sculpteurs, les acteurs, les chanteurs se plaignaient tous de l'encombrement de leurs professions. Les employés de magasins aussi sont trop nombreux, beaucoup de petits boutiquiers se plaignent de faire peu d'affaires, et les métiers manuels marchent plus mal que par le passé.

Il est vrai qu'à ce moment-là la demande de travail dans les grandes industries était très grande ; cependant beaucoup d'ouvriers étaient souvent sans travail, 6 à 8 pour cent des membres des syndicats en 1904-1907. En 1908-1909, le nombre des sans-travail monta à 10 pour cent.

Depuis lors, le manque d'emploi parmi les ouvriers des industries semble être allé en croissant encore, et menace l'existence de bien des milliers de gens; le problème a été discuté sérieusement un peu partout. En septembre 1913 la question fut abondamment traitée par le Congrès socialiste-démocrate à Berlin. Tous les orateurs attirèrent l'attention sur l'effroyable *accroissement du nombre des ouvriers sans travail*, nombre que devait augmenter encore la venue de l'hiver. Il fut jugé tout à fait nécessaire que l'Empire, les Etats de la Confédération aussi bien que les communes, fissent quelque chose pour améliorer la situation.

Pendant le débat sur les impôts, une résolution fut adoptée demandant que les ouvriers sans travail fussent, autant que possible, exemptés de tous impôts.

La diminution du taux des naissances, surtout avec l'exemple de la France, créa une grande anxiété parmi les Allemands, particulièrement parmi ceux qui considèrent que le plus grand besoin de l'Etat, c'est un accroissement continuel du recrutement militaire.

Brentano, en 1909, donna déjà un avertissement contre ce danger dans un article de revue; il fut suivi en 1911 par Oldenburg qui écrivit un traité sur *Der Rückgang der Geburten* publié dans les *Archiv für Sozialwissenschaft.*

L'empereur Guillaume fit un grand pas pour stimuler les naissances : il fit annoncer dans les journaux, en octobre 1909, que « le Ministère de l'Intérieur faisait savoir que l'Empereur était disposé désormais à être le *parrain du huitième enfant* de chaque famille allemande, qu'elle soit riche ou pauvre. »

Une autre circulaire chargeait les autorités de payer de la part de *l'Etat une prime de soixante marcks aux familles pauvres à la naissance du huitième enfant.*

« L'Empereur espère par ce moyen aider à amener un accroissement du taux des naissances qui joue un rôle important dans *l'affermissement de la puissance militaire allemande.* Les dernières années ont accusé des signes d'une diminution dans le taux des naissances, circonstance que non seulement l'empereur, mais beaucoup d'hommes d'Etat éminents considérent comme un *grave danger national.* »

Quel a été le résultat de cette décision impériale ? Désappointant, sans nul doute; car, il ne peut y avoir beaucoup de parents allemands qui, chargés déjà de sept enfants se soucient d'en avoir un de plus pour mériter les récompenses promises. Pour la plupart, sept enfants ont été une source suffisante d'inquiétudes.

Ce que j'ai dit plus haut montre que cette anxiété touchant la diminution du taux des naissances n'est pas fondée.

Depuis que la guerre a éclaté, et à propos de la guerre, M. Seelmann (Oldenburg) a traité le sujet de la diminution du taux des naissances dans un article du *Berliner Börsen-Courrier* du 10 janvier 1915. Il y sonne l'alarme et espère que quelque chose sera fait pour empêcher cette diminution.

« Parmi les bénédictions qui suivront la guerre, dit-il, je compte le fait que l'ensemble du peuple prendra un intérêt plus intelligent que par le passé à un facteur qui doit avoir à l'avenir une influence décisive sur les destinées de l'Allemagne, à savoir *la diminution du taux des naissances...*

Après avoir dépensé, pour ainsi dire, notre dernière goutte de sang pour sauvegarder notre existence, montrerons-nous *l'intention de nous suicider ?* Car, si la tendance actuelle continue, l'Allemagne devra envisager le danger de *finir par un suicide national.* »

M. Seelmann admet, cependant, que la population de l'Allemagne continue à augmenter et croit qu'elle continuera à augmenter pendant quelques décades encore. Mais il a peur pour l'avenir et craint que, si le taux des naissances continue de diminuer et que le système des deux enfants soit généralement adopté, l'Allemagne, à la fin de ce siècle, tombe plus bas encore que la France. Il considère donc que, « une fois la guerre terminée, une des tâches principales que s'imposeront sera d'introduire des mesures préventives en ces matières. »

Le professeur Schlossmann s'est aussi occupé de cette diminution du taux des naissances en Allemagne, et en a recherché les causes ; mais il se trouve face à face avec un dilemme insolvable, d'une part ce qu'il considère comme l'intérêt de l'Etat ; d'autre part les motifs qu'ont les simples particuliers pour limiter leur famille. Il est désireux que les classes cultivées donnent le bon exemple en cette matière, et se rend compte que les conditions économiques du pays et sa situation politique demandent absolument que *la population continue à s'accroître.* Il montre que l'Allemagne, dans les dernières décades est devenue industrielle d'agricole qu'elle était, et que, pour assurer l'avenir il faut qu'elle reste « *un peuple de plus en plus nombreux.* »

Tout en maintenant que « les intérêts de l'Etat demandent un accroissement de la population, — des contribuables, des soldats, des ouvriers, — » il fait remarquer que « pour le simple particulier il est avantageux d'avoir peu d'enfants, » et que « de nos jours une nombreuse famille *signifie la ruine* ». « Ici, dit-il, nous nous trouvons acculés dans une impasse, » et il pose cette question pleine d'à-propos : « Pouvons-nous demander aux particuliers de faire, individuellement, des sacrifices pour le bien de l'Etat et de prendre sur eux tout le souci de pourvoir aux nécessités du pays ? » « Pour celui qui doit gagner son pain, chaque enfant est un souci [1]. »

Le docteur Julien Marcuse, dans son ouvrage intitulé *Die Beschränkung der Geburtenzahl, — ein Kulturproblem* (1913), prend les armes contre ceux qui vont clamant que l'abaissement du taux des naissances est le signe d'une décadence nationale ou d'une « organisation malade » ; il y voit plutôt un phénomène dû au concours de plusieurs des facteurs de notre civilisation moderne. Parmi d'autres raisons, il donne l'accroissement de l'activité pra-

[1] Voyez *Sexual-Probleme*, 1914, p. 352.

tique des femmes,et l'augmentation du sens de la responsabilité chez les parents qui cherchent à donner à leurs enfants une meilleure instruction. à améliorer leur santé, à augmenter leurs forces, etc.

Dans un ouvrage remarquable intitulé *Fruchtabtreibung und Präventivverkehr im Zusammenhang mit dem Geburtenrückgang* (1914), le docteur Max Hirsch (Berlin) établit ce qui suit : « Sans aucun doute, les moyens préventifs sont la cause principale de l'abaissement du taux des naissances. Il est évident qu'ils sont très employés... *La limitation voulue du nombre des enfants* vient de ce que l'expérience enseigne que le *bien-être économique de la famille,* et ce qu'il faut de confort pour la santé de ses membres et l'éducation des enfants ne sont possibles qu'en empêchant une trop nombreuse progéniture.

» Cette façon de voir, ce sentiment de *responsabilité*, sont les signes d'*une civilisation avancée*, et supposent un certain degré de maturité morale, de culture intellectuelle et de connaissances physiques.

» Dans les conditions actuelles, la limitation du nombre des naissances est une arme dans la lutte économique, un acte de légitime défense. »

Outre les moyens préventifs, l'avortement est aussi, à en croire le docteur Hirsch, une cause générale qui contribue à l'abaissement du taux des naissances en Allemagne ; et il remarque que, si la première méthode est plus en faveur dans les hautes classes, la seconde prévaut parmi le peuple.

Cette limitation du nombre des enfants, révèle, d'après le docteur Hirsch, une *prévoyance* des parents envers leurs enfants et un régime de *propagation de la culture.*

Bien d'autres docteurs allemands, les docteurs Bernstein, Moser, Max Marcuse, d'autres encore ont exprimé la même opinion tirée de leurs observations personnelles parmi les classes ouvrières de Berlin [1].

Un écrivain socialiste-démocrate, M. Ferch, a aussi récemment attiré l'attention sur l'*amélioration de l'éducation dans les classes ouvrières ;* il y voit le facteur principal de la limitation de plus en plus générale des familles dans le peuple. « A un ouvrier qui pense, une femme qui pense doit être une nécessité indispensable ; c'est pourquoi les classes ouvrières demandent à cor et à cris que femmes

[1] Voyez *Sexual-Probleme*, 1913, pages 733 et 752.

et hommes soient libérés de soucis économiques accablants et puissent jouir de quelques heures de récréation intellectuelle. Dans la classe ouvrière, on croit de plus en plus que ce but peut être atteint en limitant le nombre des enfants [1].

Cette préoccupation de la limitation des familles occupe maintenant l'attention de toutes les classes de la société en Allemagne; et d'après le docteur Max Marcuse, elle s'est, ces dernières années, manifestée de plus en plus parmi la classe ouvrière, surtout dans les grandes villes. Toutefois c'est un sujet sur lequel les chefs du parti socialiste-démocrate ne sont nullement d'accord; quelques-uns, ceux qui représentent l'ancien point de vue révolutionnaire, le point de vue de la lutte des classes, ne veulent croire à aucune amélioration dans la situation des classes ouvrières tant qu'elles n'auront pas créé elles-mêmes une ère nouvelle en renversant les fondements de la société actuelle. Cette façon de voir s'est manifestée particulièrement lors de deux grands congrès socialistes tenus à Berlin en Août 1913 [2]. Mme Klara Zetkin y parla contre les « *grèves de naissances* » et accusa les socialistes-démocrates néo-malthusiens, les revisionnistes, de ce qui, en fait, équivaut à une trahison contre la cause des classes ouvrières. Les ouvriers qui limitent le nombre de leurs enfants à un ou deux, dit-elle, ne faisaient que singer la bourgeoisie, et le devoir de la classe ouvrière n'était pas de permettre à l'individu d'améliorer sa situation à la manière de la bourgeoisie, mais de *continuer la lutte des classes*. Les classes ouvrières ne doivent pas oublier que le nombre est un facteur décisif dans la lutte pour la liberté. Si nous avons moins d'enfants, dit-elle, cela veut dire que les familles ouvrières élèveront moins de *soldats pour la révolution*.

La majorité de ceux qni assistaient au congrès montrèrent sans conteste, qu'ils ne partageaient pas le point de vue de Mme Zetkin, et deux docteurs appartenant aux revisionnistes du parti socialiste-démocrate, les docteurs Bernstein et Moser, exposèrent les causes qui déterminaient avant tout la diminution des naissances : la santé délabrée et la maladie, surtout la tuberculose des mères, la grande mortalité chez les enfants des familles ouvrières, la pauvreté qui souvent pousse les filles à la prostitution, les difficultés ménagères, l'avortement universellement pratiqué par les mères pauvres, etc. Ils firent remarquer, en outre, que les

[1] Voyez *Sexual-Probleme*, 1914, page 354.
[2] Voyez le rapport dans *Sexual-Probleme* 1913, page 728.

ouvriers socialistes limitent maintenant en général le nombre de leurs enfants.

Les chauvins allemands ont longtemps considéré l'accroissement colossal de la population allemande comme un phénomène réjouissant et particulièrement méritoire « qui prouve la vitalité d'une nation destinée à gouverner les autres, qui n'augmentent pas dans les mêmes proportions. »

Mais ce fait ne prouve nullement un manque de vitalité; il montre seulement que la reproduction est volontairement limitée par un sens toujours plus grand de la responsabilité envers les enfants, ou le désir d'échapper à la pauvreté en n'ayant pas à nourrir et à élever trop d'enfants.

Est-il vraiment exact qu'une nombreuse population signifie grandeur et force pour toujours ? Sans doute, c'est un facteur de la plus grande importance en cas de guerre avec des pays moins peuplés. Mais cette infériorité numérique peut être compensée par des *alliances*, comme l'a montré la France en s'alliant avec la Russie et l'Angleterre dans la guerre actuelle.

A la longue, l'accroissement non-entravé de sa population doit sans aucun doute, *devenir un danger pour une nation* aussi bien que *pour la paix du monde*.

La politique militaire et coloniale de l'Allemagne a été fondée sur la prévision d'un accroissement énorme et continuel de sa population. Mais une politique fondée sur de telles prémisses et qui présuppose un accroissement déterminé de la population dans l'avenir, devrait aussi tenir compte de la possibilité de conflits mondiaux.

Beaucoup de penseurs allemands, nous l'avons vu, ont mis leur pays en garde contre cette éventualité.

J'ai montré dans ce qui précède (pages 131-139) comment l'énorme accroissement de la population en Allemagne a été une des raisons de sa politique coloniale qui, à son tour est devenue une des causes qui ont amené la guerre de 1914. Un éminent économiste, M. Schmoller, combattit en 1882 la vieille croyance au bienfait du plus grand nombre possible d'enfants, et montra que cette croyance ne convenait qu'à un âge à demi-civilisé. Mais il fut forcé enfin de se ranger du côté des plus forts et déclara en 1900 que l'existence de l'Allemagne serait menacée si elle ne devenait pas une Puissance avec laquelle il fallût compter sur mer.

Devant l'accroissement colossal de la nation allemande et la politique d'expansion dont il a été la cause, il ne paraîtra pas déplacé de rappeler que la dissémination des peuples, et des peuples germaniques non moins que des autres, a été due surtout à cette même cause. La mère patrie étant trop peuplée il devint difficile pour beaucoup de trouver place et subsistance chez eux; il en résulte des exodes périodiques tout d'abord vers des régions inhabitées, puis vers des pays plus riches où l'on ne pouvait s'établir qu'après des guerres avec les habitants de ces contrées.

La lutte pour la vie a souvent fait de la guerre une « nécessité biologique, » comme dit Bernhardi, mais cette loi ne s'applique qu'aux époques primitives, aux peuples sauvages et barbares comme à certaines races d'animaux [1].

Les nations civilisées ne devraient plus permettre cette propagation sans règle et sans responsabilité.

La surpopulation de l'Allemagne est due au fait qu'une immense majorité a continué, sans nécessité à avoir des enfants ; et celà, à son tour, est devenu une des *causæ remotæ* de la guerre. Si les naissances sont à l'avenir aussi nombreuses que par le passé, elles en deviendront une *causa proxima,* la cause immédiate et directe d'une nouvelle guerre. La surpopulation est dans le monde animal une *causa efficiens* de guerre, une cause qui agit mécaniquement ; mais pour les Allemands, qui ne comprennent pas qu'ils n'ont pas droit à une telle vie sexuelle au beau milieu de l'Europe, la surpopulation devient une *causa justa* ; car ils s'imaginent qu'ils ont droit à tout ; malheureusement, elle devient ainsi une sinistre *causa justa litigandi*, c'est-à-dire qu'ils regarderont leurs prétentions à plus de territoire et leurs luttes pour l'obtenir comme justes, puisqu'elles seront une nécessité *pour eux*. Ils *sont forcés*, disent-ils, de lutter pour leur existance et ont autant de droits à vivre que les autres.

On ne leur conteste pas ce droit ; mais a condition seulement qu'ils se montrent des êtres raisonnables et ne gâtent pas leur vie et celle des autres par *insouciance* et *manque de prudence !*

[1] Je puis en donner pour exemple les lemmings norvégiens, rongeurs qui, périodiquement, émigrent en immenses colonies à travers toute la Suède, pour se noyer finalement dans le Golfe de Bothnie. Ces animaux sont forcés d'entreprendre ces migrations par manque de nourriture, leur prodigieuse fécondité les rendant bientôt trop nombreux.

Un autre exemple tiré du monde animal est fourni par les lapins d'Australie ou de Nouvelle-Zélande, si prolifiques qu'ils deviennent un véritable fléau. Tout ce qui peut être mangé est dévoré par ces millions de lapins, au détriment des hommes et des autres animaux. De grands efforts ont été fait pour exterminer ces lapins. Dans la Nouvelle Galles du Sud on a dépensé annuellement plus de 750 000 £; mais ce n'est que récemment que le fléau a été arrêté grâce à une sécheresse exceptionnelle qui a fait périr d'immenses quantités de lapins.

Vere scire est per causas scire, « bien comprendre, c'est comprendre par des causes, » disait François Bacon, il y a trois cents ans.

Un regard, jeté sur les statistiques du prodigieux accroissement de la population en Allemagne nous montre qu'il fut *une des causes de la guerre mondiale*, parce qu'il donna naissance a cette politique coloniale qui créa la flotte allemande et qui, par contre coup fit craindre à l'Angleterre la puissance maritime de l'Allemagne, etc.

En tant qu'individus et en tant qu'Etat, — gouvernement et Reichstag, — les Allemands doivent comprendre cela et ne pas chercher à jeter le blâme sur d'autres nations qu'ils supposent animées d'envie, etc. Ils perdent leur temps à parler de leur « juste cause, » à dire qu'ils n'ont eu d'autre désir que de vivre en paix, de jouir de leur prospérité et de crier : « Mort aux Anglais ! » L'Angleterre n'a pas empêché l'Allemagne d'acquérir des colonies, non plus qu'elle n'a pu arrêter l'accroissement du nombre des naissances, le plus grand danger de l'Allemagne.

Il est hors de doute que, à supposer que la France fût vaincue, l'Allemagne demanderait quelques-unes de ses meilleures *colonies*. On s'en persuade en relisant la réponse faite par le chancelier de l'Empire à Sir Edward Goschen, ambassadeur d'Angleterre le 29 juillet[1]: « Toute garantie serait donnée que le gouvernement impérial ne recherche aucune acquisition territoriale aux dépens de la France... mais il *ne pouvait donner la même assurance, en ce qui concernait les colonies françaises.* »

Les Allemands n'ont jamais été des colonisateurs aussi habiles que les Anglais et les Français; et c'est là une des causes pour lesquelles ils n'ont pas tiré grand profit de leurs colonies. Mais ce n'est pas une raison pour qu'ils cherchent à *prendre les colonies des autres*, colonies acquises aux prix de grands sacrifices.

Un des buts des chauvins allemands était, sitôt que l'Allemagne aurait acquis l'hégémonie en Europe, de lui procurer l'hégémonie dans le monde entier grâce à un vaste empire colonial. Ils ne peuvent donc pas dire qu'ils se seraient contentés d'une existence paisible, au sein d'une prospérité durement gagnée. Croire que l'Allemagne était capable de faire tout cela et qu'elle avait mission de sauver le monde par sa « culture » telle est la double foi qui a longtemps dominé l'esprit des Allemands, grâce aux doctrines du germanisme et aux succès des armes allemandes.

[1] Voir *Livre Bleu* anglais n° 85.

On entend trop parler, en Allemagne, de la grandeur de l'Allemagne, de l'importance de sa culture, et de sa mission de guider l'humanité. Il faut une fois encore rappeler que l'accroissement de la population ne signifie nullement l'accroissement de la valeur civilisatrice d'un peuple. La grandeur apparente n'est pas la grandeur que donne la culture.

En réalité, il n'y a dans chaque pays que relativement peu d'esprits nobles et intelligents qui représentent une haute culture. La grande majorité des gens goûtent les résultats de la civilisation sans y participer eux-mêmes; et il y a dans tous les pays, d'innombrables médiocrités, d'innombrables non-valeurs, parasites qui ne sont qu'un fardeau pour la communauté. Ces derniers forment une part considérable de la colossale population allemande; et, quand l'Allemagne parle de la nécessité d'avoir une politique d'expansion pour ses soixante-huit millions d'habitants, qu'il soit bien entendu que ce n'est pas pour le profit de ceux qui représentent chez elle une haute culture, mais pour de nombreux millions d'êtres inférieurs et relativement inutiles.

XIV

LES FONDEMENTS DE LA PAIX APRÈS LA GUERRE

Chacun maintenant appelle de ses vœux la fin de cette horrible guerre et la conclusion d'une paix véritable. Mais aujourd'hui, à la fin de mai 1915, après dix mois de guerre, la paix semble aussi loin que jamais, et le résultat du conflit est très incertain. A quoi sert-il donc, pourra-t-on se demander, que des gens étrangers à la guerre discutent de la paix puisqu'ils ne sauraient avoir aucune influence sur le cours de la guerre et sur les Puissances belligérantes ?

Bien qu'une telle discussion puisse n'avoir aucune utilité immédiate, elle peut cependant servir à préparer les intentions qui, on l'espère, seront celles des peuples quand le moment de faire la paix approchera et qu'ils en viendront à discuter les moyens d'empêcher toute possibilité de nouvelles guerres. Car cela est, pour toutes les nations, une condition *sine qua non.*

C'est de Hollande qu'est venu, depuis le début de la guerre, le premier appel à la paix ; le *Nederlandsche Anti-Oorlog Raad* y fut fondé dans le dessein de préparer la paix à venir.

Au cours d'une discussion, qui eut lieu à La Haye, entre les représentants des puissances, tant belligérantes que neutres, en avril 1915, on convint de certaines conditions fondamentales qui devaient servir de base à une propagande pacifiste parmi les nations. Ce programme, qui a été récemment accepté par la Ligue Suédoise pour la paix, contient les points suivants :

1° *Des annexions ou des cessions de territoires* ne doivent point avoir lieu contrairement aux *intérêts et aux vœux de la population de ces territoires.*

2° Les Etats s'entendront pour introduire une *entière liberté de commerce* dans leurs colonies, leurs protectorats et partout où elles ont des intérêts.

3° Le travail *des Conférences de la Haye* en vue de promulguer des lois internationales continuera.

Ces conférences auront une *organisation permanente* et se rencontreront à intervalles réguliers.

Les Etats consentiront à en référer, dans toute dispute, à un *arrangement judiciaire* ou à une enquête et à une tentative d'arbitrage. Dans ce but, il sera nécessaire d'instituer, outre le Tribunal d'arbitrage de La Haye qui existe déjà : *a*) un *Tribunal international permanent* ; *b*) une *Commission d'enquête permanente*, qui pourra, le cas échéant, soumettre des propositions d'arrangement à l'amiable.

Les Etats s'engageront, par consentement réciproque, à prendre des mesures diplomatiques, économiques ou militaires, *dans le cas où un pays recourait aux armes* au lieu de soumettre la dispute à un *tribunal* ou à l'enquête de *la Commission d'enquête*.

4° Les Etats tâcheront de conclure un arrangement en vue d'une *limitation des armements*. *Le droit de capture sera abrogé* et le principe de la liberté des mers établi.

5° La *politique étrangère* sera soumise à un *contrôle parlementaire* efficace, pour éviter que les peuples se trouvent liés par des traités secrets conclus sans l'aveu des Parlements.

Ces demandes, qui contiennent les points principaux de toutes les propositions qui ont été faites depuis deux cents ans pour arriver au maintien d'une paix durable, doivent être approuvées par tous les gens éclairés, s'ils veulent agir en commun pour empêcher la guerre et maintenir la paix. Ce programme fut dûment accepté par le grand Congrès des femmes pour la paix, tenu à La Haye en mai 1915.

Afin que la paix soit assurée à l'avenir, il est nécessaire que le *Congrès* qui s'ouvrira entre les gouvernements belligérants, après qu'un armistice aura été signé, soit l'expression de *la volonté de toutes les nations entraînées dans la guerre* et comprenne des représentants des nations choisis par les parlements. Là où ces représentants manqueront, il conviendra de les convoquer sans perdre de temps.

Dans un congrès ainsi composé, les nations elles-mêmes pourront décider de leur sort et faire en sorte que des territoires étrangers ne soient pas annexés contrairement au vœu de leur population. Il sera, il doit être, en état de décréter un désarmement relatif et c'obtenir que les conflits soient desormais résolus par médiation ou arbitrage, grâce à une Commission d'enquête et à un Tribunal de la paix.

Les incidents qui ont amené la guerre mondiale ont clairement montré combien il était préjudiciable à la politique étrangère des Etats d'être entre les mains de *quelques hommes d'Etat qui négociaient secrètement* et, à un moment donné, sans avertir les représentants de la nation, sans être contrôlés par eux, *pouvaient décider de recourir aux armes*.

Pourtant d'autres Puissances et plus particulièrement une grande Puissance désintéressée, l'Angleterre, proposa une médiation, qui, si elle avait été acceptée, aurait pu détourner la guerre. Au lieu de s'occuper de ces propositions, ces hommes d'Etat échangèrent des notes sur des incidents secondaires, mobilisation, etc., dont ils firent des causes décisives de guerre; ils décidèrent tout, montre et almanach en main, selon les clauses d'un ultimatum inacceptable. Ce fut une simple *parodie* de politique éclairée entre nations civilisées.

Les nations doivent-elles à jamais accepter cet état de choses? Non, certes! Est-il tolérable qu'une poignée d'hommes puissent continuer de décréter le massacre de millions d'êtres humains, et causer le malheur de plus de millions encore? Non, mille fois non!

Il faut que les nations s'élèvent contre cette manière insensée de conduire les affaires d'Etat; il faut qu'elles exigent, tout de suite et partout, des lois constitutionnelles propres à sauvegarder les rapports pacifiques des peuples et à empêcher les conflits militaires puissamment préparés.

Dans la plupart des pays, le gouvernement seul est responsable de la politique étrangère et n'est pas obligé de consulter le parlement. L'Allemagne et la Russie sont des exemples typiques de l'autorité absolue du gouvernement, ou plutôt du monarque, en ces matières.

Dans les pays qui possèdent un gouvernement constitutionnel et un système parlementaire avancé, le gouvernement est toujours en contact avec le parlement en fait de politique étrangère, tout en gardant généralement le pouvoir de décider en dernier ressort.

Aux Etats-Unis et en Norvège, cependant, la politique étrangère est soumise à un contrôle parlementaire. Le président des Etats-Unis et le gouvernement délibèrent avec le Comité du Congrès en matières d'affaires étrangères avant de prendre une décision sur la direction que doit prendre la politique du pays dans toute question d'importance.

En Suède, quand des complications politiques semblent mettre en danger la neutralité du pays, et son attitude pacifique, la coutume est que le roi « invite certains députés du Riksdag à délibérer avec lui sur les affaires qui, selon lui, doivent rester secrètes ». Ainsi le veut l'article 54 de la Constitution. Les députés n'ont pas toutefois le pouvoir de décider.

Si la guerre doit désormais être évitée entre Etats européens, *chose nécessaire*, il faut d'abord et surtout:

1° Que *l'état de guerre* ne soit pas décrété simplement à la suite de négociations ou d'un échange de notes entre deux hommes d'Etat ou entre un *monarque* et un *ministre des Affaires ètrangères ou un chancelier* comme le veut habituellement le vieux régime autocratique, mais que les *représentants du peuple* soient, d'après les principes des démocraties éclairées, consultés d'une façon ou d'une autre, soit collectivement soit par délégation.

2° Que les Etats, sans conditions, avant de déclarer la guerre, *soumettent le conflit à une médiation* et le portent soit devant des délégués d'un certain nombre d'autres Etats, soit devant le *Tribunal de La Haye.*

3° Que la *guerre ne soit pas déclarée* à la suite d'un ultimatum demandant une réponse dans un délai trop court, vingt-quatre ou quarante-huit heures comme c'est généralement le cas ; mais qu'*un temps plus long, un mois au moins*, soit accordé afin d'éviter un jugement précipité, et pour permettre de mûres réflexions.

Ces trois conditions primordiales qui doivent paraître justes et claires comme le jour à tout esprit qui pense, furent méconnues dans les négociations qui eurent lieu entre les Puissances à la veille de la guerre mondiale.

Il ne doit pas être toléré, à la fin de cette prodigieuse guerre que, comme il arriva après la guerre franco-allemande de 1870, les Etats puissent renouveler leurs efforts vers de *nouveaux armements* et se préparer à de nouvelles guerres. *Il faut mettre fin* à cette ère de guerres qui est contraire à tous les dogmes de la civilisation. Tout homme éclairé le demande.

Tous les Etats *doivent* s'engager sinon à désarmer, du moins à *réduire considérablement leurs armements*, de sorte qu'il ne reste plus que des *troupes de milice.*

Des *dépenses militaires prodigieuses*, comme celles que cette guerre mondiale a causées, et qui entraînent des pertes considérables tout en laissant aux adversaires des forces égales, *ne doivent plus être permises*.

Tant que les Etats ne peuvent s'accorder à *réduire partout les armées et les marines*, il est inutile d'espérer la paix. Dans de telles circonstances la paix ne serait qu'une trêve.

Il sera nécessaire, tout d'abord, de détruire l'édifice militaire dans le pays militaire par excellence, l'Allemagne. Tant que cette Puissance militaire ne sera pas réduite il ne saurait y avoir de paix.

Le prochain Congrès de la paix n'aura pas de tâche plus urgente. Car de quoi servirait-il au monde que le Congrès décidât à une majorité écrasante la réduction des armements, le recours à la médiation et à l'arbitrage etc., *si l'Allemagne ne s'engageait pas à s'incliner devant ces décisions ?*

Mais, même si elle y consent, il faudra qu'elle réduise ses armements ; sinon l'Allemagne, avec son organisation militaire, son armée de cinq à dix millions d'hommes, peut défier les prescriptions du Congrès et le droit des gens.

Et la Russie? Cet empire colossal, n'est-il pas une Puissance militaire aussi redoutable que l'Allemagne? N'est-il pas une menace aussi grande à la paix du monde?

Non. La Russie répand en Sibérie le surplus de sa population (voir page 282), et n'est pas, dans le même sens que l'Allemagne, une Puissance militaire. Elle n'est pas, comme l'Allemagne, organisée, jusque dans les plus petits détails de sa vie sociale, en vue de la guerre ; elle n'est pas, comme l'Allemagne, toujours à demi sur un pied de guerre. Le peuple russe n'est pas, comme le peuple allemand, inspiré par un idéal guerrier ; il n'a eu ni grandes guerres, ni apôtre de la guerre pour le rendre sensible aux gloires militaires. Des livres comme ceux de Bernhardi n'auraient pas pu être écrits en Russie. A l'exception d'un certain parti militaire, ceux qui ont étudié la nation russe admettent que les Russes cultivés sont autant des Européens que les Français, les Allemands, les Suédois, etc., et n'ont aucun désir de guerres et de conquêtes ; le tempérament national est, somme toute, doux, sensible, susceptible de bonnes impulsions. Bien des réformes sont nécessaires encore, et seront faites en temps et lieu ; l'une des plus importantes, l'abolition de la vodka, a déjà été introduite depuis la guerre.

Il est probable que, dans un avenir assez rapproché, la Russie ne sera plus gouvernée par un Tsar autocratique; et il n'est pas impossible que plusieurs Etats autonomes, en Pologne, en Ukraine, etc., soient créés, et donnent naissance à une confédération russe.

Il ne sera pas sans intérêt de dire encore quelques mots du discours prononcé par le professeur Ostwald à Stockholm en octobre 1914. Il visitait alors la Suède en qualité de « volontaire intellectuel de la guerre », à l'instigation de la « Kulturbund », association récemment formée et dont il exposait les principes et le but, tout en y ajoutant quelques opinions personnelles. Ce qui suit est tiré d'une déclaration qu'il fit paraître dans plusieurs journaux : « On parle du *militarisme allemand*; et l'antipathie que l'Allemagne s'est attirée dans le monde est peut-être due à l'extension de ce militarisme. Mais qu'est-il sinon une des plus puissantes expressions de la *force d'organisation* de l'Allemagne. Je dis franchement que je considère que l'Allemagne, par son talent d'organisation a atteint un *plus haut degré de civilisation* que les autres nations, et que la guerre est un moyen de *les amener, elles aussi, à une civilisation plus haute.*

« Que veut l'Allemagne? Elle veut organiser l'Europe! Jusqu'ici, en effet, l'Europe n'a nullement été organisée. L'Allemagne veut la pousser dans une nouvelle direction et lui faire réaliser l'*idée de l'unité d'efforts*. Je veux vous expliquer le *grand secret de l'Allemagne*. Nous, ou, peut-être, *la race germanique*, avons découvert le *fait de l'organisation*. Les autres peuples vivent encore dans une époque d'*individualisme*. Nous vivons dans l'époque de l'*organisation*. Chez nous, le tout tend à développer les parties jusqu'à leur plus haut degré d'efficacité, mais en les maintenant cependant dans la direction où elles sont *le plus utiles à la communauté*. Voilà notre liberté. Et n'est-ce pas la plus haute forme de liberté, celle où toutes les forces sont conservées et agissent en commun? »

Cette déclaration d'un homme de science, d'un pacifiste éminent qui, dans sa mission en Suède, était appuyé par un grand nombre de représentants de la culture allemande, nous montre plus clairement que toute autre chose combien les rêves germanistes de grandeur, mêlés à ceux du militarisme conquérant, ont obscurci la vision des Allemands même les plus éclairés. Tous semblent avoir appris à raisonner de la même façon : la puissance militaire de l'Allemagne est synonyme d'une plus haute civilisation et l'Europe doit être organisée sur les *fondements du militarisme.* L'idée que les Allemands, ou la race germanique, ont « découvert le *fait de l'organisation* » n'a pu germer que dans un esprit fumeux. Cette phrase, en tant que conception abstraite, n'offre aucun sens.

Les Allemands ont pu montrer une grande puissance d'organisation dans la façon dont ils ont développé leur système militaire; mais Napoléon aussi doit être considéré comme un des plus grands organisateurs militaires dont l'histoire ait gardé le souvenir. Et il faut bien admettre que les Anglais se sont montrés organisateurs singulièrement capables, tant dans leurs colonies que dans leur marine.

L'ambition de l'Allemagne « d'organiser l'Europe », signifie simplement que, quand l'Allemagne sera victorieuse et aura dicté les termes de la paix, l'impérialisme allemand dominera l'Europe et refera la carte du monde au gré des convenances de l'Allemagne.

Les Etats qui devront être organisés en vue de coopérer avec l'Allemagne conquérante auront sans doute à jouer le rôle de *vassaux* ; mais c'est là un rôle qui ne tente personne.

Tout Etat doit inévitablement chérir son indépendance. Aucun ne se défait volontairement de sa liberté ; et la façon dont les Allemands ont traité les Polonais et les Danois, dans les provinces annexées est un exemple qui nous donne à réfléchir sur les méthodes d'organisation allemandes.

Le professeur Franz von Liszt, le fameux criminaliste a, en octobre 1914 proposé certains projets touchant l'avenir de l'Allemagne et sa situation internationale : il voudrait une Confédération de l'Europe centrale; et ses plans d'organisation coïncident sur les points essentiels avec ceux du professeur Ostwald. Comme tous les autres Allemands, il pense que l'Allemagne est menacée d'abord par l'Angleterre, mais aussi par la Russie. Il part de l'idée que, même après une guerre victorieuse, l'Allemagne ne pourra atteindre un degré de force matérielle capable de l'assurer contre les puissances mondiales de l'Angleterre et de la Russie. Il en voit le remède dans une confédération d'Etats.

Le résultat de la guerre pour l'Allemagne doit être d'acquérir les colonies indispensables à un Etat industriel, de *reconstituer les Etats allemands* et d'organiser la *Confédération de l'Europe centrale.*

La Suède, la Norvège et le Danemark, protégées désormais contre l'Angleterre et la Russie, ont l'alléchante perspective de devenir une subdivision scandinave de la Grande Confédération, peut-être augmentée de la Finlande, qui serait désormais libre, comme la Pologne et l'Ukraine.

Tous les membres de la Confédération garderaient leur indépendance. Mais l'union entre elles serait cimentée par leurs constitutions et par une convention militaire. En d'autres termes, il y aurait une sorte de parlement commun avec des délégations.

Un point délicat du programme est, cela va sans dire, celui qui concerne la position de l'Allemagne. Le professeur Liszt rejette le terme d' « hégémonie », mais accepte la formule *primus inter pares*, et souligne le fait que la première place doit être occupée par un Etat disposé à supporter les fardeaux des autres (!). Il exprime aussi l'espérance que les Allemands deviendront plus aimables et plus raffinés de manières, moins intraitables et arrogants, dès qu'ils se sentiront en sûreté et à l'abri de toute attaque et qu'ils pourront par suite cultiver avec plus de soin les fleurs les plus choisies de la culture.

Malgré beaucoup de bonnes idées et une modération qui fait contraste avec la plupart des propositions des Allemands et de leurs appels aux pays neutres, on voit bien que le professeur Liszt est victime du même hypnotisme que les autres Allemands en ce qui concerne l'origine et le commencement de la guerre, les charges contre la Belgique, la culpabilité de l'Angleterre, etc. Il adopte les opinions exprimées par le docteur Irmer, conseiller de légation, dans son pamphlet sur le « joug mondial » de l'Angleterre et sur son rôle comme instigatrice de la guerre ; cette explication est, comme on le pense, la moins impartiale, la moins dépourvue de préjugés qui soit. Il blâme, tout d'abord, la politique anti-allemande d'Edouard VII ; il dit que Sir Edward Grey n'est que l'exécuteur du testament politique de ce prince : « Il faut citer pour toujours devant le tribunal de l'histoire la politique anglaise comme étant l'instigatrice peu scrupuleuse de cette conspiration contre l'Empire allemand ; et l'Angleterre doit porter tout le blâme d'avoir déchaîné cette guerre européenne contre nous ».

Chose curieuse, le professeur Liszt et le docteur Irmer, comme aussi le professeur Lamprecht dans leur préface à ces pamphlets qui font partie d'une collection intitulée *Entre la guerre et la paix*, expriment la joie que leur cause la guerre, évidemment dans la ferme persuasion que l'Allemagne sera victorieuse. Ils citent le mot de Treitschke sur la guerre « fontaine de santé pour le peuple », et ils reconnaissent que c'est l'Allemagne elle-même qui a pris l'offensive. Ils déplorent « l'ère affligeante de déclin politique qui remplissait les cœurs les plus courageux, d'anxiété pour l'avenir » ; ils se réjouissent que « *la courageuse énergie de stratégistes de premier ordre* ait fait jaillir, à l'heure de la crise, à travers tout le pays, le cri unanime : « Enfin l'heure est venue de l'action et de la délivrance ! » Il n'est pas inutile à ce propos de rappeler le passage cité plus haut (page 143), de Bernhardi dans la préface de son livre *L'Allemagne et la prochaine guerre;* il est curieux de noter qu'il est pleinement d'accord avec les sentiments de ces auteurs.

Ils déclarent que « l'épée et la plume ne doivent pas se reposer tant que l'Allemagne, avec des forces rajeunies, ne sera pas sortie de cette épreuve pour *garantir un avenir de paix* et fermement *protéger* le monde contre *l'arrogance et les outrages des jours passés* ». Nulle indication, notons-le, que l'Allemagne ait jamais été elle-même coupable d'outrages et d'arrogance.

Comme on le verra, le professeur Liszt propose de fonder la paix future sur une Confédération de l'Europe centrale qui puisse tenir en échec les deux puissances mondiales menaçantes de l'Angleterre et de la Russie. Comme les pierres d'angle de cette Confédération, l'Allemagne et l'Autriche, ne semblent pas assez fortes pour résister à ces deux puissances, on propose que d'autres Etats européens, ceux surtout qui sont restés neutres dans cette guerre, entrent dans la Confédération.

Ceci nous met face à face avec le « si » du plan allemand : Les Etats neutres d'Europe consentiront-ils non seulement à devenir des alliés de l'Allemagne mais encore à s'unir à elle en la considérant comme l'Etat dirigeant, en vue surtout, *de combattre avec elle contre l'Angleterre et la Russie, dans l'éventualité de guerres à venir ?*

Il n'y a sûrement *pas un seul pays* à qui ce projet sourie.

Aucun des Etats qui sont restés neutres dans la guerre mondiale n'aura des causes d'hostilités contre l'Angleterre et la Russie; au contraire, ils seront tous désireux de garder de bons rapports avec ces deux puissances, et plus que tous, la Suède, la Norvège et le Danemark ; ne l'ont-il pas montré par la neutralité que leurs gouvernements, avec une décision pleine de clairvoyance, ont proclamée dès le début de la guerre?

Un curieux exemple de cette illusion qui consiste à croire qu'il est réservé à l'Allemagne d'organiser la culture créatrice qui, comme dit le docteur Ostwald, doit remplacer « la domination brutale d'une seule nation et devenir le facteur principal dans le royaume de la justice et de l'ordre, » nous est fourni par le docteur Naumann, ministre de l'Eglise réformée, dans un article de son journal *Die Hilfe* (Octobre 1914). Le pasteur Naumann est un membre du Reichstag, appartient au « Fortschrittliche Volkspartei » (parti démocratique progressiste) et prit part au Congrès inter-parlementaire de délégués allemands et français tenu à Bâle au printemps de 1914.

Il considère que le résultat le plus important de cette guerre sera la formation de confédérations d'Etats plus fortes que celles qui ont existé jusqu'ici ; et, clérical malgré tout, il semble voir dans le sanglant carnage, une raison supérieure, l'intervention d'un guide divin.

Il juge que l'intérêt de la paix veut la formation de grands Etats qui englobent les petits, et qu'on sert mal la cause de la paix en défendant un système de petits Etats maintenus par le principe de la neutralité. Le docteur Naumann va même presqu'à contester le « droit moral » d'être neutre. C'est, dit-il, le devoir des nations aussi bien que des individus de prendre parti quand l'occasion s'en présente. Il ne faut pas rester à l'écart ; il faut prendre part à la lutte. Celui qui cherche l'isolement viole en réalité la loi naturelle qui veut que personne ne se dérobe au devoir de combattre pour les grandes confédérations, moyen d'atteindre à la paix et au bonheur.

Le dévouement des Belges à leur neutralité était égoïste. Car, d'après le docteur Naumann, on ne peut admettre qu'un seul Etat ait le droit absolu de s'opposer à une « reconstitution universelle ». Les guerres sont, de nos jours, « un moyen d'organiser des transpositions dans l'évolution de l'humanité ».

« C'est pour la direction de l'humanité que les peuples combattent aujourd'hui. On peut comprendre individuellement les désirs des neutres ; mais on ne peut admettre en principe leur droit de se dérober à la centralisation progressive de cette direction. »

Cela veut dire, en d'autres termes, que la Belgique aurait dû se mettre sous la domination de l'Allemagne, pour ne pas s'opposer à la reconstitution universelle que ce pays est destiné à opérer. Nous reconnaissons là les doctrines et les tendances du germanisme tel qu'il a été proclamé depuis un siècle.

Selon le docteur Naumann, et d'après sa doctrine, le devoir de la Suède est clair. Mais la Suède n'en a pas moins tenu à son indépendance et à sa neutralité.

La première tâche qui s'impose est *de faire comprendre à l'opinion publique dans tous les pays civilisés la nécessité absolue de réaliser l'idée d'arbitrage,* qui a été longtemps et sérieusement préconisée par un grand nombre de philosophes, de juristes et d'hommes d'Etat. Cela ne peut être obtenu que par des traités internationaux d'après lesquels les conflits entre Etats devront être réglés par arbitrage. Il est cependant essentiel qu'un tel arbitrage ne puisse pas être mis en discussion par l'une des deux parties; le principe de l'arbitrage doit être reconnu comme un *facteur permanent,* c'est-à-dire que l'arbitrage doit être fondé sur un arrangement ratifié *à l'avance* par les Etats.

Dans cette question des traités internationaux et des tribunaux d'arbitrage, on ne saurait marquer trop clairement que la première et la principale condition est que ces tribunaux soient *permanents,* qu'ils soient *établis et organisés à l'avance.* En d'autres termes, il faut qu'on y recoure dès qu'un conflit semble probable. Il est trop tard de parler d'arbitrage *après que le conflit a éclaté*

Il n'y a aucun doute que, quand la dissension existe déjà, des propositions d'arbitrage ont peu de chance de réussir surtout si le sujet du litige est *vraiment sérieux.* Dans ce cas, en effet, les passions des peuples seront déjà éveillées et se seront exprimées par des menaces. Le plus souvent, les tribunaux d'arbitrage ne peuvent régler que des conflits sans grande importance et qui n'auraient pas sûrement mené à la guerre. Il en sera ainsi jusqu'à ce qu'on ait, *à l'avance,* conclu des traités qui stipulent que *l'arbitrage sera appliqué sans exception à toute espèce de conflit.*

De la sorte la discussion d'un conflit deviendra tout autre, bien plus calme, bien plus tranquille que du temps où l'on savait des deux côtés que, si l'on ne pouvait pas s'entendre, on aurait recours, selon la tradition militaire, à la force brutale en guise d'arbitrage, et tout d'abord à des armements, à des mobilisations dont les journaux s'emparent et qui prennent incontinent le poids d'arguments dans la discussion.

Il est fort possible que des congrès de paix puissent, par une attitude résolue, empêcher bien des guerres, et, en pesant sur l'opinion publique, obliger les Etats à une solution pacifique de bien des querelles à venir. Mais cela est loin d'être suffisant, tant que de vieilles blessures ne sont pas guéries, tant que le souvenir de certaines injustices continue à s'envenimer. Des crimes contre l'humanité souillent encore bien des trônes, et, dans bien des pays, certains partis nourrissent des notions belliqueuses et chauvines qui empêchent sans cesse le développement paisible et normal de l'humanité.

Il est évident aujourd'hui que les congrès de la paix dans les différents pays et les conférences internationales de la paix, avec leurs programmes humanitaires, qui sont l'a b c du mouvement pacifiste et que personne ne conteste, doivent s'occuper, si elles veulent acquérir une véritable importance, de *questions politiques vitales*, à savoir des *causes de discordes internationales*.

Aucune paix durable ne peut être obtenue par les conférences officielles de la paix tant que les restes de la vieille politique de conquête qui survit encore dans les traités ne sont pas extirpés; et pour cela, il faut permettre à toute nationalité *incorporée dans une autre par force, d'être désormais maîtresse de sa destinée.* Tant que ce résultat ne sera pas atteint, les haines nationales continueront d'entraver le mouvement de la pensée, et il ne pourra être question de limiter les armements; car, tant que de petites nations, soumises par la violence, seront sous le joug, les Etats qui les gouvernent et les oppriment auront à craindre des « rébellions ».

Pendant plus de trente ans, comme en témoignent le traité de Berlin de 1878 et l'abrogation, de 1878 également, de l'article 5 du traité de Prague de 1866, les questions de nationalités ont été reléguées à l'arrière-plan dans la politique des grandes Puissances. Mais il est évident que tôt ou tard, il faudra bien qu'elles réapparaissent sur l'agenda de la politique internationale. Car se sont, pour beaucoup de nationalités d'Europe, des questions de vie ou de mort, et l'intérêt qu'elles excitent est aussi vif que jamais. Ces nationalités n'attendent qu'une bonne occasion pour présenter leurs revendications.

Malheureusement il n'a guère été l'habitude, dans les communautés européennes, de reconnaître ces fautes et, dans la mesure du possible, de réparer les erreurs, les bévues ou les injustices officielles commises par l'Etat.

Espérons qu'une ère nouvelle verra les manifestations d'une nouvelle morale publique, et que les injustices et les fautes commises par les pouvoirs publics seront réparées autant que possible.

Quand la conférence de La Haye fut créée en 1898, un principe négatif y fut adopté qui, si on contenue à l'appliquer aux conférences de la paix, doit inévitablement empêcher tout changement radical. Il fut décidé qu'« *aucune délibération* touchant les *conditions politiques* dans un état ou des *questions définies par des traités* n'aura lieu. » Cette clause fut proposée par le ministre des Affaires étrangères hollandais après consultation avec le gouvernement russe, et plusieurs grandes Puissances n'acceptèrent l'invitation que soumise à cette condition.

Mais pour réaliser une paix véritable, il est nécessaire *d'éprouver jusqu'au fond* tous les facteurs de la politique internationale des grandes Puissances, et leurs relations tant avec d'autres Etats qu'avec les pays conquis ou annexés ; il faut aborder toutes les discussions avec un esprit ouvert et écarter les causes connues de mécontentement. Il est donc nécessaire non seulement de discuter les causes possibles de discordes à venir, mais d'examiner les *vieux griefs*, les questions de *brutalité légalisée* qui, à leur tour, obligent à revoir et à *reviser* certains traités imposés à des nations contre leur gré. Autrement, une conférence de la paix devient illusoire et impuissante à empêcher de nouvelles guerres.

Rien n'est irrévocable en politique, surtout pas les conquêtes impitoyables et les annexions de provinces ou de pays faites contrairement au désir de leur population.

Il y a, sur la carte d'Europe, bien des points noirs qui marquent des crimes contre le droit des gens et des usurpations des droits des peuples ; c'est la honte durable de la civilisation européenne. Etablir la liberté des nations et leur droit d'être maîtresses de leurs propres destinées, tel doit être un des principaux devoirs du congrès de la paix qui suivra cette guerre ; sinon, il ne peut y avoir aucune paix.

Ce n'est point ici le lieu d'approfondir ces questions, et je veux seulement citer les provinces qui devraient être libres de choisir leur sort : le Schleswig, la Finlande, la Lithuanie, la Pologne, Posen, la Galicie, l'Ukraine, l'Alsace-Lorraine, la Bosnie et l'Herzégovine, et les provinces italiennes de l'Autriche.

La position des Juifs doit aussi être assurée dans les pays où ils ont jusqu'ici vécu dans des conditions pénibles, en Pologne, en Russie, en Roumanie.

La Belgique est maintenant devenue un pays occupé par l'Allemagne et placé sous l'administration allemande. La paix qui sera conclue n'aura aucune signification si le congrès qui en établit les clauses ne décide pas absolument que la Belgique doit redevenir le pays indépendant qu'elle était avant la guerre ; qu'elle doit être libérée, immédiatement, de l'occupation allemande ; et qu'elle doit recevoir des compensations, pour autant qu'on peut donner des compensations pour toutes les pertes que ce malheureux pays a subies à cause de la guerre. La Belgique fut attaquée par l'Allemagne.

C'est donc l'Allemagne en premier lieu qui lui doit des compensations pour cette violation du droit des gens et des traités de neutralité. Mais les Puissances de l'Entente doivent aussi se considérer comme responsables, car elles avaient entrepris de sauvegarder la neutralité belge, et la résistance de la Belgique à l'armée allemande arrêta dans une grande mesure l'invasion de la France, et donna à la France et à l'Angleterre, prises au dépourvu, le temps de rassembler leurs forces. L'intégrité de la Belgique est d'une importance vitale tant pour la France que pour l'Angleterre.

Dès le début de la guerre, les Allemands s'imaginèrent faussement *que tout le pays était menacé* et qu'il s'agissait de combattre pour l'existence de la nation allemande et pour sa civilisation, et de se lever comme un seul homme pour les défendre. Tout d'abord, à la pensée que l'Allemagne est engagée dans une guerre avec de redoutables adversaires, que la patrie est en danger, la nation entière est saisie de ferveur patriotique, le citoyen ne s'inquiète pas de discuter les causes de la guerre, mais accepte la première raison que lui suggère le gouvernement : « Nous avons été attaqués. » Ensuite lui vient la pensée que le pays pourrait être envahi si l'espoir d'être victorieux ne se réalisait pas ; ensuite nait dans le peuple une inquiétude croissante au sujet de son existence matérielle ; il songe avec angoisse à la dévastation qui menace son pays et au recul que feront subir à la culture la détresse et la famine.

Cependant, *aucune Puissance n'a menacé l'Allemagne*, *personne* n'a voulu *détruire sa culture*. La culture allemande est grandement appréciée dans le monde entier, même par ses ennemis actuels, et rien ne saurait la détruire. Mais le monde entier, et non pas seulement les ennemis de l'Allemagne, déplore que cette culture si vantée ait été reléguée à l'arrière-plan dans certains cercles, et qu'une *autre tendance*, la tendance au *militarisme* et aux *aspirations vers la domination matérielle* s'y soit substituée et menace les autres peuples. *Personne ne dit que l'Allemand est un barbare*; mais sûrement c'est l'opinion universelle de l'Europe que *plusieurs Allemands* se sont conduits dans cette guerre, comme des barbares, bien plus, comme des Huns, et que le Haut Commandement a exprimé des sentiments qui, venant s'ajouter à la frénésie démoralisatrice qui accompagne toujours la guerre, ont rendu beaucoup de soldats allemands semblables à des brutes.

La paix peut-elle être durable? Oui, si les Allemands cessent de s'écrier : « Nous sommes les fils de Gœthe, de Schiller, de Kant et de Fichte! » et cherchent plutôt à s'inspirer de l'esprit de ces géants de la pensée allemande pour réaliser leurs idées dans une nouvelle époque, pour bannir le militarisme allemand, et faire honneur ainsi à leur pays en libérant le monde de la peur de l'Allemagne et en préparant les voies à un renouveau de sympathie pour tout ce qu'il y a de bon en Allemagne.

Autrement, il ne peut y avoir de paix en Europe.

L'Europe ne sera pas en sûreté tant que l'esprit belliqueux de l'Allemagne n'aura pas perdu toute influence; tant que les Etats allemands n'empêcheront pas de se répandre cette sorte de littérature que les écrivains militaires et autres auteurs chauvins ont pratiquée récemment pour exciter les tendances guerrières du peuple et pour glorifier la guerre ; tant qu'une vague d'opinion ne se sera pas élevée en Allemagne contre ces écrivains ; et tant que le peuple n'aura pas compris que, au lieu d'avoir prêté l'oreille à la voix du bon sens, ils n'ont écouté que les conseils de la folie.

Quand un homme aussi célèbre que Thomas Mann peut dire que *la culture et le militarisme sont frères*, que leur idéal est le même, qu'ils sont fondés sur les mêmes principes et ont le même ennemi, qui est la paix, alors, sûrement il est temps que s'élève une nouvelle race allemande et qu'elle s'écrie : « Pauvre Mann, il a perdu l'esprit! »

A Maximilien Harden, qui jugea que les excuses alléguées par les Allemands pour la violation de la neutralité belge étaient inutiles et qui s'écria: « Pourquoi tant parler? *C'est la force brutale qui dicte nos lois;* le plus fort a-t-il jamais cédé devant les prétentions impudentes du plus faible? » — à l'homme qui parle ainsi, cette nouvelle race allemande répondra : « Honte à vous qui n'avez ni foi ni loi! Nous méprisons votre brutalité et votre cynisme! »

Cette nouvelle opinion allemande stigmatisera comme indigne d'un peuple civilisé les leçons de ce Bernhardi qui parle de la *nécessité de la Guerre*, de *ses bénédictions et de son idéalisme*, qui prétend qu'elle constitue une loi d'évolution indispensable et bienfaisante, qui s'écrie que *la Guerre a été créée par Dieu*, et que le désir d'une paix perpétuelle est une malsaine *utopie ;* enfin toutes ces doctrines barbares.

Si cela n'arrive pas, il n'y aura pas de paix en Europe.

On ne peut espérer une paix durable tant que le *culte de Bismarck* durera en Allemagne ; car ce culte est un obstacle insurmontable à une opinion publique raisonnable dans les questions de politique internationale. Tant qu'il ne sera pas réduit à un minimum et restreint à une poignée de chauvins sans influence politique, on ne peut espérer un développement paisible de la culture allemande. En attendant Bismarck est adoré comme un dieu, malgré le commandement : « Tu n'auras pas d'autres dieux que Moi. » Toutes les grandes villes d'Allemagne ont leur monument de Bismarck. Le plus grand est à Hambourg : c'est une statue colossale, visible à une immense distance et mesurant sept mètres de hauteur[1], un impérator en armure, l'expression aussi dure que la pierre où il est taillé, les mains reposant sur un sabre énorme. Il semble le dieu de la guerre de l'Allemagne ; et sa pensée intime est : *ich bin das Schwert.* Il est là, telle une idole, hypnotisant ses adorateurs comme un dieu de l'antiquité. Les anciens dieux sont morts, leurs temples sont détruits, leur culte aboli ; et le temps viendra où le dieu Bismarck subira le même sort. Alors la paix règnera sur le monde.

Il est vraiment consternant d'entendre les Allemands se plaindre que *le monde ne veut pas leur faire place*, et que l'Angleterre est toujours là pour leur barrer le passage. Pourtant, en peu de temps l'Allemagne a acquis des colonies très considérables et s'est placée au troisième rang des Puissances coloniales.

Les colonies allemandes n'occupent pas moins 2 658 548 kilomètres carrés, c'est-à-dire cinq fois la surface de l'empire allemand en Europe.

Mais ce qui est curieux, c'est que si peu d'Allemands se soient établis dans ces colonies. En 1913 leur population était de 12 064 992 âmes, mais dans ce nombre il y avait 12 040 603 indigènes, et seulement 24 389 *Allemands*, et encore un grand pourcentage de ces derniers étaient-ils des fonctionnaires et des soldats.

Là, sûrement, il y a place pour une *émigration allemande sur une grande échelle*, mouvement que la surpopulation de l'Allemagne rend nécessaire. *Il faut*, quelle que soit l'issue de la guerre, *que l'Allemagne puisse garder ses colonies*, pour son propre bien, et pour que les autres nations soient à l'abri des nouvelles guerres auxquelles sans cela, le taux prodigieux des naissances en Allemagne, ne manquerait pas de donner lieu.

L'Allemagne, pendant la période qui suivra la guerre sera plus que jamais menacée par les dangers de la *surpopulation ;* au taux actuel et presque constant des naissances qui est de 860 000 par

[1] Quatre fois la hauteur d'un homme ou soixante-quatre fois la dimension cubique d'un être humain. La plinthe a plus de sept mètres de haut.

an, et même si nous retranchons un million de morts causées par la guerre, la population de l'Allemagne sera d'environ 75 millions dans dix ans, et d'environ 83 millions dans vingt ans. Or il n'y a que deux moyens de détourner cette catastrophe:

1° *L'émigration dans de grandes proportions.*

2° *Une diminution considérable du taux des naissances.*

Si ce but n'est pas atteint, il n'y aura pas de paix en Europe. Une nouvelle guerre ne peut manquer d'éclater dans un avenir assez proche, peut-être dans une dizaine d'années ; car alors ce pays encombré aura des millions d'habitants sans emploi ; miséreux et affamés auxquels il faudra, d'une façon ou d'une autre, donner des moyens de subsistance.

Si la guerre avec d'autres Puissances n'a pas lieu, il faudra qu'il y ait en Allemagne une *révolution* dévastatrice et une *guerre civile*, quand les ouvriers, réduits au désespoir, ne verront point se réaliser les espérances qu'ils avaient fondées sur la prospérité et la puissance de l'Allemagne. Dans cette révolution, qui sera l'œuvre des socialistes, le gouvernement ne pourra plus compter sur la discipline, universelle maintenant, parmi les soldats ; car des millions sont socialistes ou républicains, et des millions se lèveront pour combattre poussés par l'aiguillon de la misère. Il y aura un horrible massacre, une épouvantable réaction contre l'état de choses qu'on a obtenu jusqu'ici.

Infortuné peuple allemand, quelle doit être ta destinée?

TABLE DES MATIÈRES

LAUSANNE. — IMPRIMERIES RÉUNIES.

LAUSANNE. — IMPRIMERIES RÉUNIES

www.ingramcontent.com/pod-product-compliance
Ingram Content Group UK Ltd.
Pitfield, Milton Keynes, MK11 3LW, UK
UKHW020435200726
13857UKWH00002B/426